WELTBILDER

DREI FOTOGRAFEN UNTERWEGS

CHRISTIAN **WEISS**

HANS **OVERDUIN**

THOMAS **LIPKE**

Herausgeber: red-gun GmbH, Provinostraße 52, D-86153 Augsburg. www.red-gun.com
Fotografie und Bildtexte: Christian Weiss, Hans Overduin, Thomas Lipke
Konzept, Interview, Portraittexte: Stephan Glocker, red-gun GmbH
Übersetzungen: Philip Baues, red-gun GmbH
Gestaltung und Produktion: Dagmar Bauer konzipiert & gestaltet, Stuttgart, www.dagmarbauer.de
Druck: deVega Medien GmbH, Augsburg, www.devega.de

1. Auflage 2022
ISBN 978-3-00-073906-4

Dieses Buch wurde klimaneutral hergestellt. KLIMANEUTRAL CLIMATELINE | ID: 50855

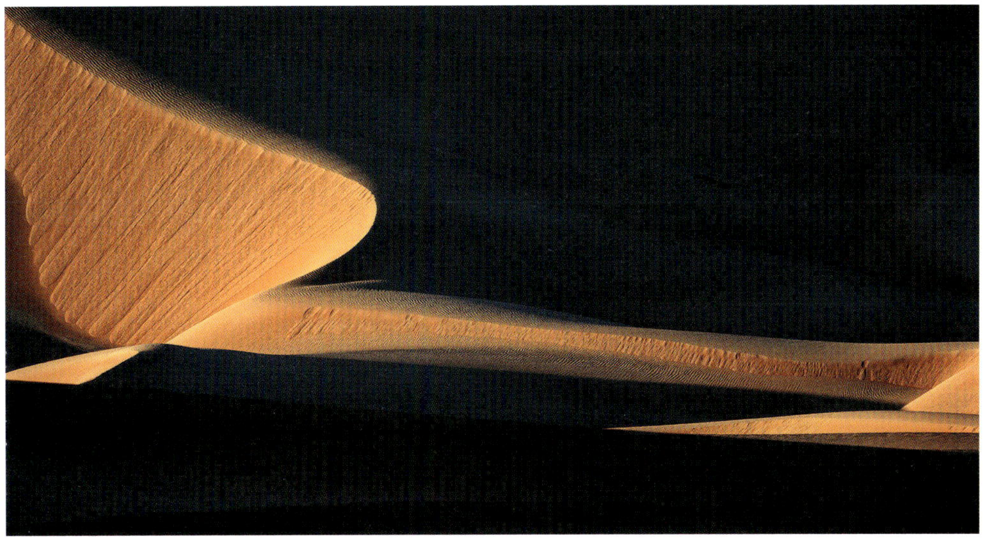

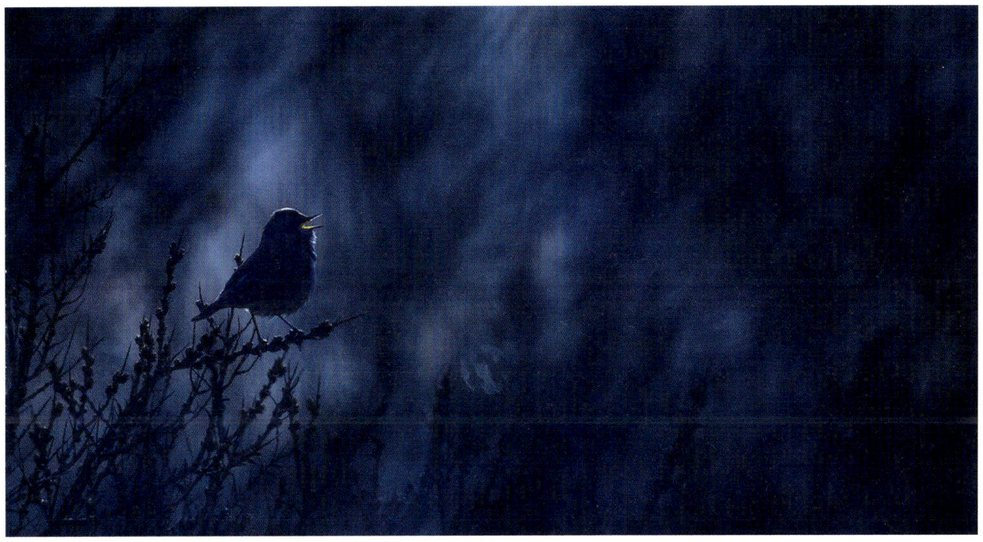

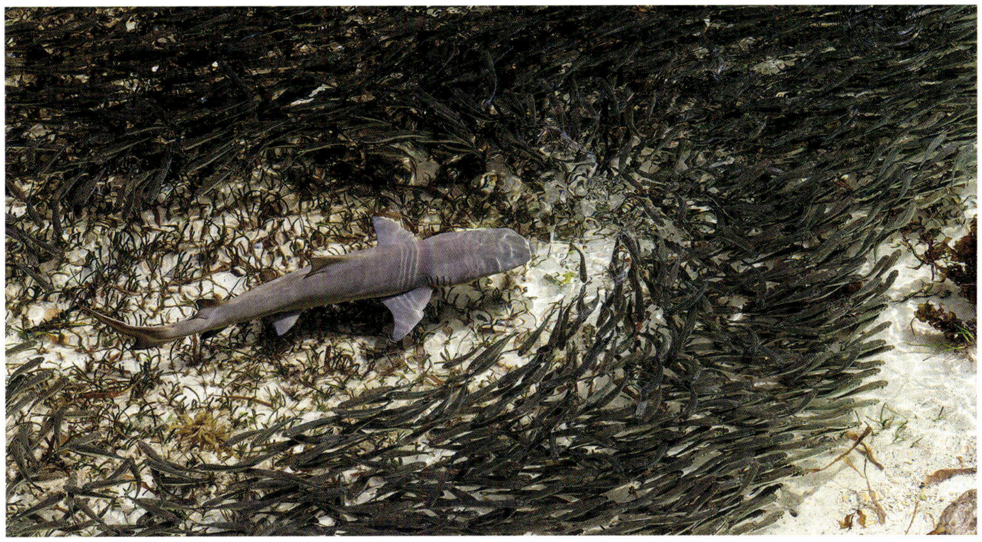

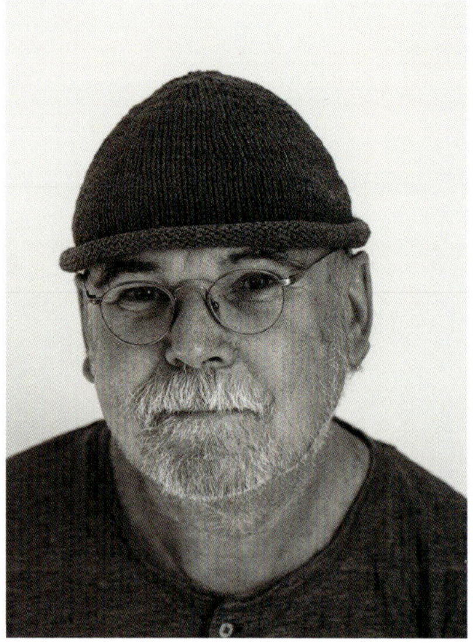

CHRISTIAN WEISS

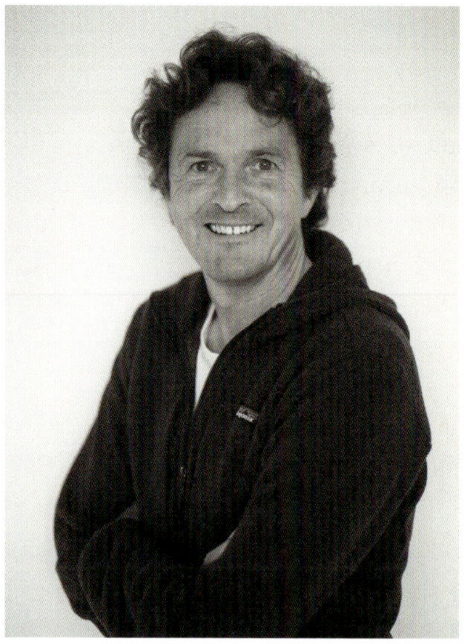

HANS OVERDUIN

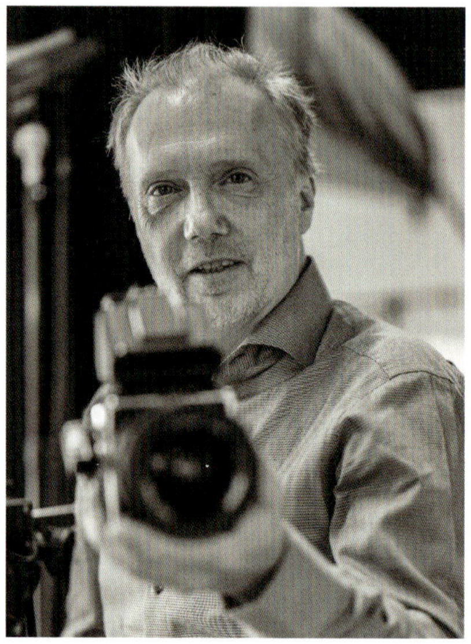

THOMAS LIPKE

»DIE OUTDOOR-DNA VERBINDET UNS«

EIN GESPRÄCH MIT DEN DREI FOTOGRAFEN

Herbst 2022, ein Videocall ist verabredet mit den drei Fotografen dieses Buchprojekts – und mir, dem befreundeten Redakteur, der das Ganze etwas koordinieren soll.

Der Hamburger Thomas Lipke meldet sich aus seiner zweiten Heimat: Cape Breton in Nova Scotia, Kanada. Der Hurrikan Fiona ist kürzlich dort durchgezogen. Die Schäden sind immens, die Reparaturarbeiten im Gang. Zwei Wochen lang gab es nur stundenweise Strom, und Thomas Benzinvorräte für Generator und Motorsäge sind begrenzt.

Aus Zürich klinkt sich Christian Weiss ein. Er steckt mitten in den Vorbereitungen für seine jährliche Langzeitreise. Für Monate verschwindet er in der Wüste und erkundet dort wilde Landschaften, die anderen karg erscheinen mögen, aber für Christian voller Leben und schöner Überraschungen stecken.

Zu Thomas trockenem Norddeutsch und Christians Schweizer Dialekt gesellt sich nun noch ein niederländischer Akzent: Hans Overduin aus Den Haag ist der Dritte in der Runde. »Ich bin hier nur der Vogelmann«, sagt er über sich. Bescheiden formuliert, tatsächlich ist Hans – neben seiner Arbeit als Consultant in der Outdoor-Branche – ein erstklassiger Naturfotograf mit dem Spezialgebiet Vögel.

Die drei Freunde kennen sich seit Jahrzehnten. Eigentlich müssten sie Konkurrenten sein. Jeder war in entscheidender Funktion beim größten und innovativsten Outdoor-Händler seines Landes tätig, jeder hat entscheidende Weichen für die goldenen Zeiten der Branche gestellt. Thomas bei Globetrotter Ausrüstung in Deutschland, Christian bei Transa in der Schweiz, Hans bei Bever in den Niederlanden.

Anstatt sich gegenseitig Marktanteile abzujagen, haben die drei den steilen Aufstieg ihrer Unternehmen eher als gemeinsamen Erfolg der jungen Outdoor-Branche gesehen und später sogar eng zusammengearbeitet. Wie das damals lief und wie jetzt – viele Jahre später – dieses gemeinsame Fotoprojekt zustande kam, darum soll es in unserem Gespräch gehen.

Hallo zusammen. Thomas und Christian kenne ich ja schon, seit wir vor einigen Jahren gemeinsam die Kundenmagazine für Globetrotter und Transa konzipiert haben. Hans ist mir als Fotograf ein Begriff, seine Vogelportraits haben wir begeistert gedruckt. Was mich interessiert: Wie seid ihr euch über den Weg gelaufen? Auf Spitzbergen, in der Sahara oder ganz profan bei einem Business-Termin?

Thomas: Etwas von allem. In den 1980ern wurde die Outdoor-Branche langsam internationaler und man begegnete sich sich öfter. Mal auf dem Gang einer Messe, mal bei einer Hundeschlittentour, die ein Hersteller für seine Händler organisiert hatte.

Christian: In diesen Anfangsjahren gab es nur wenige europäische Händler, die auch mal in die USA gereist sind, um innovative Ausrüstung aufzuspüren. Ein Termin bei The North Face beispielsweise war für mich langhaarigen Schweizer Outdoor-Freak ein Hochamt, ich stand aufgeregt inmitten der neuen Rucksäcke und Zelte. Und plötzlich siehst du: Aha, die deutschen Kollegen von Globetrotter sind ja auch hier!

Thomas: Man wusste voneinander, man wusste, wer die guten Shops macht. Erst hat man sich gegrüßt, dann mal getroffen, dann angefreundet. Die Outdoor-DNA verbindet uns. ›

Christian Weiss, Jahrgang 1952, ist ein Sohn der Wüste, der versehentlich in Zürich geboren wurde. Auf der Suche nach gutem Rat für seine Trips stolpert er Ende der 1970er Jahre in einen Laden mit dem Namen »TransSahara« (kurz: Transa), wo man mit Sandblechen und Wasserfiltern umzugehen weiss. Christian wird Teil des Teams und erklärt nun seinerseits Kunden, wie man in der Wüste mit zwei Autobatterien ein Schweißgerät betreibt. Transa entwickelt sich danach zum führenden Schweizer Outdoor-Händler, auch weil Christian und Kollegen die weltweit beste Ausrüstung importieren. Christian ist viel beschäftigt als Mitglied der Geschäftsleitung, bleibt aber seiner Leidenschaft treu: In die Wüste, immer wieder, und immer mit neuen Fotoideen. Regelmäßig besucht er seine Tuareg-Freunde in Algerien. 2012 geht Christian in den Ruhestand. Aber nur bei Transa. In die Wüste fährt er immer noch. Mehr über ihn und seine Fotografie ab Seite 14 und unter **www.cw-pictures.ch**

Hans Overduin, Jahrgang 1970, kommt aus Den Haag, fotografiert bereits als Sechsjähriger und geht später gerne klettern. Nebenbei jobbt er beim Outdoor-Laden Bever. Nach Abschluss des Studiums steigt er Vollzeit ein – und bleibt 20 Jahre. Er rückt ins Geschäftsleitungsteam auf und verantwortet den Einkauf, entscheidet also, was ins Sortiment kommt. Parallel reist und fotografiert er viel – und entwickelt sich zu einem erfolgreichen Naturfotografen, Spezialgebiet Vögel. Schließlich wird der Freiheitsdrang zu übermächtig: Hans verlässt Bever, um mehr Zeit für seine Passionen zu haben. Es folgen Foto-Ausstellungen in Europa und den USA, zudem ist er Co-Autor des »Handbuch Vogelfotografie« (erschienen auch auf Deutsch). Wenn er mal nicht den Vögeln folgt, arbeitet Hans als freier Berater für Outdoor-Firmen und Messe-Gesellschaften, besonders für die Sportmesse ISPO bringt er Leute und Konzepte zusammen. Mehr über ihn und seine Fotografie ab Seite 86 und unter **www.hansoverduin.nl**

Thomas Lipke, Jahrgang 1958, wächst in Hamburg auf und kommt als Weitwanderer und Kletterer schon bei der Gründung 1979 in Kontakt mit Globetrotter, einem der ersten Outdoor-Stores in Deutschland. Thomas wird vom Kunden erst zum Mitarbeiter, dann zum Teilhaber und Geschäftsführer. Lange Jahre lenkt er gemeinsam mit seinem Jugendfreund und Schwager Andreas Bartmann die Firma, die sich immens entwickelt, nicht zuletzt dank Thomas Faible für Technik und IT. Globetrotter hat die erste Website und den ersten Versandhandel der Branche. Daneben ist Thomas ordentlich unterwegs: Expeditionen in der Arktis, Faltboottouren auf den Seychellen, Kanutrips in Kanada. Die Kamera ist immer dabei. Nach 35 Jahren bei Globetrotter 2015 zieht sich Thomas aus dem Geschäft zurück und lebt seither abwechselnd in Hamburg und Cape Breton in Kanada. Mehr über ihn und seine Fotografie ab Seite 156 und unter **www.lipke.com**

Christian: Globetrotter und Transa hatten sehr ähnliche Ideen: Die beste Ausrüstung für die Kunden beschaffen, diese aber auch begeistert bei eigenen Reisen nutzen. Man merkt schnell, ob bei jemandem der Umsatz im Mittelpunkt steht oder die Leidenschaft. Das habe ich bei Globetrotter gespürt. Als wir dann die Leute von Bever, dem führenden Händler in den Niederlanden, kennenlernten, war es dasselbe.

» Wir hatten das große Glück, dass zu unseren privaten Outdoor-Touren sehr spannende Geschäftsreisen hinzukamen. «

Thomas Lipke

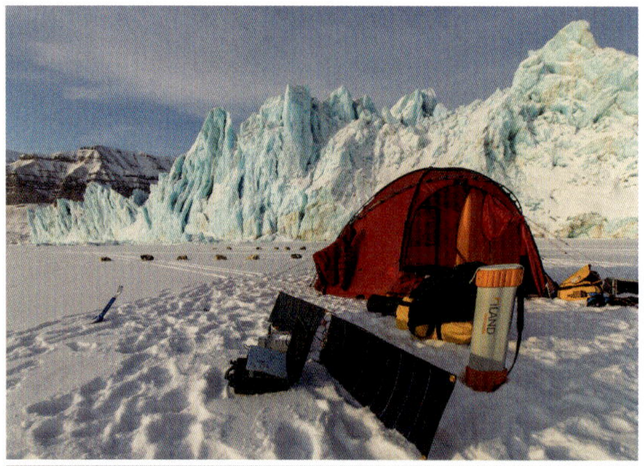

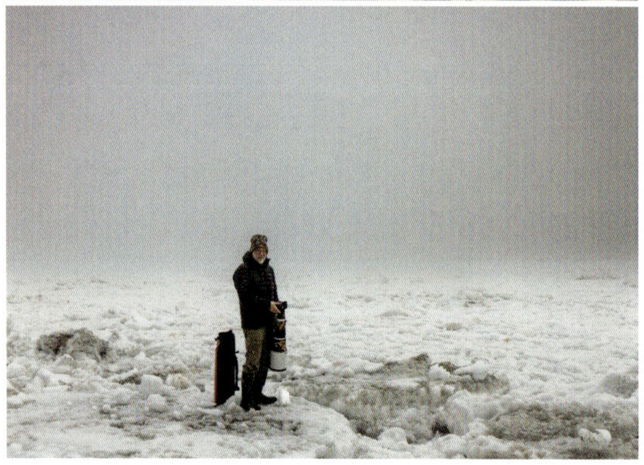

Nordlandvirus: Spitzbergen, Lappland & Co. haben es Thomas Lipke angetan.

Hans: Ich bin ja etwas später in die Outdoor-Branche gekommen als Thomas und Christian, doch mir ging es ebenso. Die Passion für Naturerlebnisse, Reisen und gute Ausrüstung hat uns verbunden, das Geld war den meisten weniger wichtig. Das sind positive Vibes, die alles tragen. In unserer Branche entstehen schon immer viele Freundschaften, die weit über übliche Business-kontakte hinausgehen.

Christian: Man ist gemeinsam mit den Herstellern gewachsen und hat sich unterstützt. Wenn mal ein Lieferant in Schwierigkeiten war, etwa weil seine Zeltgestänge durch einen Produktionsfehler reihenweise gebrochen sind, dann haben wir den nicht verklagt, sondern gemeinsam den Karren aus dem Dreck gezogen.

Habt ihr als Händler euch gegenseitig nicht als Konkurrenten empfunden?

Christian: Das war eine sehr spannende Zeit, es ist wahnsinnig viel passiert auf dem Markt. Ständig kamen revolutionäre Produkte heraus: sturmstabile Zelte, selbstaufblasende Isomatten, superleichte Kocher. In viele dieser Entwicklungen sind wir involviert gewesen. Wir waren begeistert, unsere Kunden auch. Unsere Läden wurden vergrößert und in anderen Städten neue eröffnet. Sollen wir uns da ärgern, dass es bei anderen auch gut läuft?

Hans: Jeder war überzeugt, dass er gut arbeitet – und hatte deswegen auch keine Angst vor einer Konkurrenz. Außerdem kennt jeder sein Land und seine Kunden am besten.

Thomas: Da waren immer großer Respekt und Wertschätzung. Wir haben uns sogar besucht, die Läden und die Logistik besichtigt, uns gegenseitig in die Karten schauen lassen. So entstand viel Vertrauen. Und schließlich haben wir gemeinsam die Eurofamily gegründet.

Was genau ist die Eurofamily?

Hans: Ein Zusammenschluss von verschiedenen Outdoor-Händlern mit drei Zielen. Erstens: den Austausch untereinander, der schon gut lief, noch weiter zu verbessern. Zweitens: die Konzeption und Produktion von eigener Ausrüstung, um sich etwas unabhängiger von den großen Herstellern zu machen. Und drittens: bei Bedarf als Gruppe auf dem Markt aufzutreten, etwa um bessere Konditionen zu verhandeln.

Christian: Auch in diesem Rahmen hat sich schnell herauskristallisiert, dass Globetrotter, Transa und Bever auf einer Wellenlänge und an Innovationen interessiert waren. Zum Beispiel wollten wir immer die beste Ausrüstung herstellen – andere Mitgliedsfirmen schielten eher auf die Massenware. So entstanden zwei verschiedene Produktlinien. Dass sich Händler zusammensetzen und mit ihrem Wissen ein Zelt oder eine Jacke entwerfen, war auch wieder echte Pionierarbeit. Das hat uns allen großen Spaß gemacht.

Thomas: Das stimmt. Manchmal sind die Pioniere aber auch die mit dem Gesicht im Staub und den Pfeilen im Rücken …

Seid ihr damals auch gemeinsam gereist?

Thomas: Wir hatten das große Glück, dass zu unseren privaten Outdoor-Touren sehr spannende Geschäftsreisen hinzukamen. Outdoor-Hersteller und auch die Branchen-Messen in Europa und Amerika sitzen meist an tollen Orten. Meine Geschäftstermine mit Bosse Hilleberg in Schweden fanden deutlich öfter im Fjäll und in

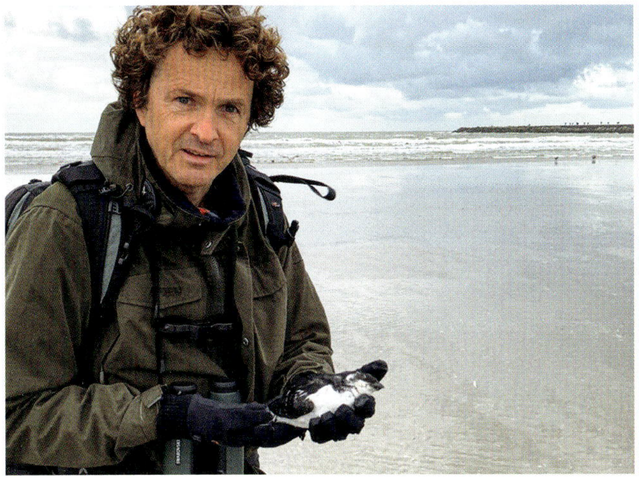

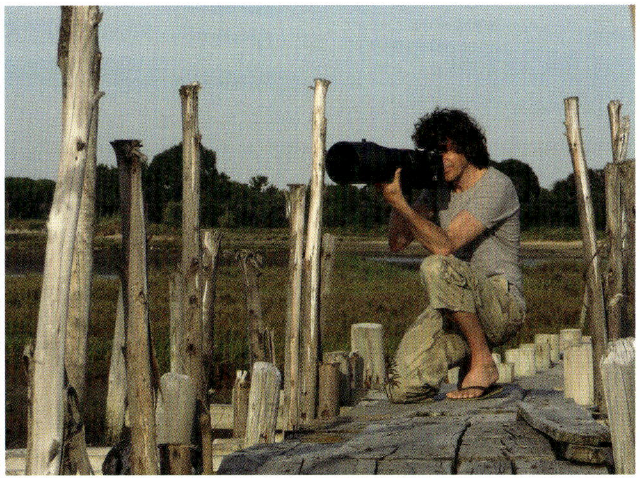

Kleine Motive, große Objektive: Hans Overduin

seinen Zelten statt als in seinem Büro. Es war normal, dass man bei einer Messe noch ein paar Tage drangehängt hat, also ab zum Fliegenfischen mit Patagonia-Gründer Yvon Chouinard …

Hans: … oder mit ein paar Kollegen zum Campen an die Chinesische Mauer.

Wann und wie kam für euch die Fotografie als gemeinsame Passion ins Spiel?

Thomas: Klar hatte jeder von uns immer die Kamera dabei – man kriegt mit, wenn jemand ambitioniert fotografiert. Mit Christian habe ich hier mal über Hasselblads gequatscht, oder dort mal eine Fotoausstellung von Hans besucht. Auch nach dem Rückzug aus dem Business kann man ja über die Websites der anderen schön verfolgen, was sie so treiben.

Und so entstand auch die Idee zu diesem gemeinsamen Buch?

Thomas: Bei einem Telefonat mit Christian erzählte er mir, dass er gerade analoge Mittelformatfotos scannt – mit einer Viertelstunde Rechenzeit pro Bild. So kamen wir ins Gespräch über unsere Archive, all die Reisen in all den Jahren – und dass man daraus doch mal was Schönes gestalten könnte.

Christian: Dann fiel uns Hans ein – der hatte schon ein Buch gemacht, das uns sehr gefiel. Und so wurde schließlich ein Dreierprojekt daraus.

Thomas: In einer Gruppe entsteht ja auch eine gewisse Dynamik, dass man irgendwann mal fertig werden will. Das ist als Einzelkämpfer bei so einem Herzensprojekt eher schwierig – ich spreche aus Erfahrung.

In diesem Buch hat jeder Fotograf seine eigene Strecke und hat komplett selbst über seine Bildauswahl entschieden. Haben euch die Fotos der anderen überrascht?

> »In unserer Branche entstehen schon immer viele Freundschaften, die weit über übliche Businesskontakte hinausgehen.«
>
> Hans Overduin

Hans: Ich bin sehr beeindruckt von den Bildern meiner Kollegen. Das sind Fotos, die ich so nicht machen könnte. Bei Christian sind das besonders seine »Begegnungen« – man spürt, dass er die Menschen wirklich kennen und schätzen gelernt hat. Auch bei Thomas hatte ich – weil ich einiges über seine Expeditionen weiß – viel mehr klassische Reise- und Abenteuerfotografie erwartet. Und jetzt sind da so viele wunderbare Portraits dabei. Ich selbst bin ja in erster Linie der Vogelmann …

Thomas: Ja, Vögel waren bei Hans zu erwarten – aber was für Vögel! Ich sehe da immer Hans stundenlang im Matsch liegen, die Luft anhalten › und dann endlich mit einem sanften Auslöseklick diesen einen magischen Moment einfangen.

Christian: Ein eigenständiger fotografischer Charakter ist bei allen sichtbar. Wer im Buch blättert, wird das auch erkennen, denke ich.

Im Business habt ihr euch nicht als Konkurrenten gesehen. Auch jetzt nicht mit den Fotos?

Hans: Wenn Fotografen genau dasselbe machen, fangen sie natürlich an, zu vergleichen. Aber bei uns ist ja gerade das Unterschiedliche so schön: Wie sind die anderen unterwegs? Was machen sie anders? Was sehen sie?

Ihr fotografiert seit Jahrzehnten. Trotzdem sind die meisten Fotos im Buch jüngeren Datums. Sind die neuesten Bilder immer die besten?

Hans *(lacht)*: Die besten Bilder sind immer die, die man als Nächstes machen will.

Christian: Das trifft es auch bei mir genau. Mit der Entwicklung kommt das Lernen, man hat immer Bilder im Kopf, die man noch machen möchte. Sie gelingen zunächst nicht, aber man arbeitet sich heran. Wenn ich mir die Fotos verschiedener Reisen ansehe, kann ich gut erkennen, wo ich etwas zulegen konnte. Und gleichzeitig motiviert es mich, für die nächsten Reise neue Motive zu planen. So befeuern sich das Reisen und die Fotografie gegenseitig.

Thomas: Da bin ich ein etwas anderer Charakter, nicht so planend und strukturiert. Ich habe viel in meinem Archiv gegraben und auch einige Fotos ausgesucht, die meiner Meinung nach das Gesamtpaket ergänzen und noch etwas Würze reinbringen. Weiter dazulernen tue ich natürlich ebenfalls. Und irgendwo im Hinterkopf plane ich auch schon wieder das nächste Projekt.

Thomas, Christian, Hans – ich danke euch für das Gespräch.

Interview: Stephan Glocker

»Die beste Ausrüstung für die Kunden beschaffen, diese aber auch begeistert bei eigenen Reisen nutzen.«

Christian Weiss

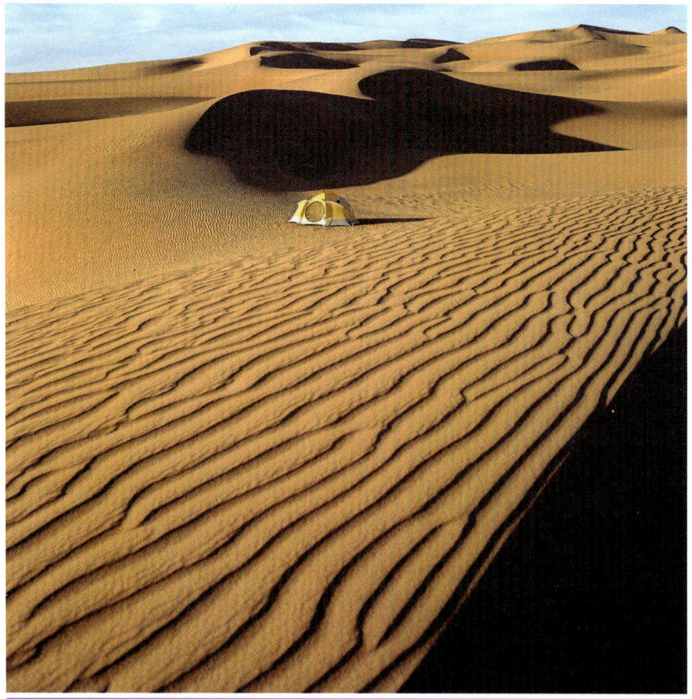

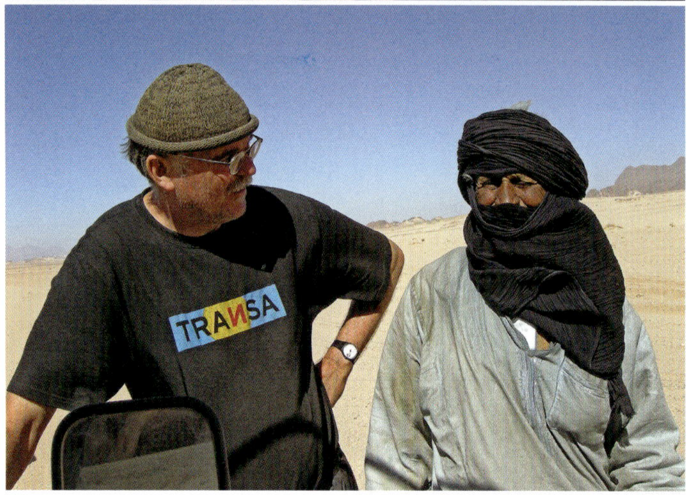

Immer wieder Wüste: Christian und sein langjähriger Freund und Guide, der Tuareg Mokthar.

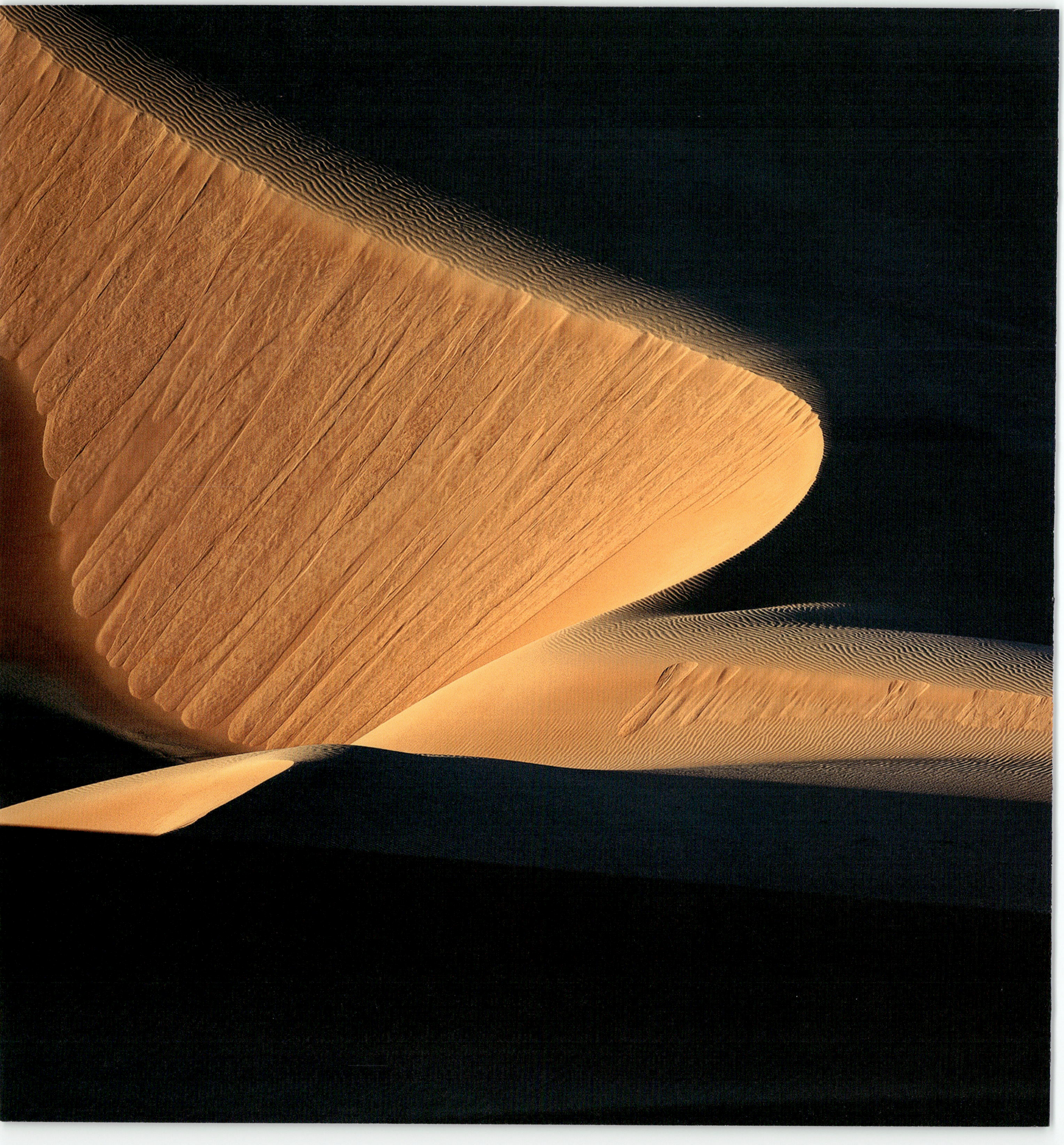

CHRISTIAN
WEISS

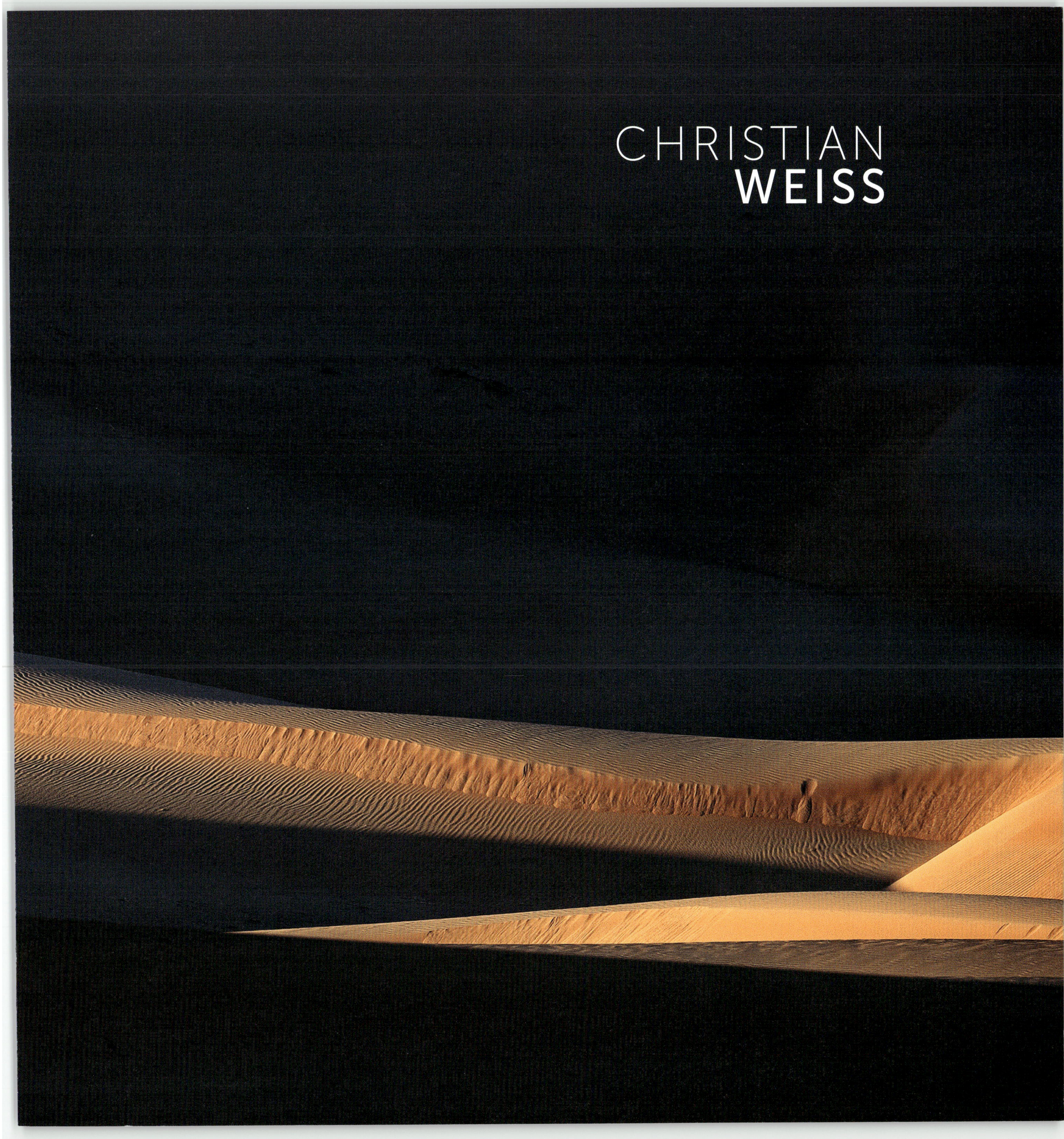

CHRISTIAN **WEISS**

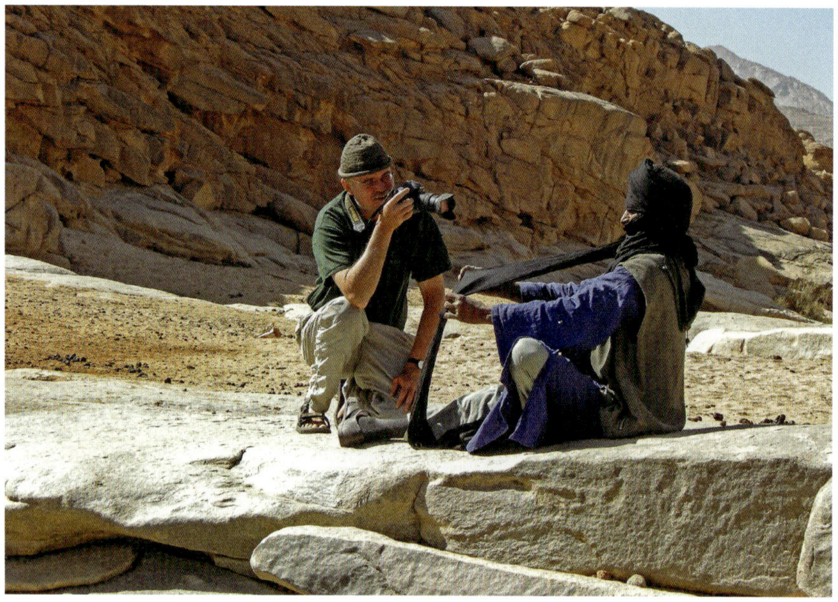

DER WÜSTENSOHN

CHRISTIAN ZEIGT SEINE »BEGEGNUNGEN« UND »LANDSCHAFTEN«. DAS KLINGT SIMPEL, SPIEGELT ABER JAHRZEHNTE SEINES SCHAFFENS WIDER.

Jeder Fotograf dieses Buchprojekts hat bei den anderen einen gewissen Ruf. Thomas für seine Reportage-artige Reisefotografie, Hans für seine perfektionistischen Vogelbilder – und Christian für sein Wüsten-Faible.

Selten trifft man einen Menschen, der sich so auf einen bestimmten Landschaftstyp einlässt, einem Thema derart viel Zeit widmet. Seit Jahrzehnten reist Christian in die Wüste. Meist für Monate; manchmal nur für einige Wochen – in Christians Welt sind das Kurztrips.

Und doch – das ist das Überraschende an diesem Buchprojekt – offenbaren sich auch unbekannte Qualitäten der Fotografen. Christian etwa verblüfft mit sensiblen Schwarzweiß-Portraits. Doch dazu später mehr, erst einmal geht es um: Wüste.

Frühe fotografische Schritte macht Christian 1976 auf seiner ersten Algerienreise. Die Fotos, aufgenommen mit einer einfachen Minolta-Kamera und einem bescheidenen Objektiv, haben eher dokumentarischen Charakter. Aber die Faszination ist geweckt. Mit der Fotografie hat Christian seine zweite Leidenschaft – neben dem Reisen – gefunden. Seither bilden sie für ihn eine Einheit.

»Es gibt kaum etwas Schöneres für mich, als mein Zelt in einer fantastischen, weiten Landschaft aufzubauen«, sagt Christian. »Etwa im Oman oder in der Sahara. Diese Ausdehnungen sind außerordentlich – und vielleicht für jemanden aus der oft engen Schweiz sogar noch eindrücklicher.«

Wenn Christian, der Traveller, sein Zelt aufgestellt hat, beginnt die Arbeit für Christian, den Fotografen. Mit der Kamera geht er auf Pirsch. »Diese Herausforderung, einen Gesamteindruck in ein Rechteck zu bannen, das finde ich spannend – ob man nun eine Weitwinkelbetrachtung oder eine Makroaufnahme macht.«

Fasziniert ist Christian von der »Grafik in der Natur«, wie er es beschreibt. »Randsteine und Größenverhältnisse lösen sich auf, Formen und Farben lassen Gemälde entstehen. An Sanddünen in allen Varianten kann ich mich nicht sattsehen. Sie verändern sich mit Licht und Wind, verharren nicht. Mir wird das nie langweilig.«

Christian ist dann ganz bei sich. Zwar reist er meist mit Begleitern und Geländewagen, doch seine Fotowanderungen unternimmt er allein: »Für das Fotografieren brauche ich meine Freiheit und meinen Rhythmus. Ich erwarte gar nicht, dass jemand sich mir anpasst. Meine Mitreisenden wissen das und lassen mich ziehen. So entstehen auch keine gruppendynamischen Reibereien.«

Über die Jahre erkundet Christian andere Regionen: Südamerika, Indien und Island gefallen ihm, er entdeckt auch fotografische Perlen in der Schweiz, Italien oder Spanien. In seine geliebten kargen Sandlandschaften kehrt er dennoch immer wieder zurück. Er ist und bleibt ein Wüstensohn.

In Sachen Fototechnik hat Christian sehr klare Vorstellungen: »Ich bevorzuge unkomplizierte, robuste, aber auch hochwertige Kameras und Objektive. Sie müssen spritzwasserfest und staubdicht sein.«

Man wundert sich also nicht über seine Lieblingsmarke: Hasselblad, die Ikone der Mittelformatfotografie. Christians frühe Analogfotos erkennt man in der nachfolgenden Bildstrecke an dem typischen Quadratformat. Diese sind zwischen 1984 und 2005 mit Hasselblad-Mittelformatkameras auf Negativ oder Diafilm aufgenommen.

»Das war eine andere Herangehensweise als heute: Die Zahl der möglichen Fotos war durch die Menge der mitgebrachten Filmrollen limitiert, diese mussten vorsichtig transportiert werden und waren zudem sehr teuer. Und die Ergebnisse sah man erst lange Zeit später, wenn zu Hause die entwickelten Filme aus dem Labor kamen.«

Einige Routinen der handwerklich anspruchsvollen Analogzeit hat Christian beibehalten, so nimmt er bis heute praktisch alle Bilder im manuellen Modus auf, also ohne die Automatikprogramme der Kamera zu nutzen. Immerhin: Auf den zusätzlichen Belichtungsmesser, den man früher noch brauchte, verzichtet Christian.

Längst ist er auf Digitalkameras umgestiegen und schätzt deren Vorteile. »Da sind schnell fünf, zehn oder mehr Aufnahmen von einem Sujet gemacht. Dazu hat man auch die sofortige Kontrolle, ob eines der Bilder gelungen ist. Und die digitale Nachbearbeitung hat mir buchstäblich neue Dimensionen eröffnet.«

Die etwas unhandliche Hasselblad-Ausrüstung ist für bewegliche Motive wie Vögel und andere Tiere nicht gut geeignet, daher ergänzt Christian sein Equipment um eine kompaktere Digitalkamera mit hoher Bildfrequenz und langem Tele.

Doch zurück zu Christians Portraits. Lange Jahre hat er sich ausschließlich mit Landschaftsfotografie beschäftigt. »Einerseits war ich so sehr von der Natur der Wüste fasziniert, dass sie mich in Beschlag genommen hat. Andererseits hat eine gewisse Scheu und Zurückhaltung gegenüber Menschen mich lange abgehalten, Personen zu fotografieren«, erzählt er.

Über die Erweiterung der bereisten Länder beschäftigt sich Christian auch mehr mit anderen Kulturen und deren Menschen. Er beginnt mit behutsamen Portraits.

»Meine Begegnungen und Gespräche mit den Menschen vor Ort habe ich immer genossen. Aber die Kamera hole ich erst hervor, wenn ich jemanden etwas besser kennengelernt habe und ein Vertrauensverhältnis da ist. Die Tuareg aus der algerischen Sahara kenne ich seit über 35 Jahren – da war die Bereitschaft natürlich da. Aber auch spontane Bekanntschaften sollten auf jeden Fall erst einwilligen, abgelichtet zu werden.«

Christian erzählt, wie er auf einem Markt in Sambia einmal eine Frau ohne deren Einverständnis fotografierte. Die Frau war entrüstet und forderte Christian auf, sie gefälligst zu fragen. Das tat Christian dann sehr höflich – »und plötzlich fing sie an zu strahlen und ließ sich sogar sehr gerne fotografieren«, schmunzelt Christian, »diese Lektion habe ich gelernt.«

Die Bitte um ein Foto fällt ihm mittlerweile leichter: »Oft sage ich, dass ich mich zu Hause gerne an mein Gegenüber erinnern möchte – und das ist mit einem Bild sehr gut möglich.« Beim Fotografieren verwendet er weder Kunstlicht noch Blitz, da dies die Spontanität einschränken und zu studiohaft wirken würde. »Dafür nehme ich gerne in Kauf, dass Gesichter unter Umständen nicht immer optimal ausgeleuchtet sind.«

Manchmal allerdings ist Christians zurückhaltende Art nicht zielführend: »Mit der Digitalkamera kann man das Bild ja sofort zeigen. Da kommt es vor, dass die Person nicht zufrieden ist – und ich weiterfotografieren muss, bis es ihr gefällt«, lacht der Fotograf.

»An Sanddünen in allen Varianten kann ich mich nicht sattsehen. Sie verändern sich mit Licht und Wind, verharren nicht. Mir wird das nie langweilig.«

BEGEGNUNGEN

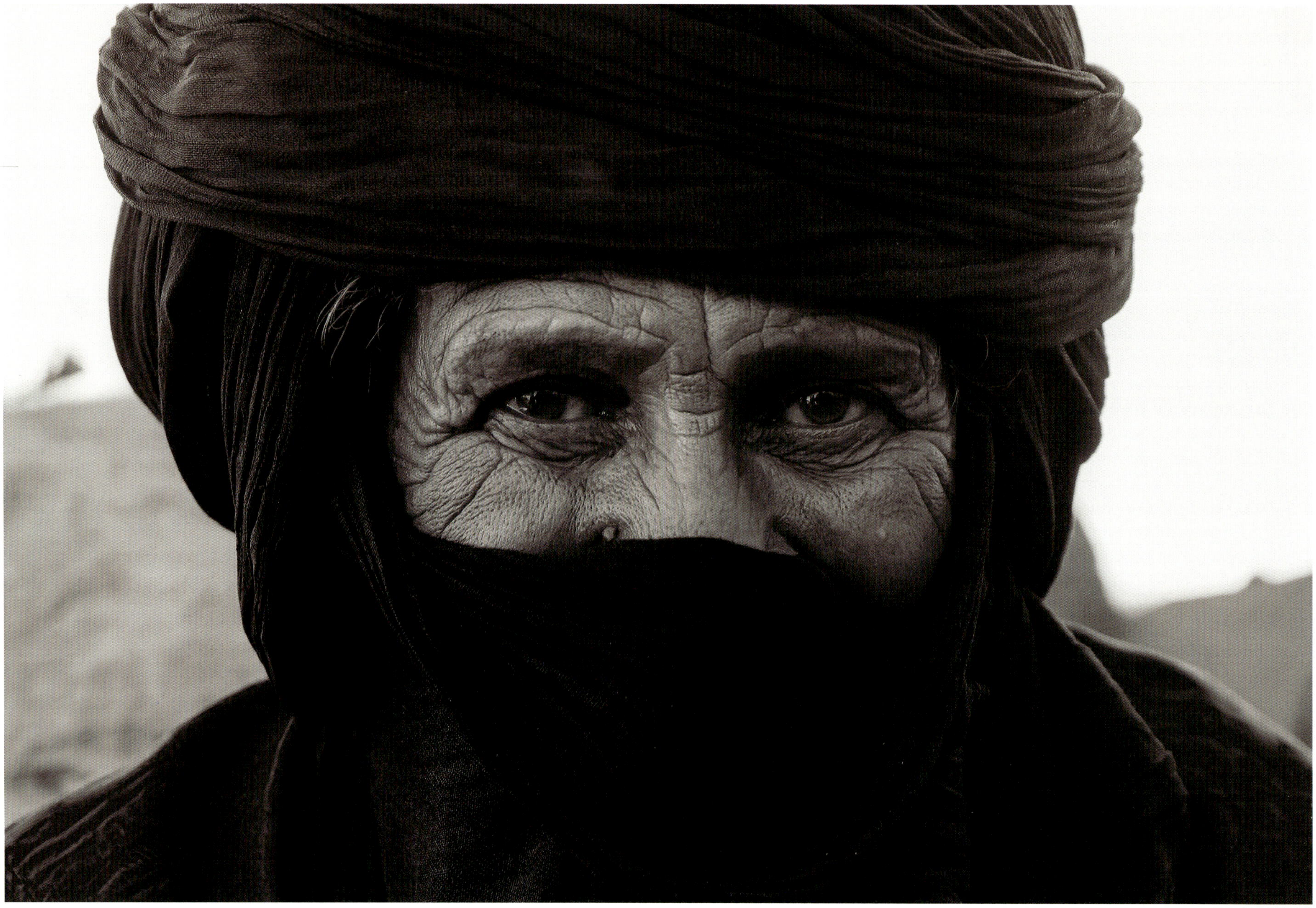

Mokthar, Tuareg | **Algerien**

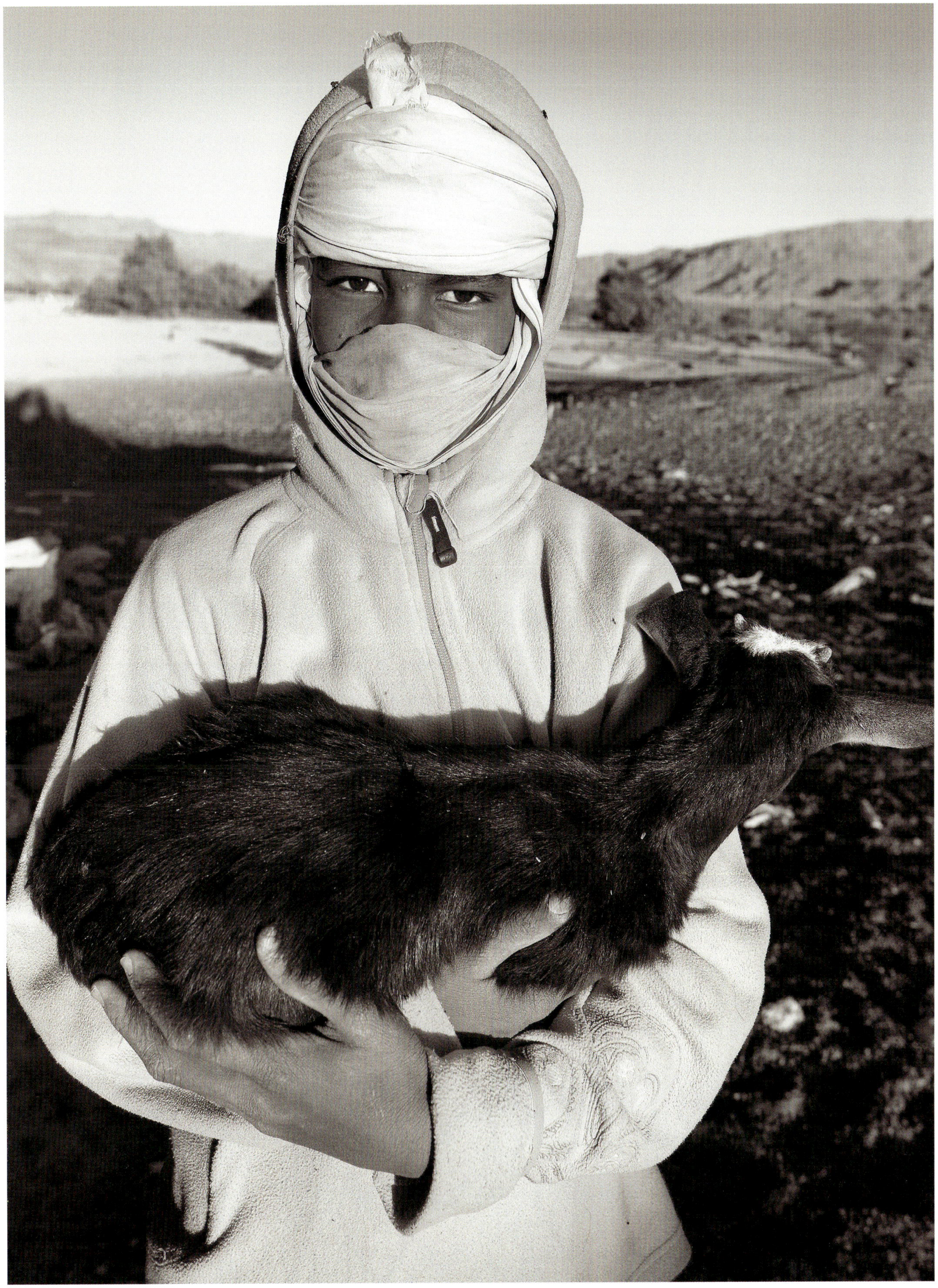

Tuareg-Junge
mit Ziege
Algerien

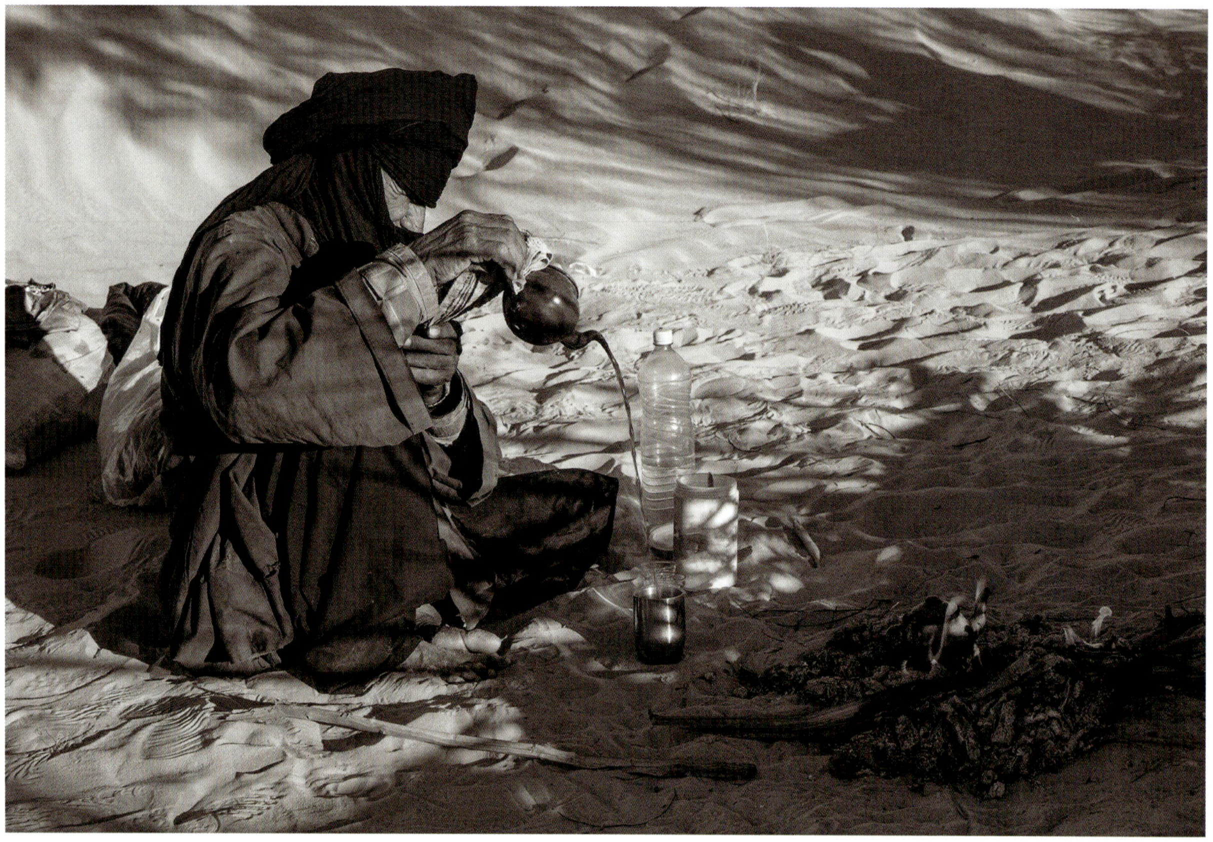

Tuareg | **Algerien**

Tuareg-Tee
Neben der Kamelpflege eine der wichtigsten Tätigkeiten der Tuareg: die Teezeremonie. Grüntee wird auf dem Feuer aufgekocht und stark gesüßt. Traditionell bekommt man drei kleine Gläser des würzigen Getränks.

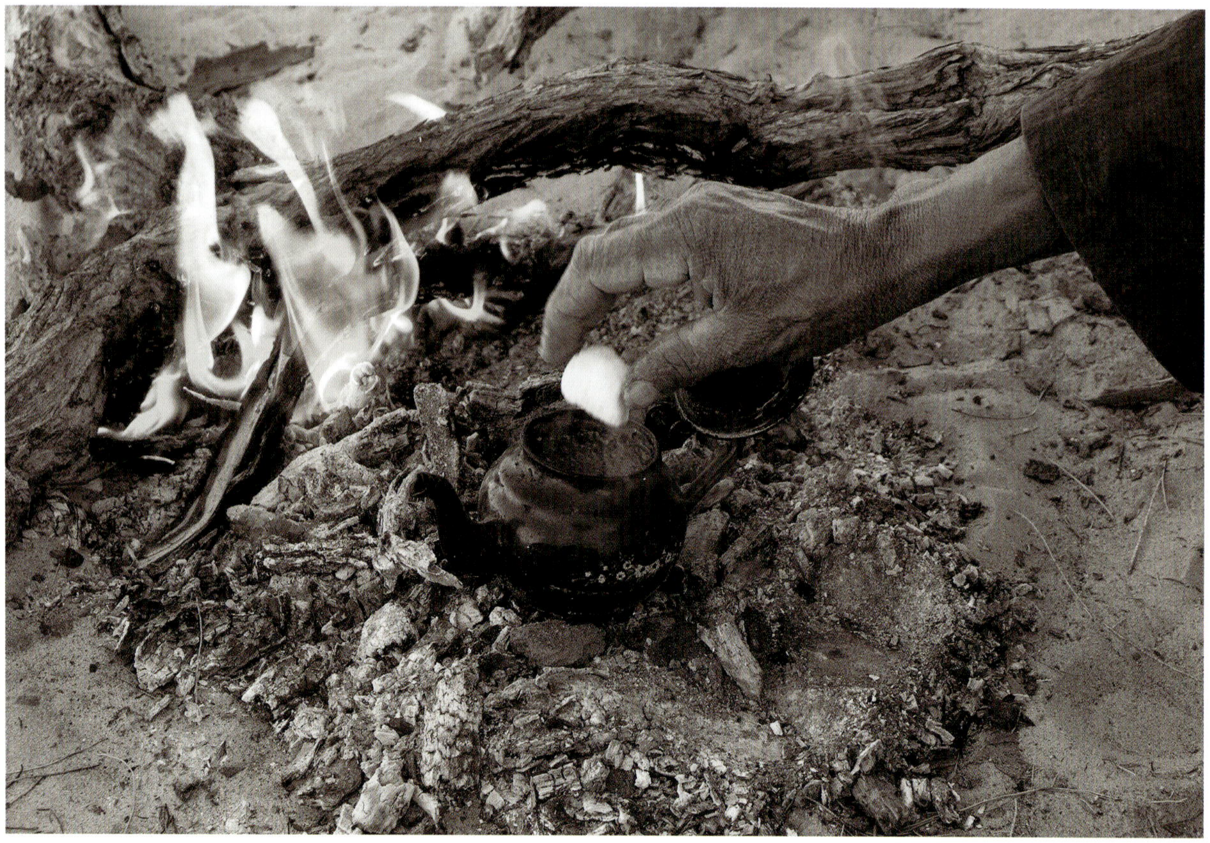

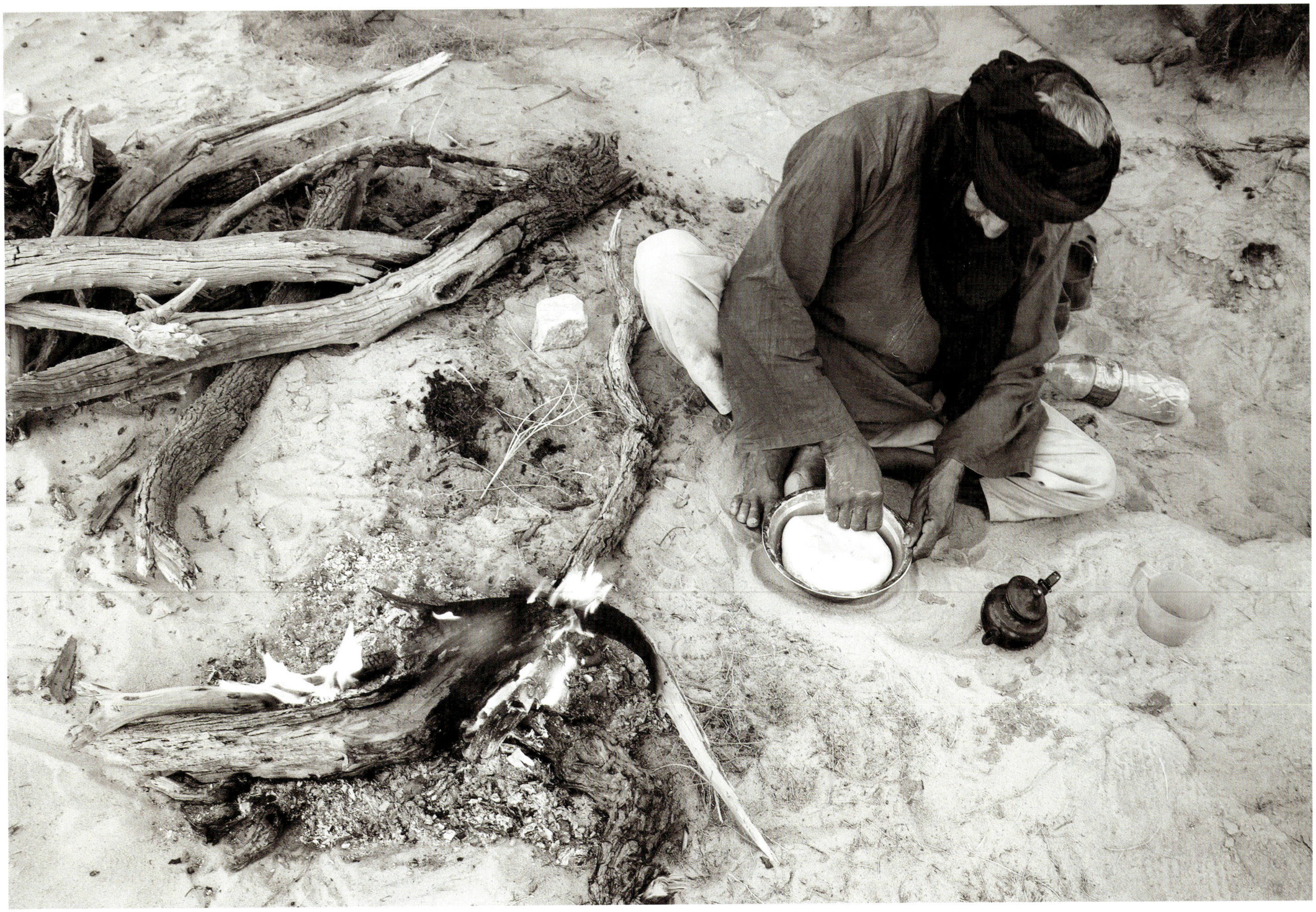

Brot backen im Sand
Der Teig wird geknetet und danach im heißen Sand gebacken. Erstaunlicherweise kann man das Brot essen ohne ein Knirschen in den Zähnen.

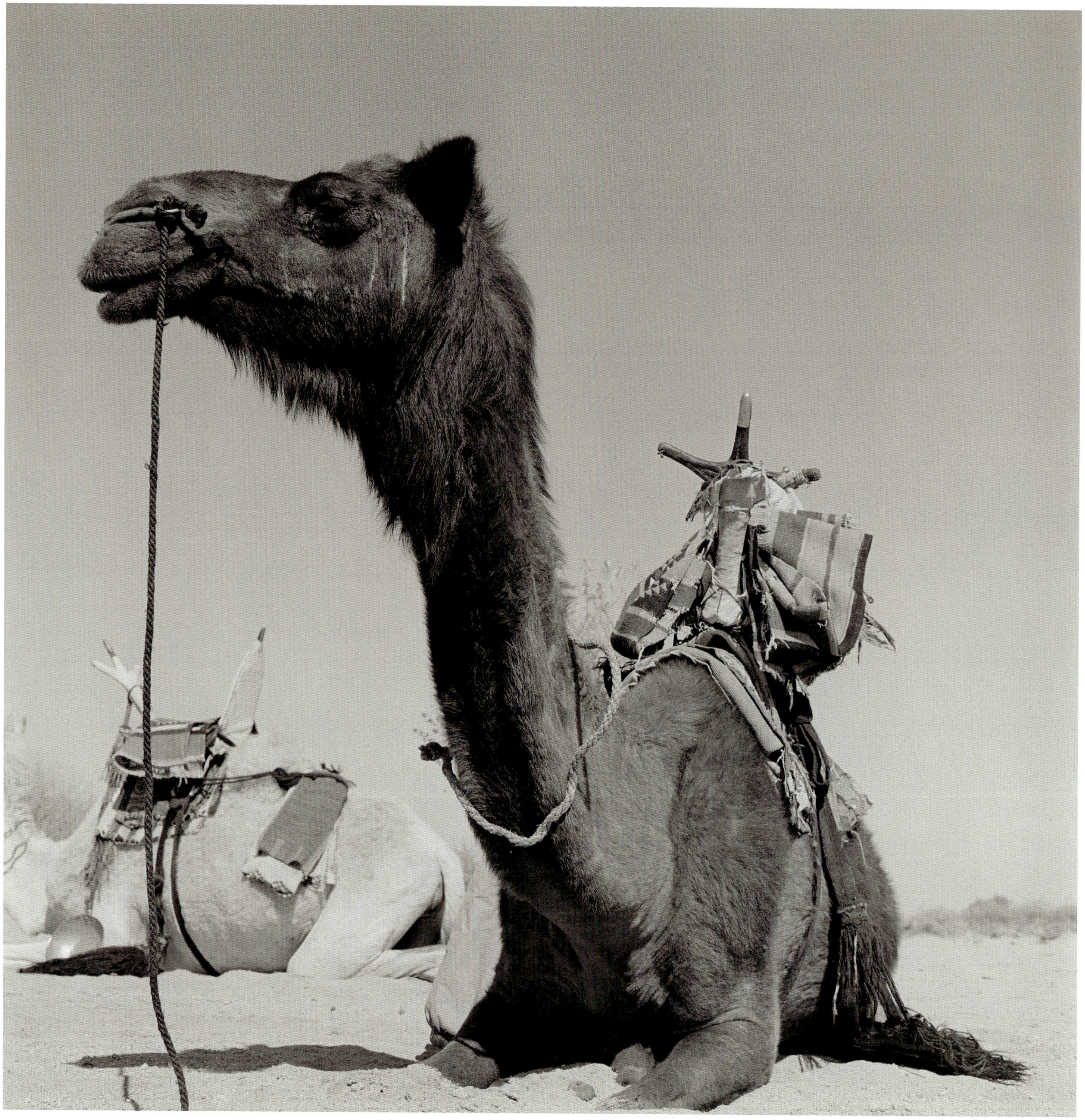

Mein Reitkamel wartet auf die große Tour **I Algerien**

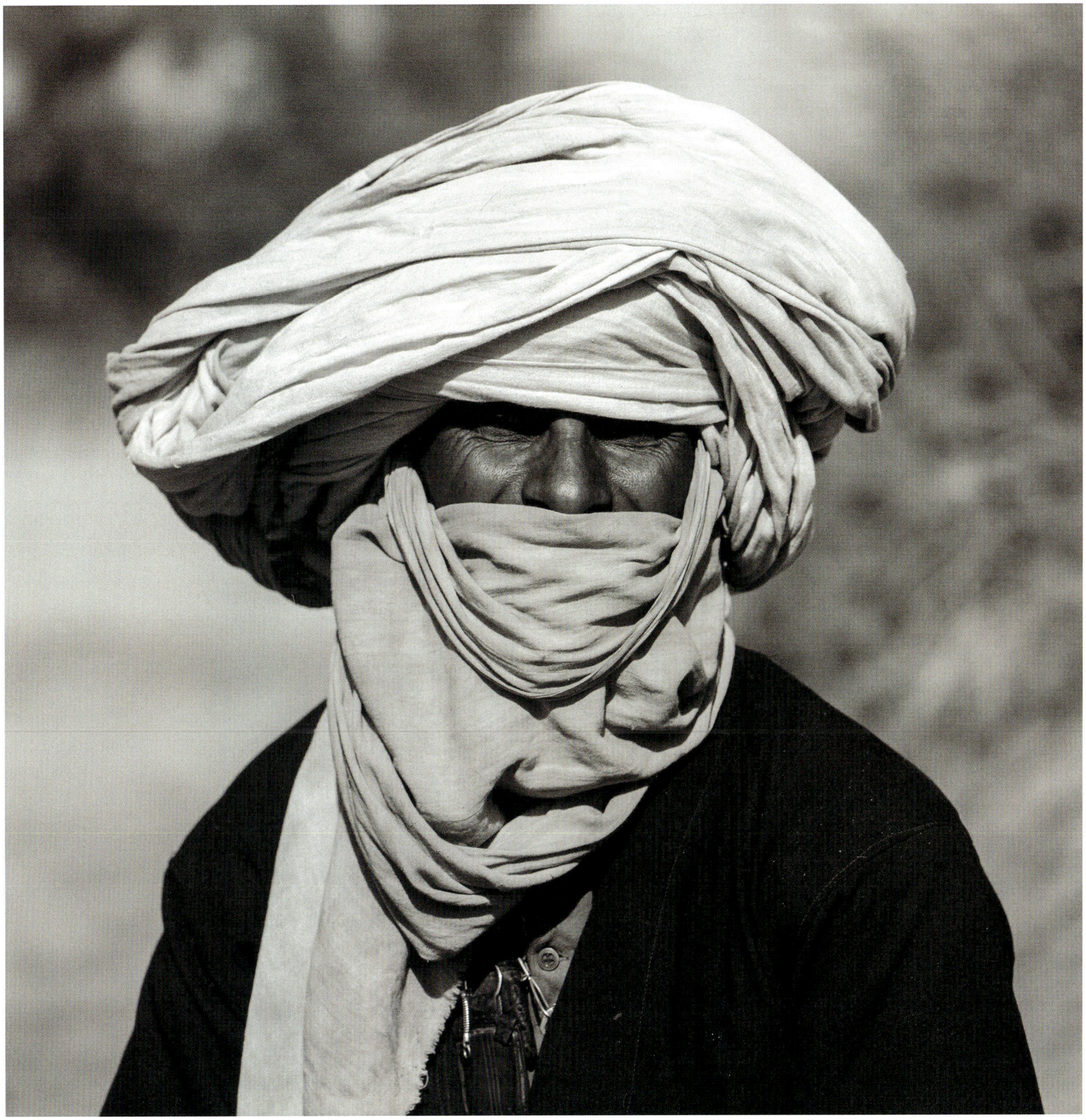

Buya wird unser Guide sein I **Algerien**

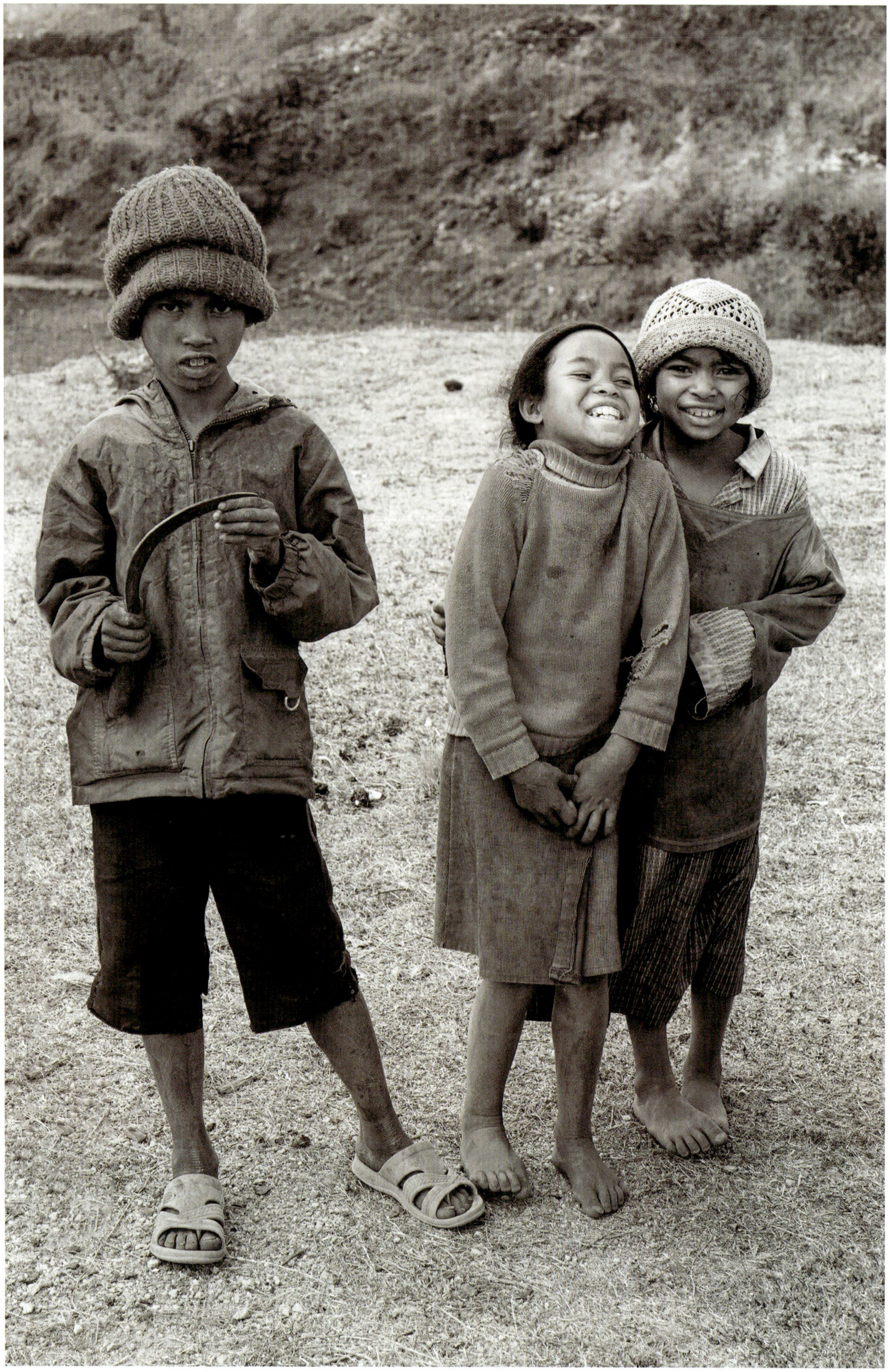

Kinder
Madagaskar

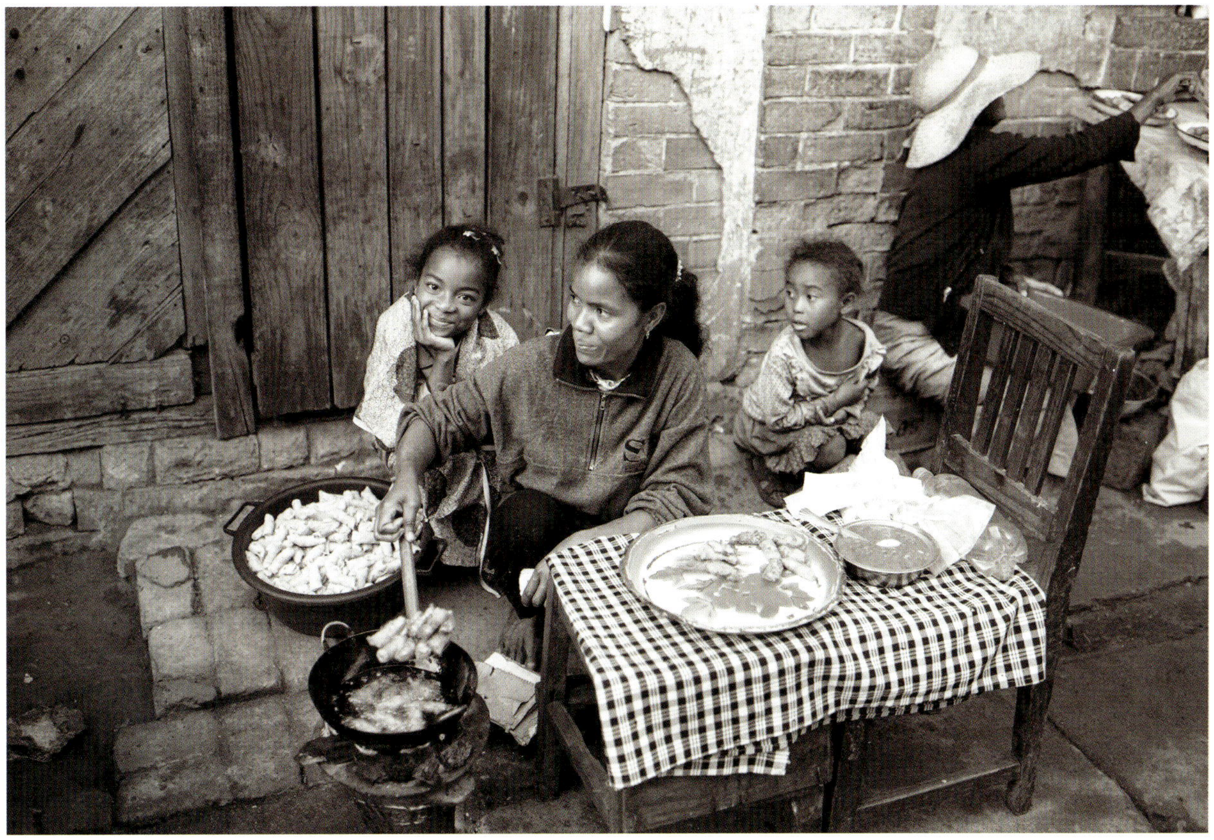

Straßenmarkt
Madagaskar

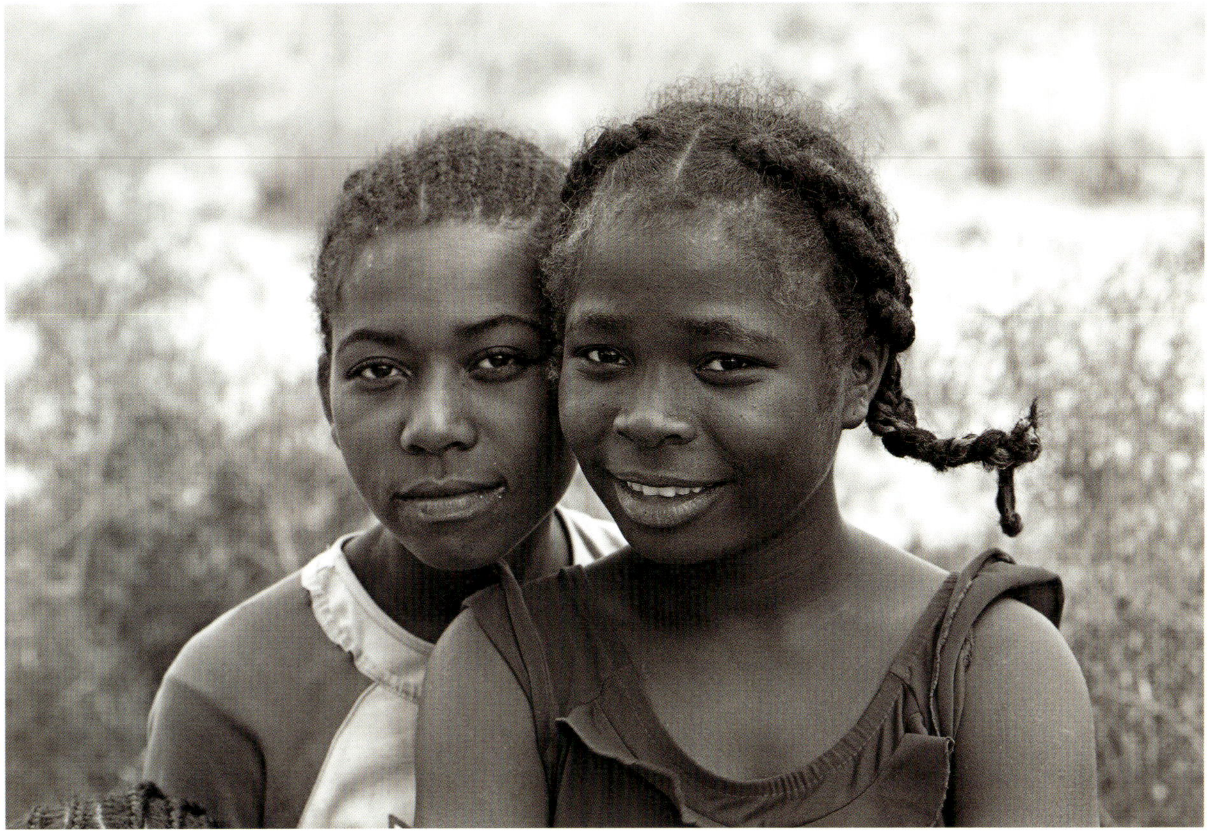

Junge Frauen
Madagaskar

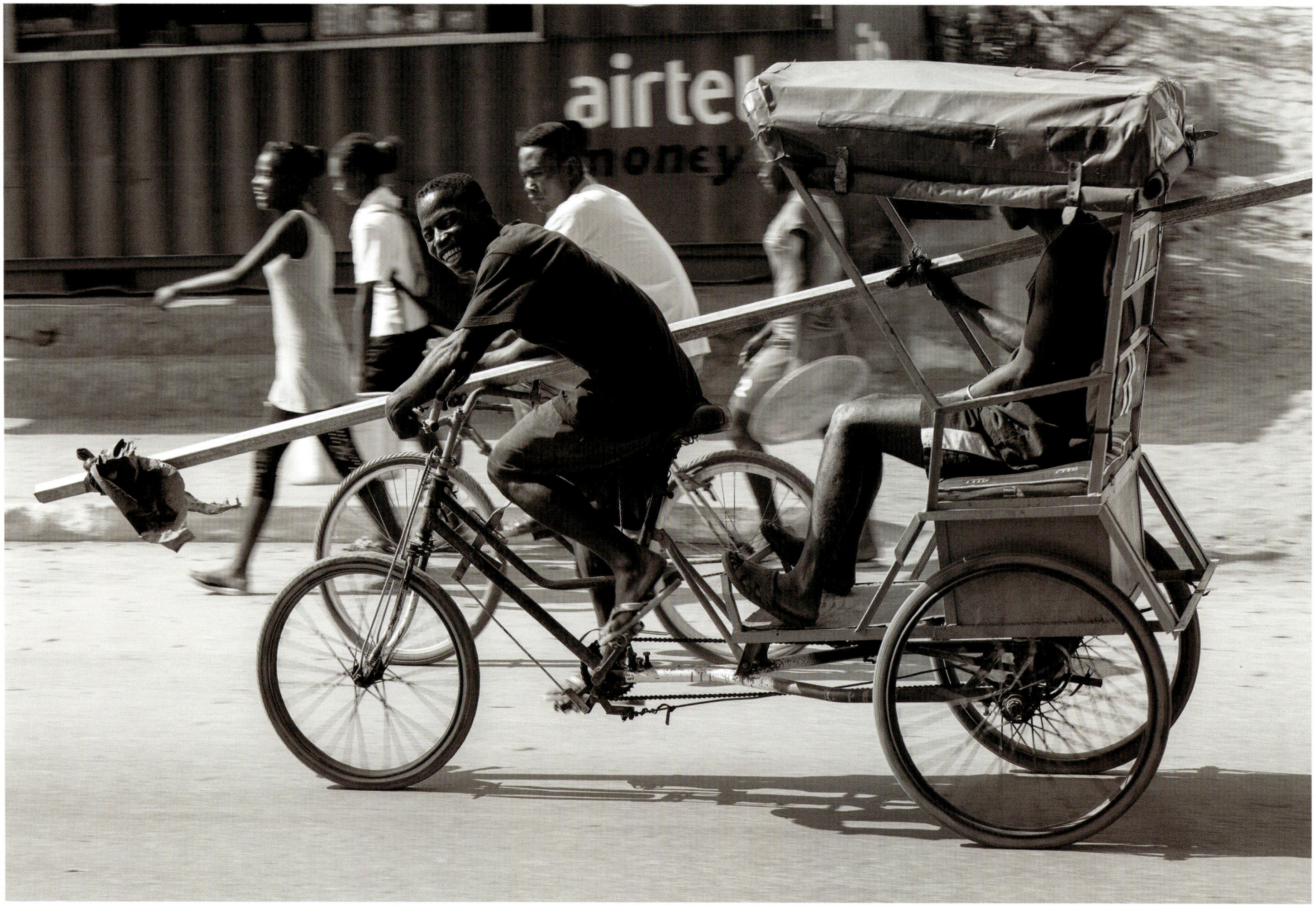

Transportgeschäfte I **Madagaskar**

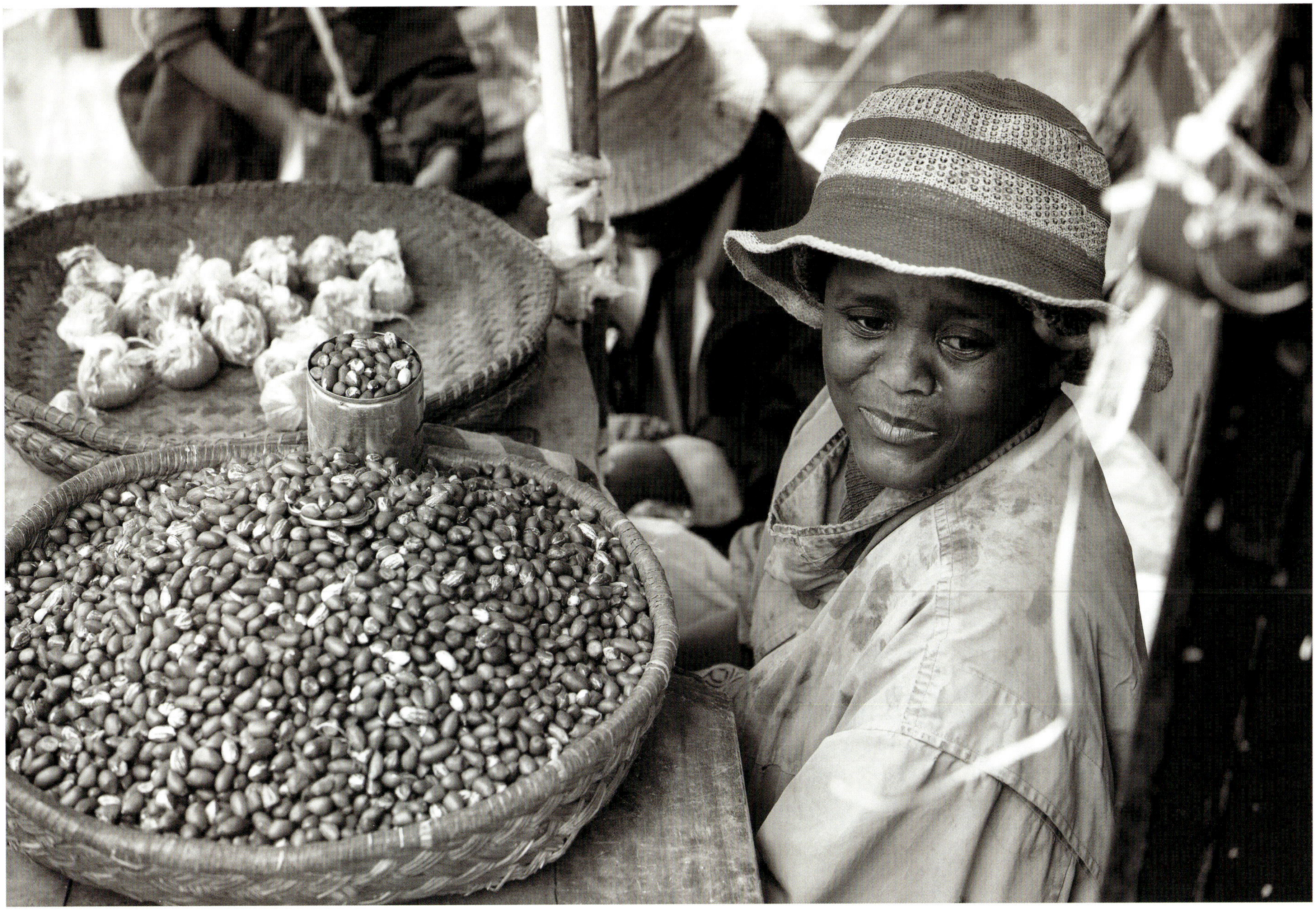

Markt von Antsirabe | **Madagaskar**

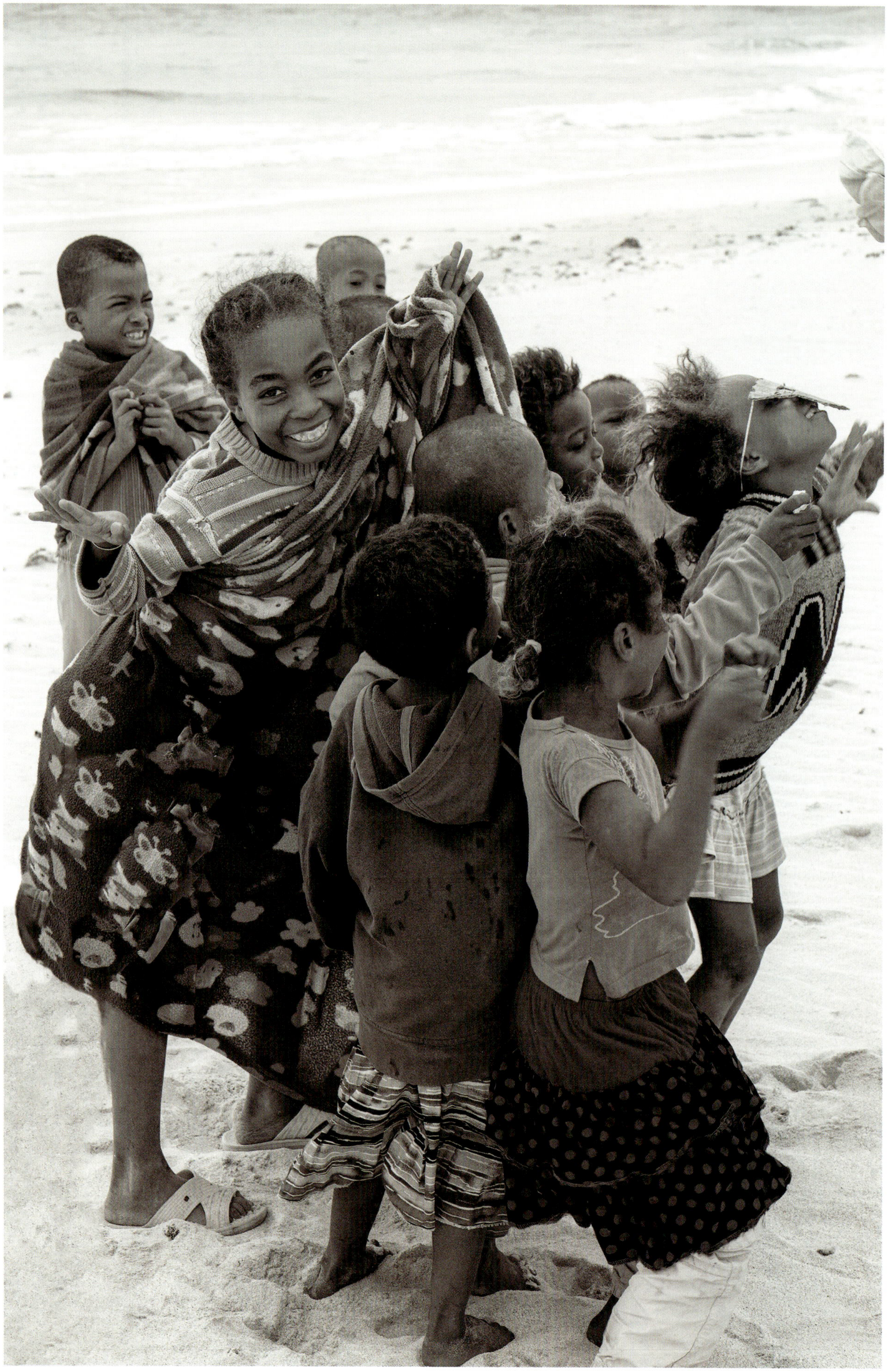

Kinder
Madagaskar

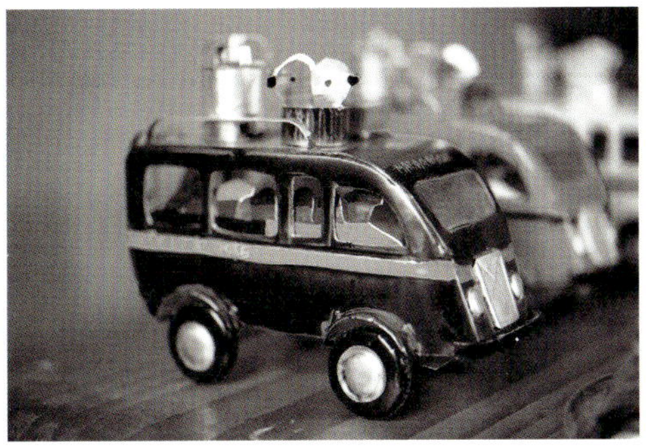

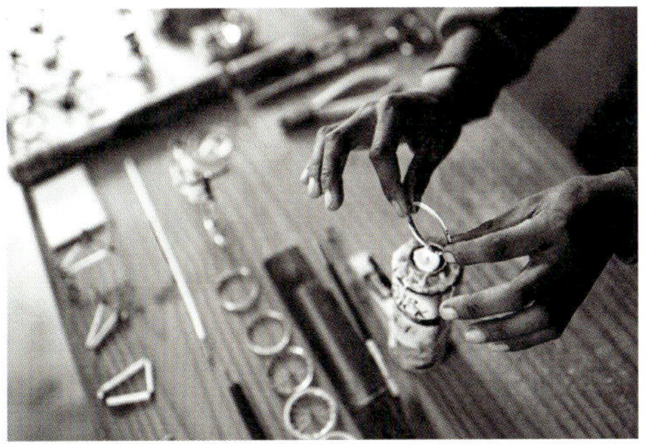

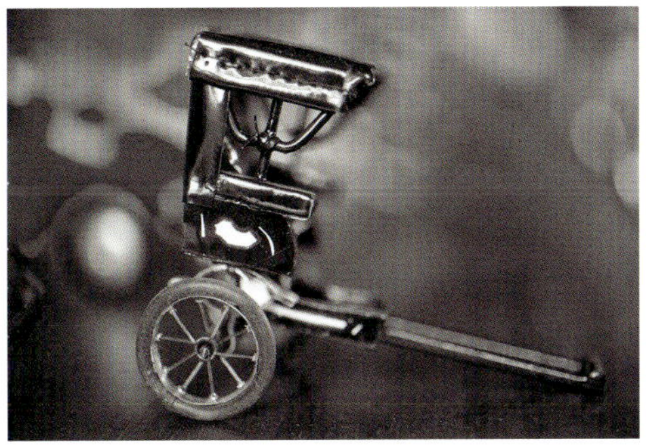

Recycling
Alte Blechdosen werden zu Spielzeug und Dekorationsobjekten verarbeitet.

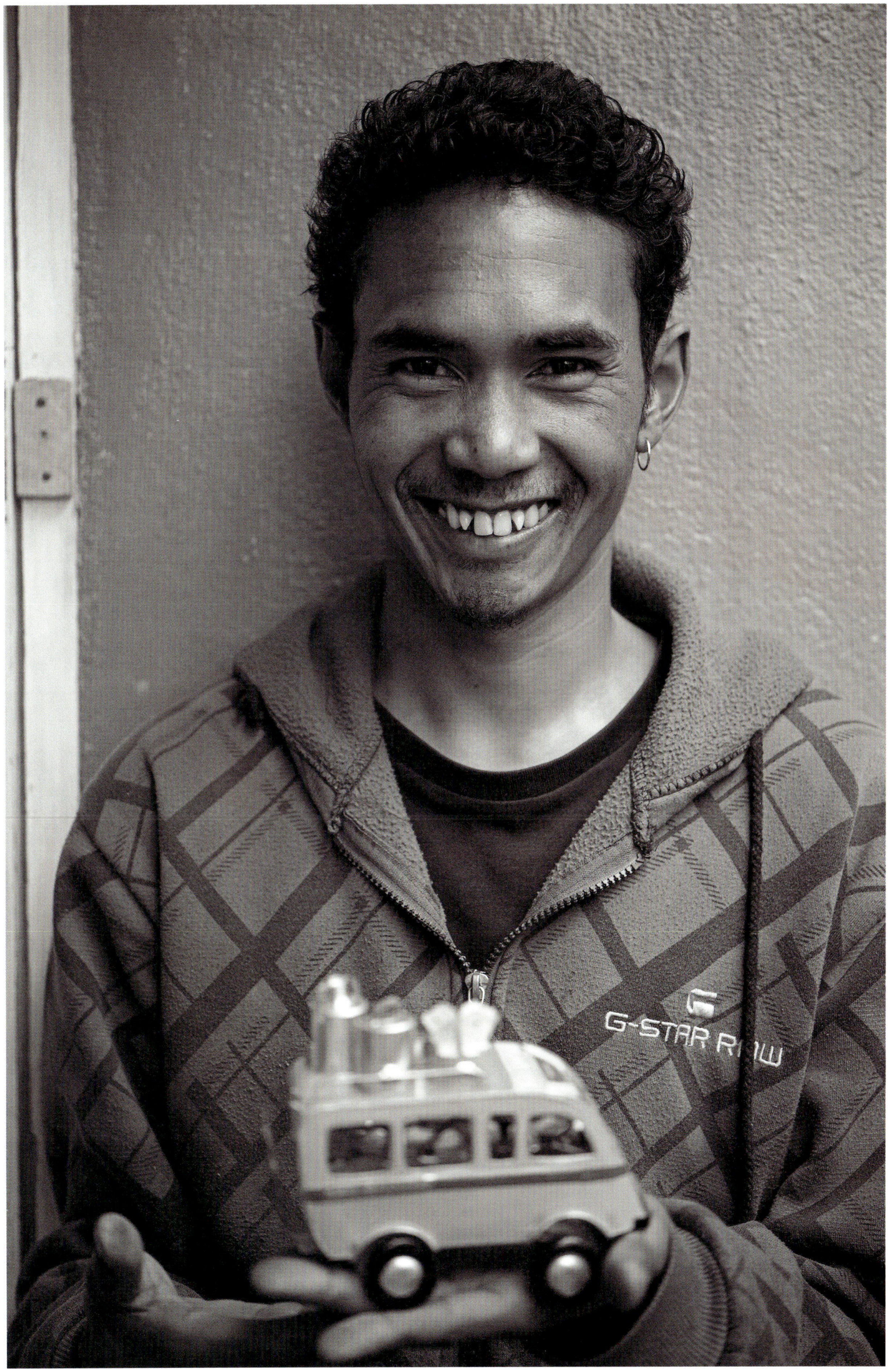

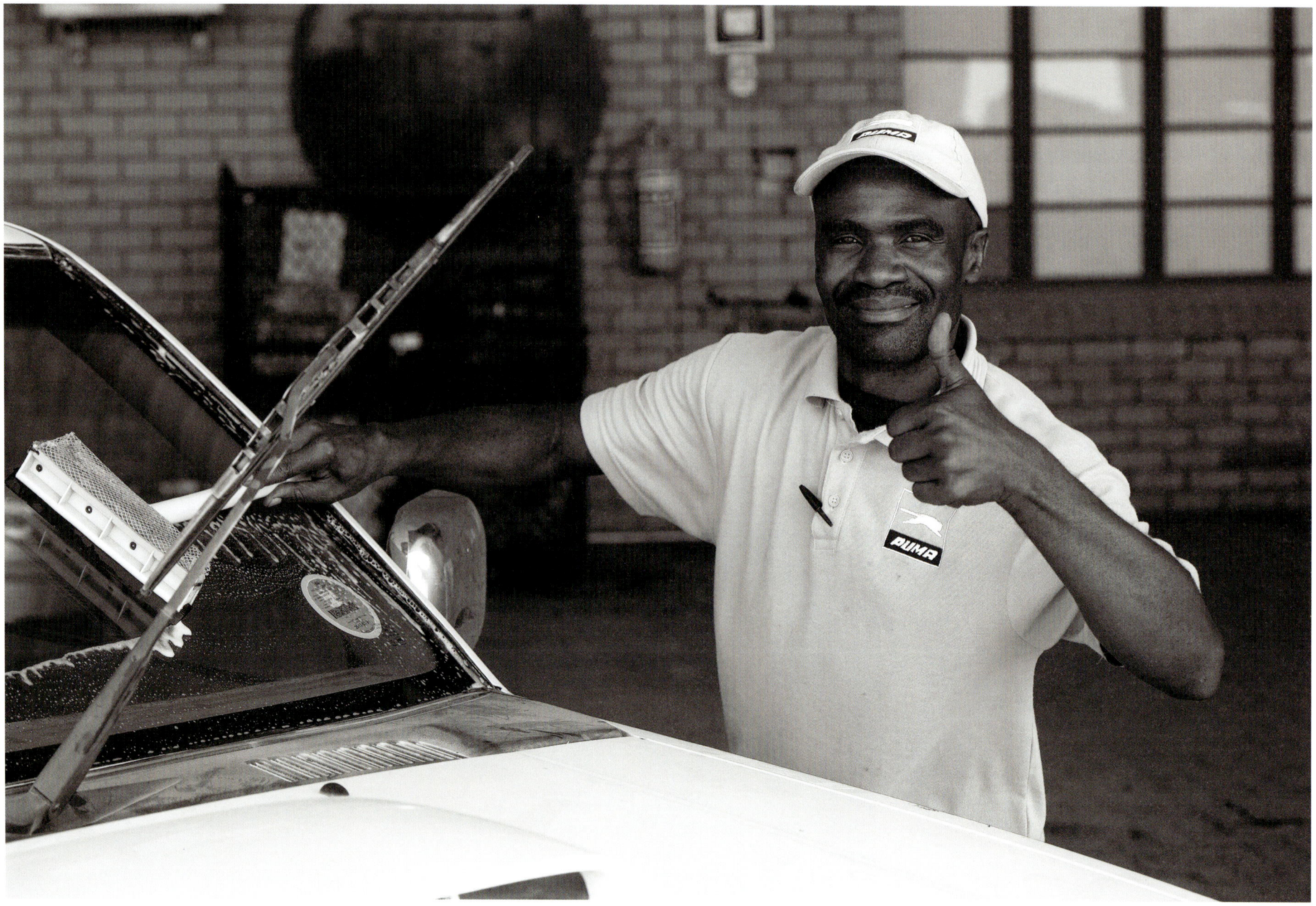

Gute Laune tanken | **Namibia**

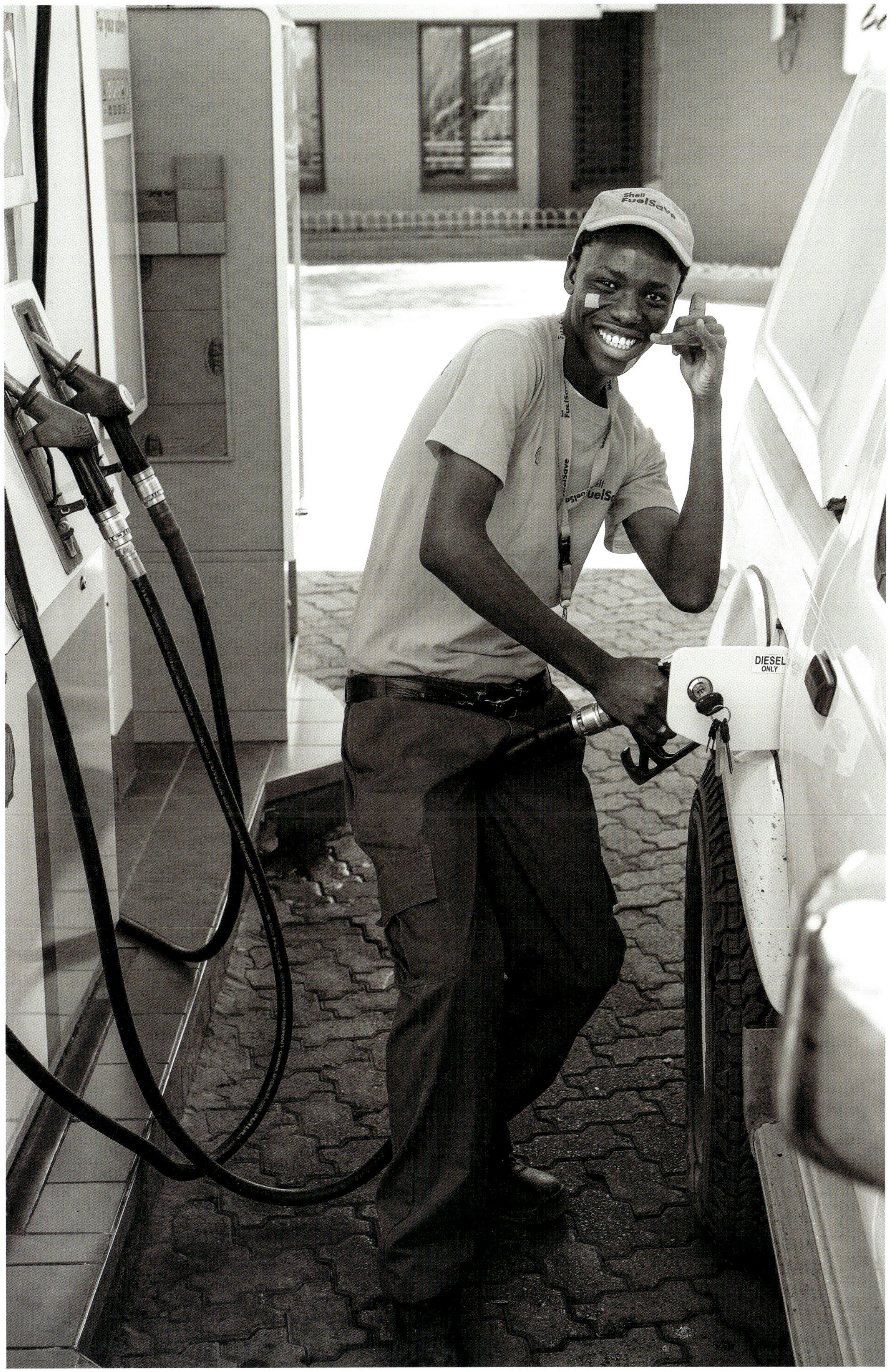
Shell
FuelSave
DIESEL
ONLY

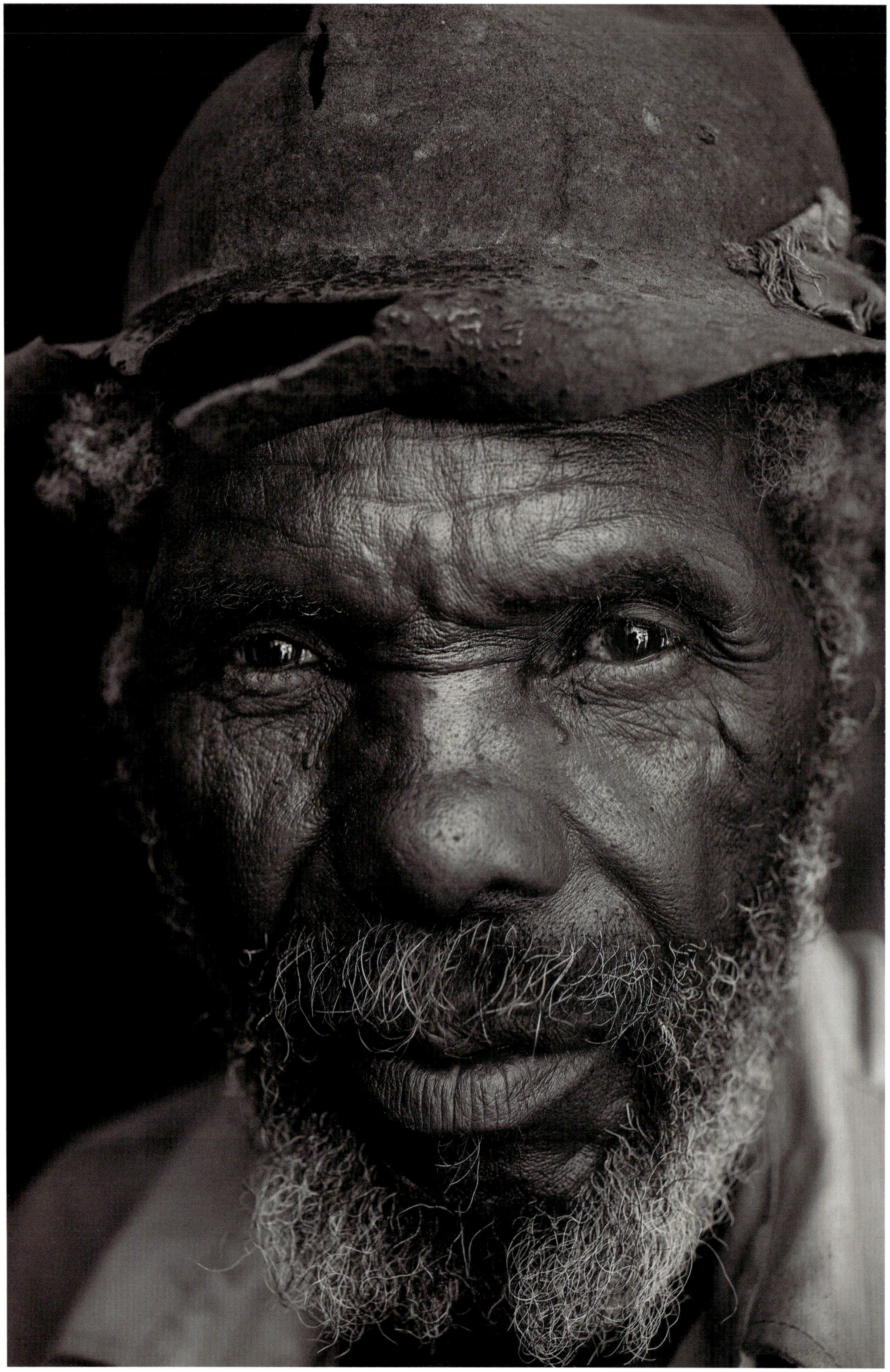

Wasserpumpen-Mechaniker
In einer kleinen Siedlung im Nordosten von Namibia betreut dieser Mann eine uralte Wasserpumpe in einem dunklen Häuschen.
Wegen der häufigen Ausfälle der Pumpe ist das eine wichtige Aufgabe, damit das Dorf jederzeit mit Wasser versorgt ist.

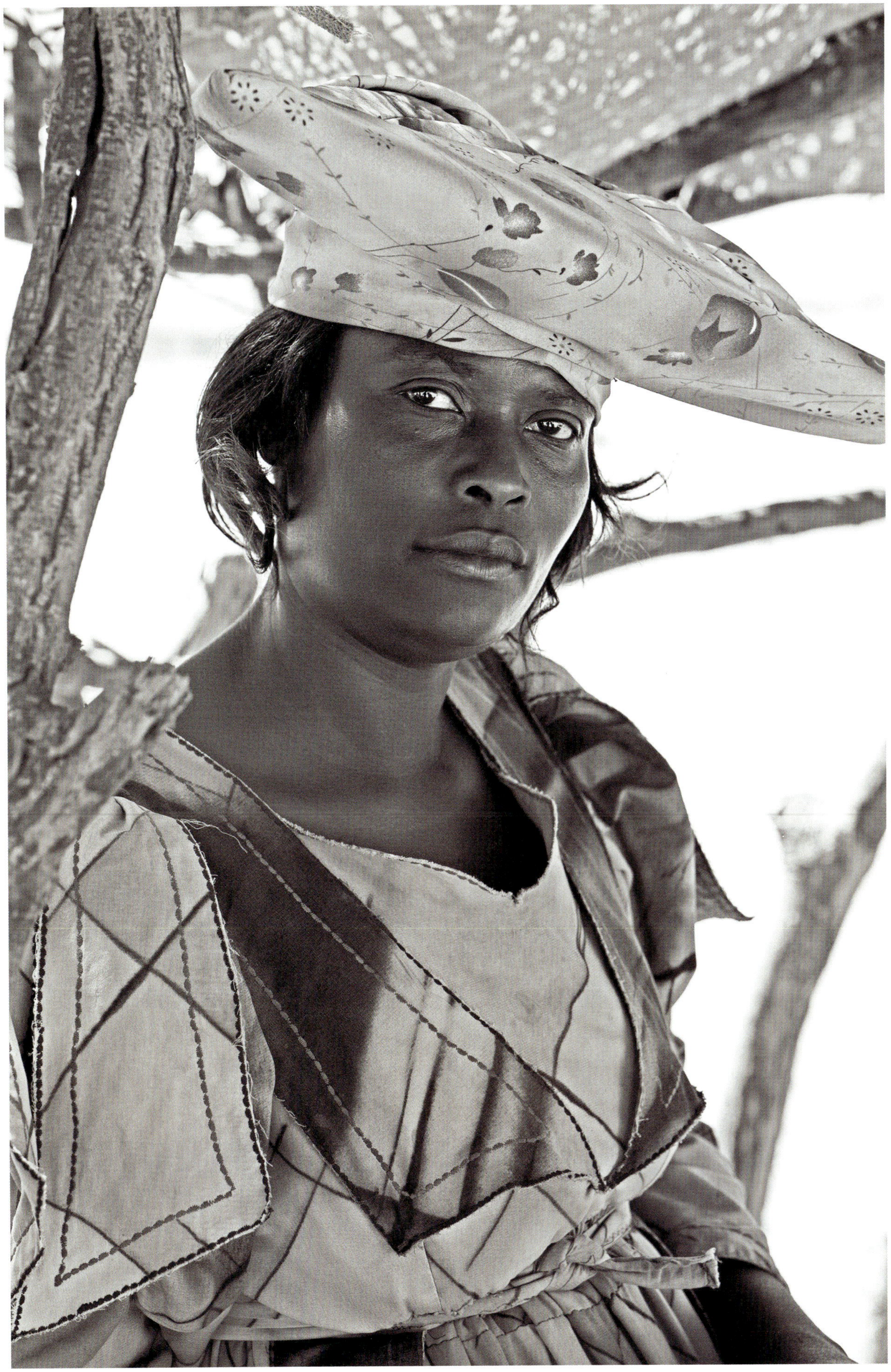

Herero-Frau, Namibia
Die Tracht mit großer Kopfbedeckung und üppigem viktorianischen Rock hat ihren Ursprung im Vernichtungskrieg der deutschen Kolonialherren. Die zuvor nur mit einem Lendenschurz bekleideten Herero-Frauen wurden gezwungen, sich »sittsam« zu kleiden – und das in einem sehr heißen und trockenen Klima. Diese Eigenheit hat sich bis heute gehalten.

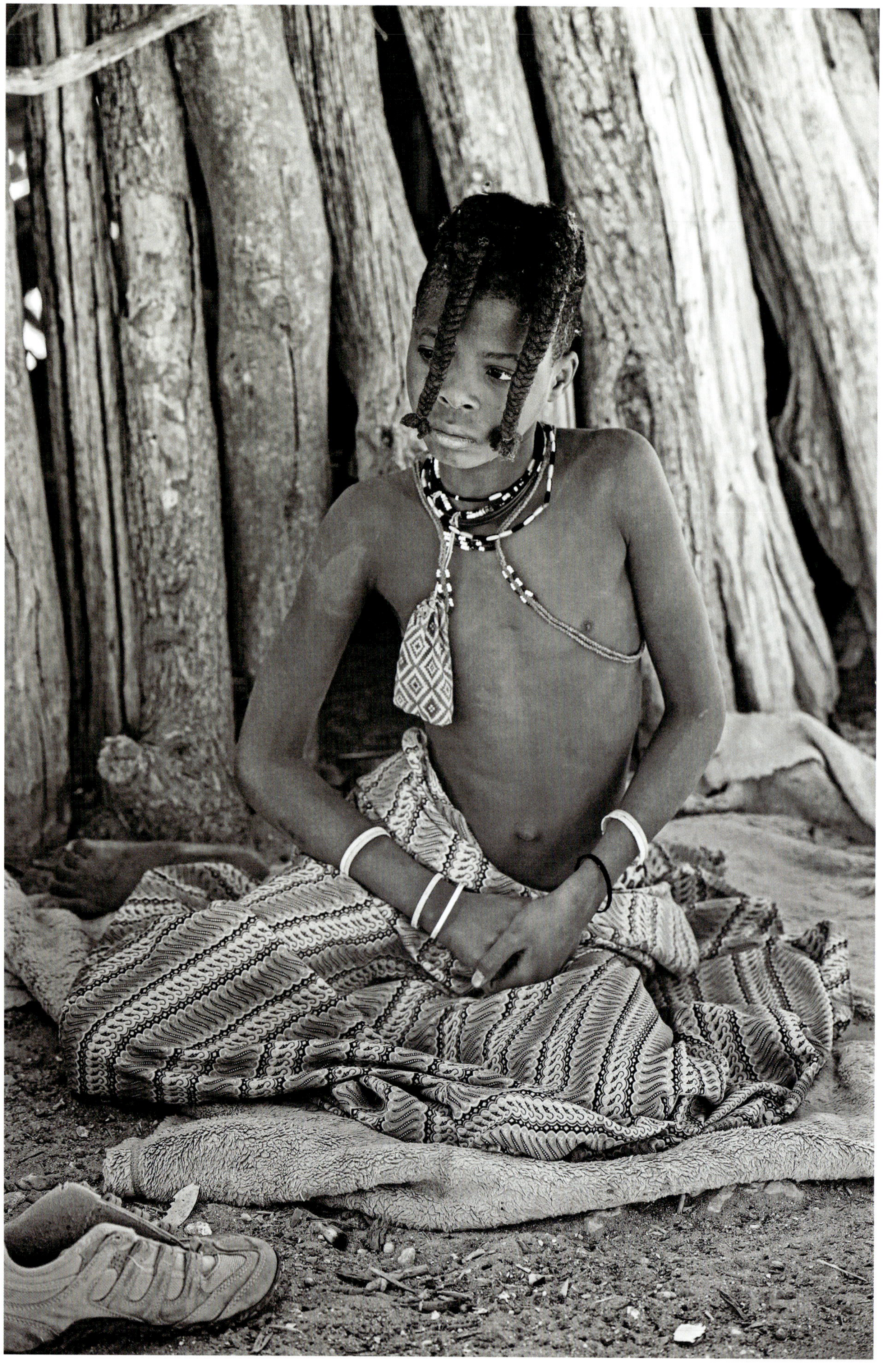

Himba-Mädchen, Namibia
Die zwei Zöpfe tragen die Mädchen traditionell bis zur Pubertät.

Himba-Frau, Namibia
Im Nordwesten Namibias leben die Himba als Halbnomaden in einem Kral von Lehmhütten.
Wichtige Ernährungsgrundlage sind ihre Kühe und Ziegen. Die Frauen färben sich mit roter Erde ein und benützen Rauch, um Körpergerüche zu überdecken.

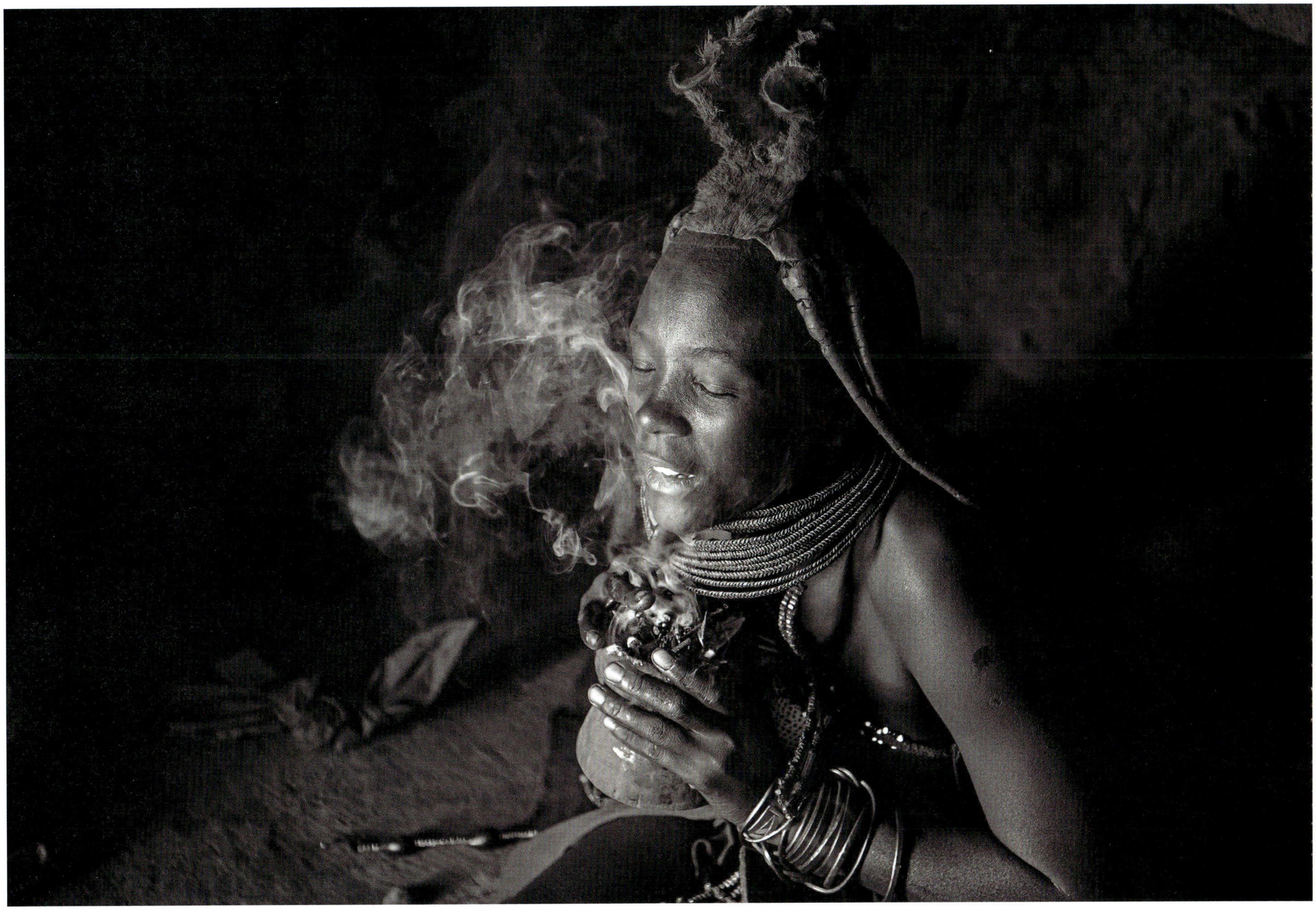

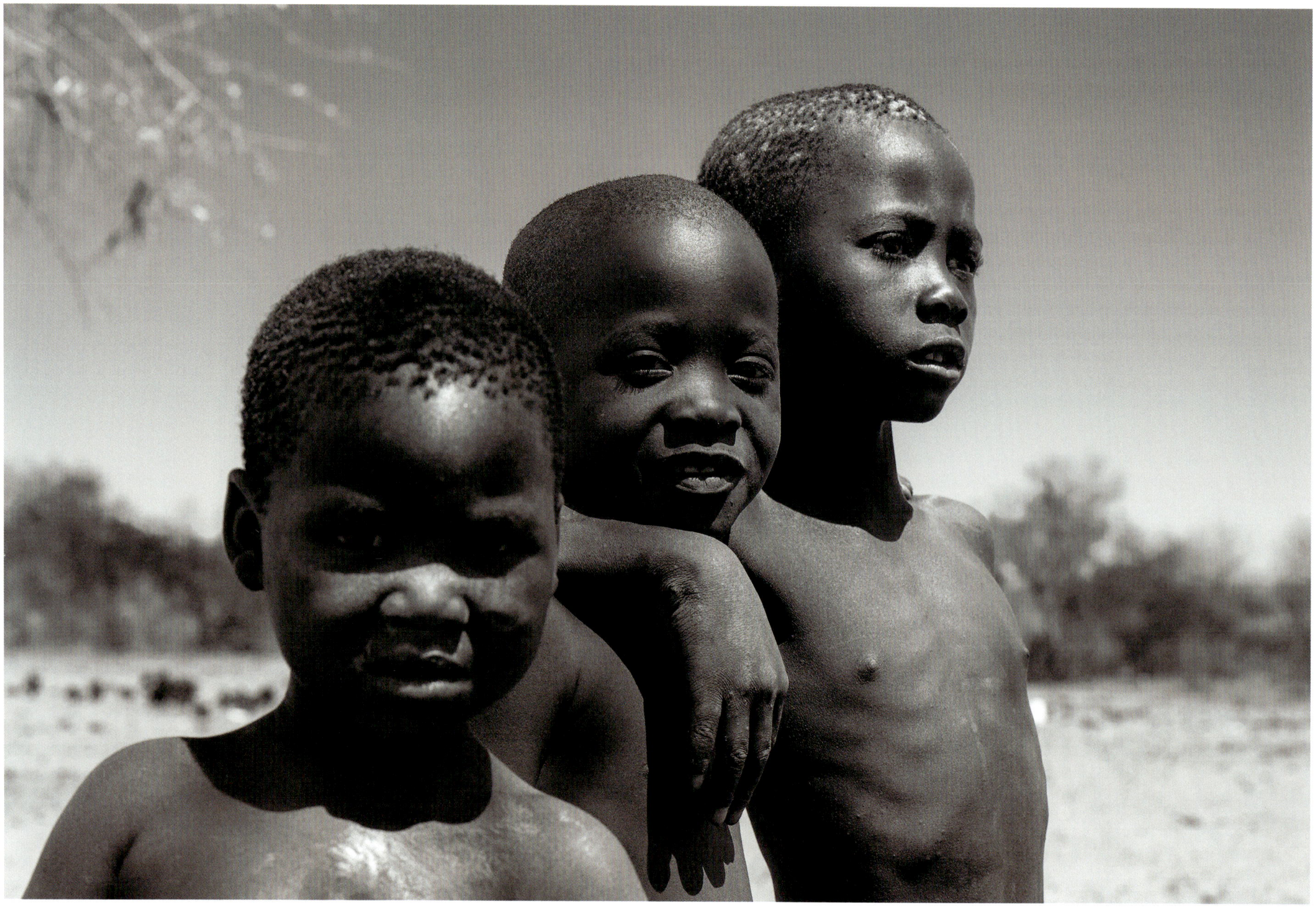

San-Kinder | **Namibia**

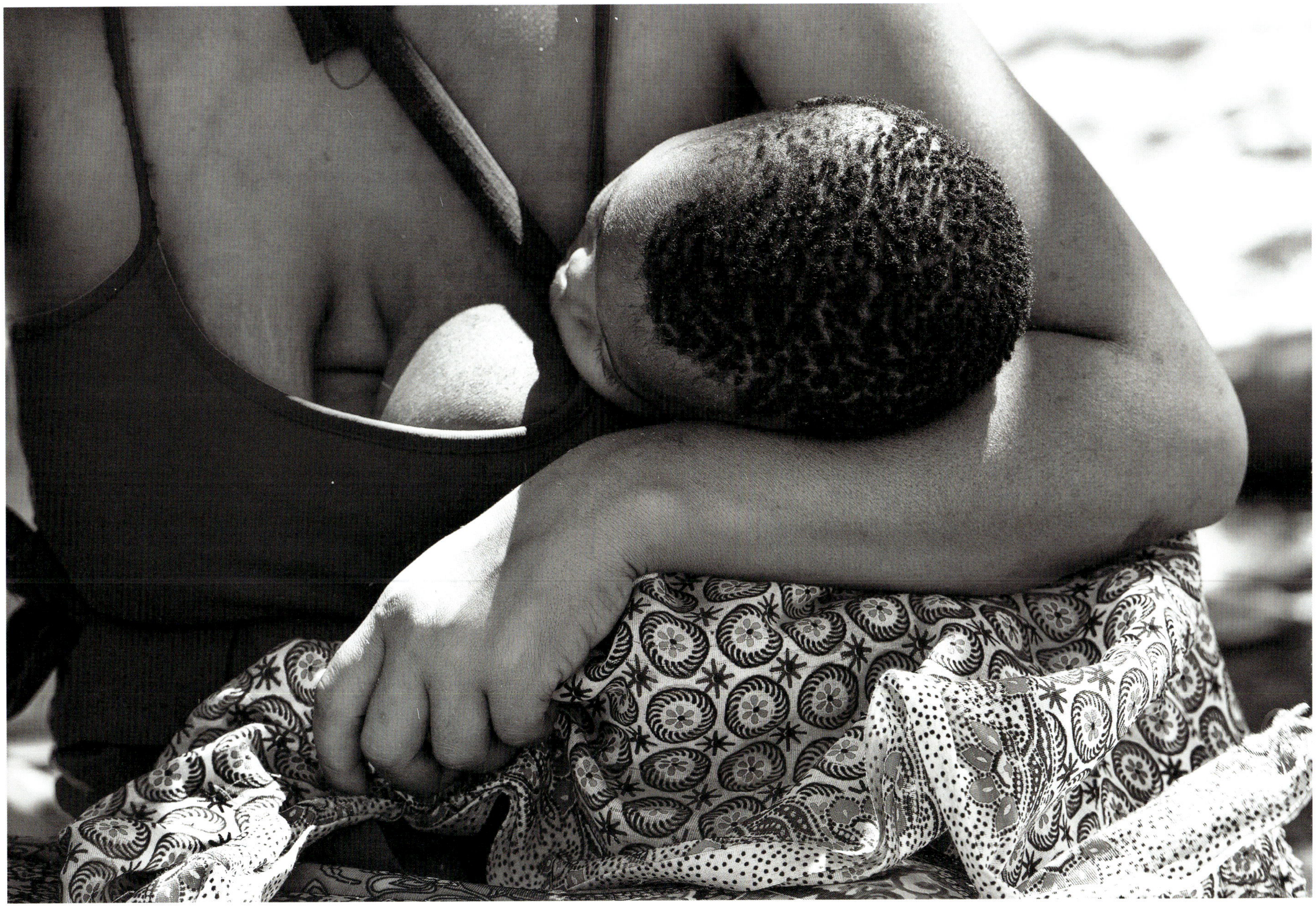

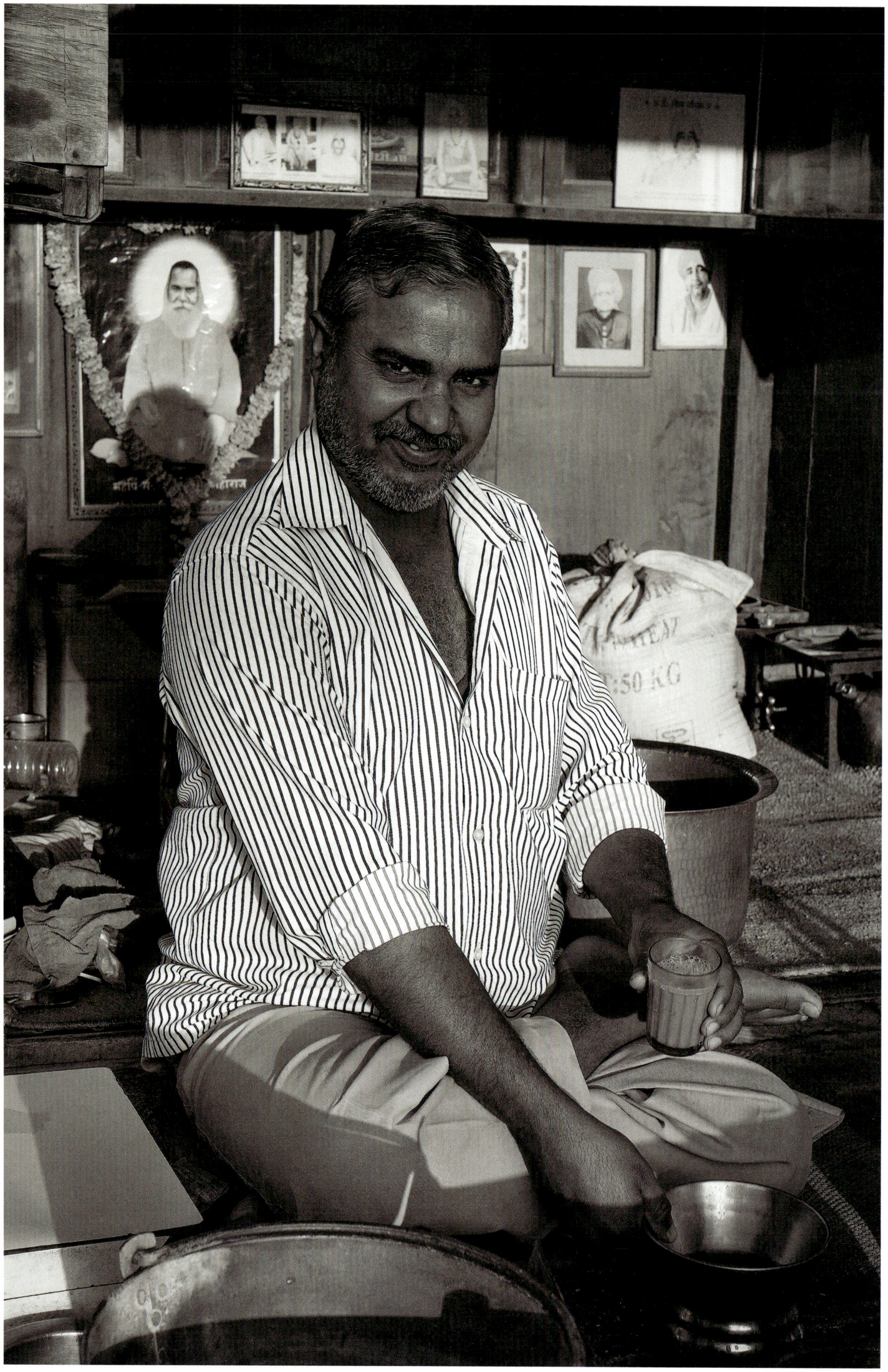

Teeküche
Indien

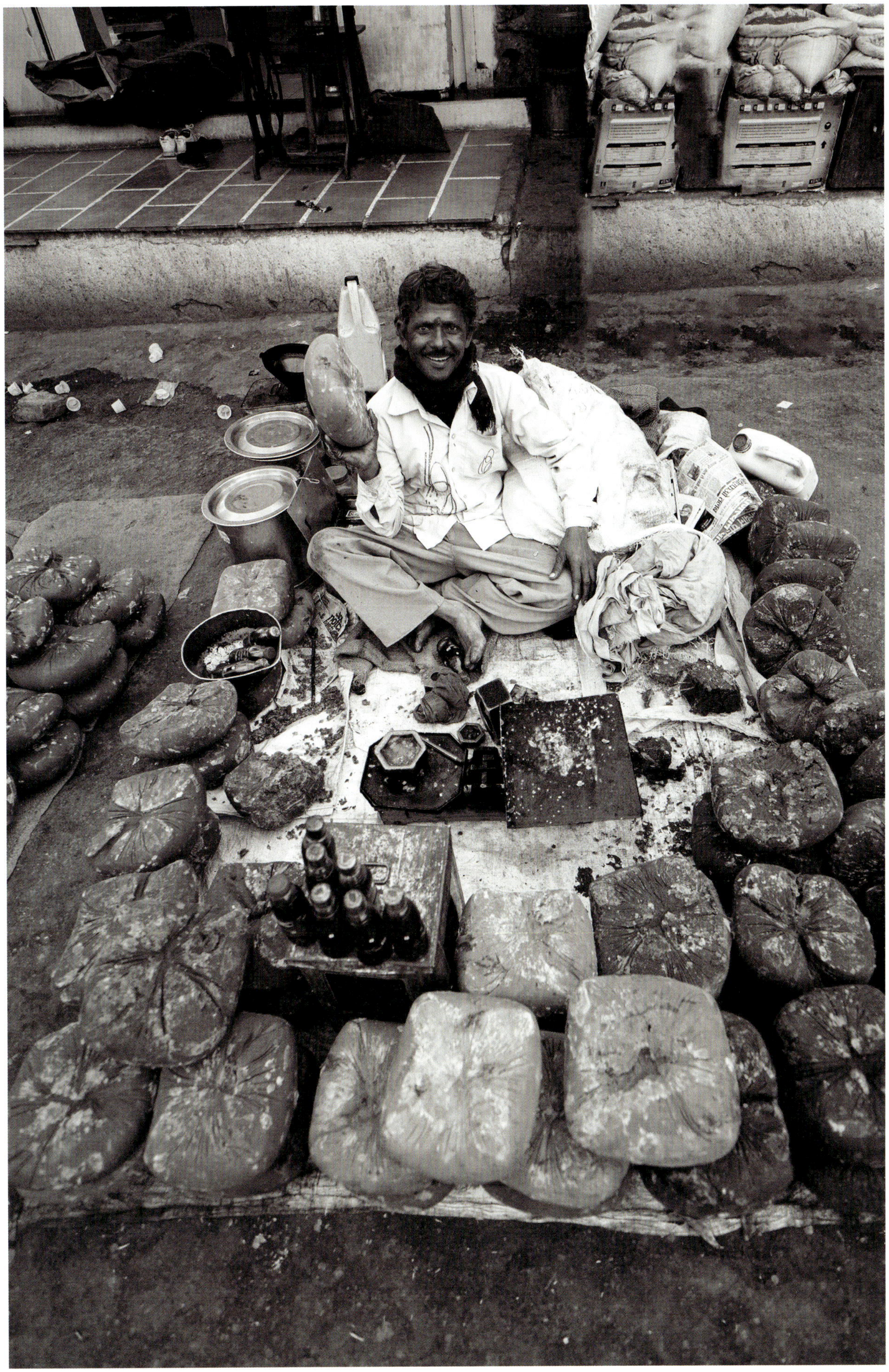

Zuckerverkäufer
Indien

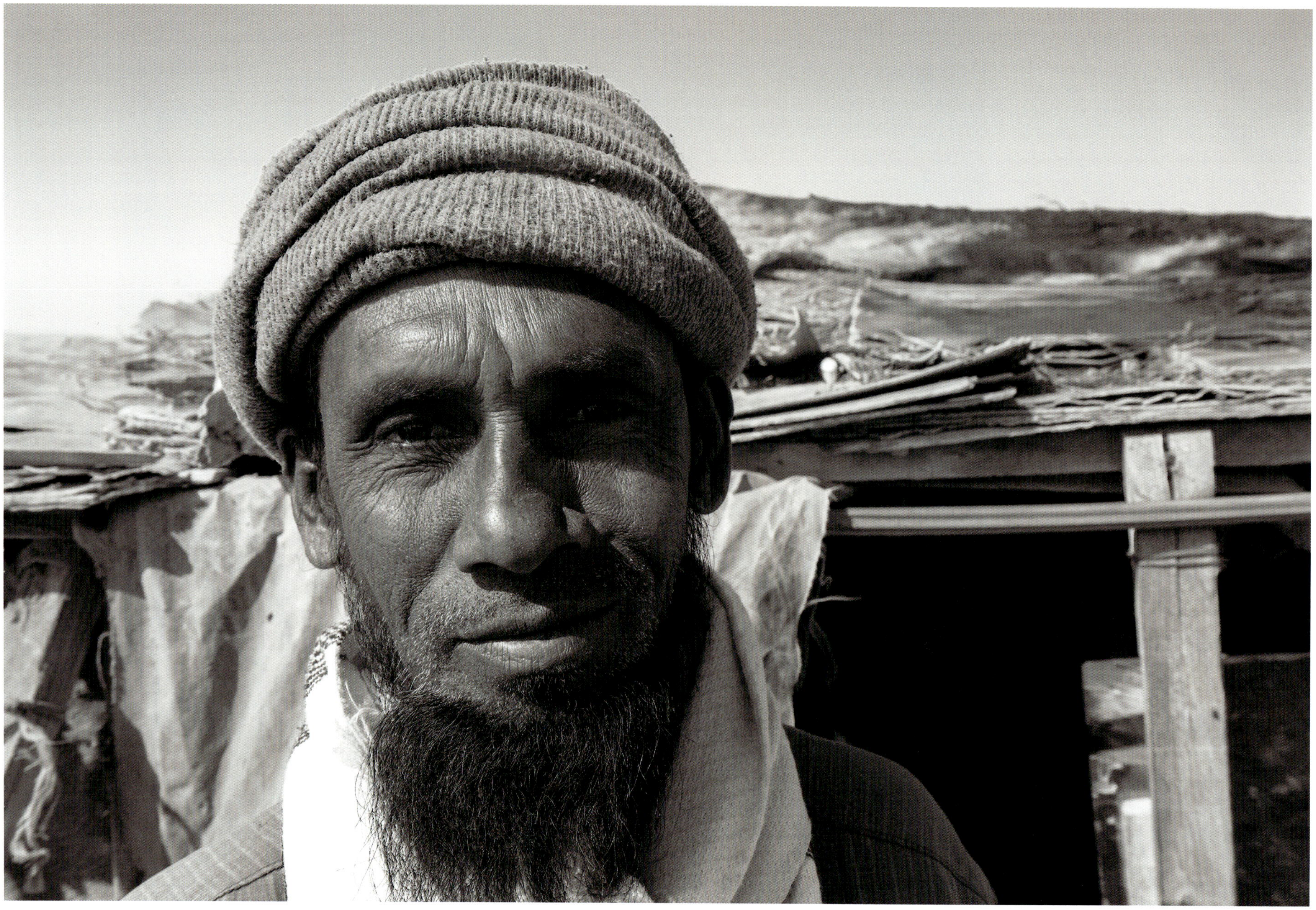

Kamelhirt **I** **Oman**

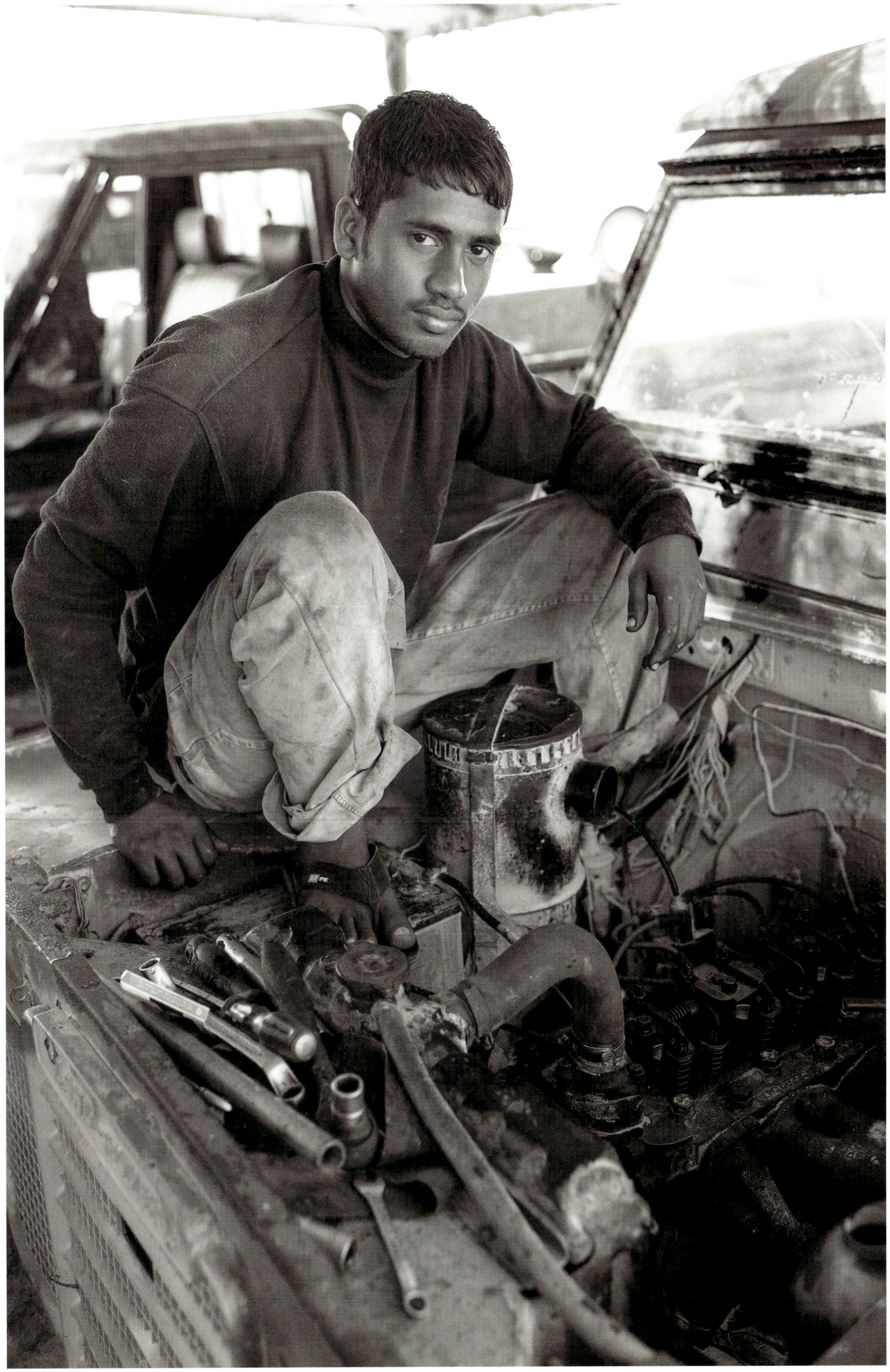

Mechaniker
Oman

Frauen im Oman

Frauenrechte werden im Oman großgeschrieben. Die überwiegende Zahl der Studienplätzen an den Unis ist von Frauen besetzt. Die »Masken«, die viele Frauen tragen, sind keineswegs ein religiöses Zeichen, sondern dienen dem Sonnenschutz – damit die Haut heller bleibt.

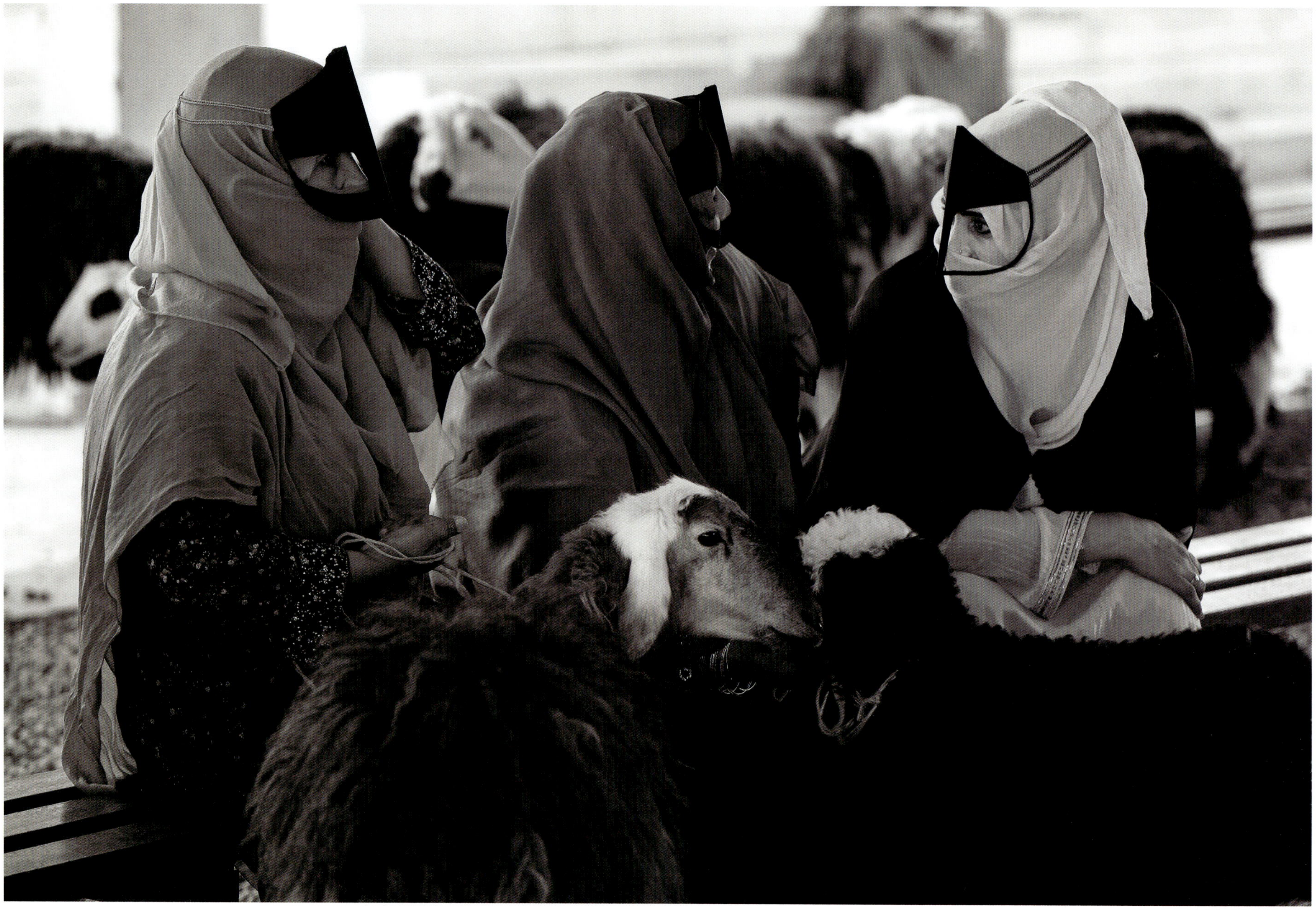

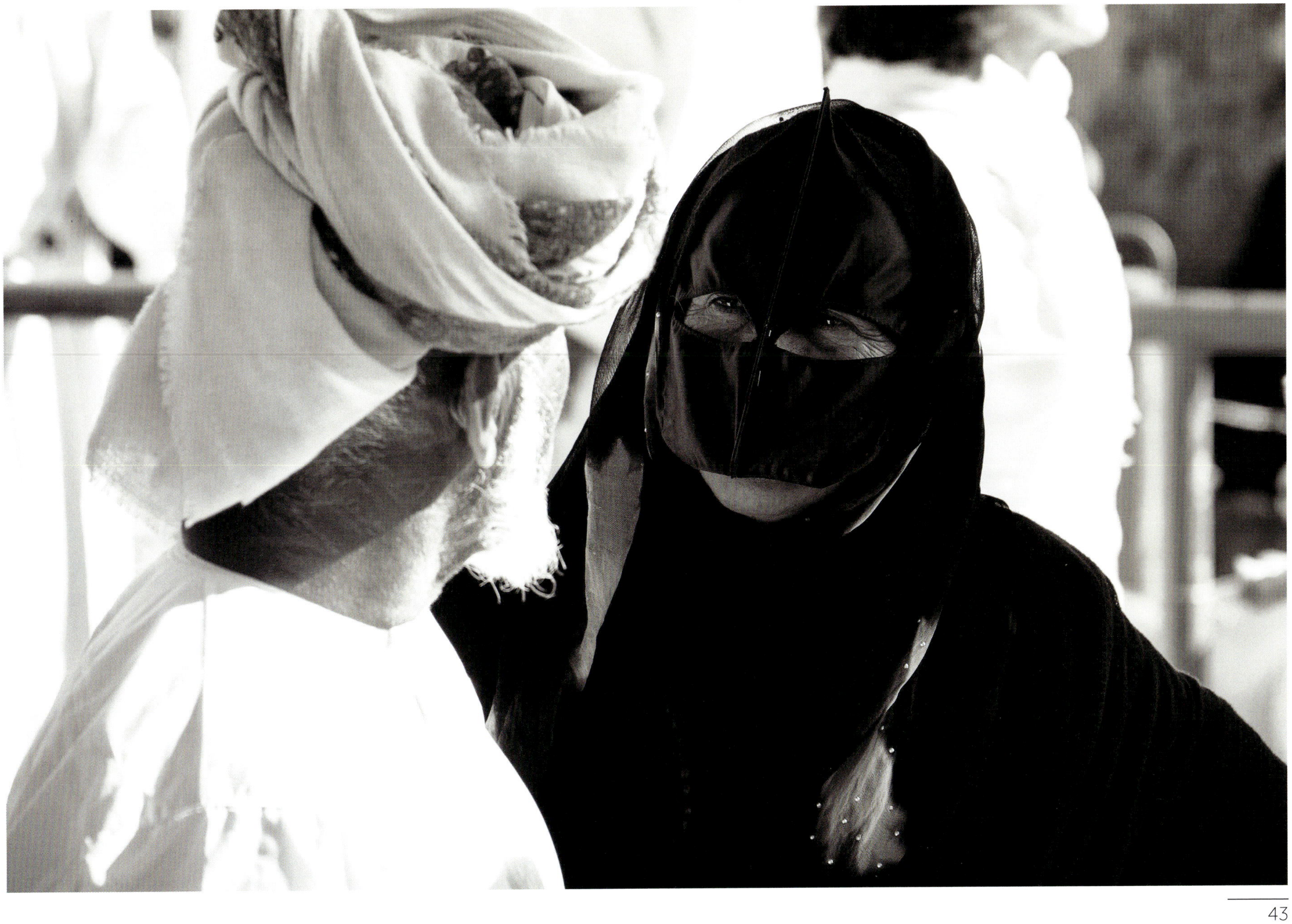

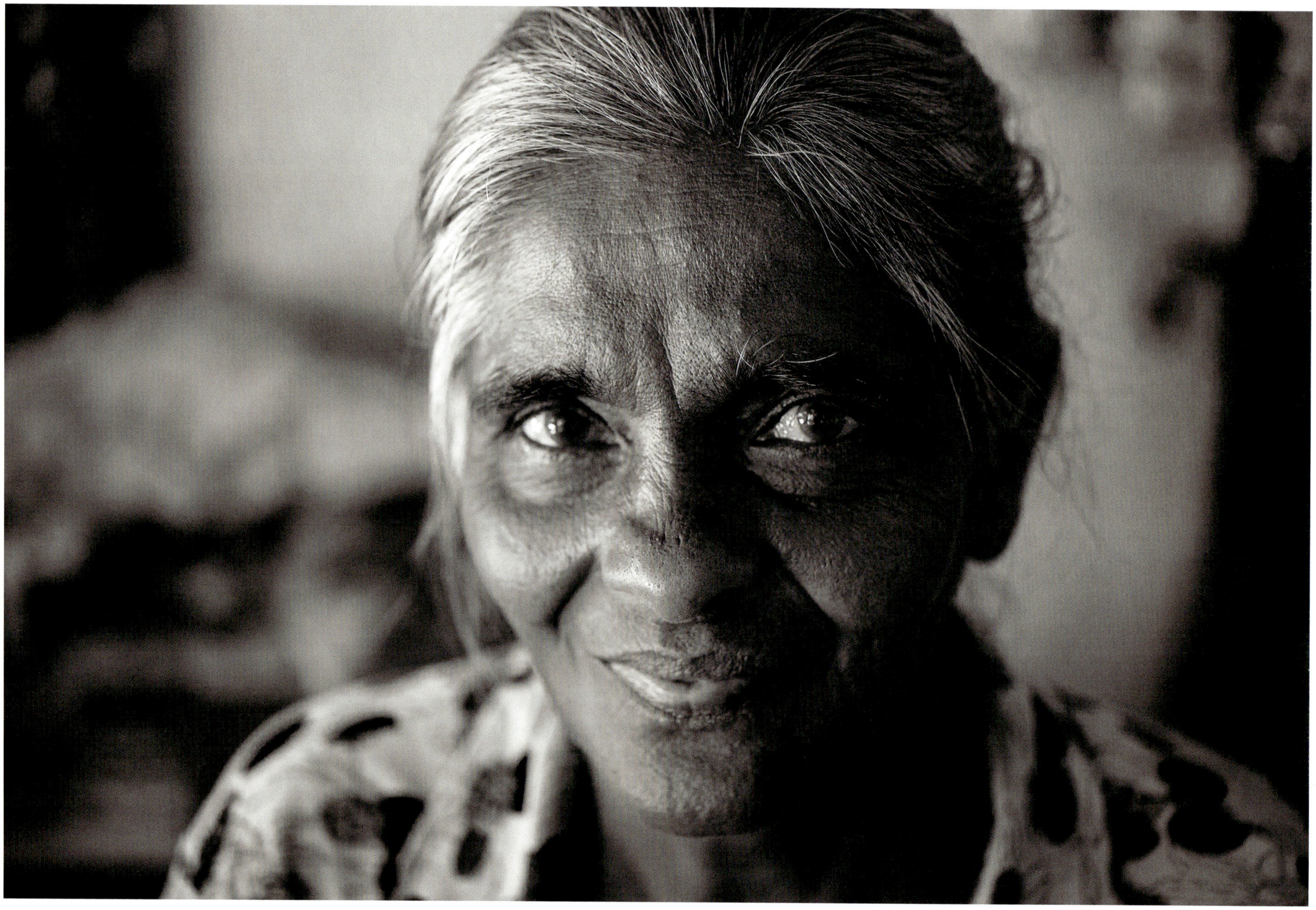

Teeverkäuferin I **Sri Lanka**

Teepflückerin, Sri Lanka
Tee ist für Sri Lanka ein wichtiges Exportprodukt. Eigentlich war die Pflanze nicht heimisch, sondern wurde erst von den Engländern eingeführt. Dafür mussten große Flächen von Urwald weichen.

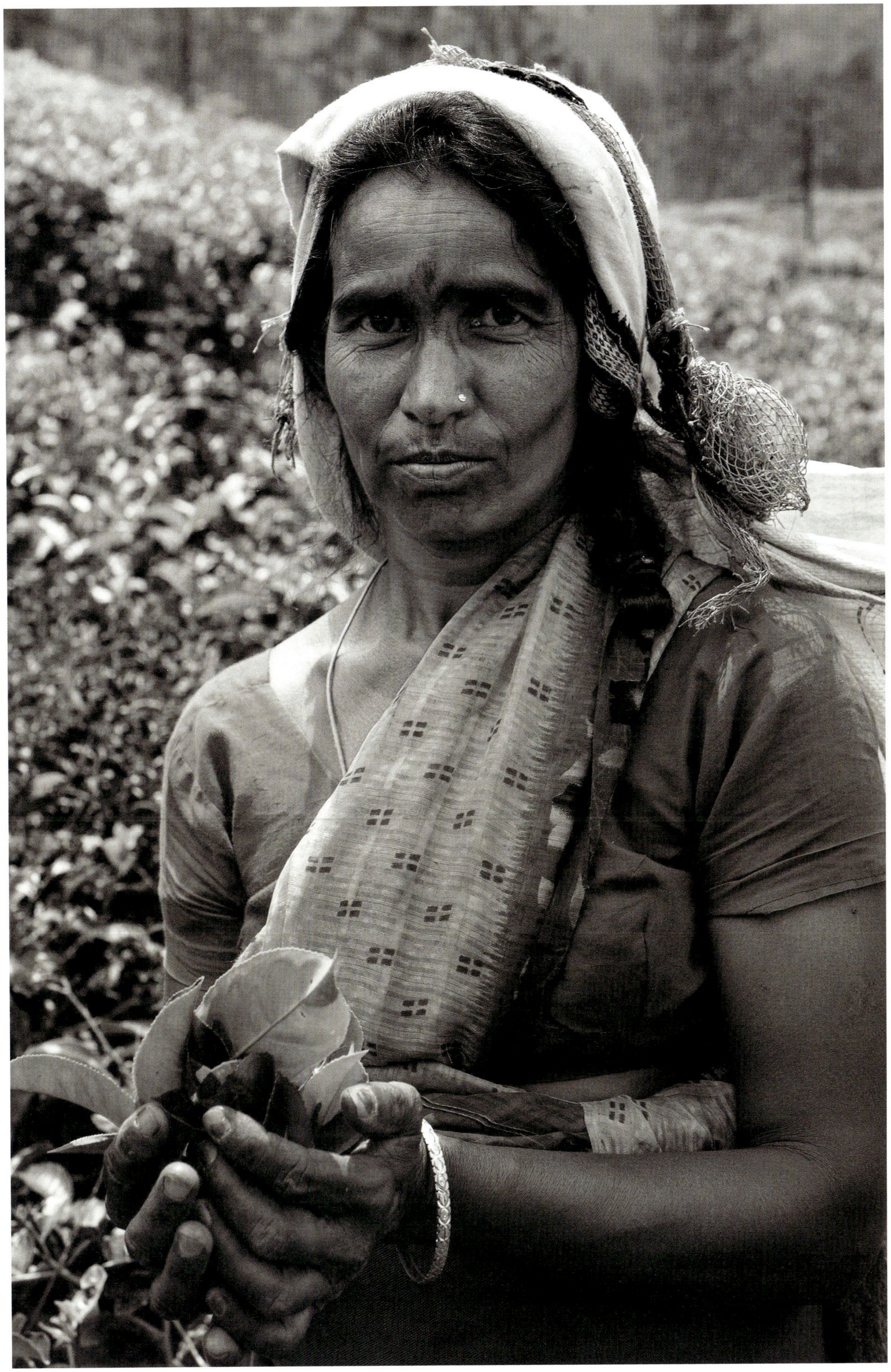

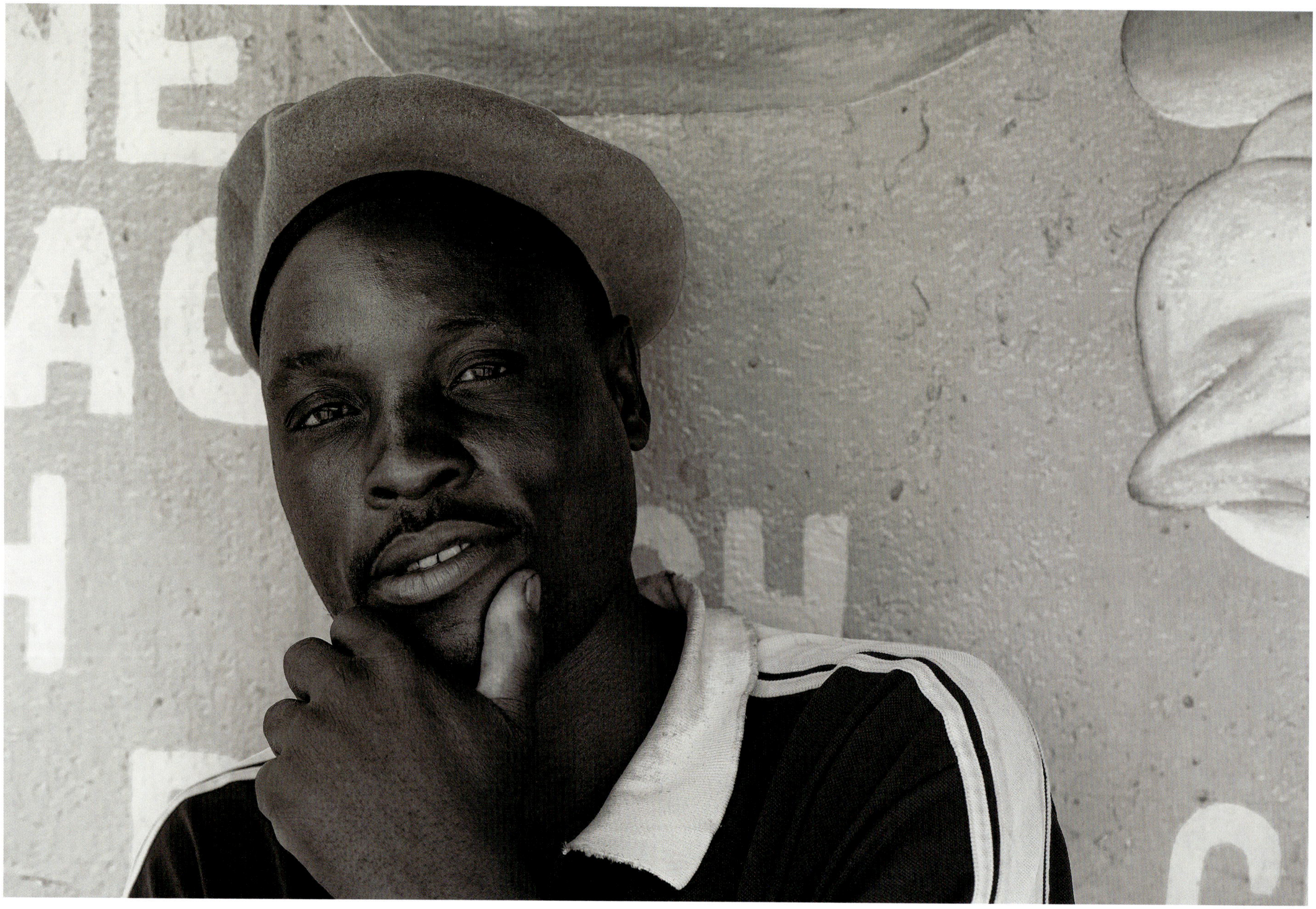

Spontane Bekanntschaft | **Sambia**

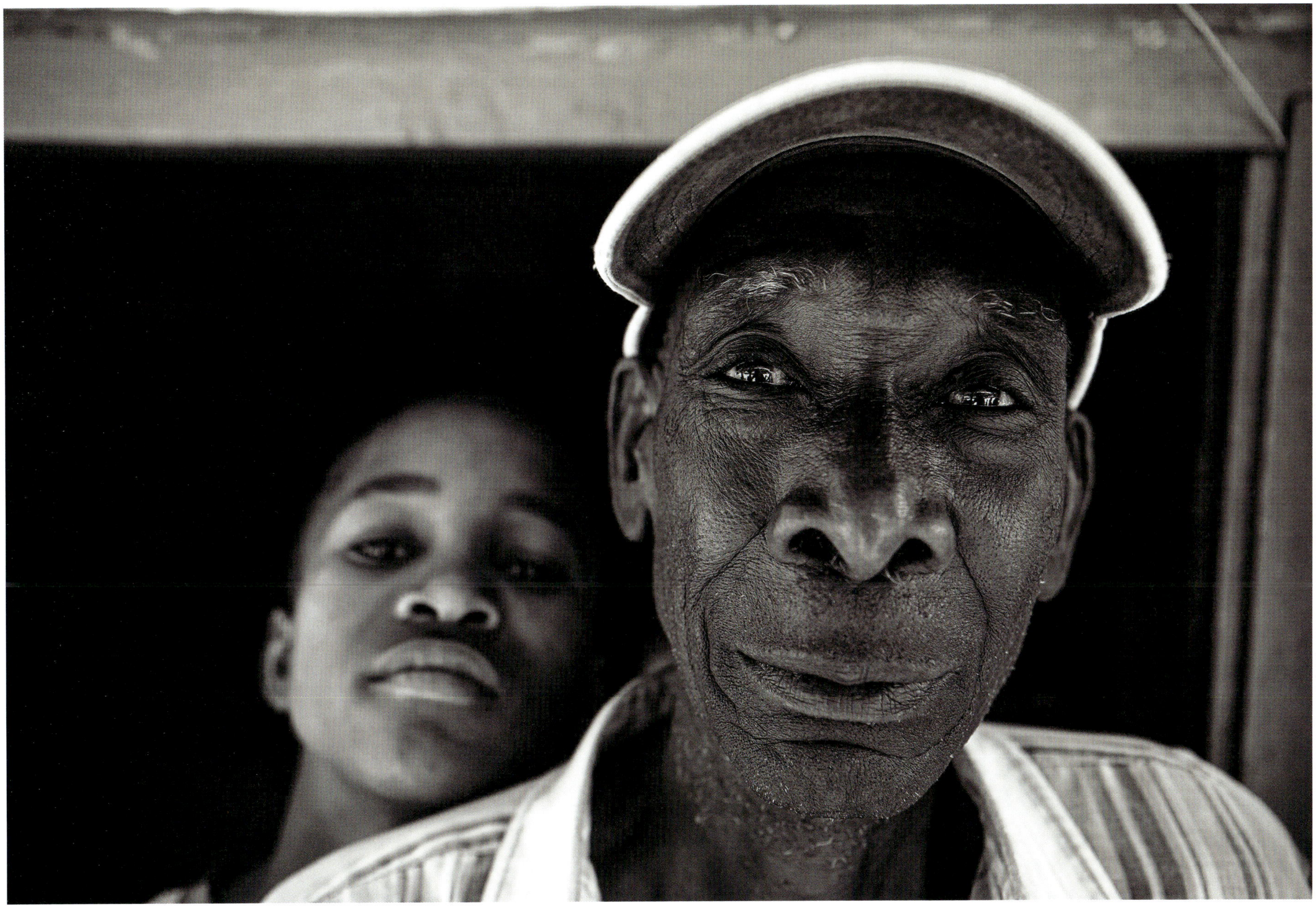

Dorfältester | **Sambia**

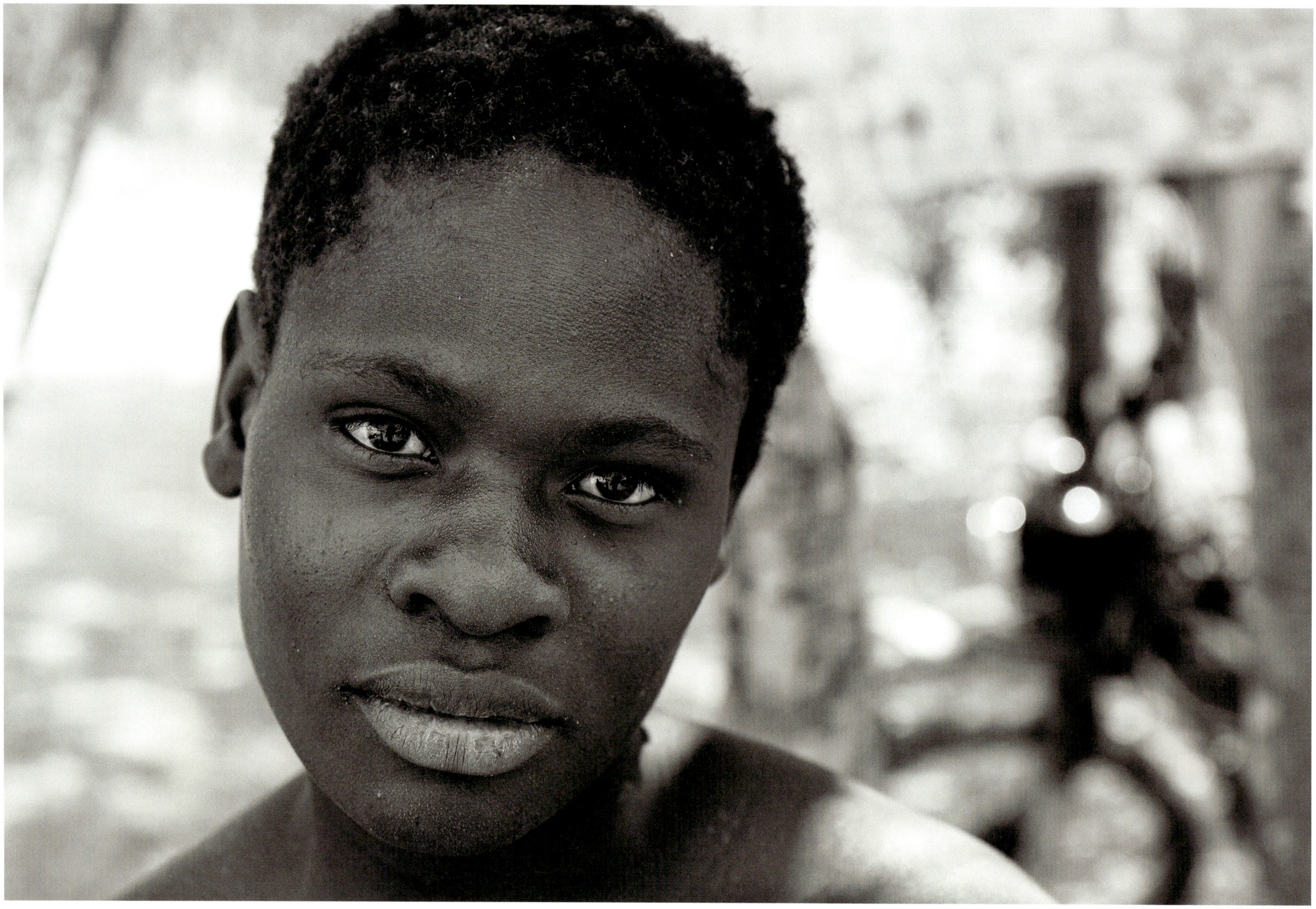

Junge Frau I **Sambia**

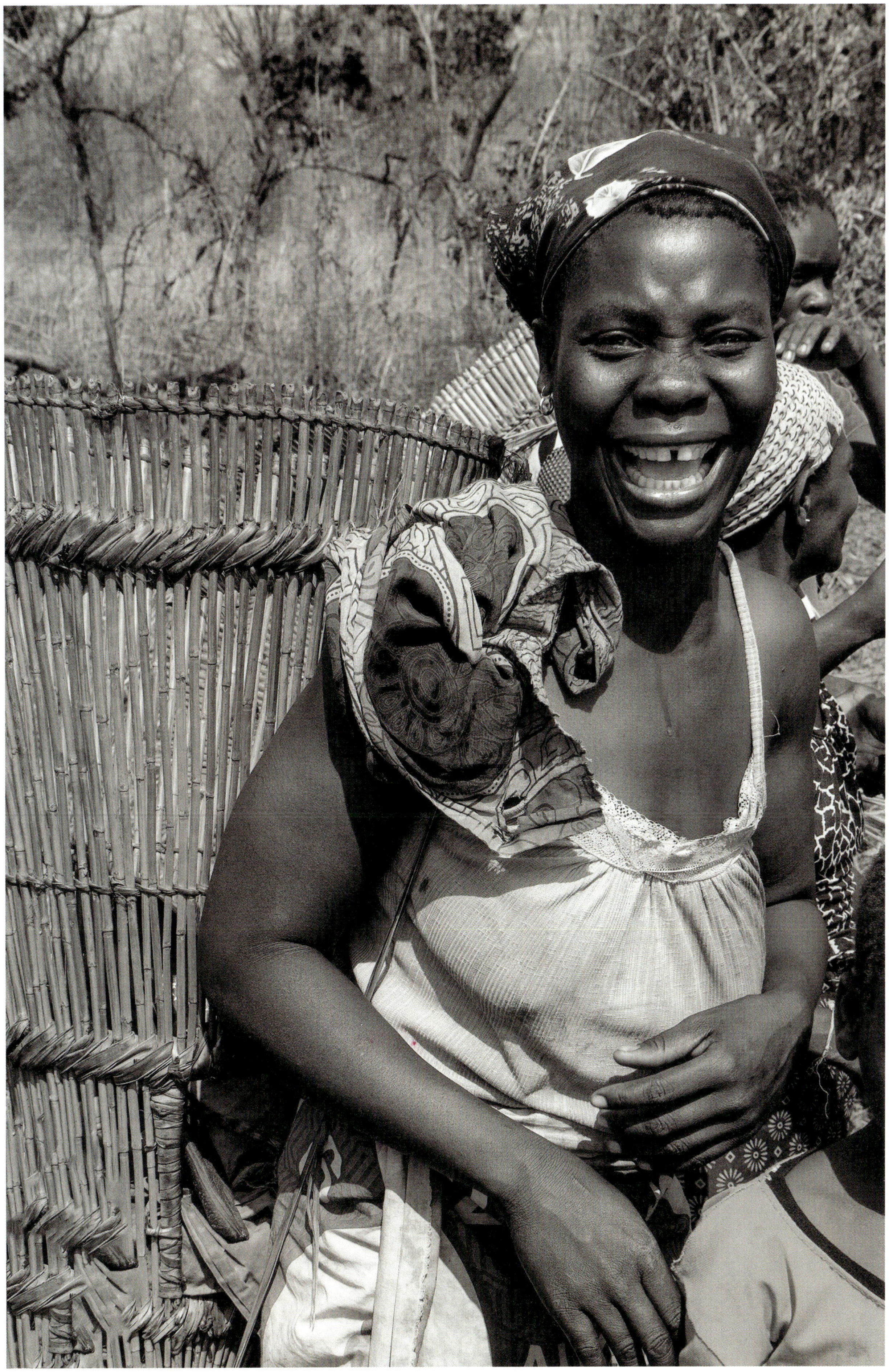

Mit der Fischreuse auf
dem Weg zum Fluss.
Sambia

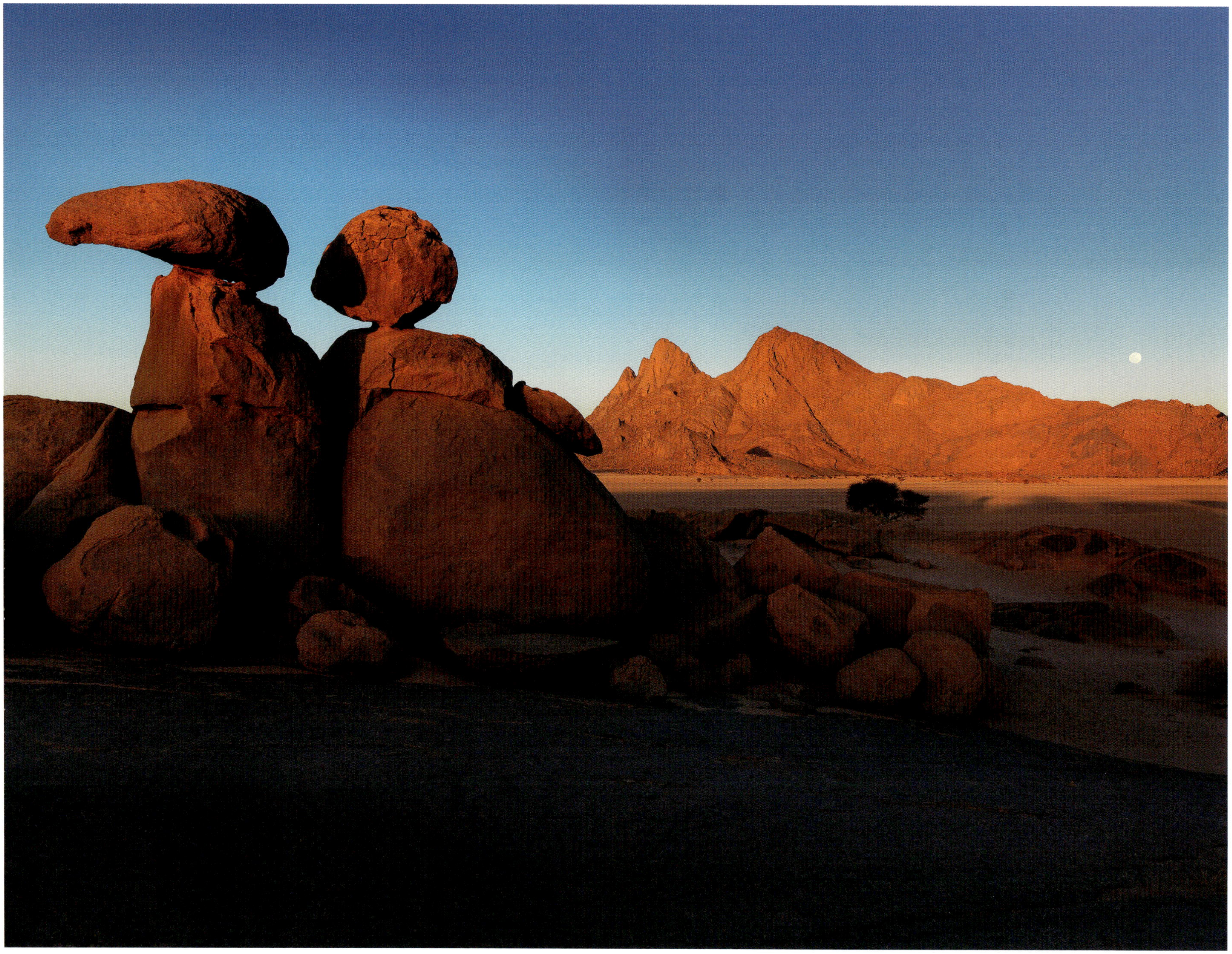

Achnet | **Algerien**

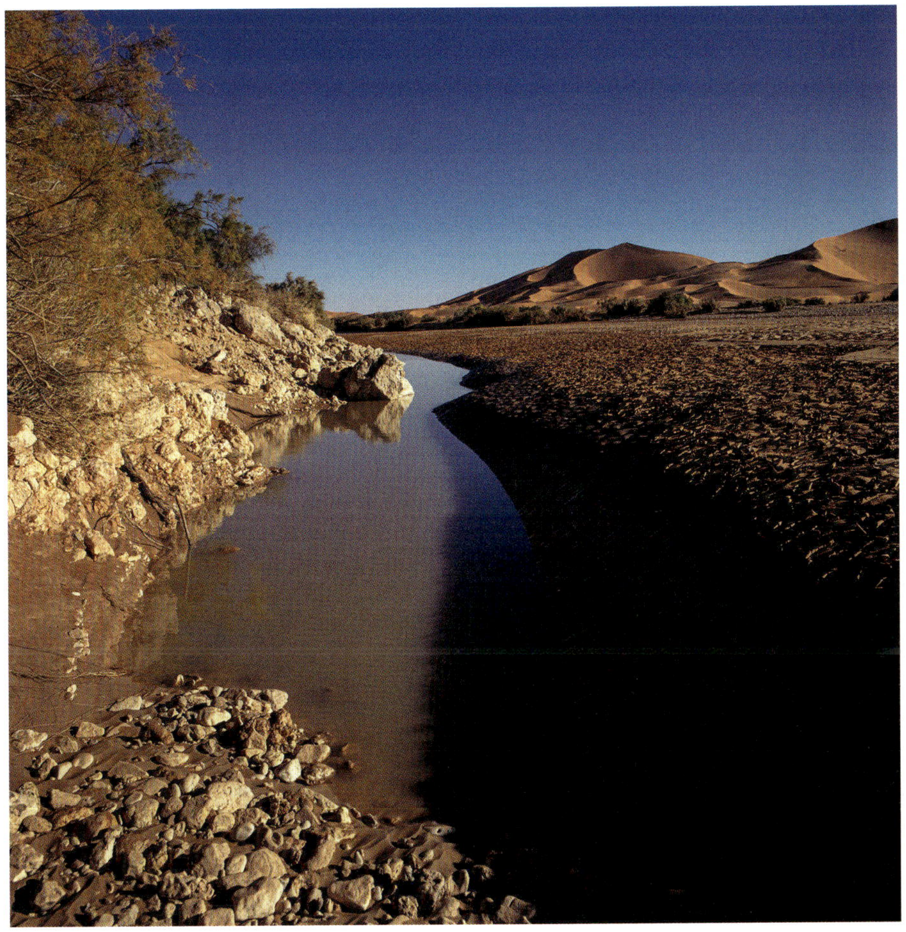

Oued in-Sokki | **Algerien**

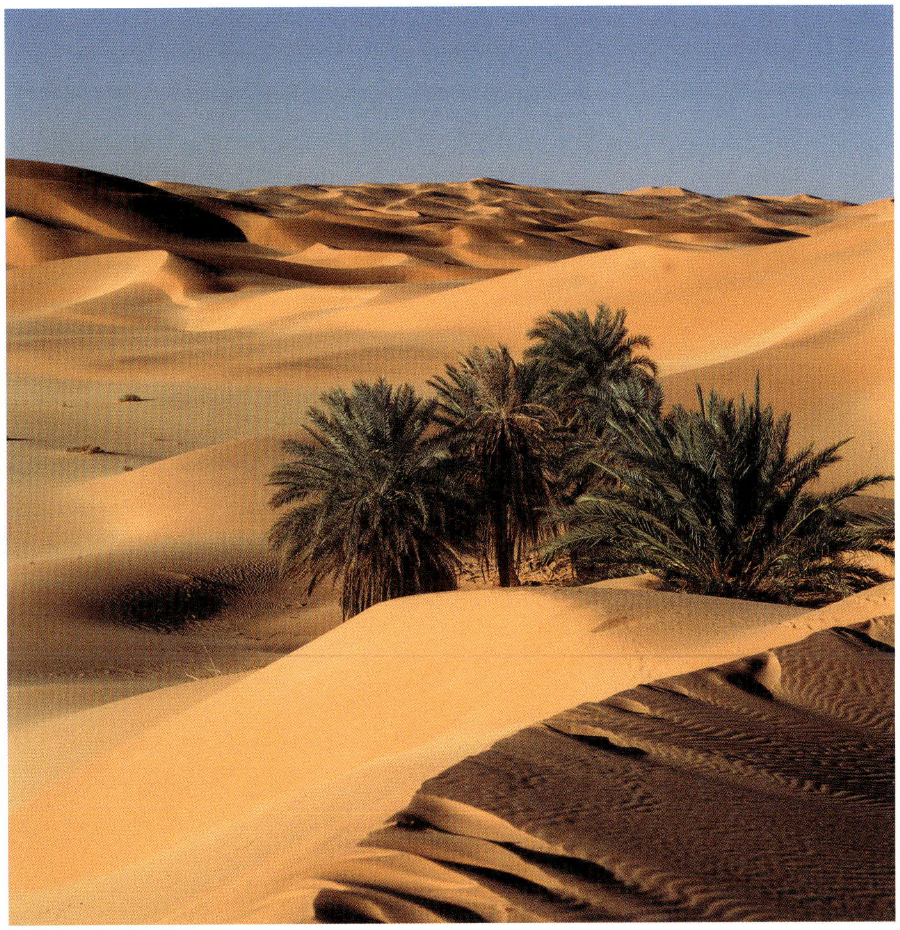

Grand Erg Oriental | **Algerien**

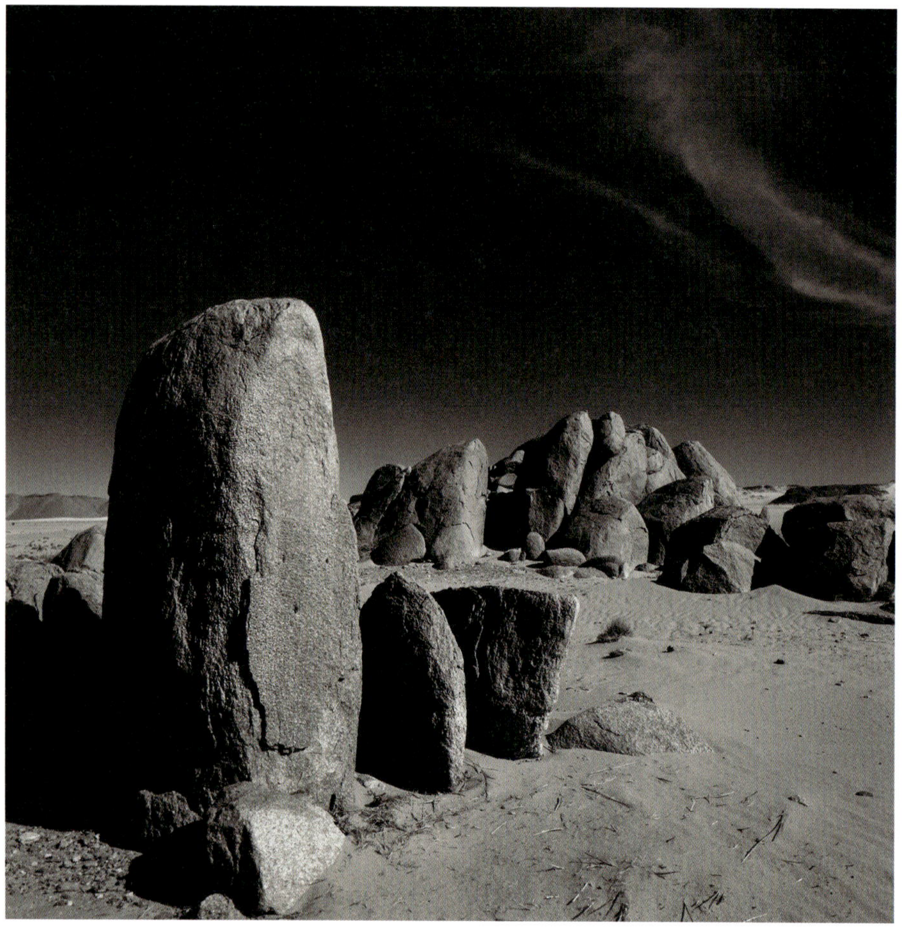

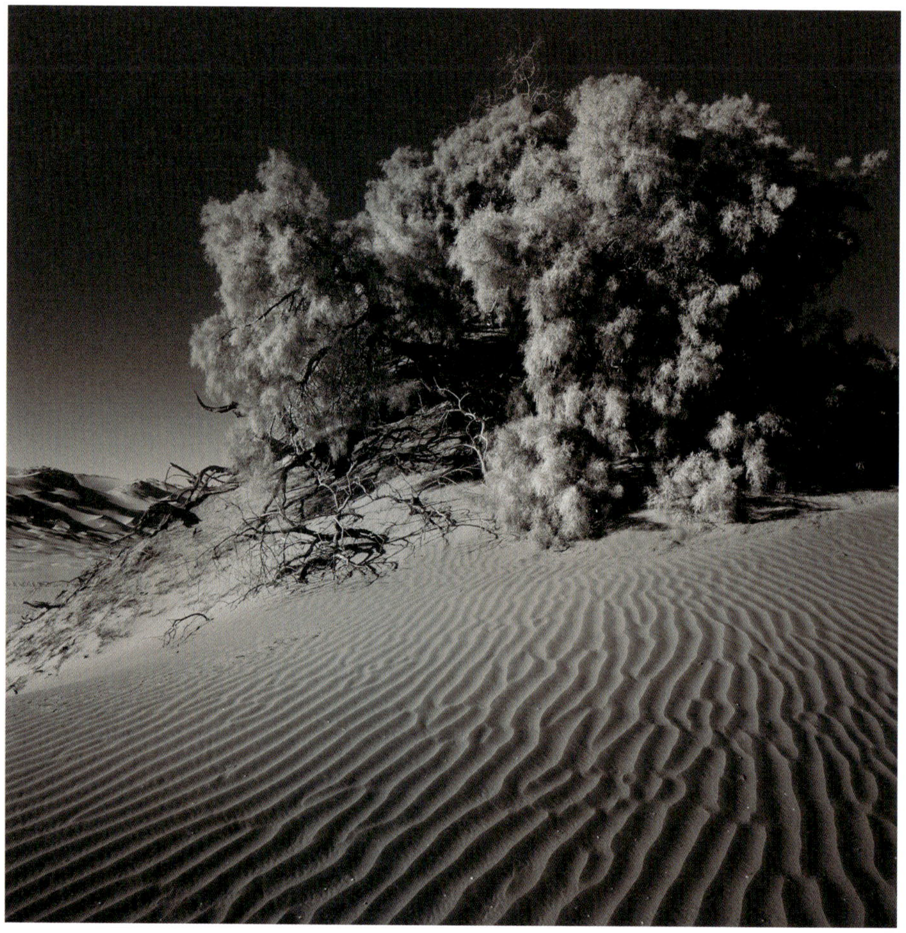

Felsformation **I Algerien**

Tamariske **I Algerien**

Felsformation im Hoggar
Algerien

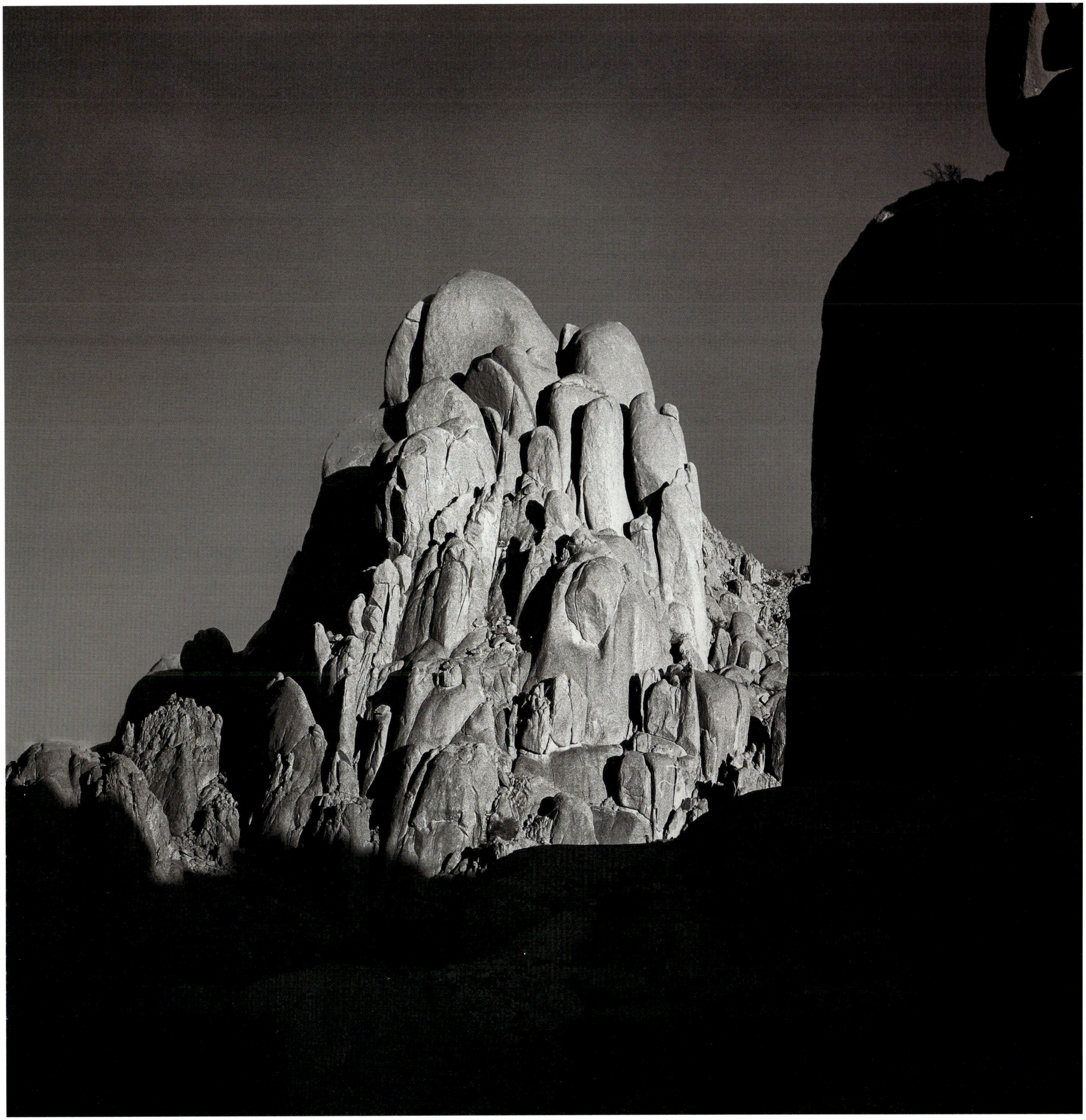

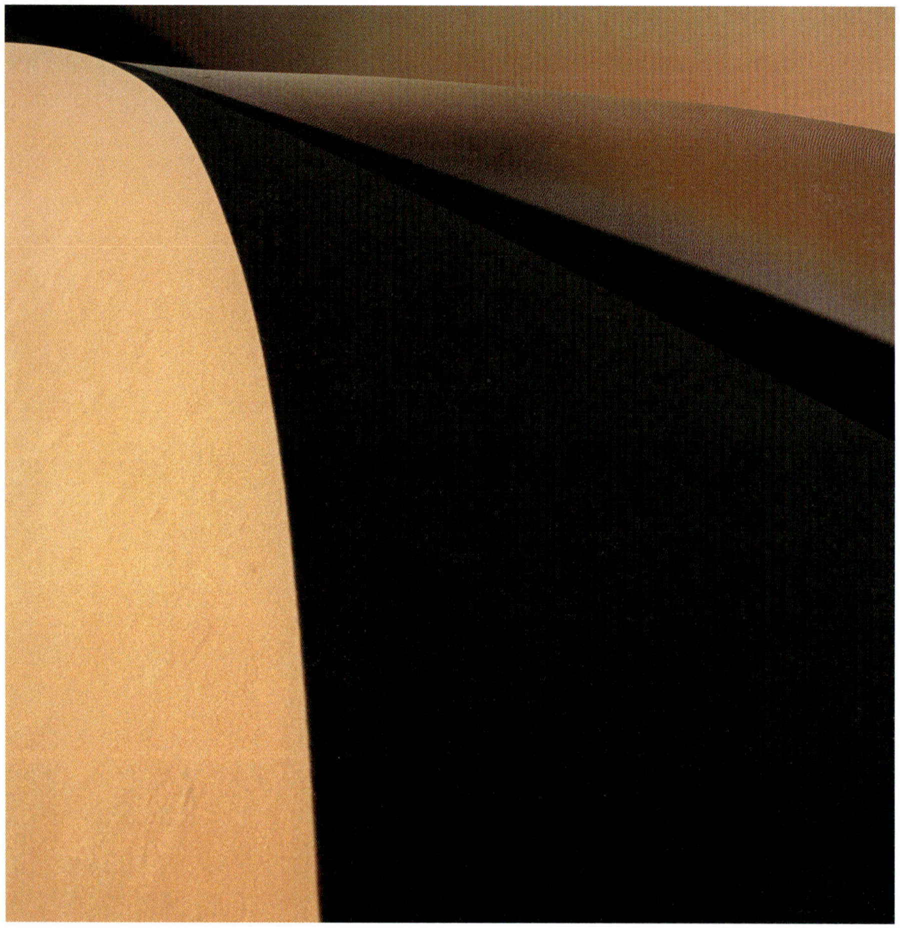

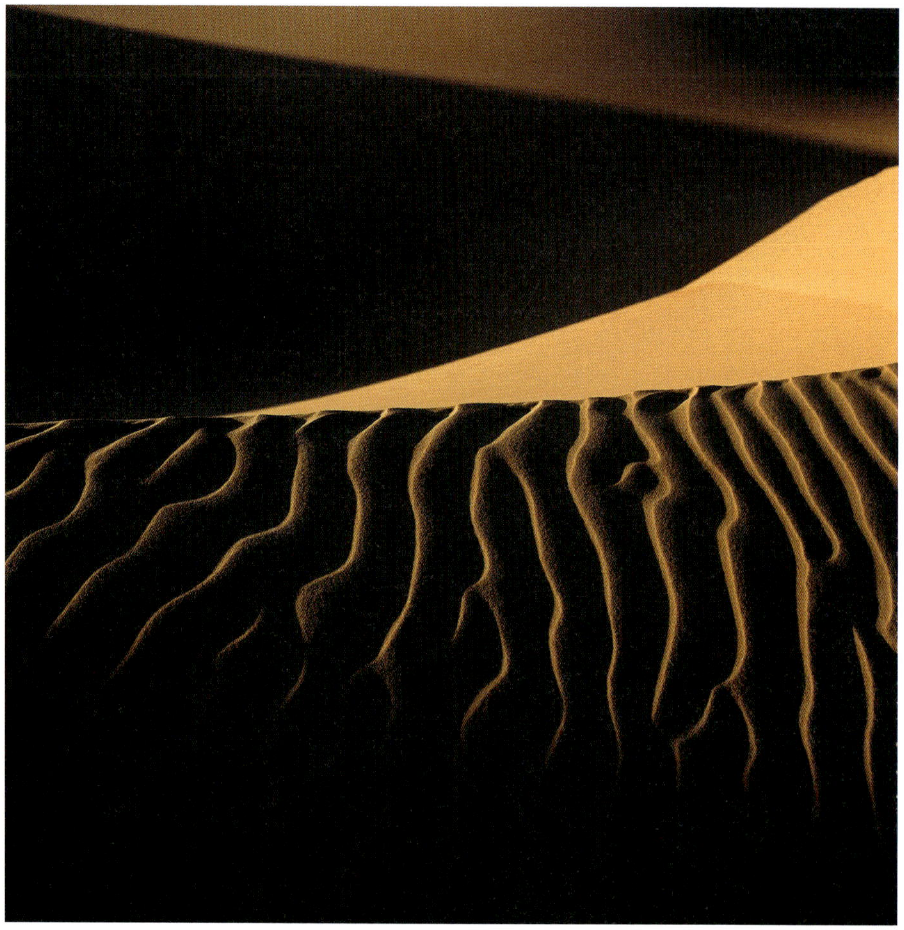

Sandgrafiken I **Algerien**

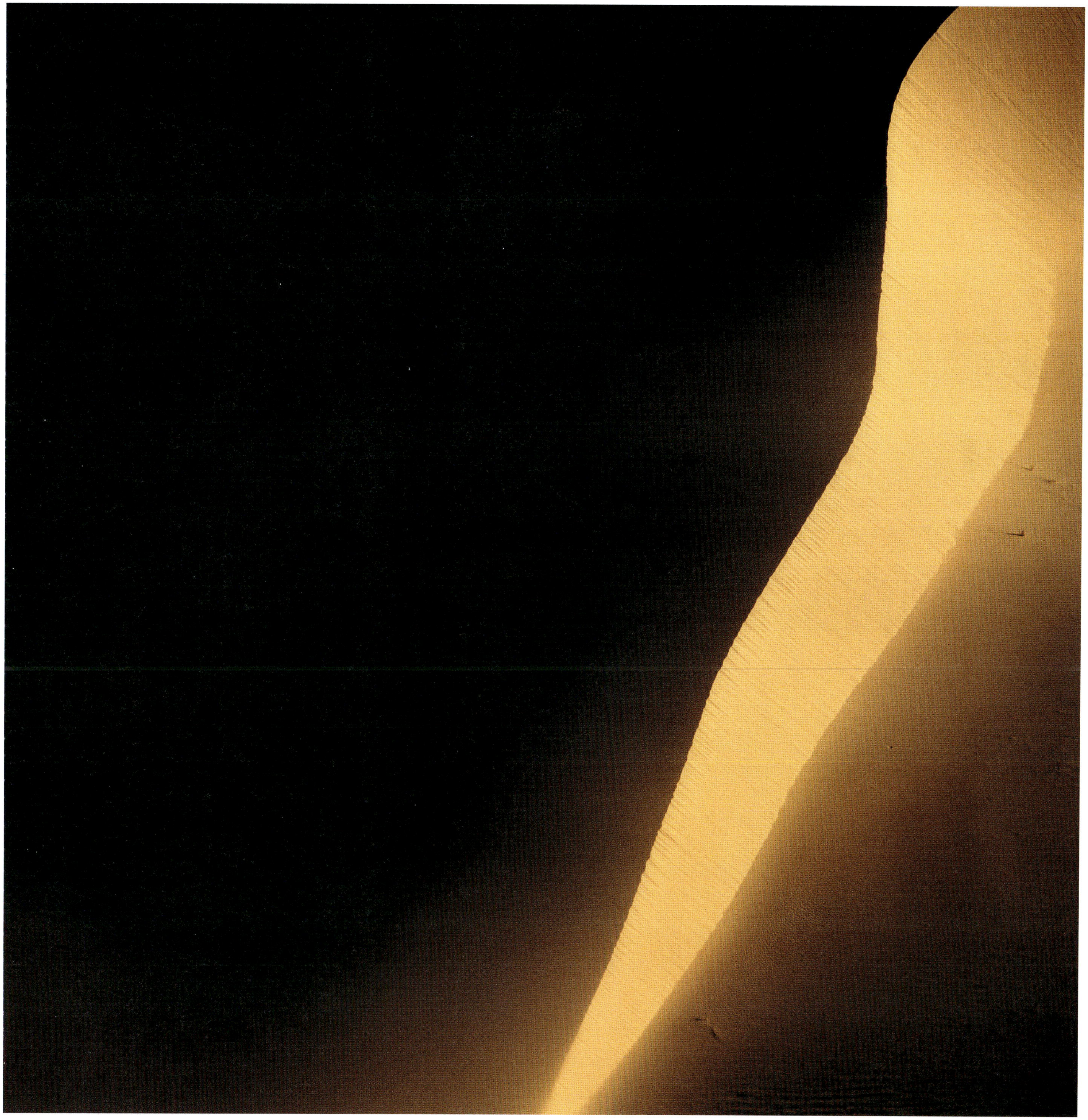

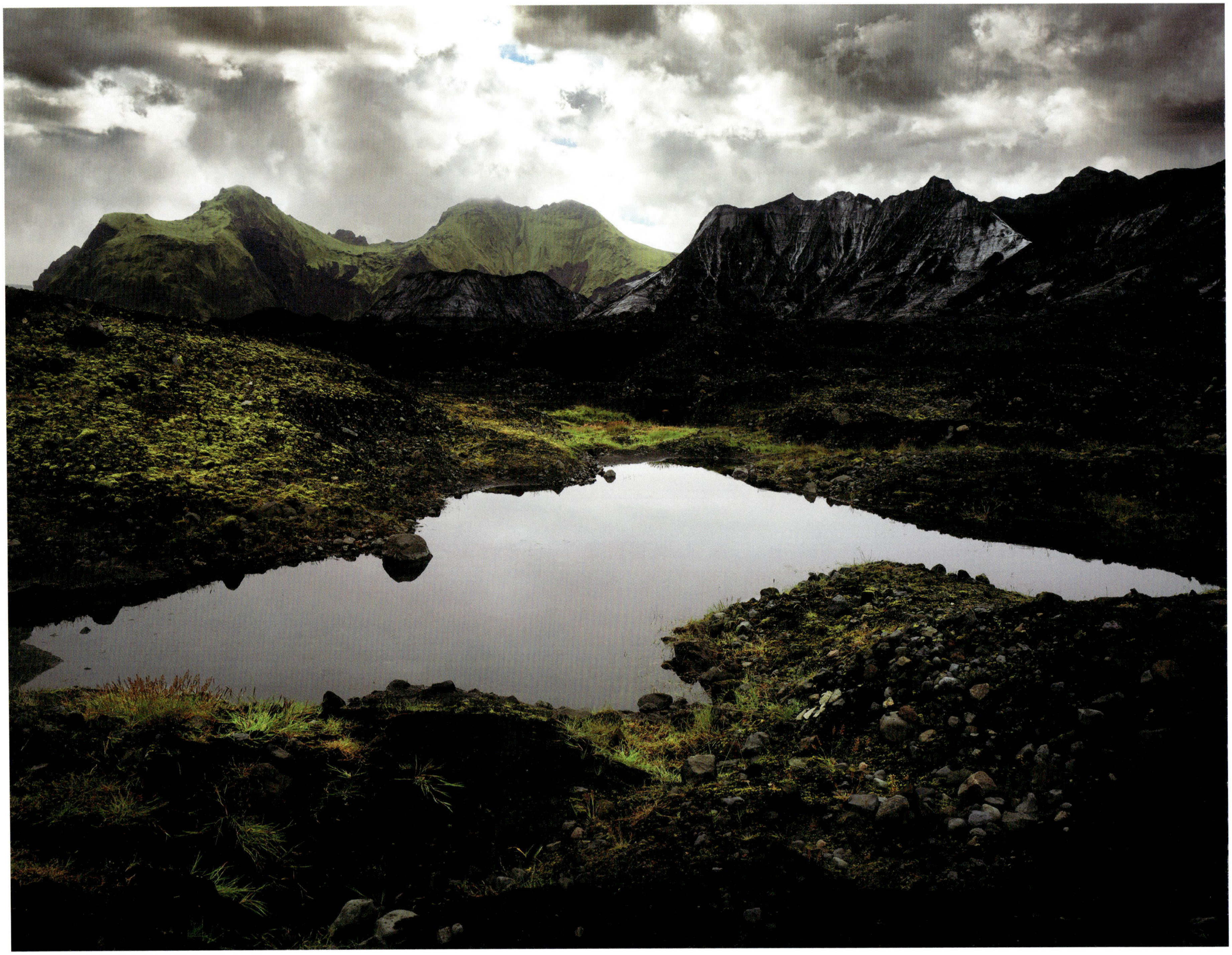

Südrand des Myrdal-Gletschers **I Island**

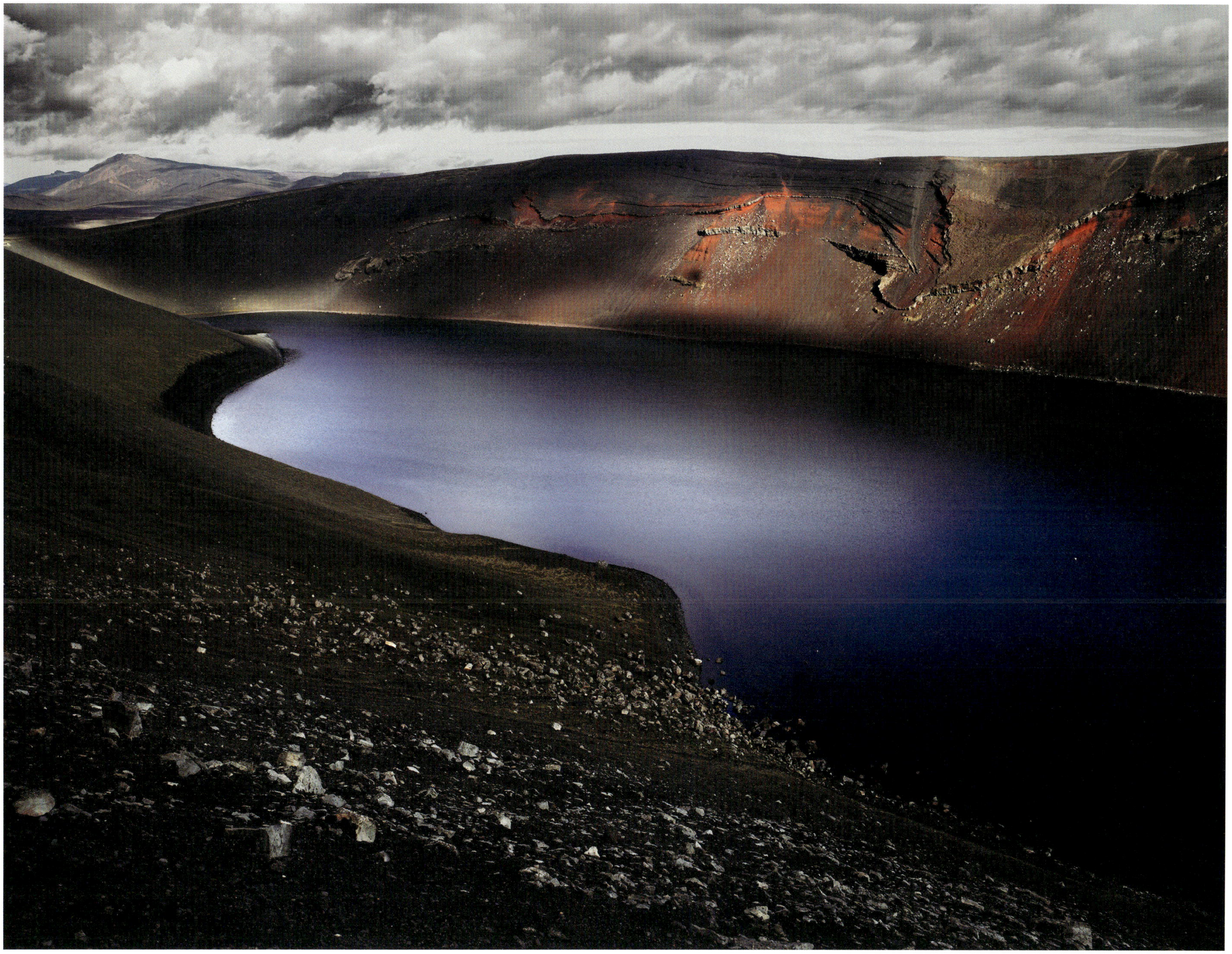

Ljotipollur | **Island**

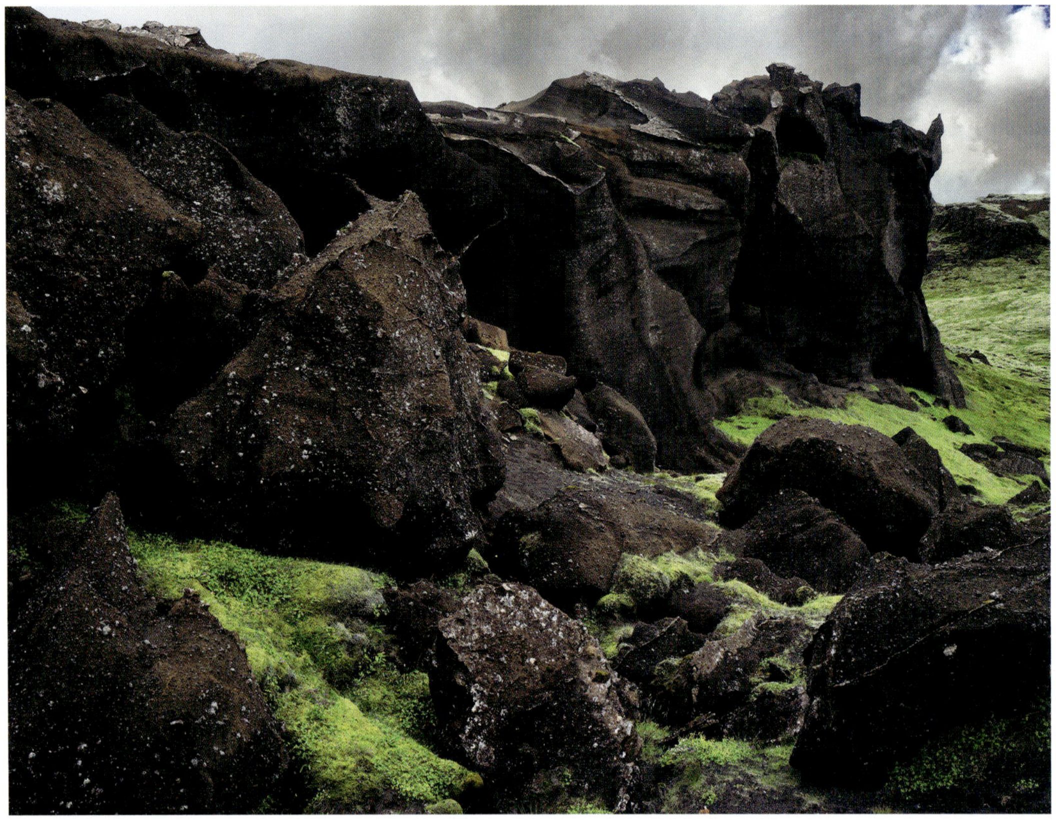

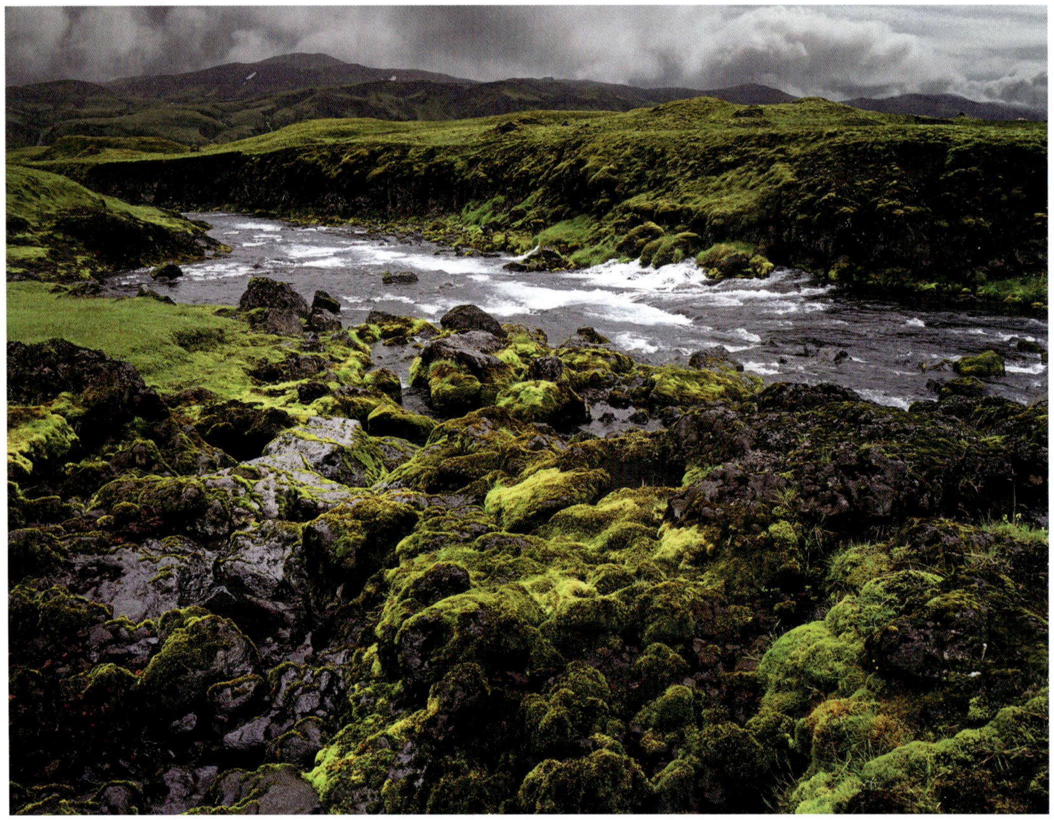

Þakgil
Island

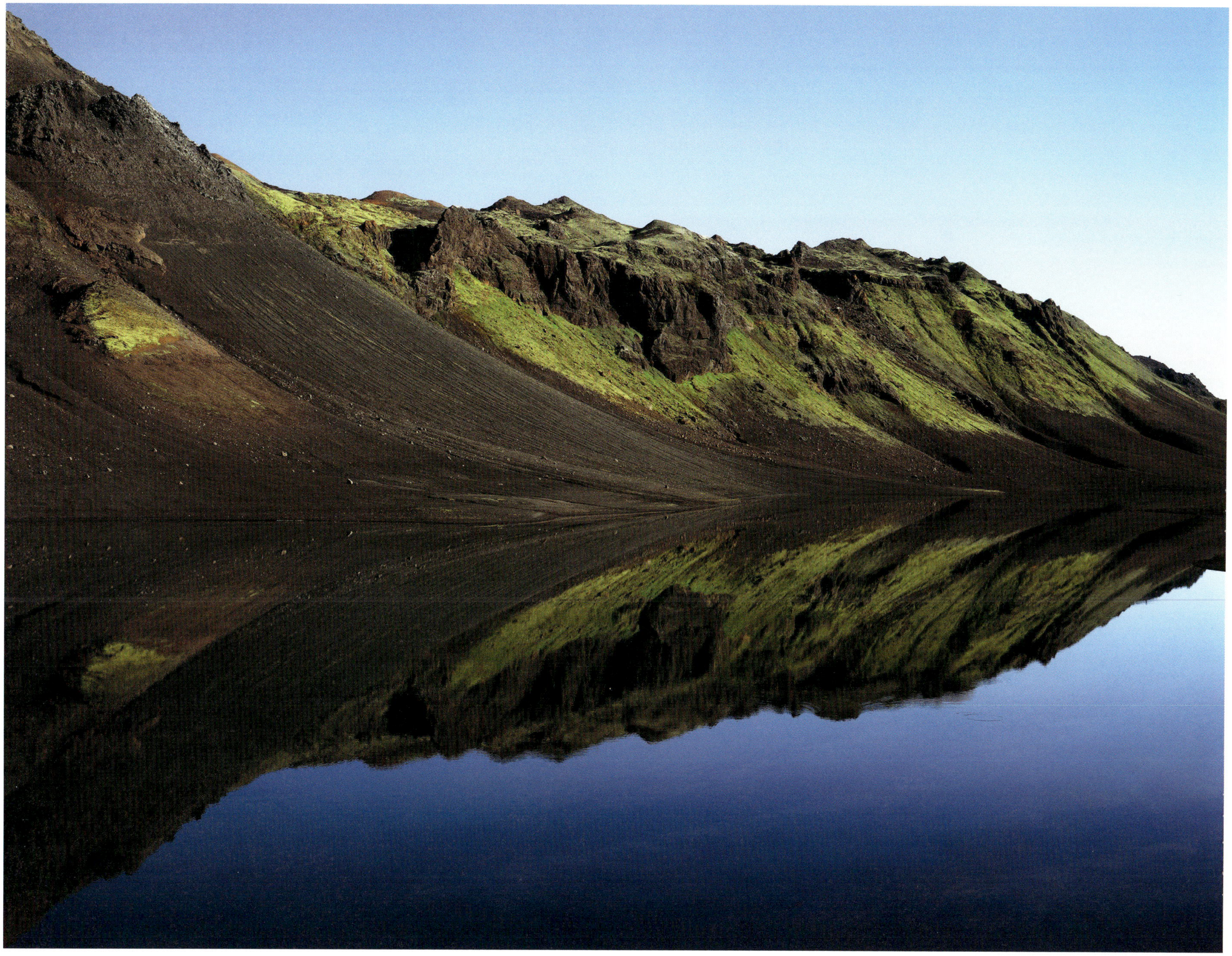

Langisjór I **Island**

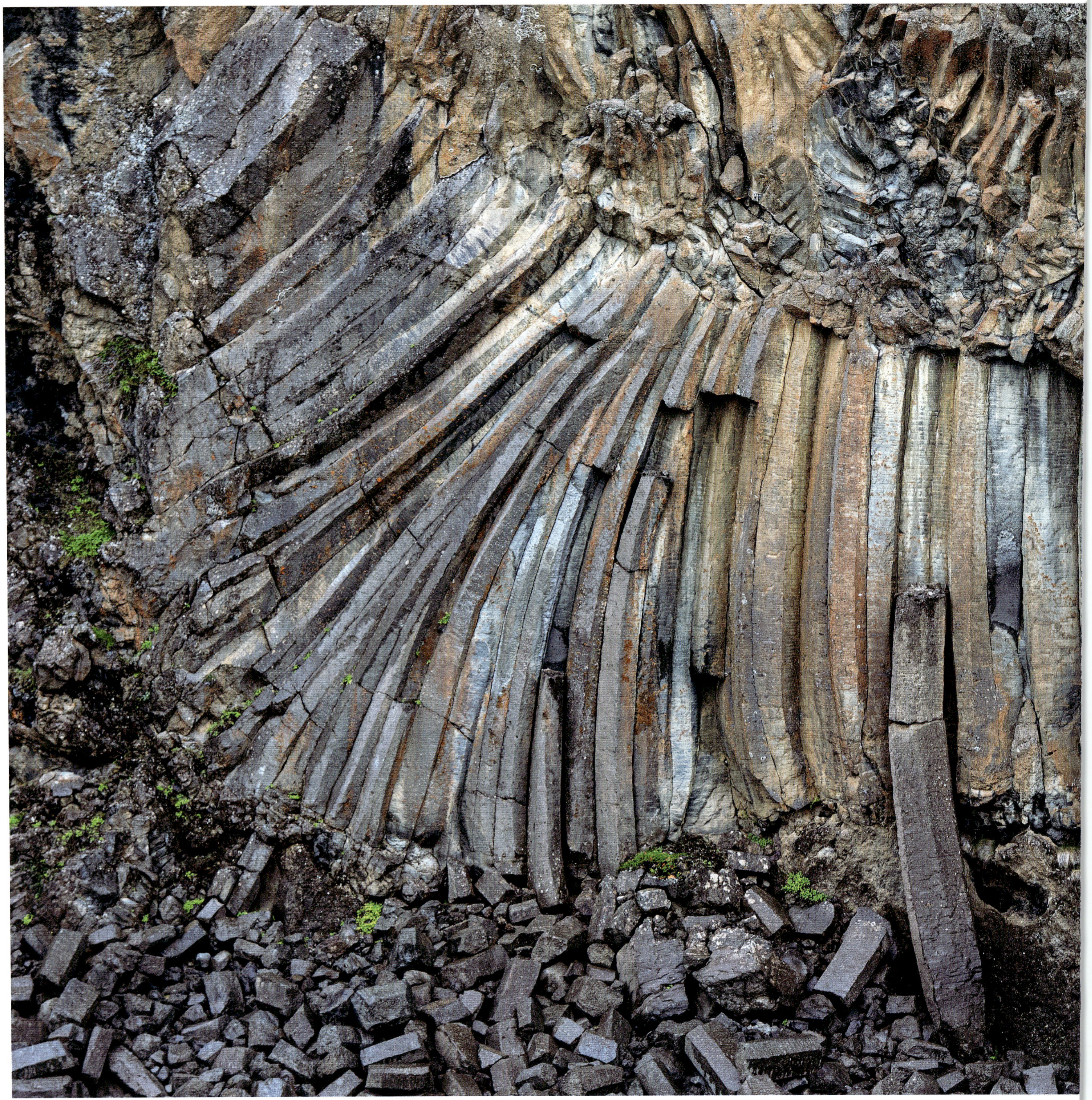

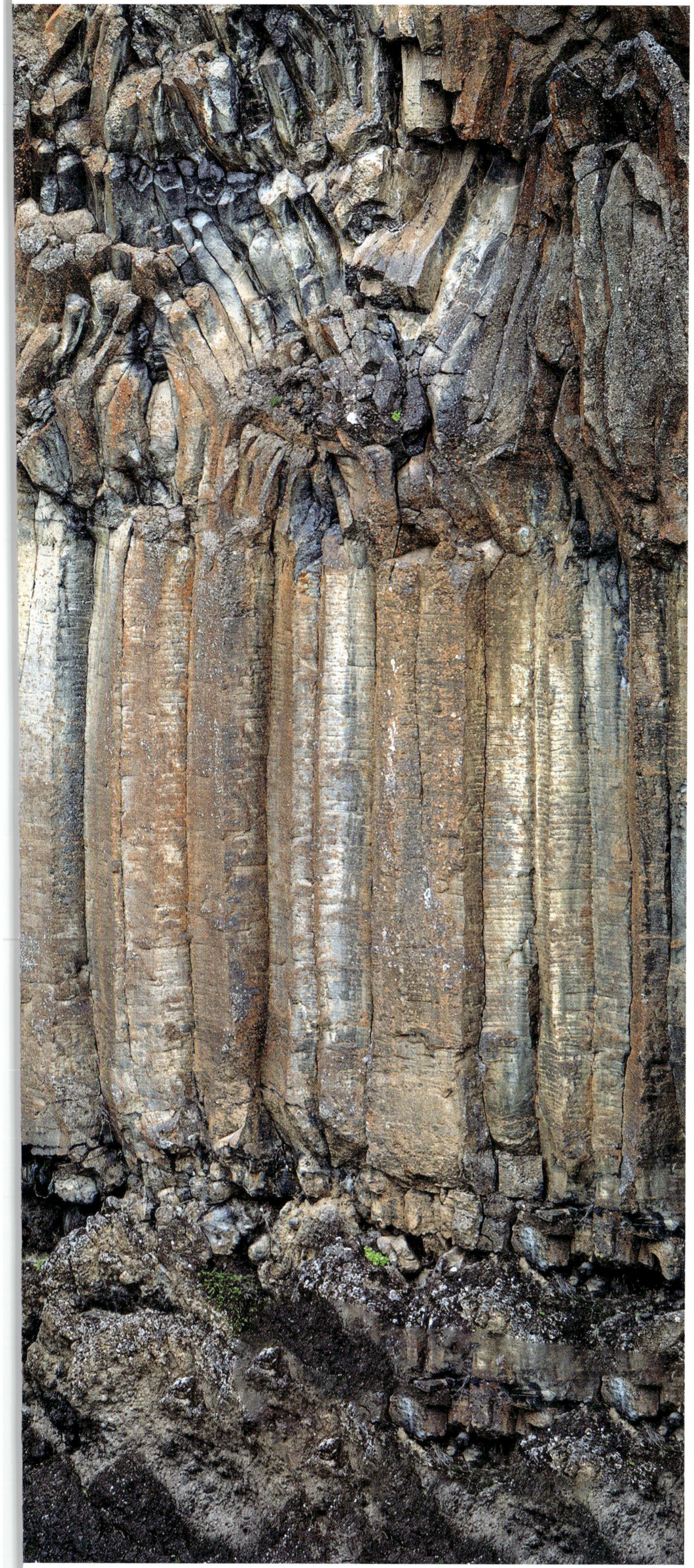

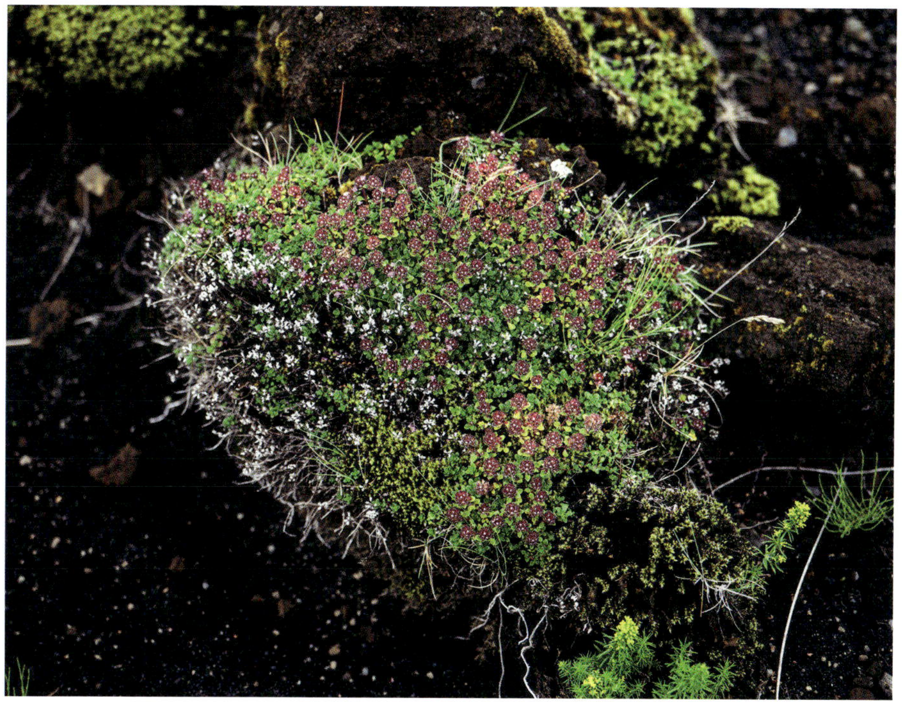

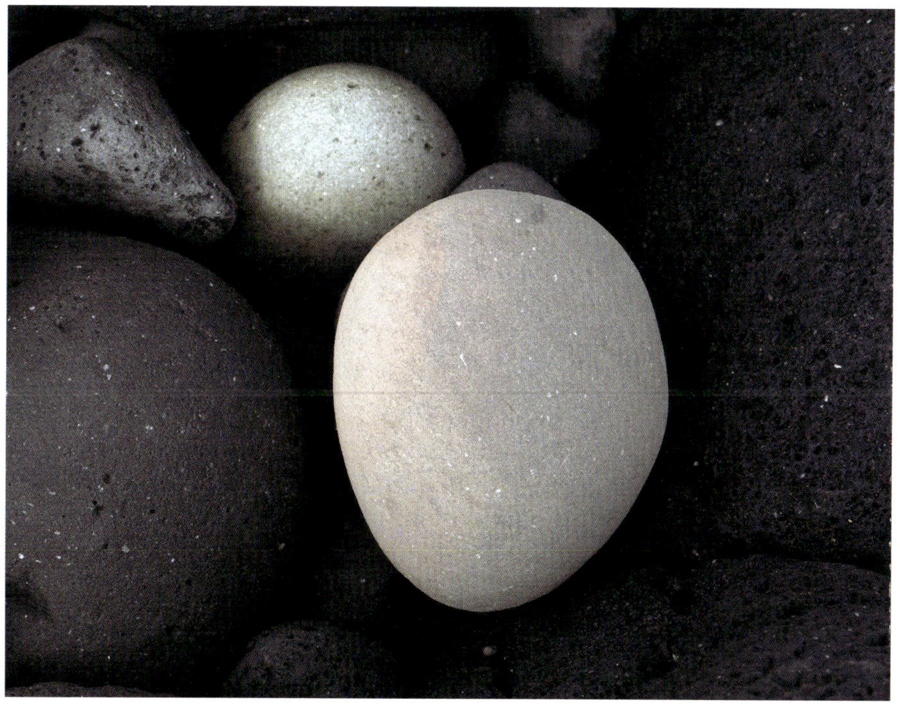

Farben und Formen | **Island**

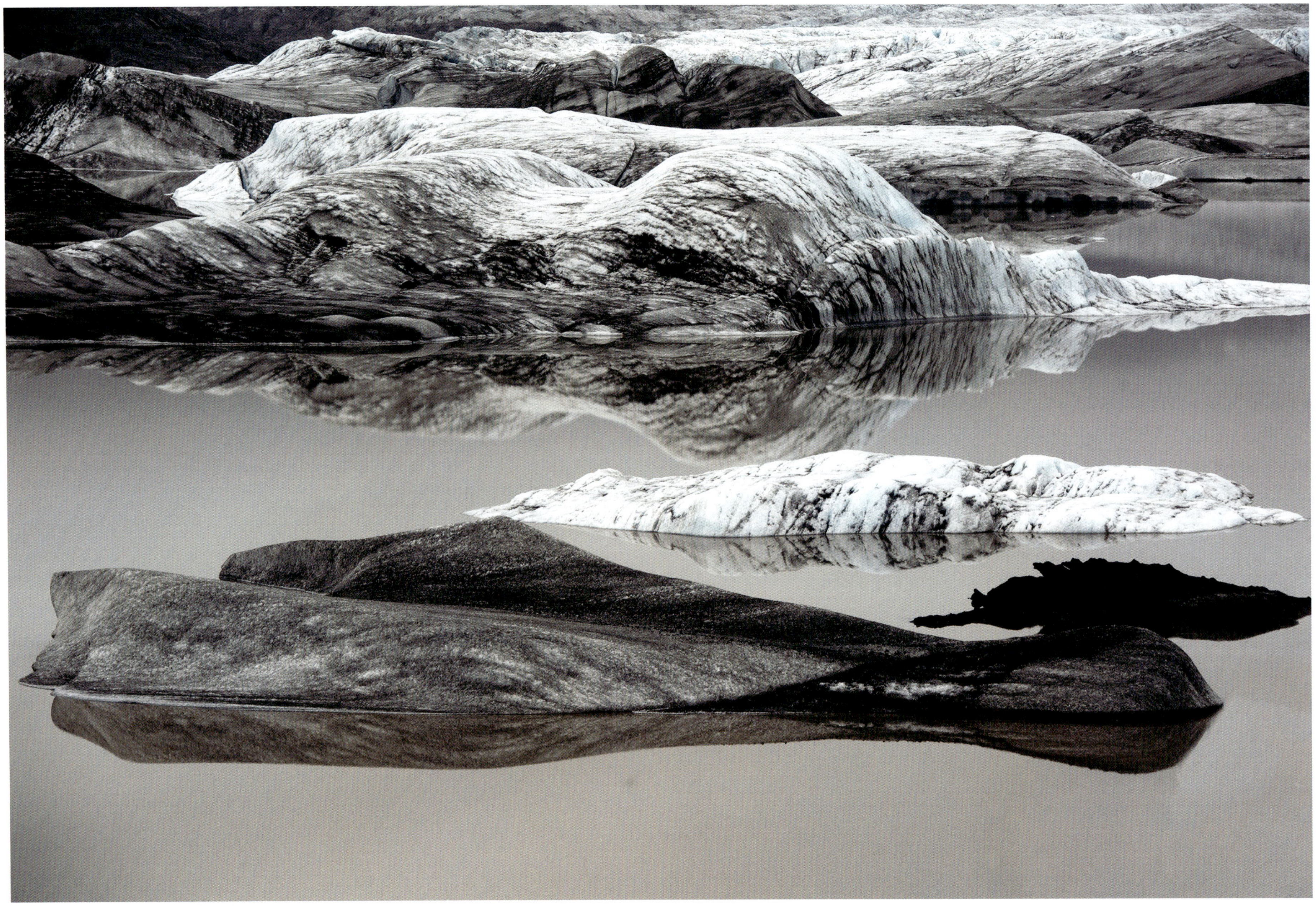

Südrand des Vatnajökull-Gletschers **I Island**

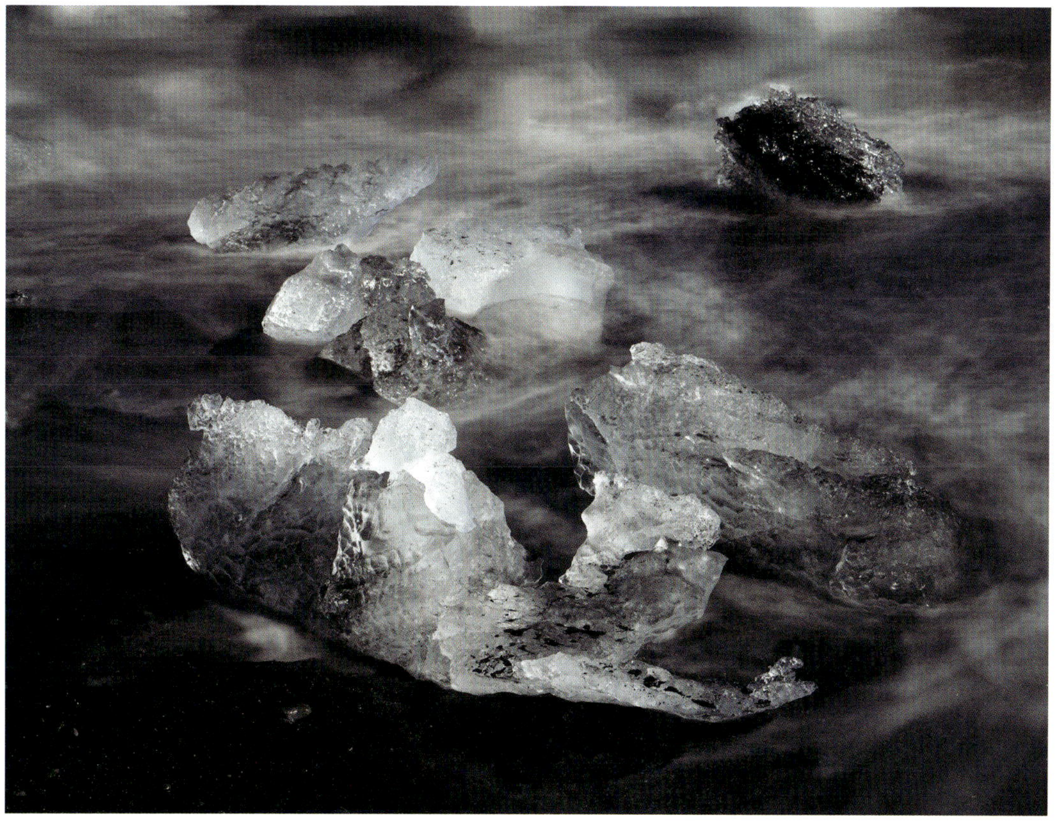

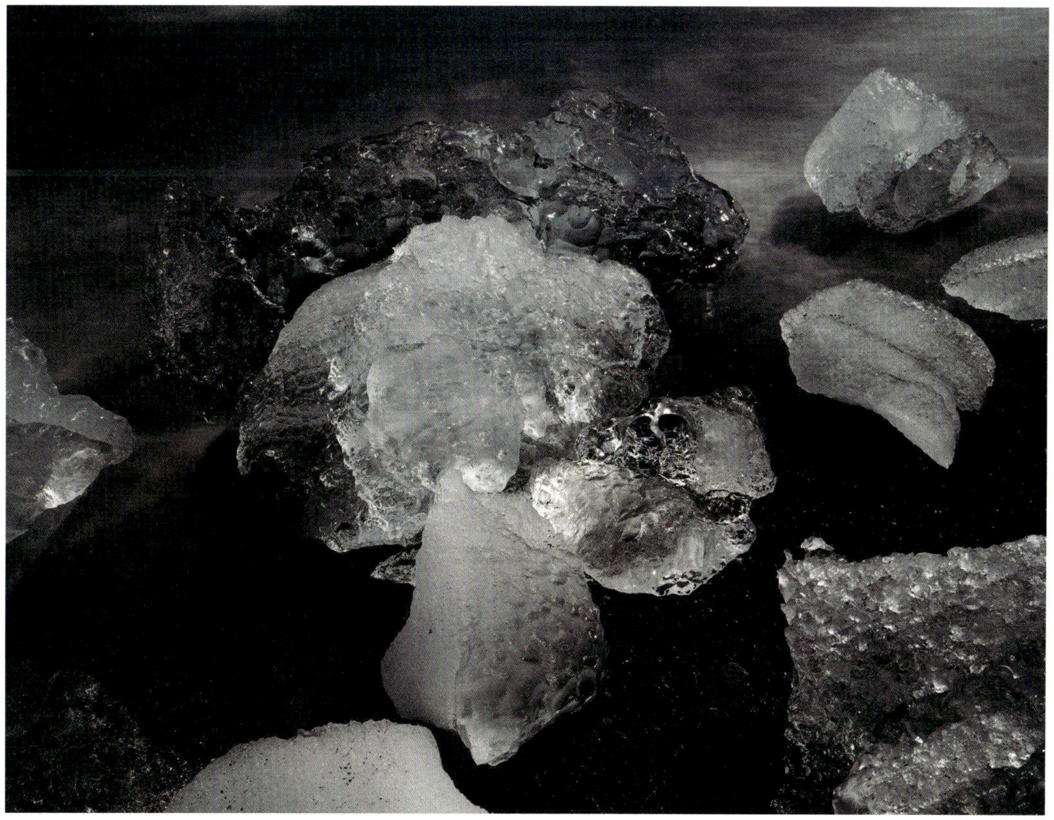

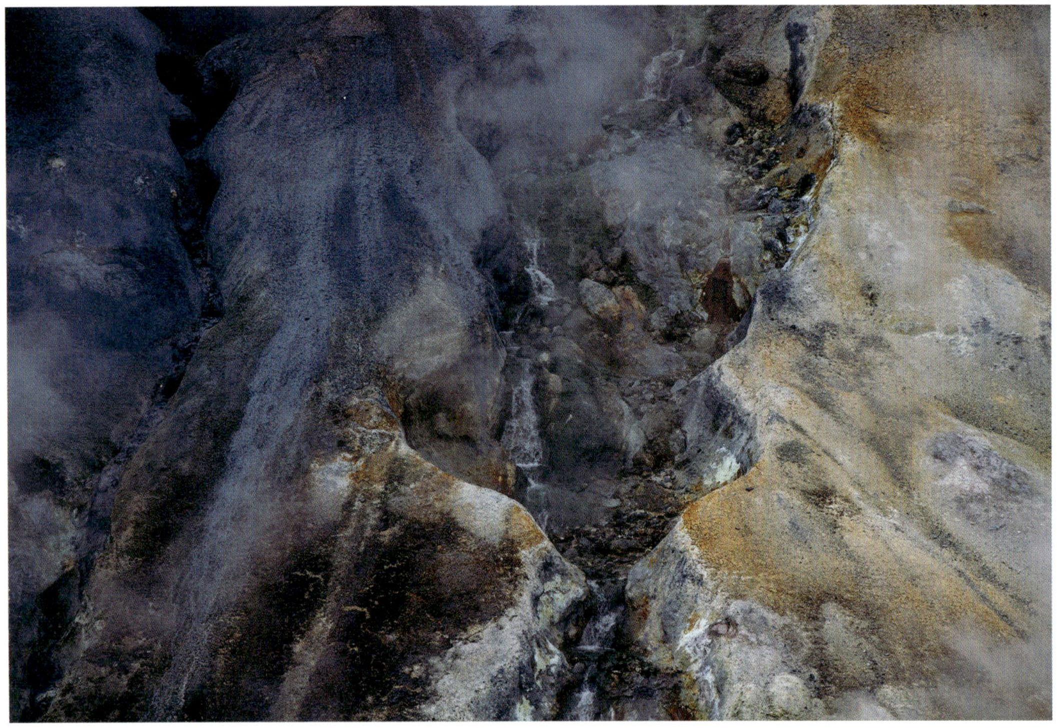

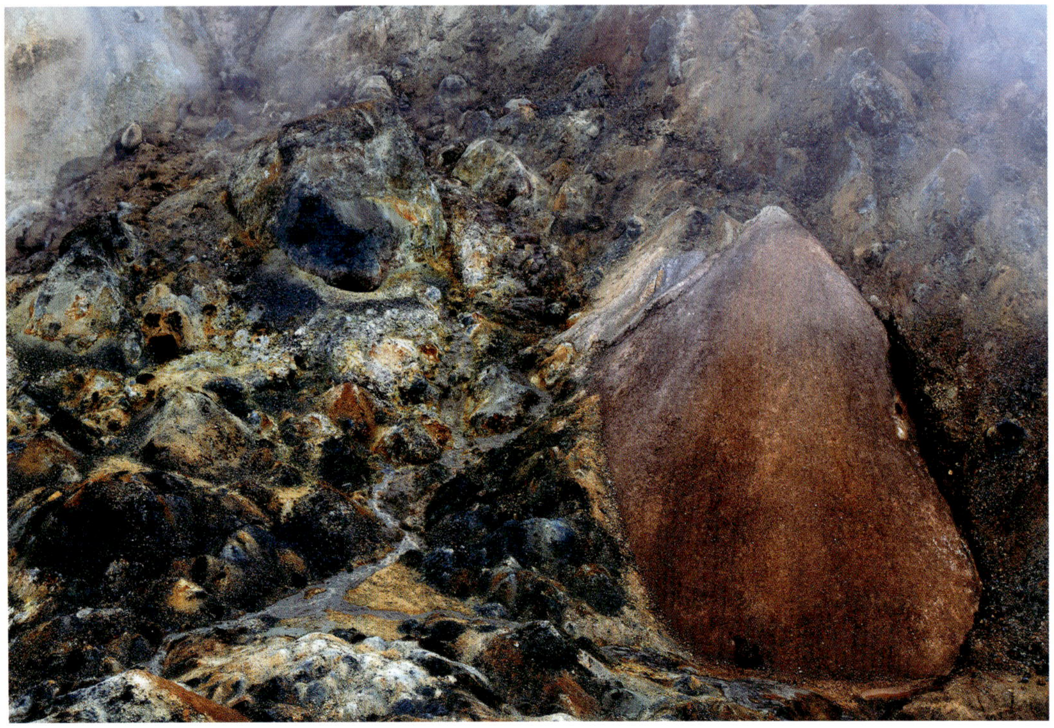

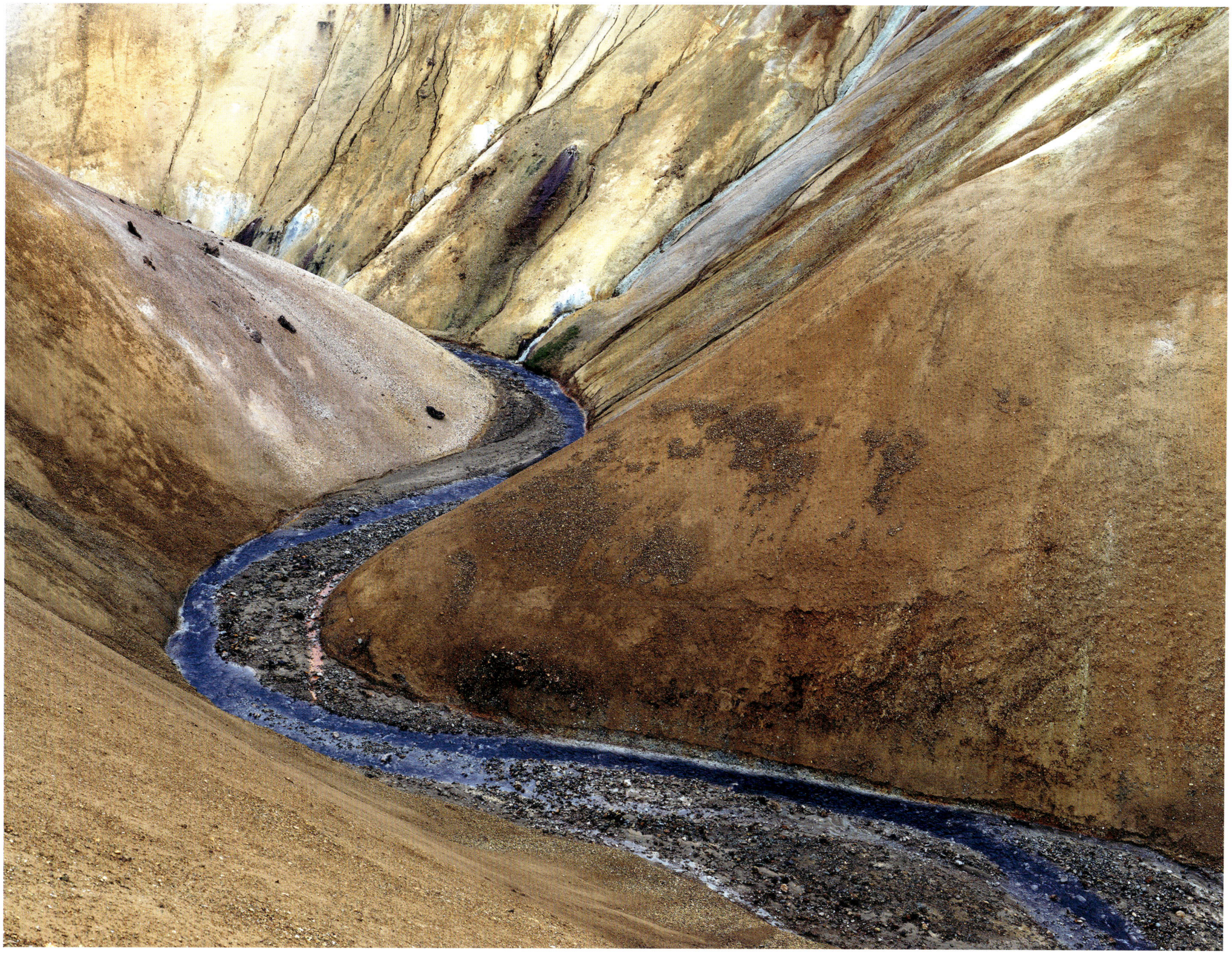

Naturgemälde beim Kerlingarfjöll | **Island**

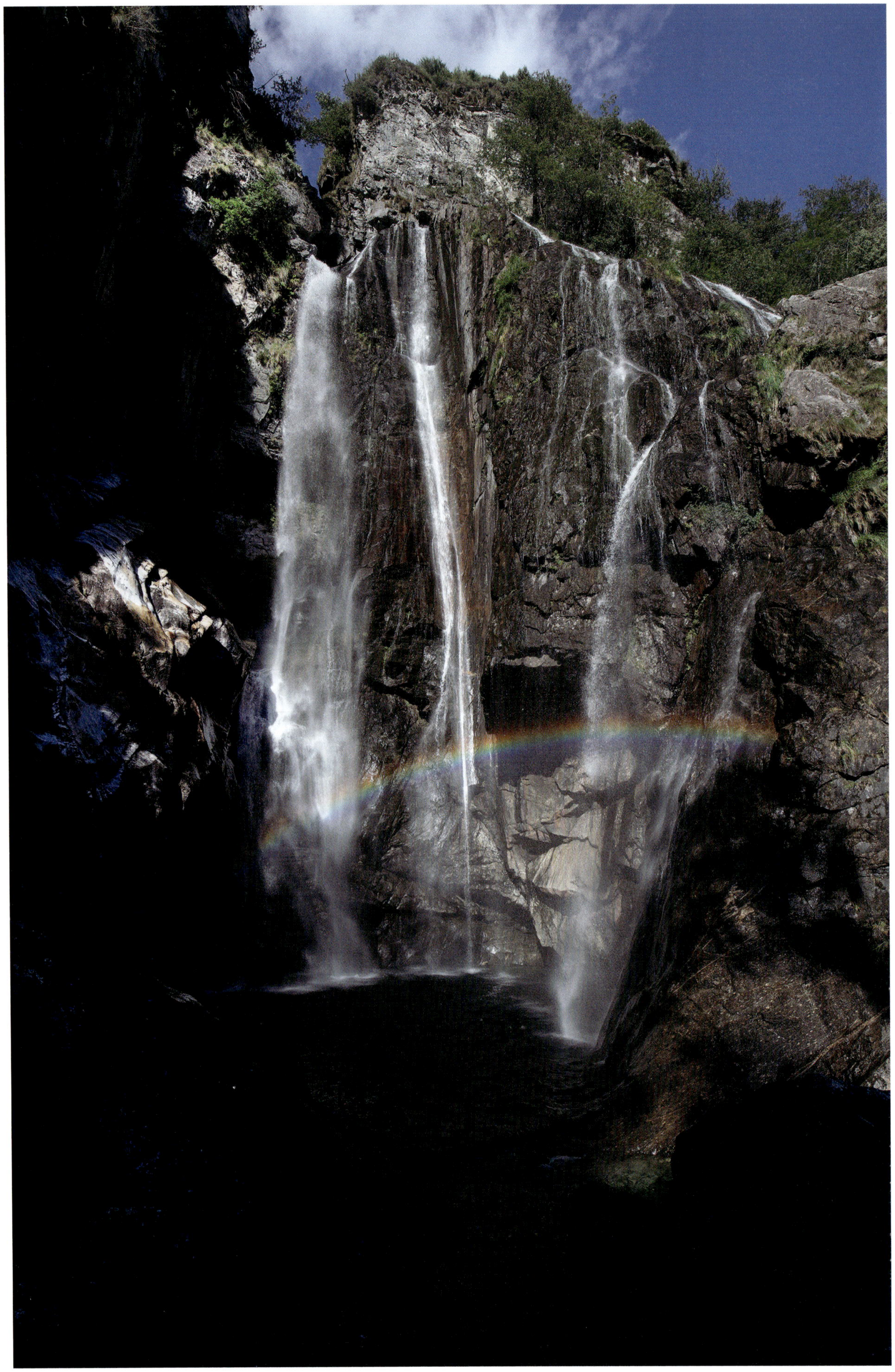

Salto-Wasserfall
Tessin, Schweiz

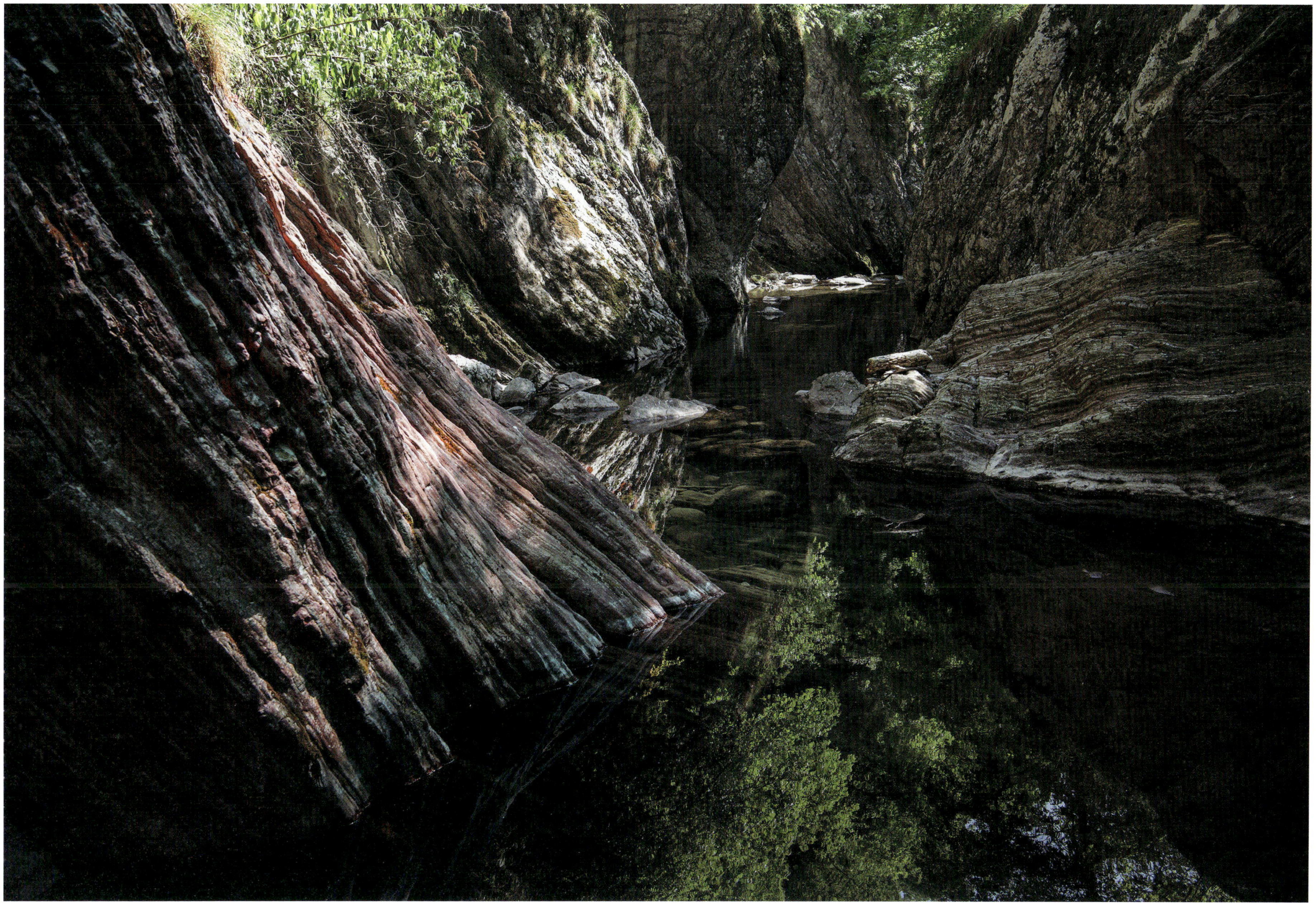

Breggia I **Tessin, Schweiz**

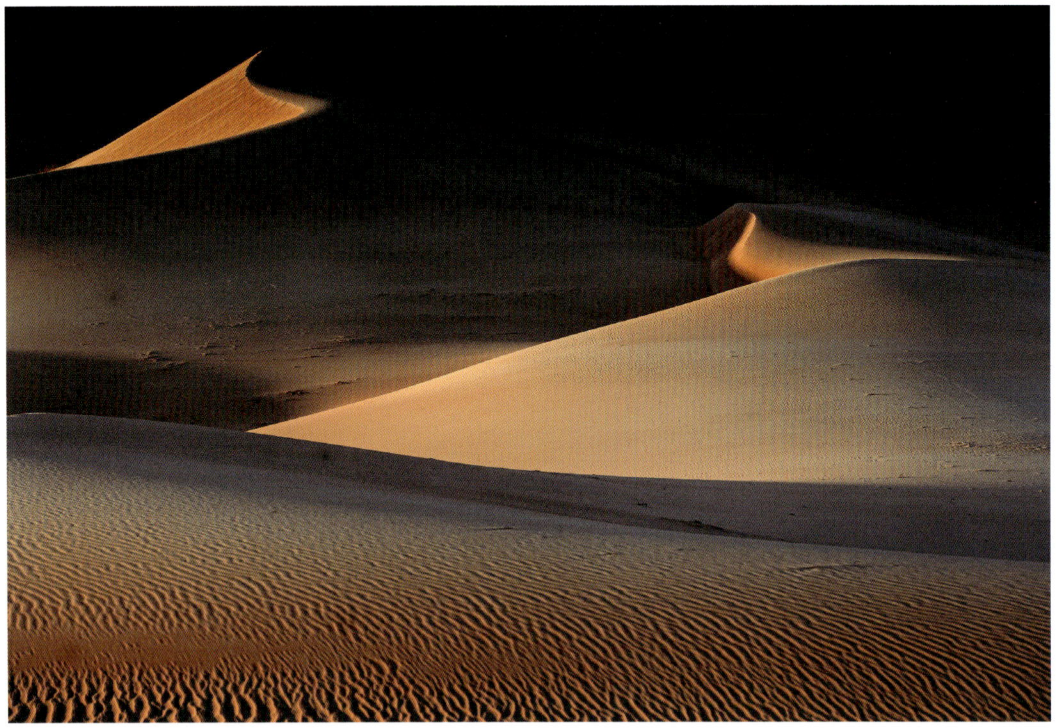

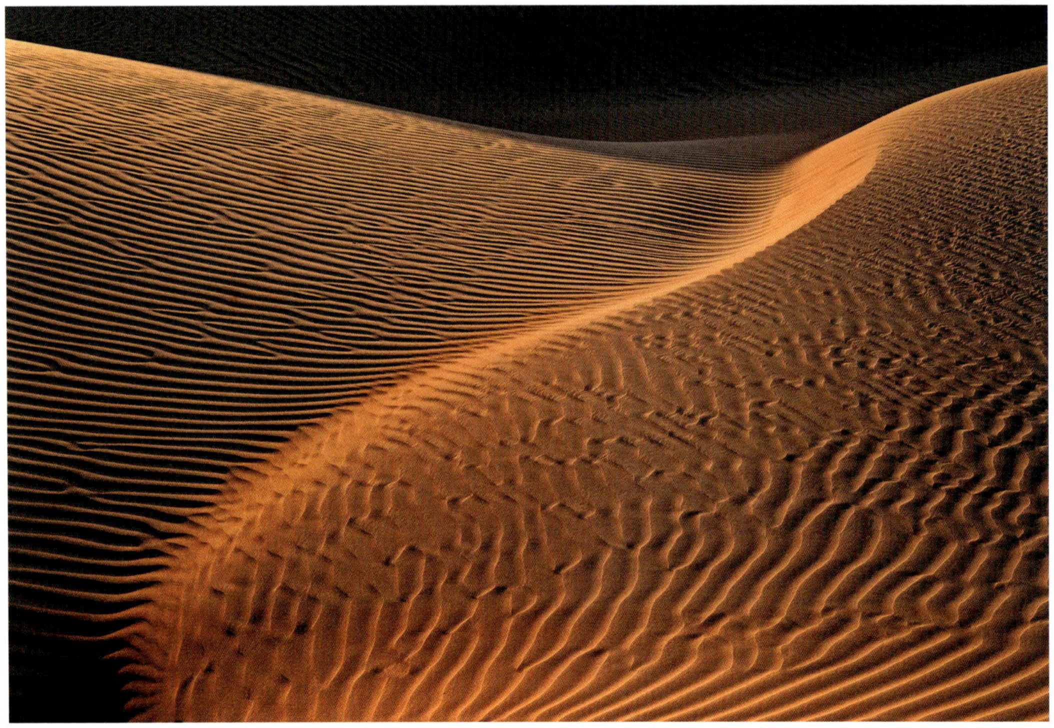

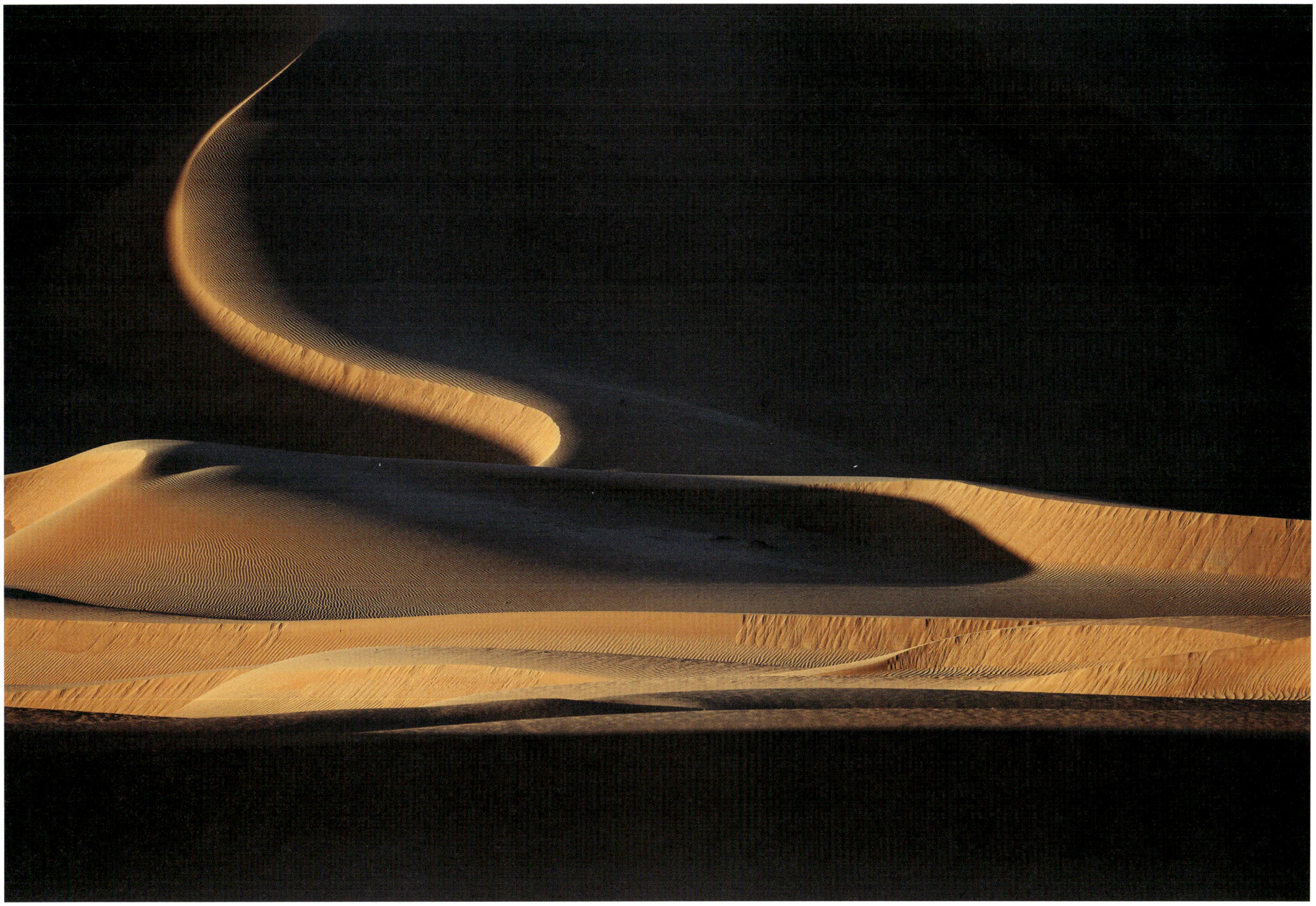

Dünenlandschaft der Rub al-Khali | **Oman**

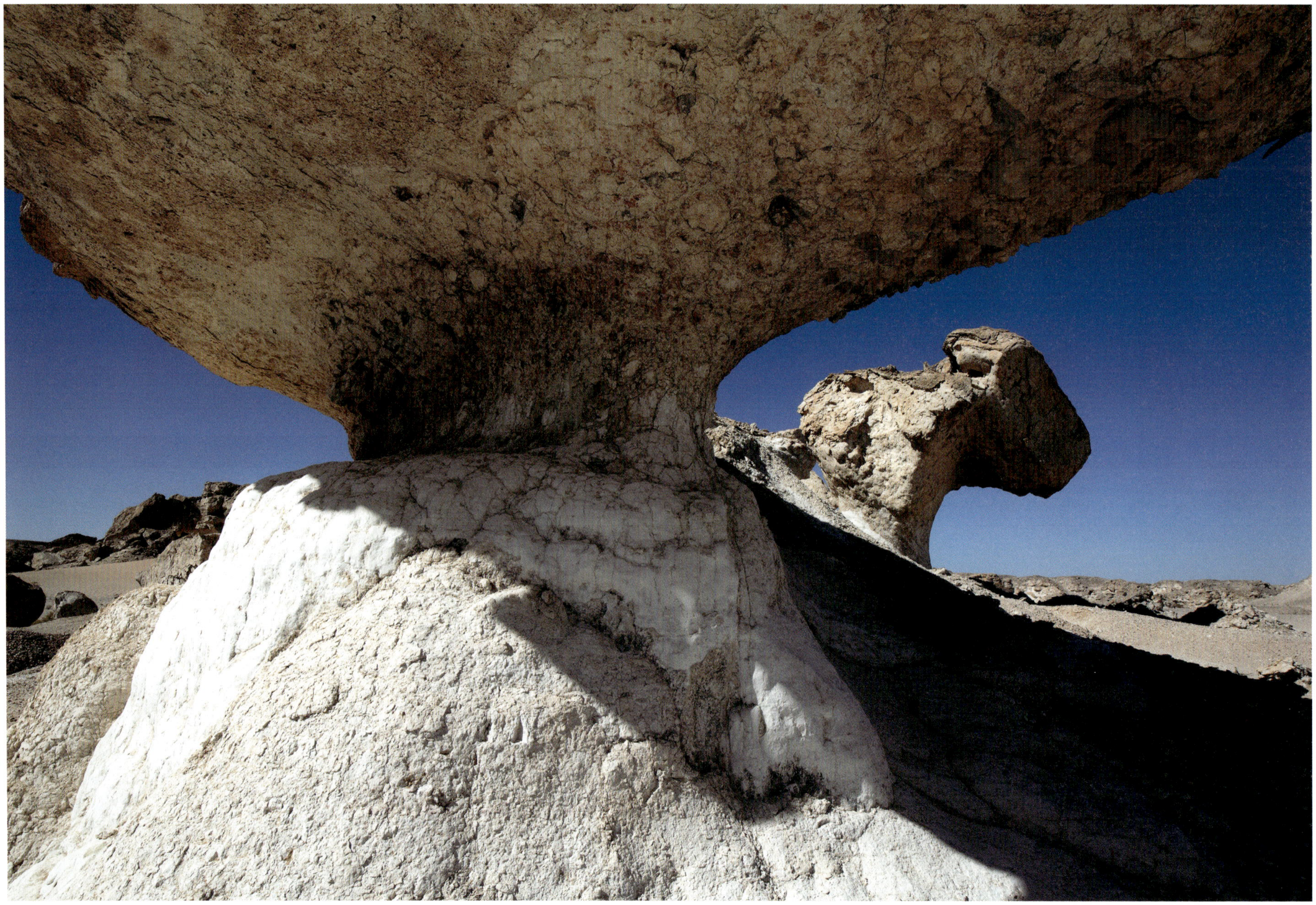

Von Wind und Wasser geformt I **Oman**

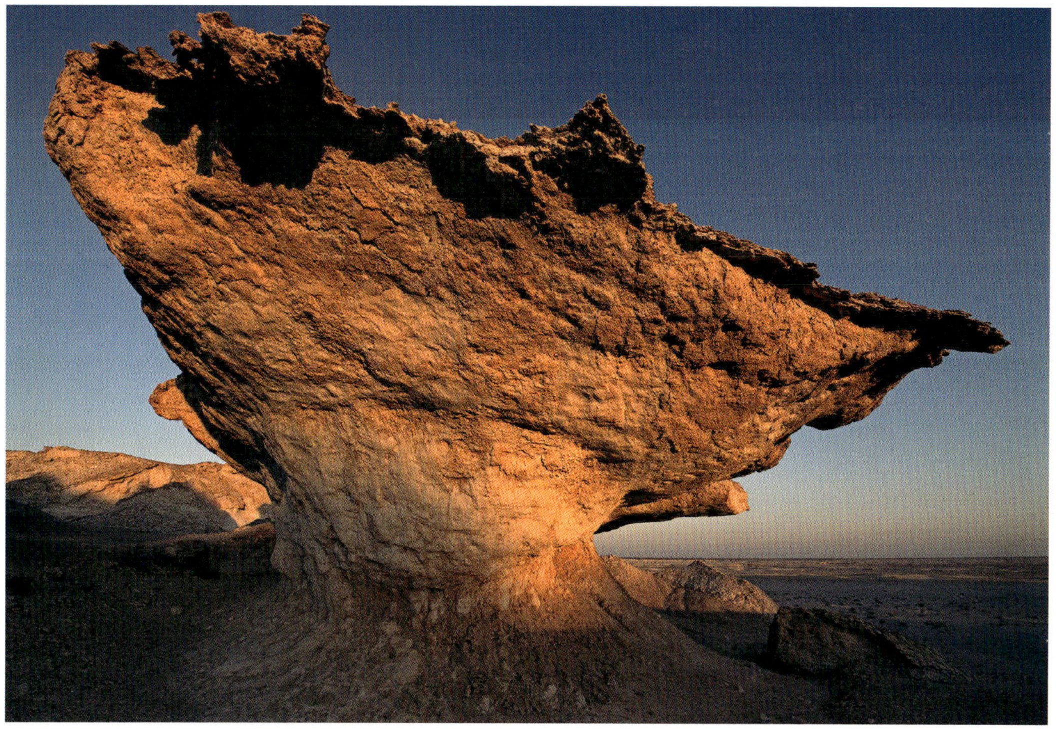

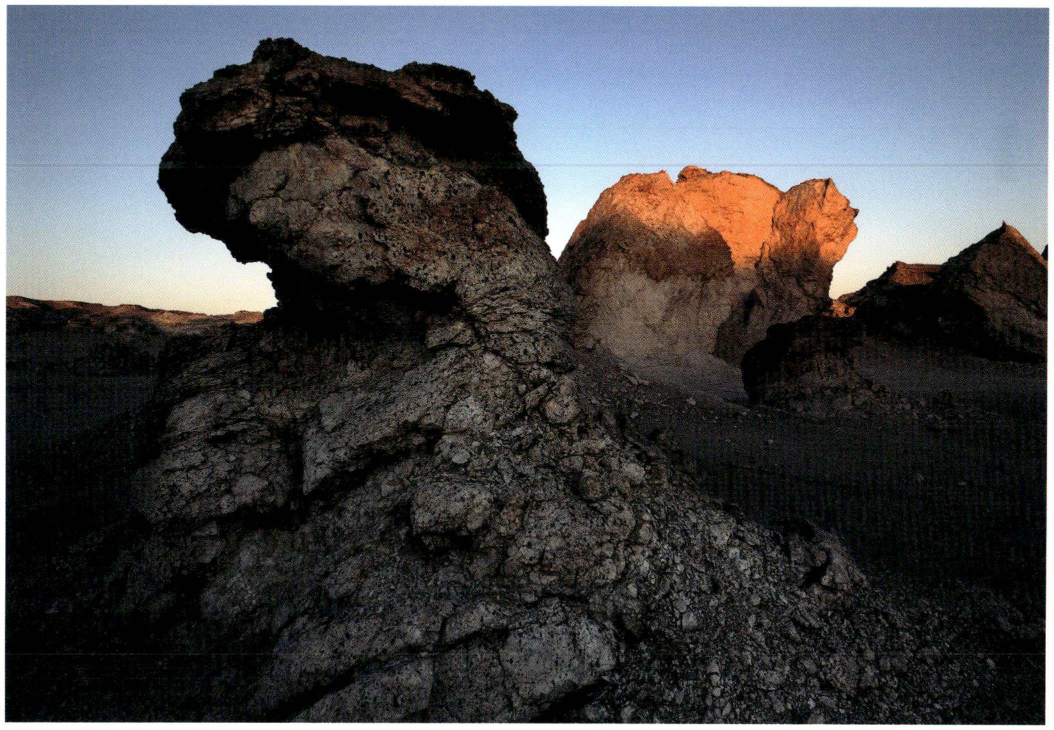

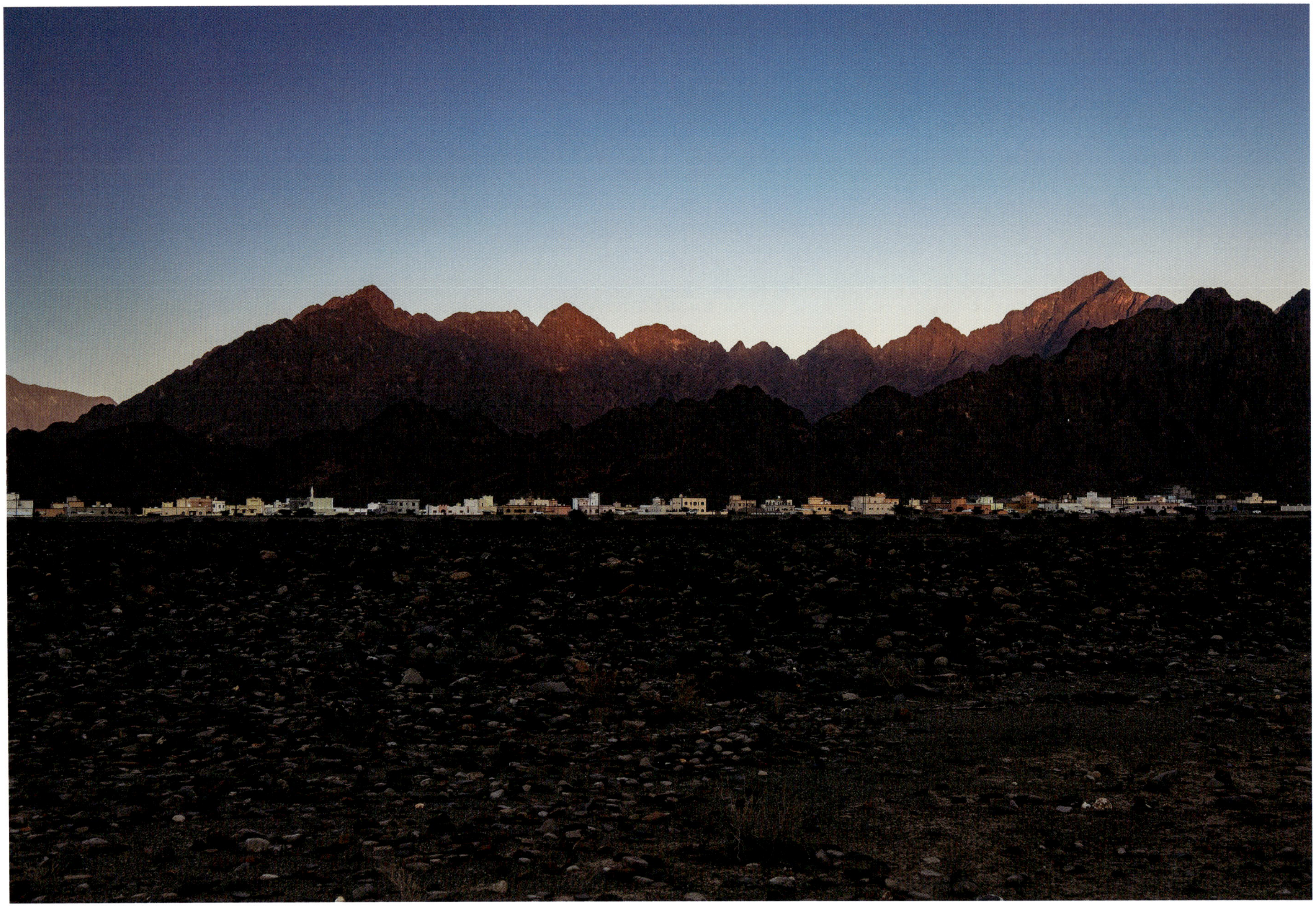

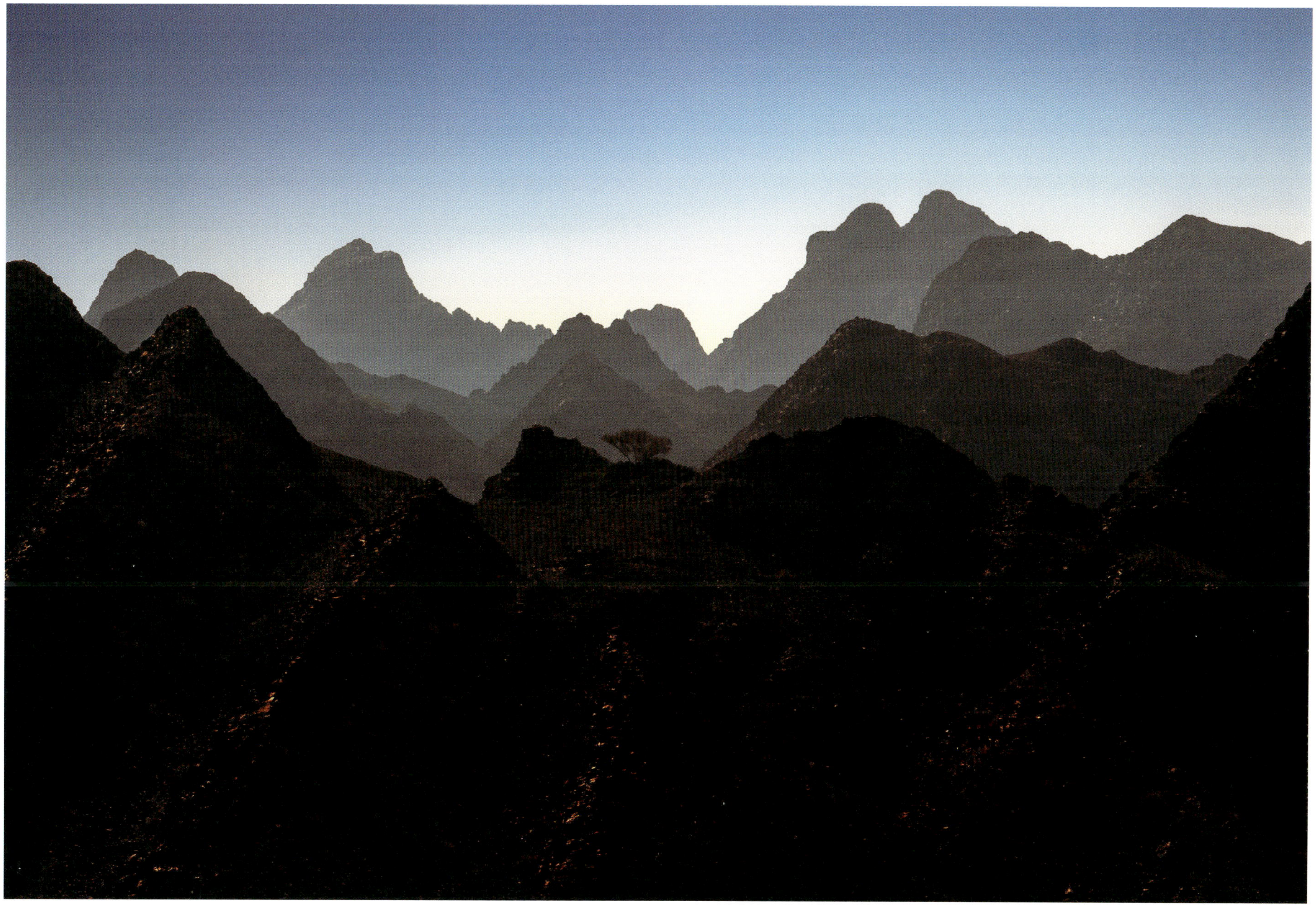

Horizonte I **Oman**

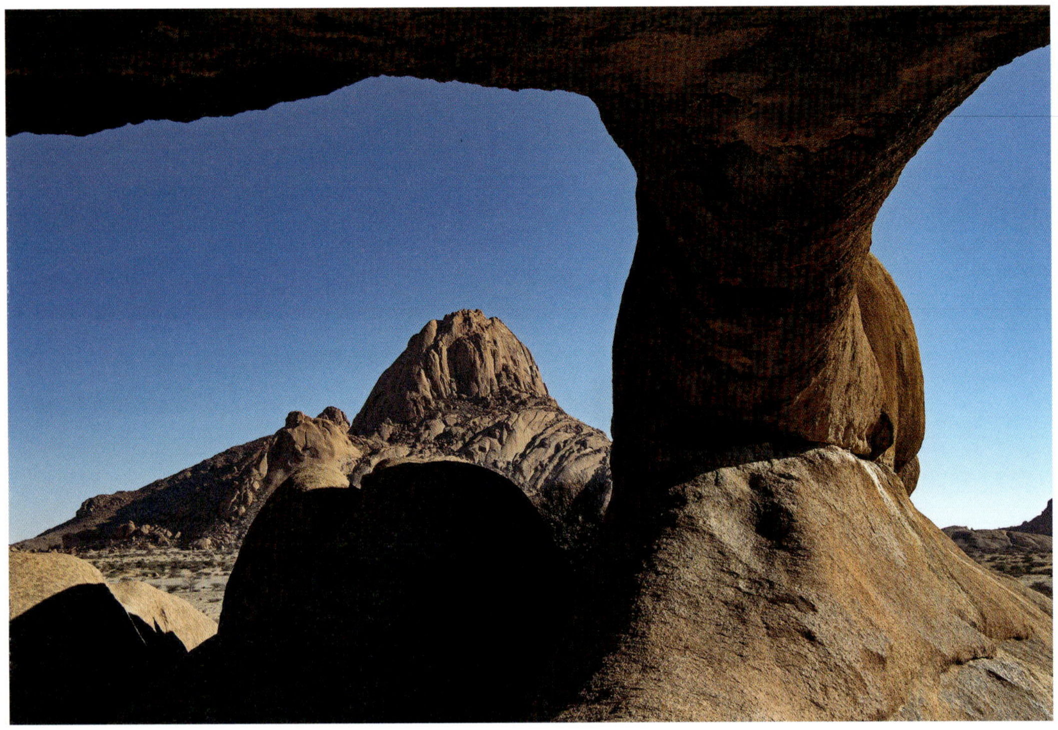

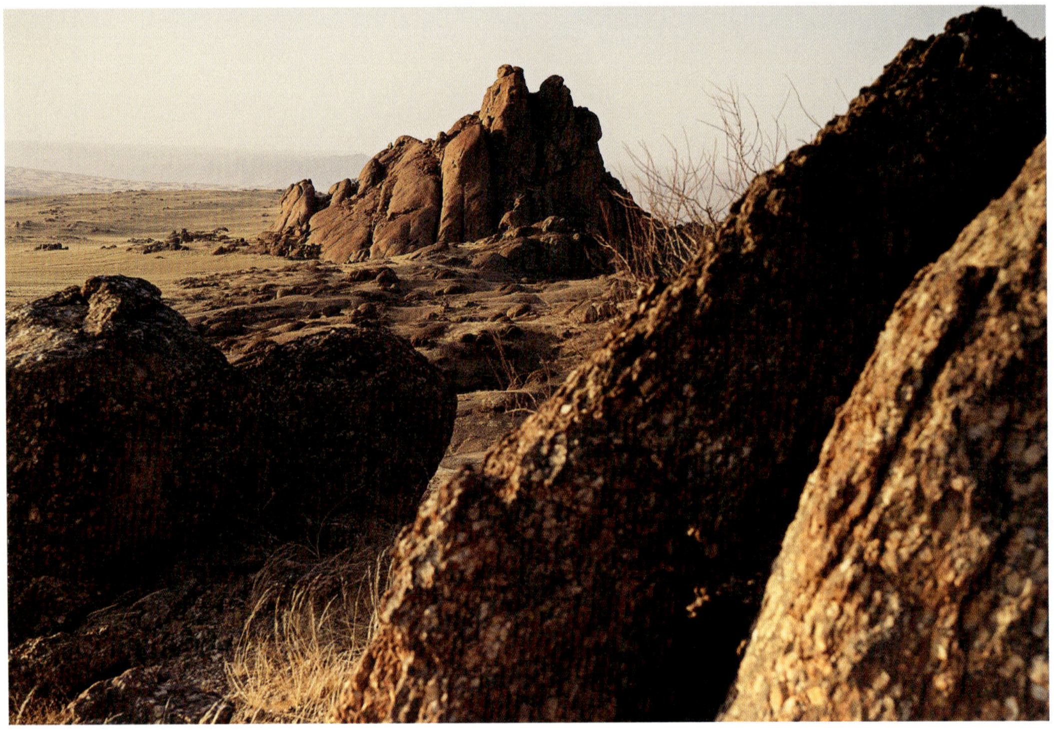

Spitzkuppe (oben) und Hartmannstal **I Namibia**

Erongo **I Namibia**

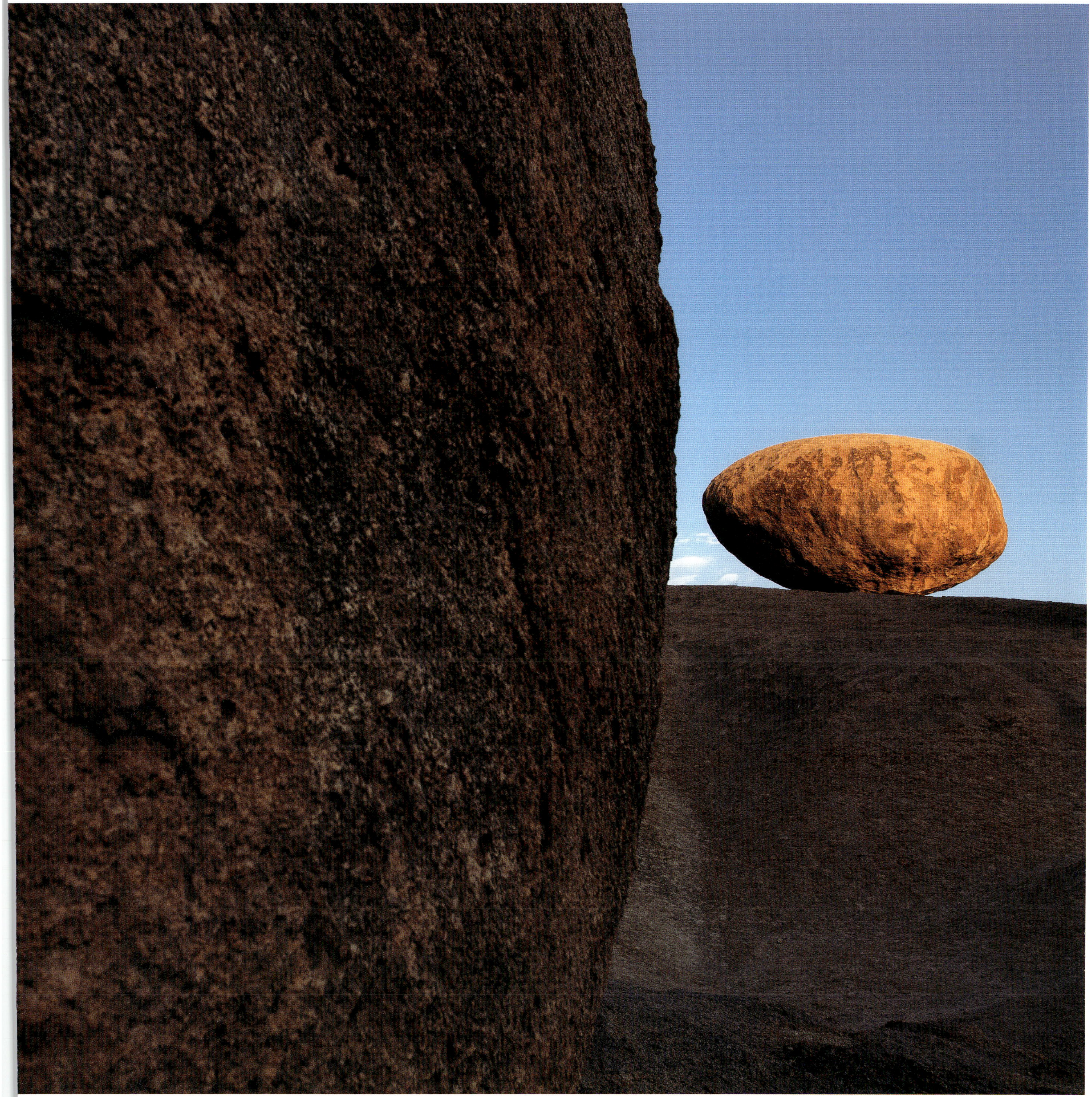

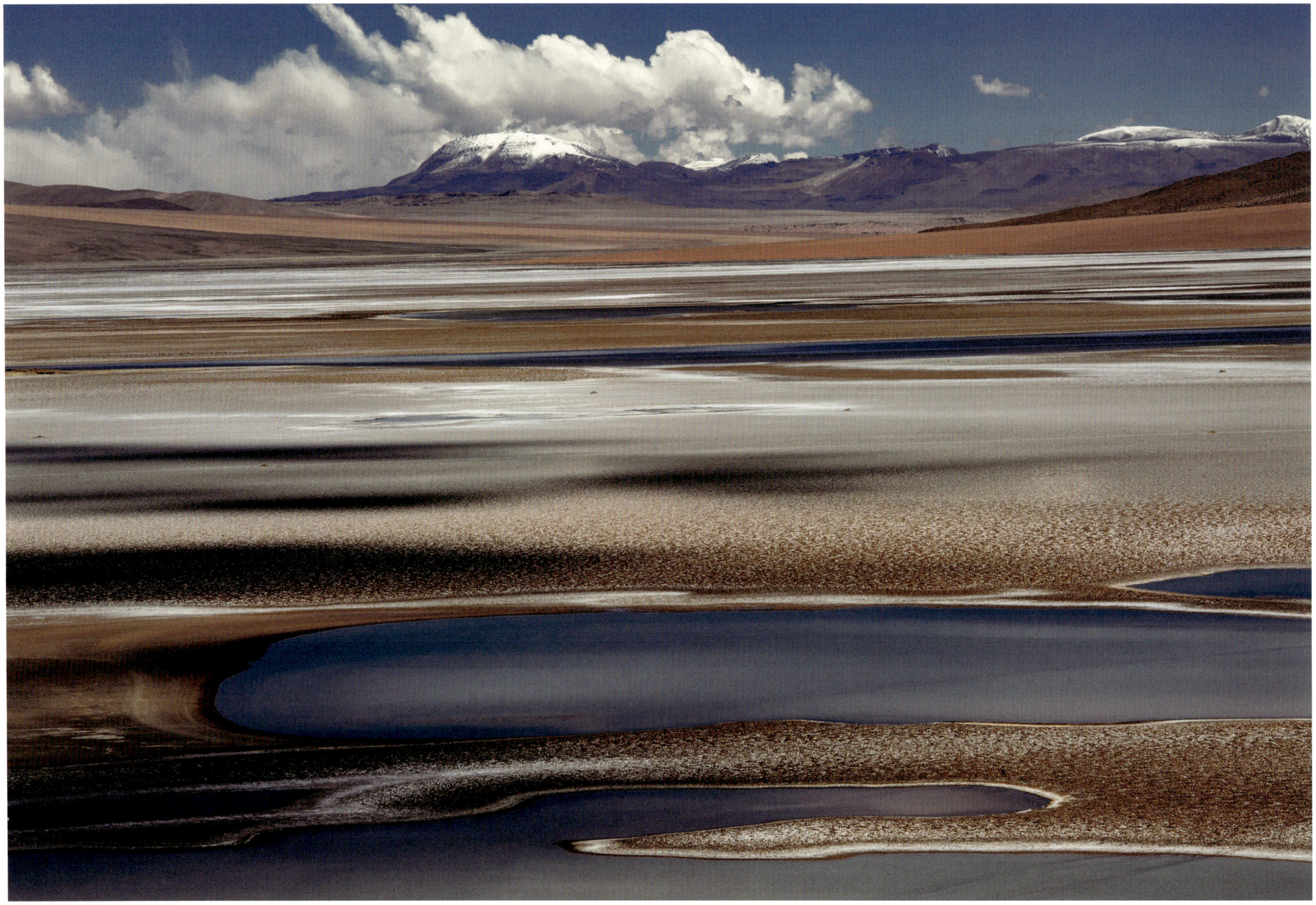

Salzsee | **Chile**

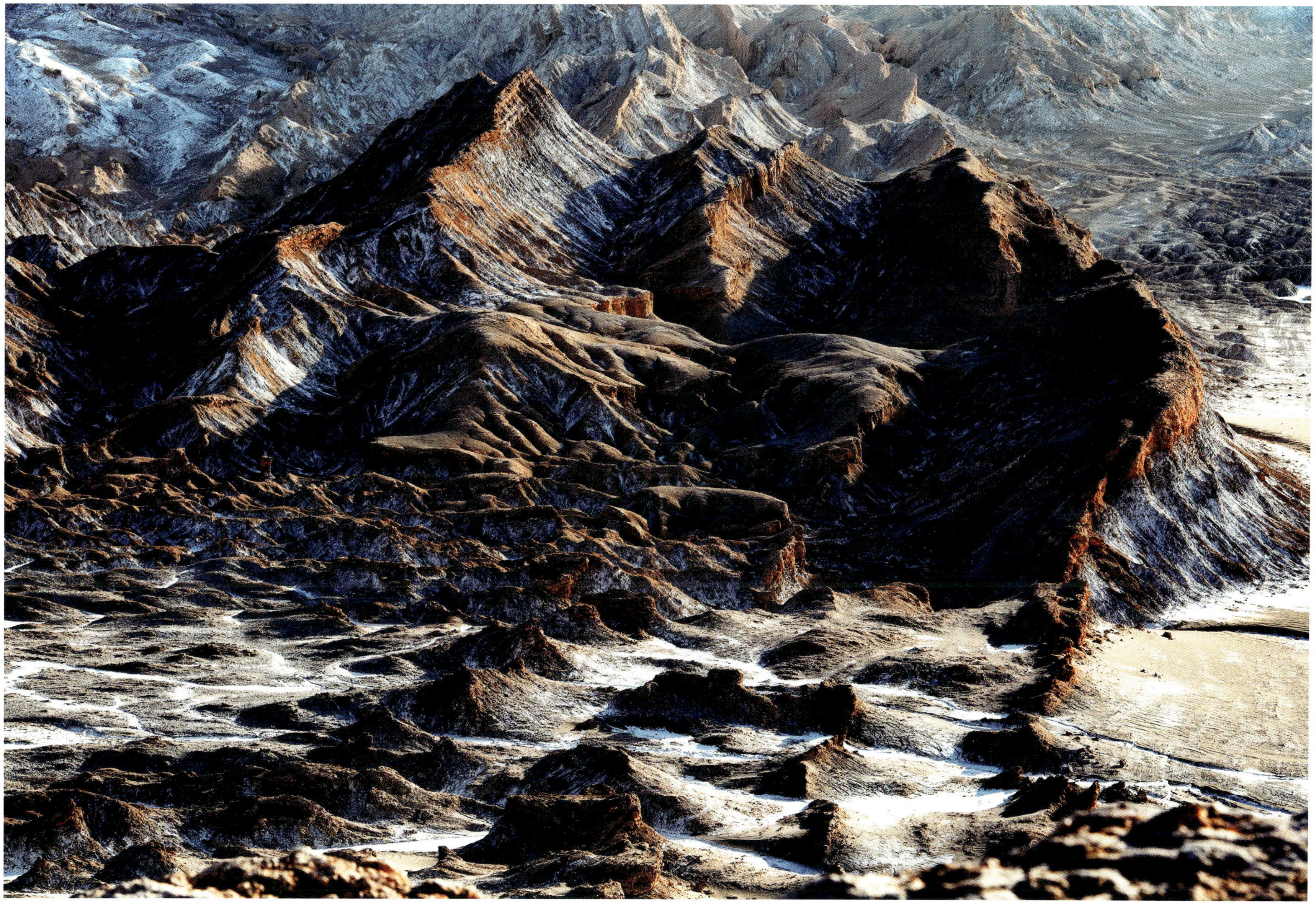

Mondlandschaft bei San Pedro de Atacama | **Chile**

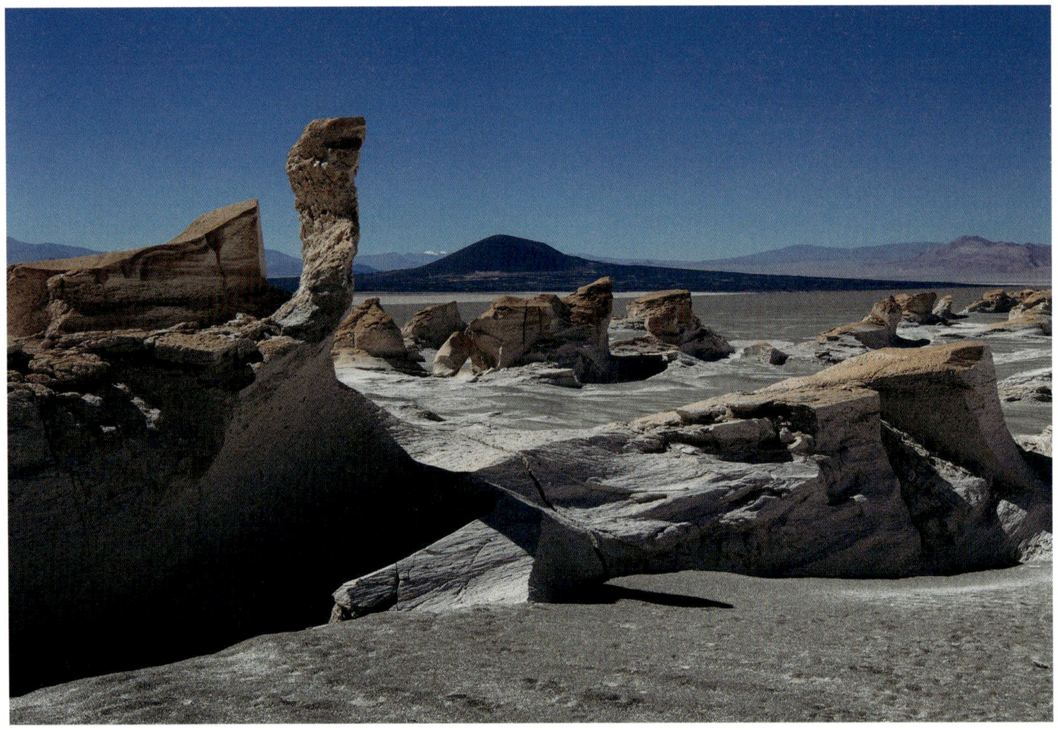

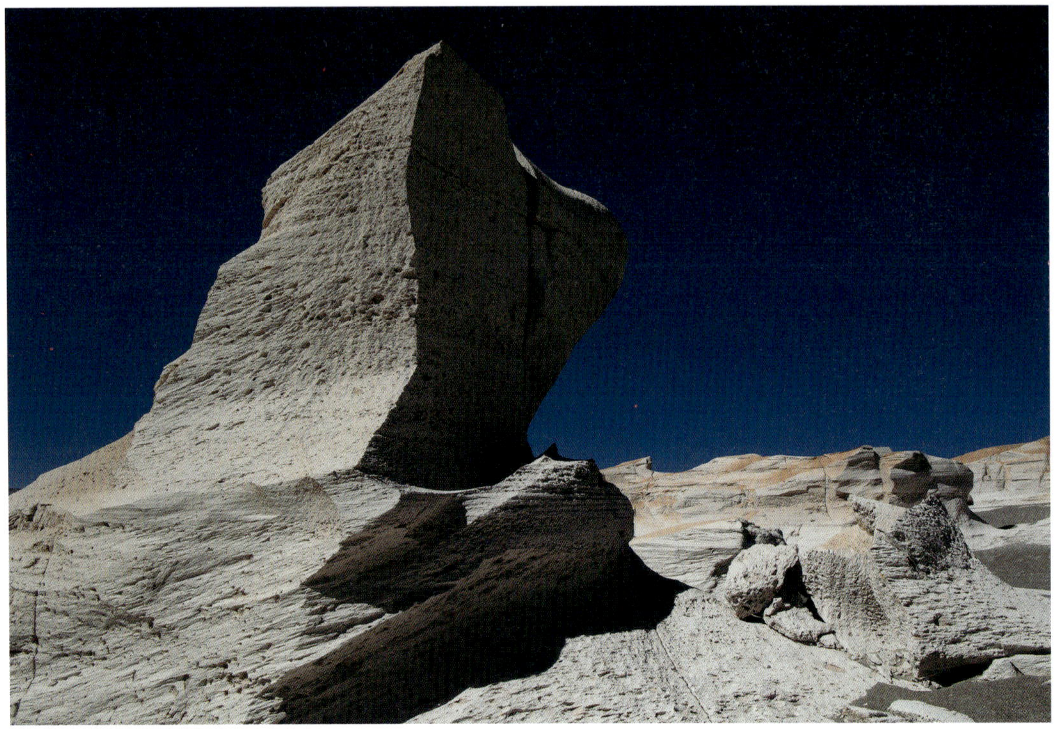

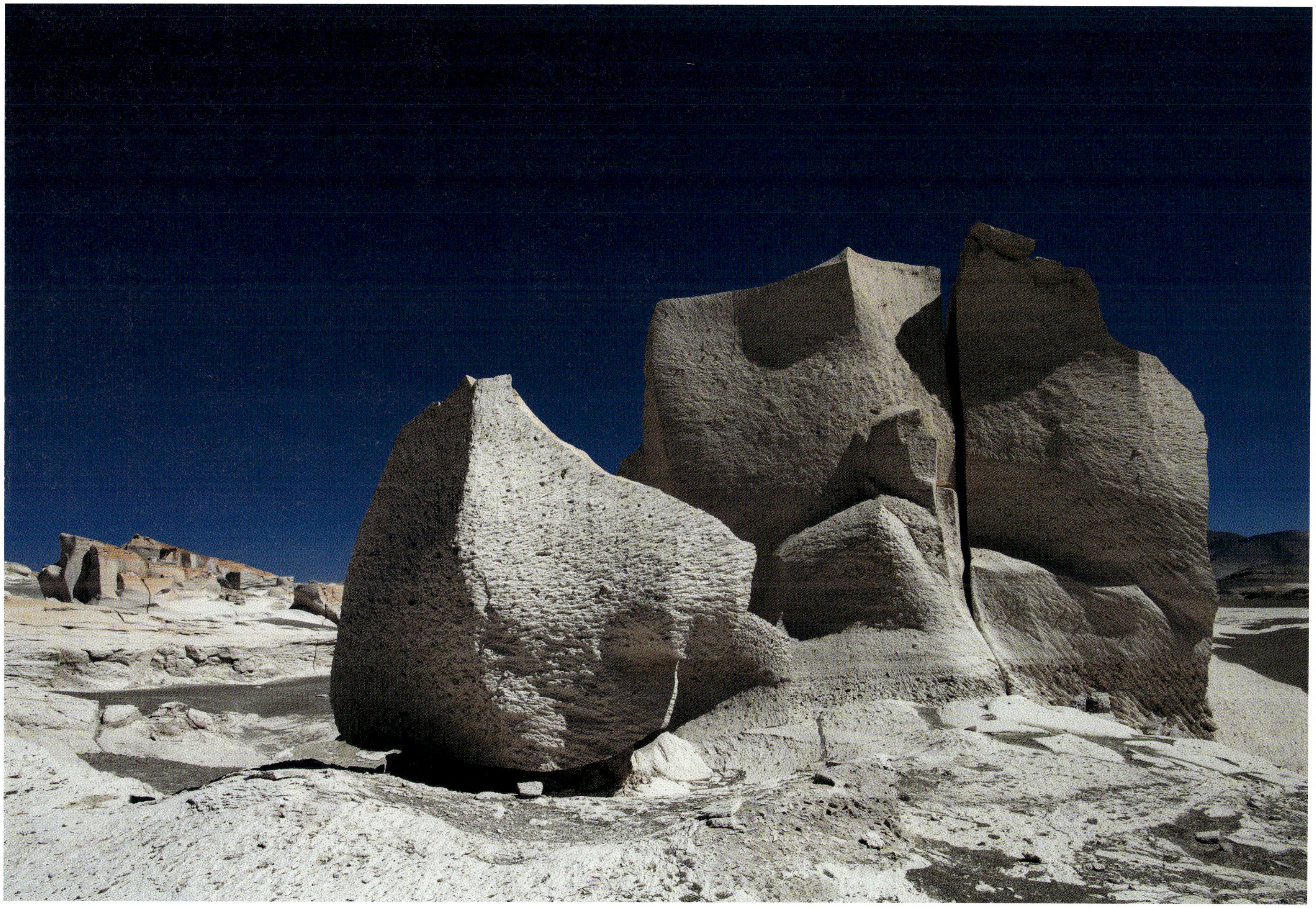

Campo de Piedra Pómez | **Argentinien**

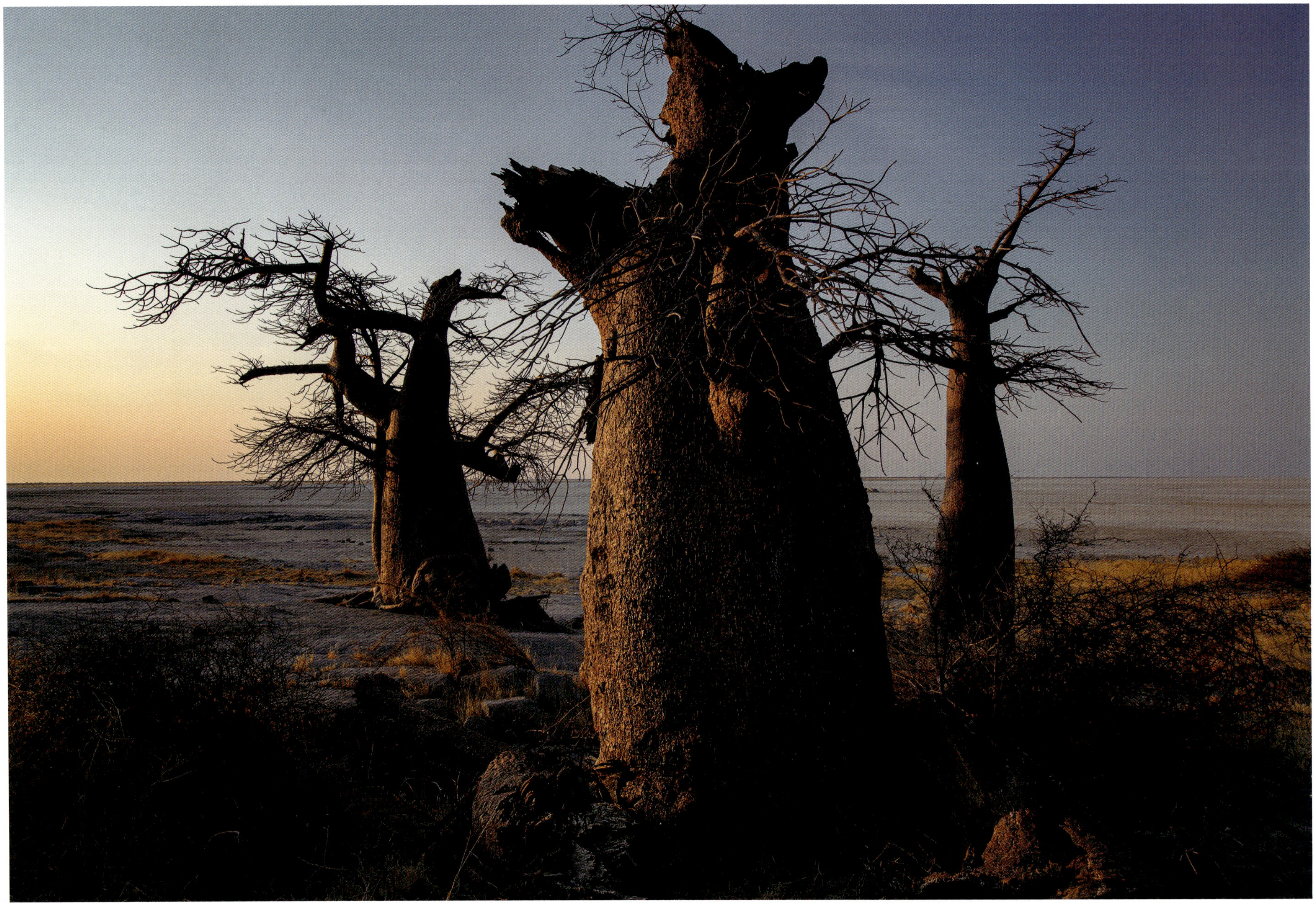

Baobab-Wald auf Kubu Island | **Botswana**

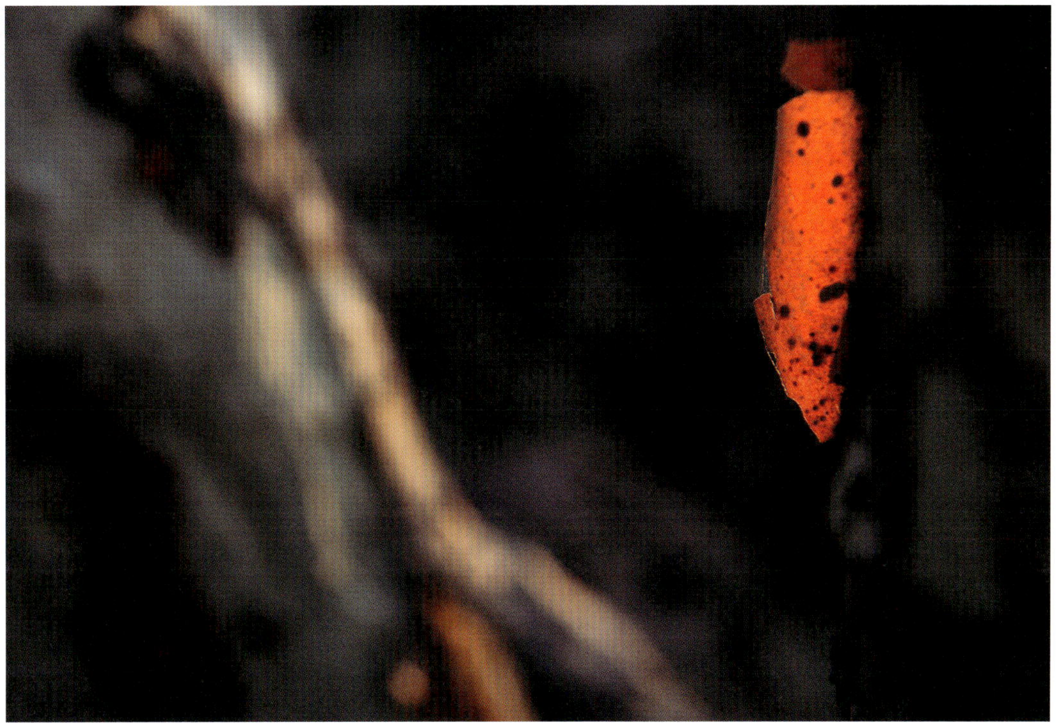

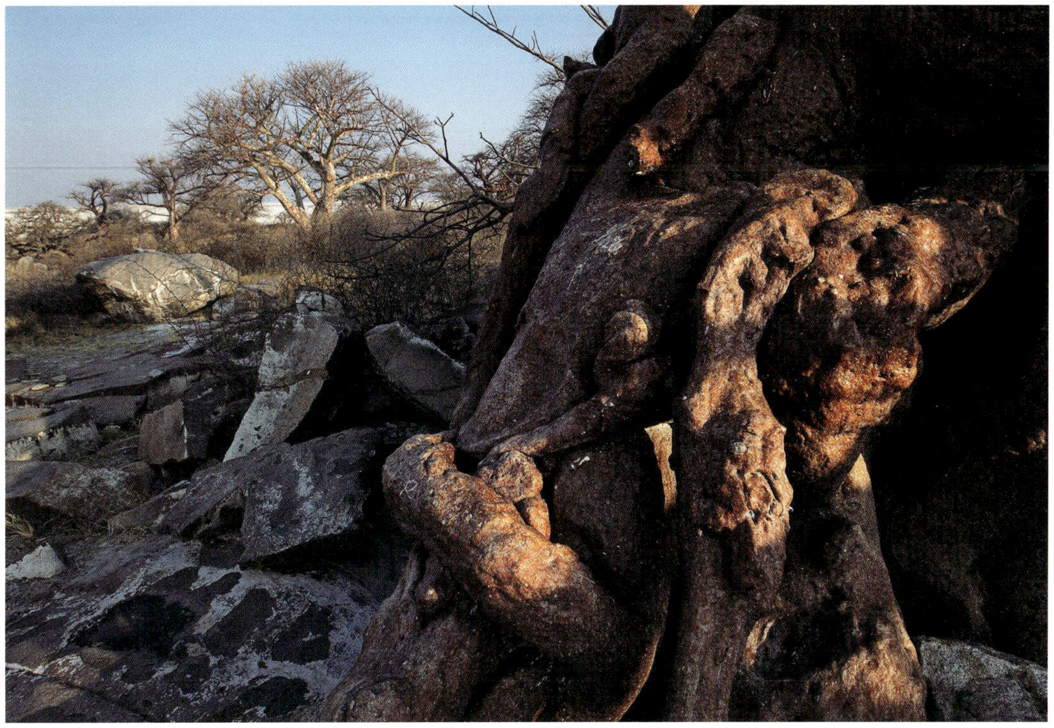

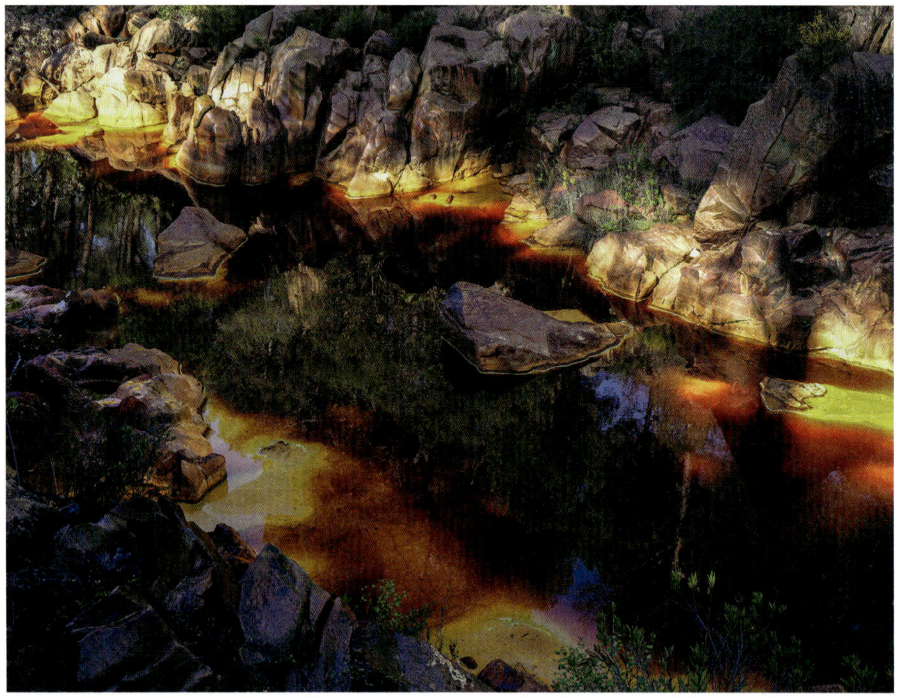

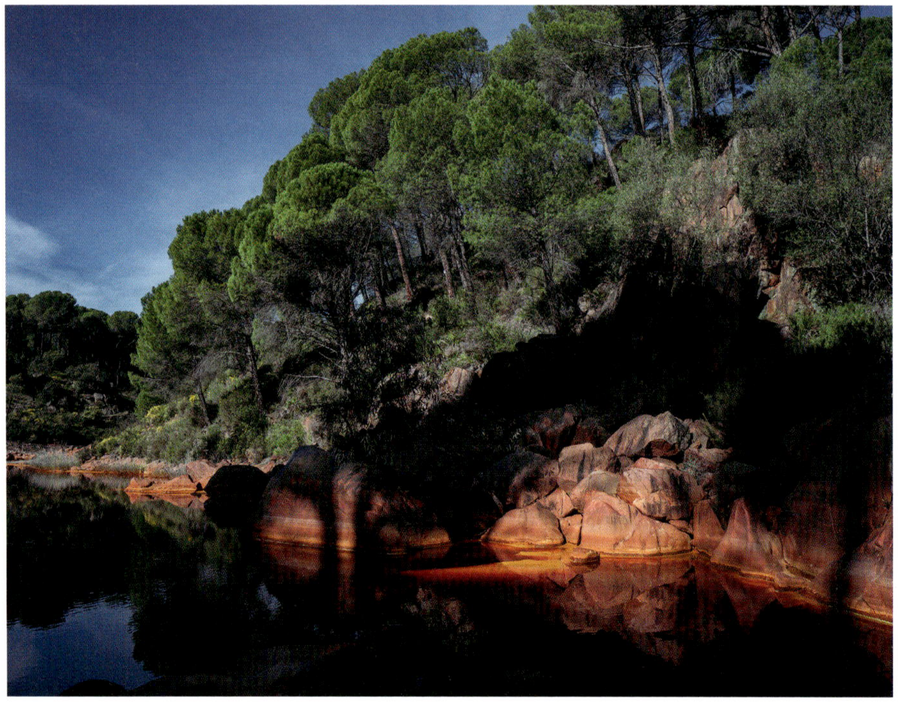

Farbenspiel

Das Farbenspiel des Rio Tinto in Spanien fasziniert mit vielerlei Rottönen. Grund der Färbung ist eine riesige Erzmine im Oberlauf des Flusses. Die Farbe ist auf die hohe Konzentration an Eisensalzen, Sulfaten und Kupfer zurückzuführen, die der Regen in den Fluss spült. Der Fluss ist schön anzusehen, doch kein Lebensraum für Fische, Amphibien oder Säugetiere.

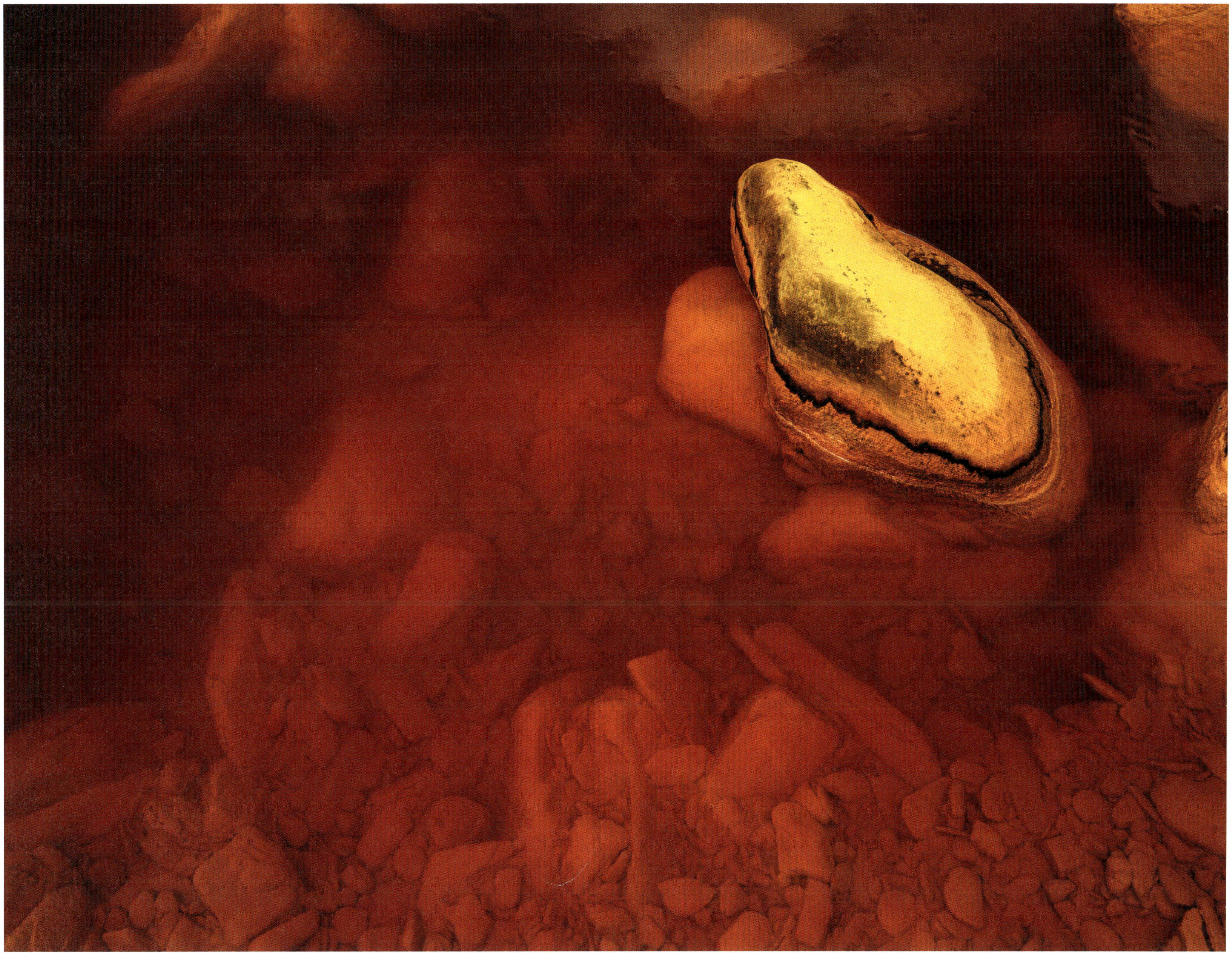

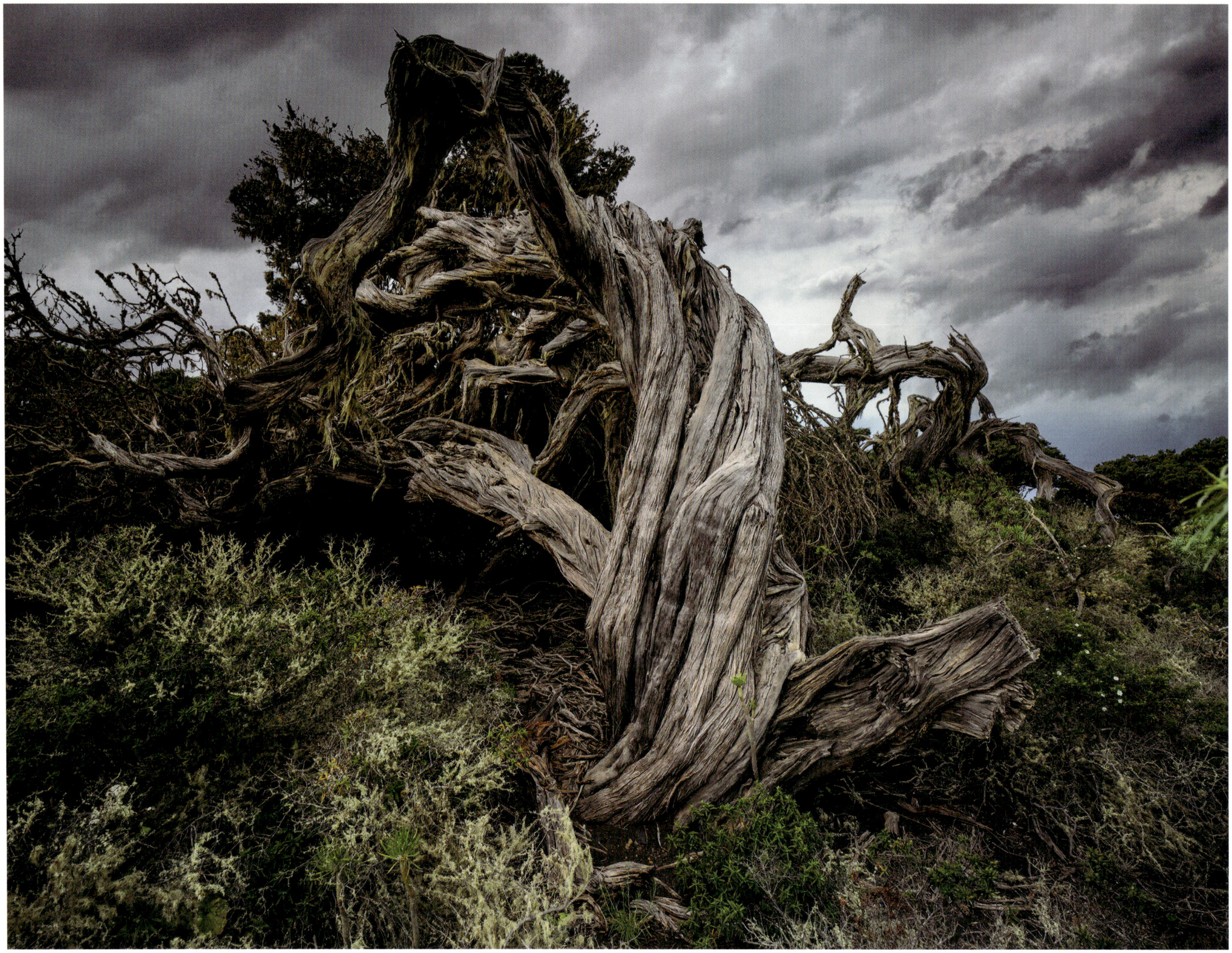

Wachholderbaum auf El Hierro I **Kanarische Inseln, Spanien**

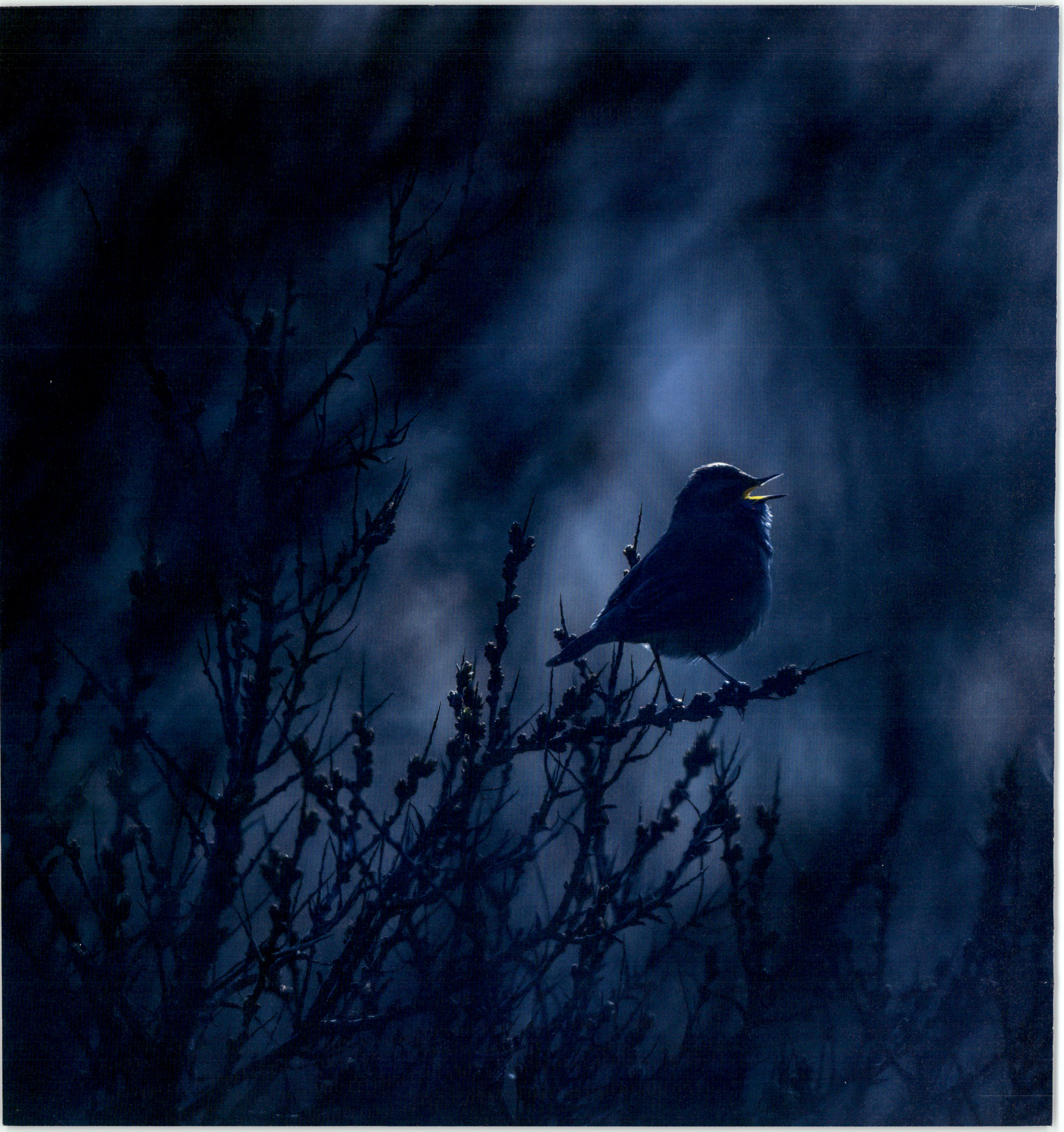

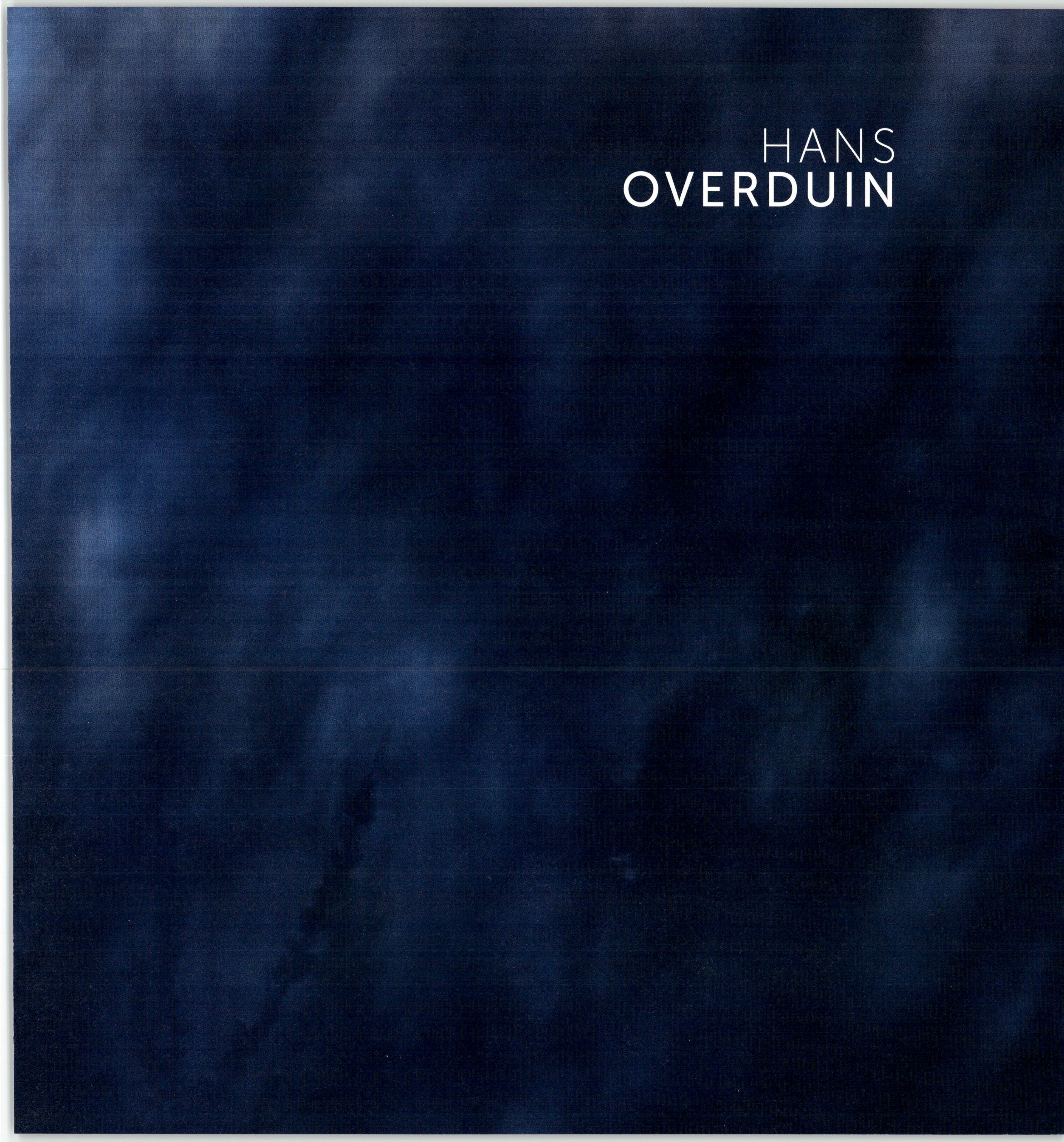

HANS OVERDUIN

HANS
OVERDUIN

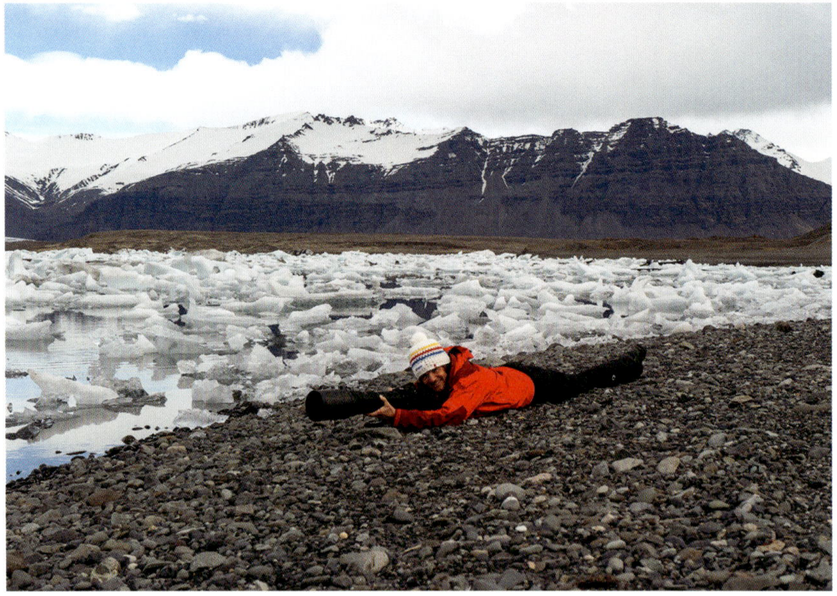

DER VOGELMANN

»80 % MEINES ARCHIVS BESTEHEN AUS FEDERN«, SAGT HANS, DER VOGEL-SPEZIALIST. UND, MÖCHTE MAN HINZUFÜGEN, AUS 100 % BEGEISTERUNG

Solange er denken kann, sagt Hans Overduin, habe er eine Kamera dabei. »Schon mein Vater war ein begeisterter Filmemacher und Fotograf, es gab nie einen Mangel an Kameras in unserem Haus.« Im Urlaub hatte jedes Mitglied der vierköpfigen Familie Overduin einen Fotoapparat umhängen – auch in den 1970er und 1980er Jahren ein eher ungewöhnlicher Anblick.

Als Sechsjähriger drückt Hans erstmals auf den Auslöser. Er hantiert mit alten Kameras seiner Mutter, Agfa Box-Kamera und Kodak Instamatic, dann mit Praktika-Spiegelreflexkameras, die sein Vater übrig hat. Mit 15 Jahren kauft sich Hans seine erste gebrauchte Nikon, seither ist er der Marke treu.

Hans fotografiert überall: zu Hause, am nahen Strand, im Urlaub. In der Schule übernimmt er die Fotografie von Veranstaltungen, auch zu Rockkonzerten packt er die Kamera ein.

»Ein Leben ohne Bilder war für mich nie eine Option, egal ob ich sie selbst mache oder die Fotos von anderen bewundere«, sagt Hans. Nach der Schule denkt er sogar über ein Fotografie-Studium nach, »aber das erschien mir dann doch etwas zu künstlerisch«.

Denn Hans will viel reisen. In den 1990ern unternimmt er, oft in Begleitung seiner Frau, lange Radreisen: Nord-, Mittel- und Südamerika haben es ihm angetan. Im Gepäck: jede Menge Diafilme, die man sicher und möglichst ohne Röntgenkontrolle nach Hause bringen muss.

Auf diese Anfänge mit Amerika-Schwerpunkt folgen bis heute viele weitere Reisen: Asien, Afrika, auch die Antarktis.

Was fasziniert Hans so nachhaltig an der Fotografie? »Es ist wohl eine Mischung aus dem Erschaffen von etwas, das vorher nicht da war – und dem Aufenthalt in der Natur«, sagt er. »Ich bin definitiv kein Innenraum-Mensch. Nach ein paar Stunden drinnen zieht es mich hinaus – und dann gibt es für mich nichts Schöneres, als eine Bildidee umzusetzen.«

Das »Making-of«, also die Planung eines Motivs und das langsame Heranarbeiten an die Umsetzung, kann dabei ebenso lohnend sein wie das Endergebnis, findet Hans: »Allein der Akt des Nachdenkens über das Potenzial, das man in einer Situation sieht, ist sehr motivierend für mich. Dann das Bild beim Blick durch den Sucher zu komponieren und schließlich den Auslöser zu betätigen – das ist wunderbar.«

Dabei sei es ihm zunächst fast egal, ob das fertige Bild großartig oder Mist ist. »Fotografieren ist für mich ein Moment des Loslassens von allen anderen Dingen. Im Kopf ist kein Platz für Sorgen, Ablenkungen, Schmerzen, Kälte … Einfach in der Gegenwart sein. Ich liebe es!«

Relativ spät, nämlich im Jahr 2006, macht Hans den Schritt von der Analog- zur Digitalfotografie. »Damit ist eine neue Dynamik entstanden, meine Fotografie hat sich sozusagen beschleunigt.«

Vier Jahre später kündigt Hans seinen festen Job – mit dem klaren Ziel, viel mehr Zeit für seine Fotografie zu haben.

Hans fotografiert noch immer gerne Menschen und Landschaften, doch längst hat sich sein Fokus auf die Tierwelt und insbesondere auf Vögel verlagert. Vor etwa 25 Jahren hat er begonnen, sich intensiv mit Vogelbeobachtung zu beschäftigen, »und umfassendes Wissen über ein Thema hilft enorm, die Fotos zu bekommen, die einem vorschweben«. Außerdem: »Vögel sind überall – und somit eine gute Ausrede für mich, auch überall hinzugehen.«

Das gilt für Fotosessions vor der Haustür ebenso wie für regelmäßige Fernreisen zu besonderen Vogelspots – »dabei geht es dann allein um die Vogelfotografie. Auch wenn ich mich auch mal an andere Tierarten oder sogar Straßenfotografie heranwage – 80 Prozent meines Archivs bestehen aus Federn«, lacht Hans.

Was seine Vogelfotografie ausdrücken soll, beschreibt er mit der »eigentlichen Schönheit der Spezies«. Ein Bild muss also nicht unbedingt die charakteristischen Merkmale zeigen, nach denen Ornithologen suchen. »Ich versuche, einen Vogel auf die Art und Weise zu zeigen, die mir am meisten zusagt. Es muss nicht immer die ultrascharfe Nahaufnahme sein, oft finde ich es auch schön, etwas vom Lebensraum des Vogels mit ins Bild zu nehmen.«

Bei aller Passion reagiert Hans auf eine andere Frage eher nüchtern: die nach seiner Ausrüstung. Das ist ungewöhnlich, denn Diskussionen über Kameras und Objektive sind bei vielen Fotografen die zweite Lieblingsbeschäftigung neben der eigentlichen Fotografie.

»Ich finde ehrlich gesagt, dass die Ausrüstung der uninteressanteste Teil der Fotografie ist – und verfolge die technischen Entwicklungen kaum. Für Vögel braucht man eine schnelle Kamera und ein langes Objektiv. Ich besitze drei Bodys, alle paar Jahre wird einer davon erneuert. Die Objektive halten viel länger. Aktuell arbeite ich meist mit einer Nikon Z9 und habe ein ziemlich schweres 500-mm-Tele dabei. Das werde ich vielleicht gegen ein deutlich leichteres austauschen, mal sehen. Aber wie gesagt: Nicht die Ausrüstung macht das Bild, sondern der Fotograf …«

Worauf Hans dagegen großen Wert legt: ausreichend Ersatzbatterien und Reinigungsmittel. »Ich liege viel in der Kälte und im Dreck herum, da sind schnell mal die Batterien leer und die Linsen schmutzig. Oder ein Sandsturm zieht durch, da musst du sofort alles putzen. Sonst kann man ja nicht weiterfotografieren.«

Dass er für seine Fotos oft leiden muss, gehört für Hans dazu. Geduldiges Warten bei Nässe und Kälte machen ihm wenig aus, aber manchmal wundert er sich schon über sich selbst: »An einem Strand in Florida hatte ich einen tollen Kiebitzregenpfeifer im Sucher, als Sandflöhe über mich herfielen. Ich blieb einfach regungslos liegen und ignorierte die Bisse und das Jucken, denn die Kulisse war so großartig. Danach war ich mit Wunden übersät – und konnte wegen des Juckreizes mehrere Nächte nicht schlafen …«

War das Dummheit? Durchhaltevermögen? Entschlossenheit? »Das weiß ich auch nicht«, lacht Hans, »aber ich fürchte, das könnte mir jederzeit wieder passieren.«

» Fotografieren ist für mich ein Moment des Loslassens von allen Dingen. Im Kopf ist kein Platz für Sorgen, Ablenkungen, Schmerzen, Kälte … Einfach in der Gegenwart sein. Ich liebe es!«

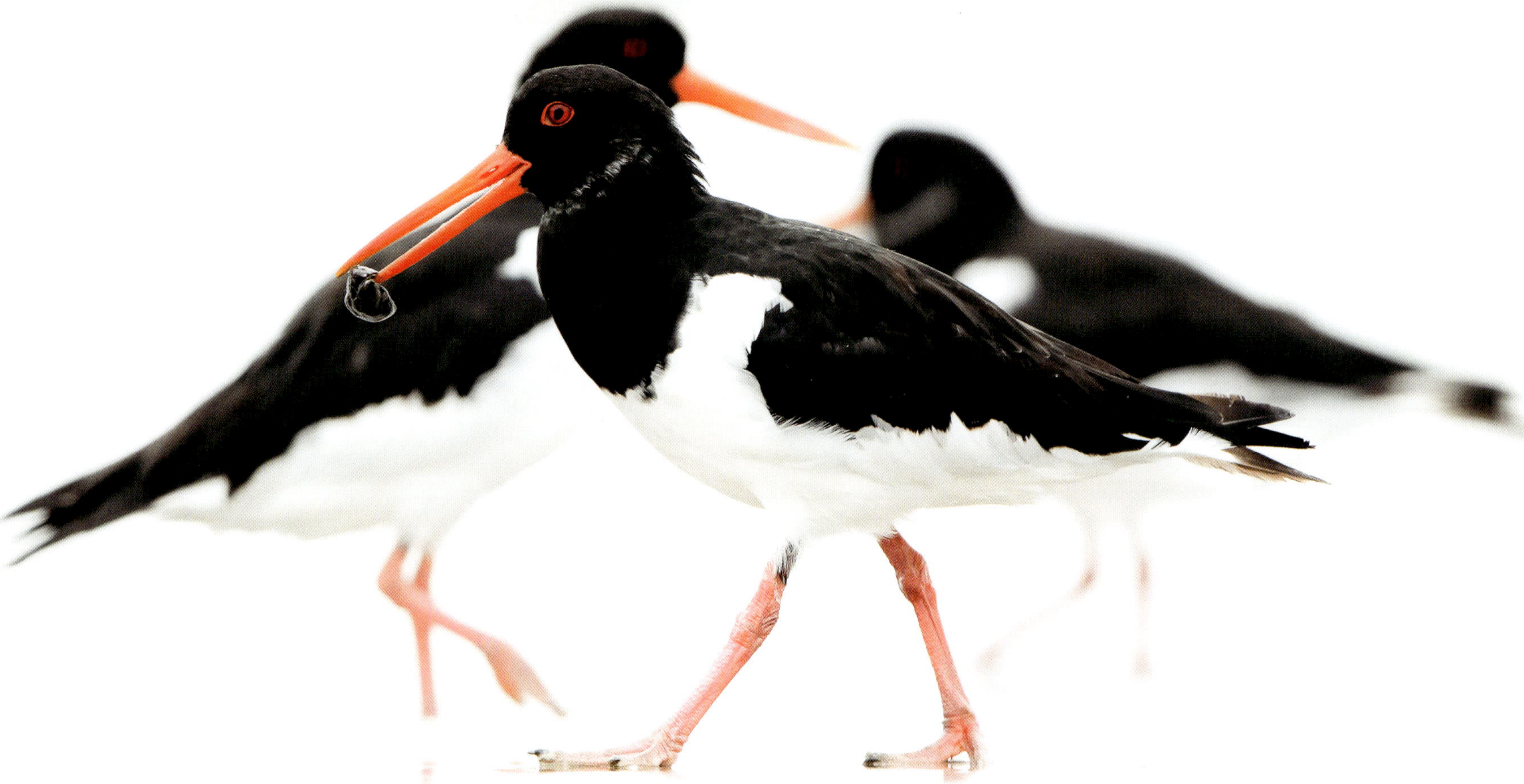

Austernfischer | **Niederlande**

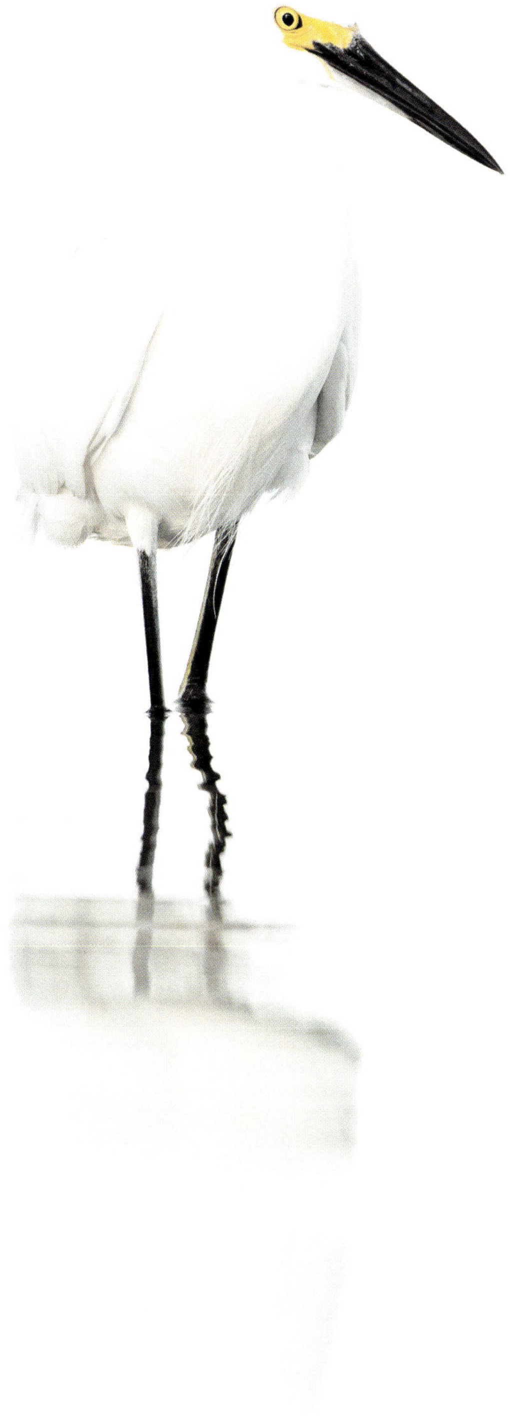

Schmuckreiher **I USA**

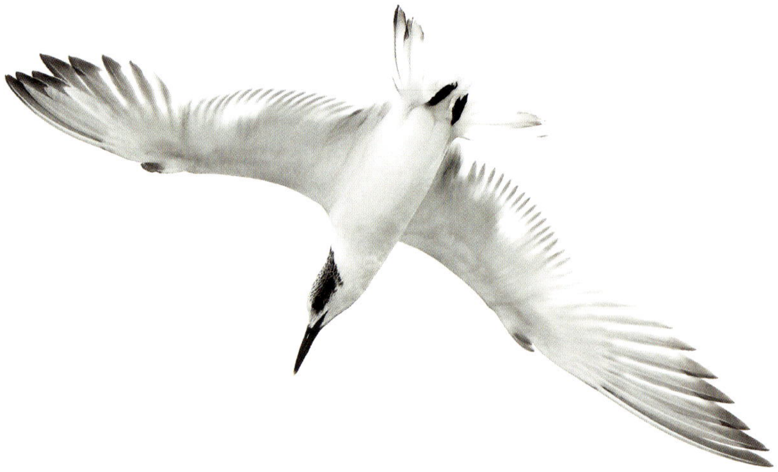

Brandseeschwalbe **I Niederlande**

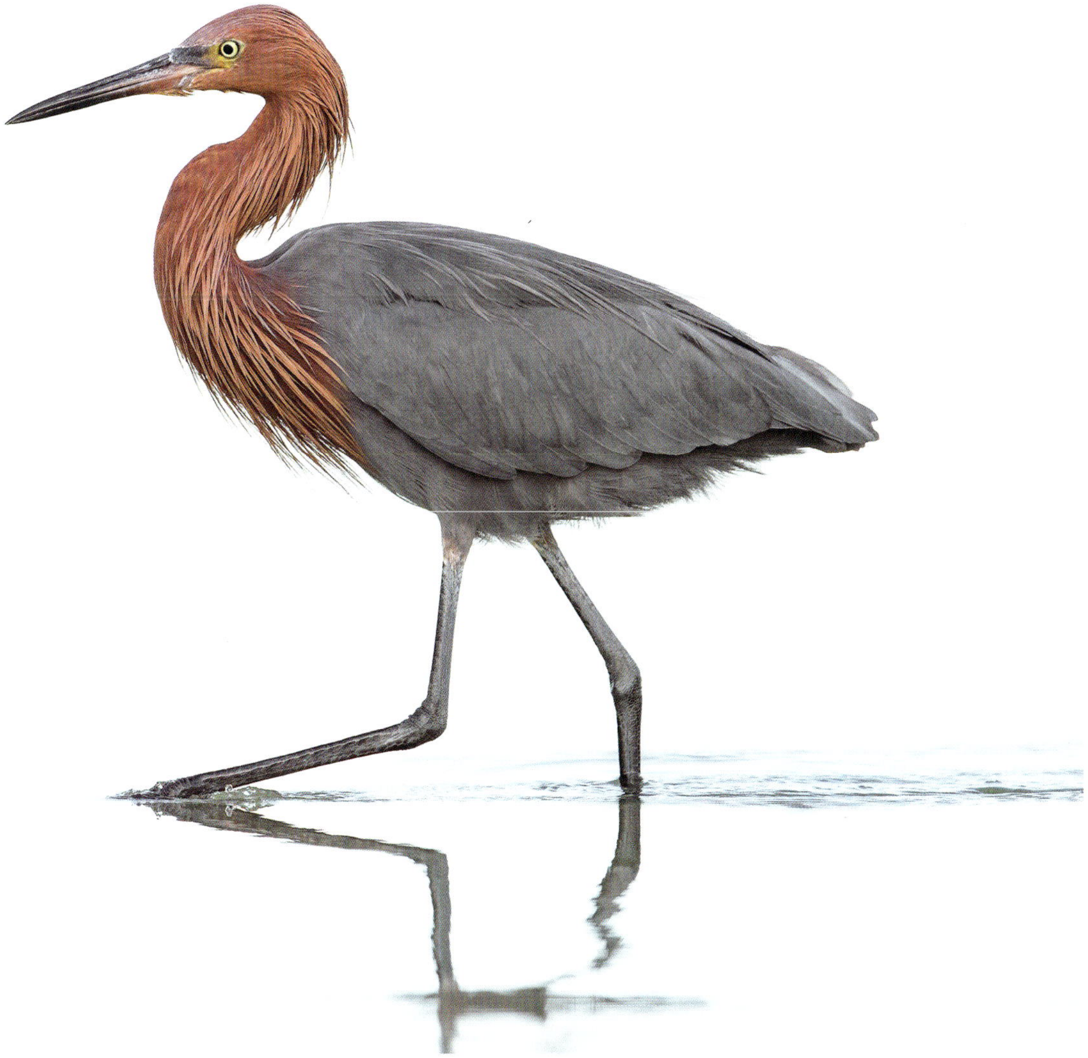

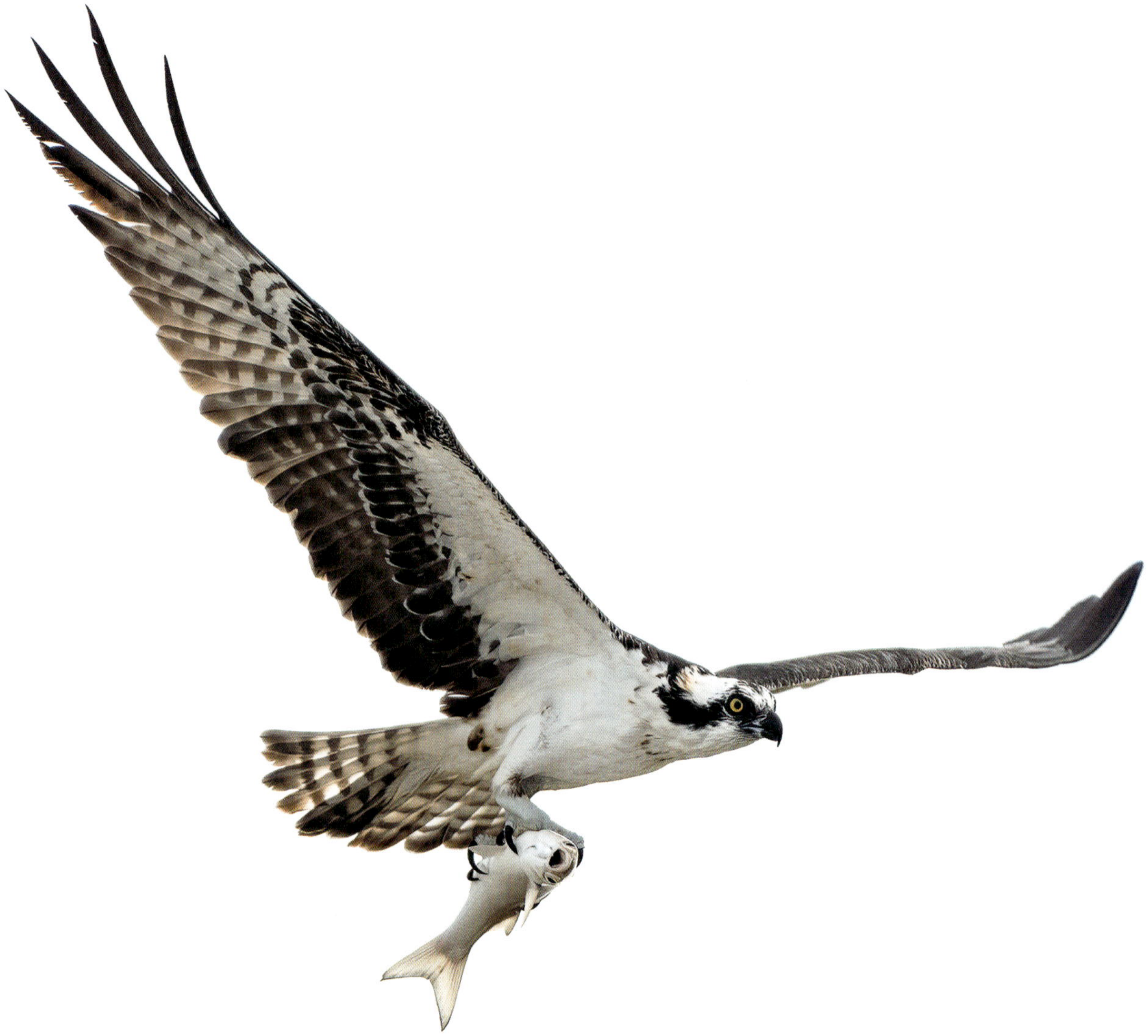

Fischadler mit Beute | **USA**

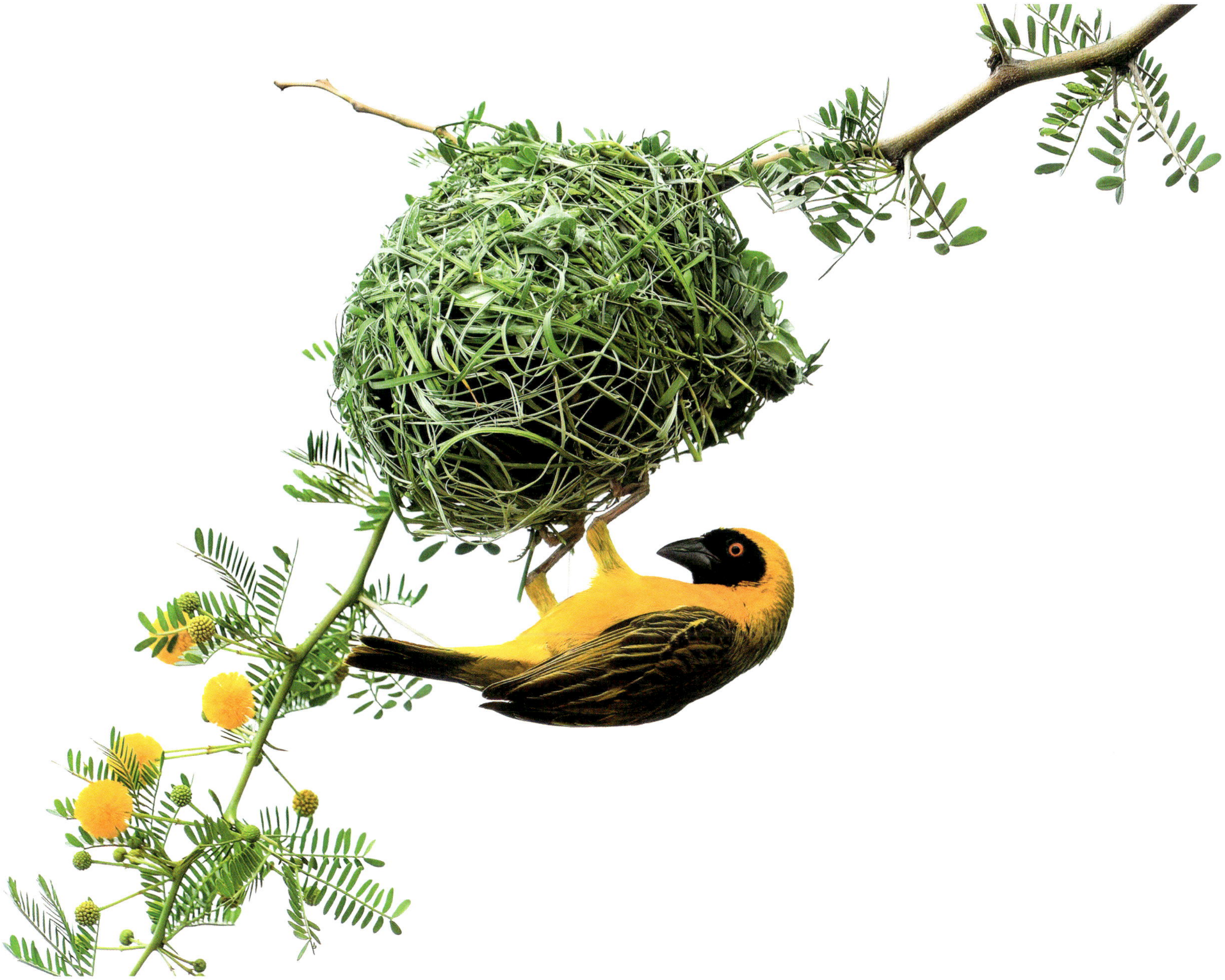

Maskenweber | **Südafrika**

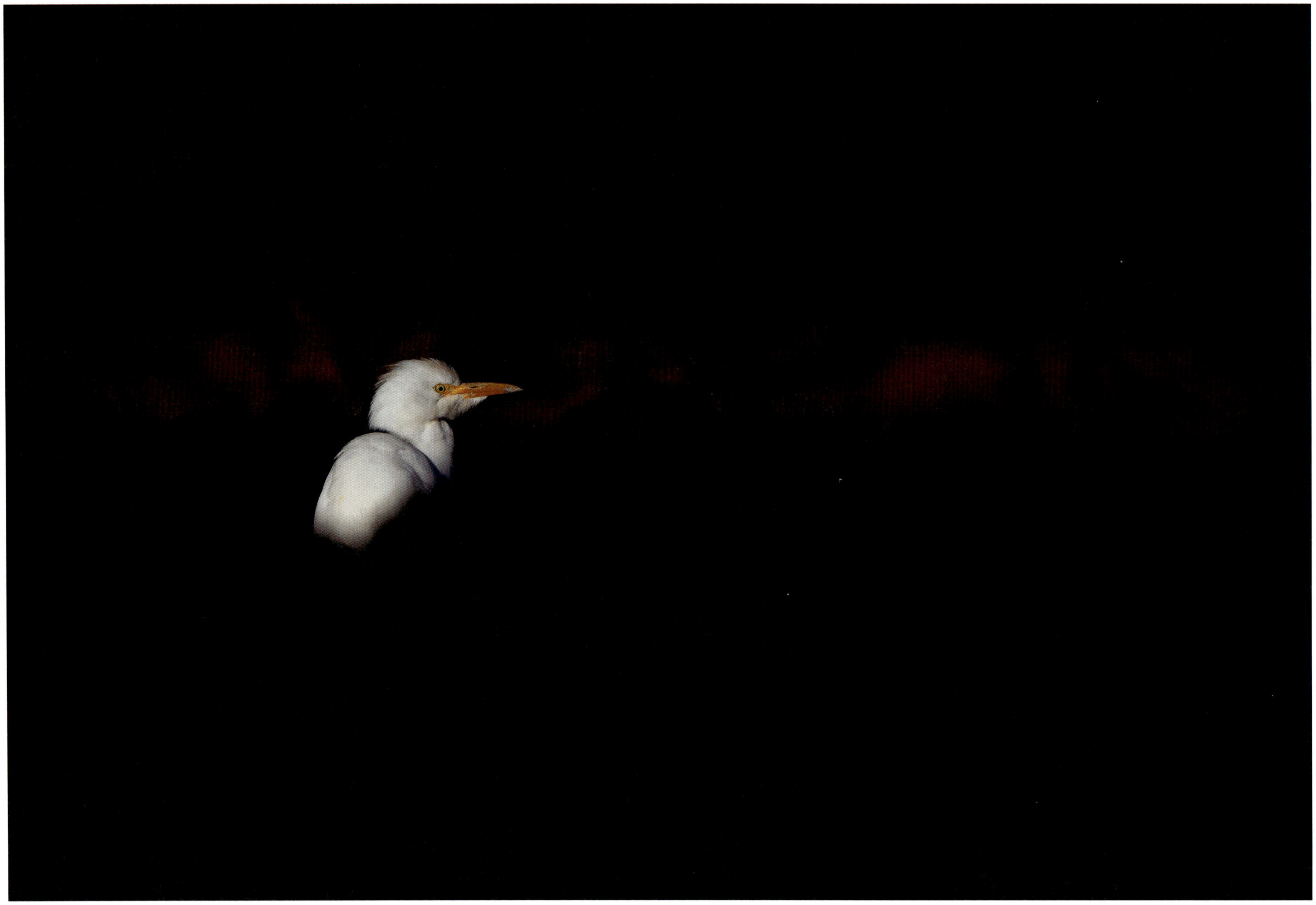

Kuhreiher I **Portugal**

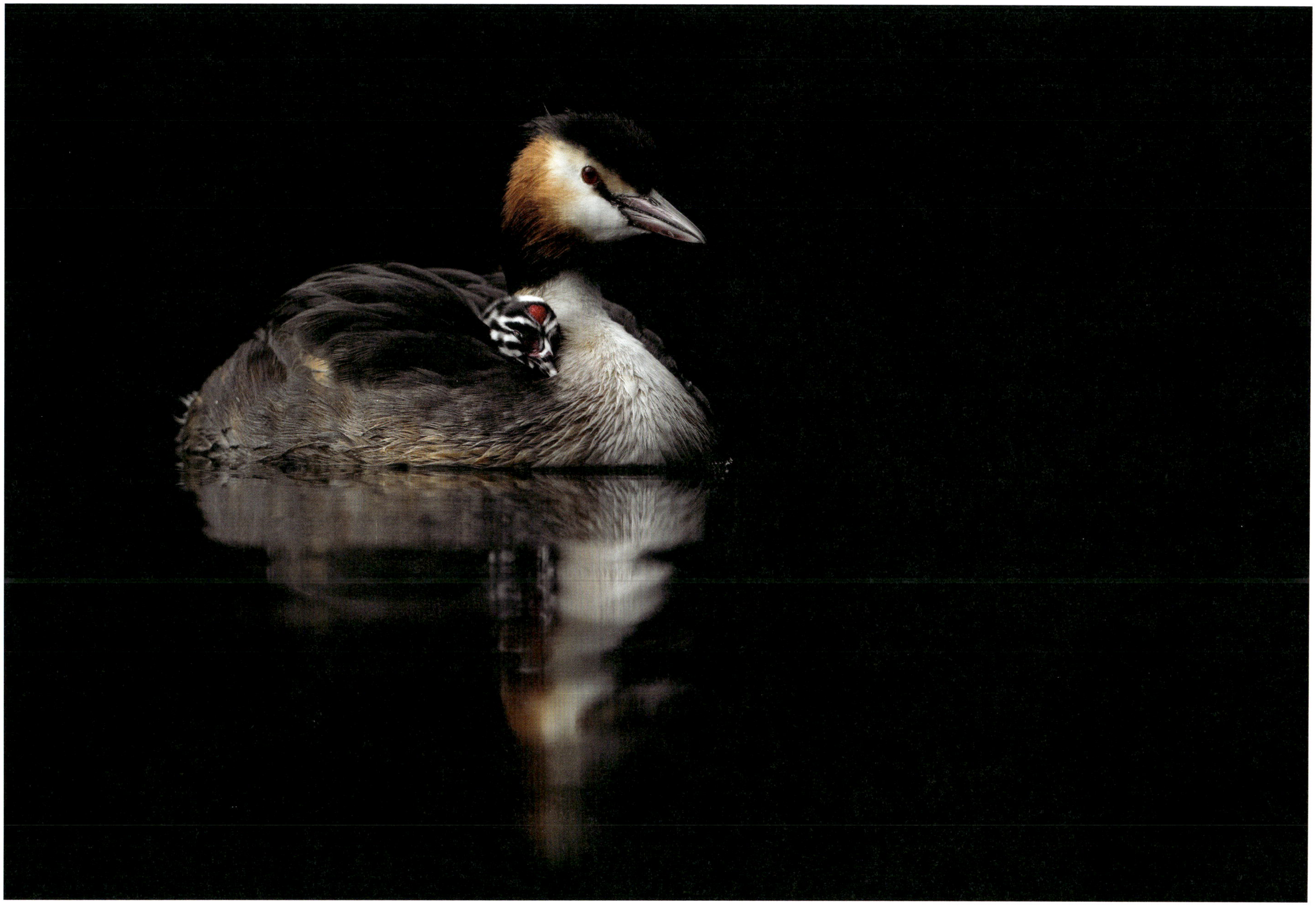

Haubentaucher mit Küken | **Niederlande**

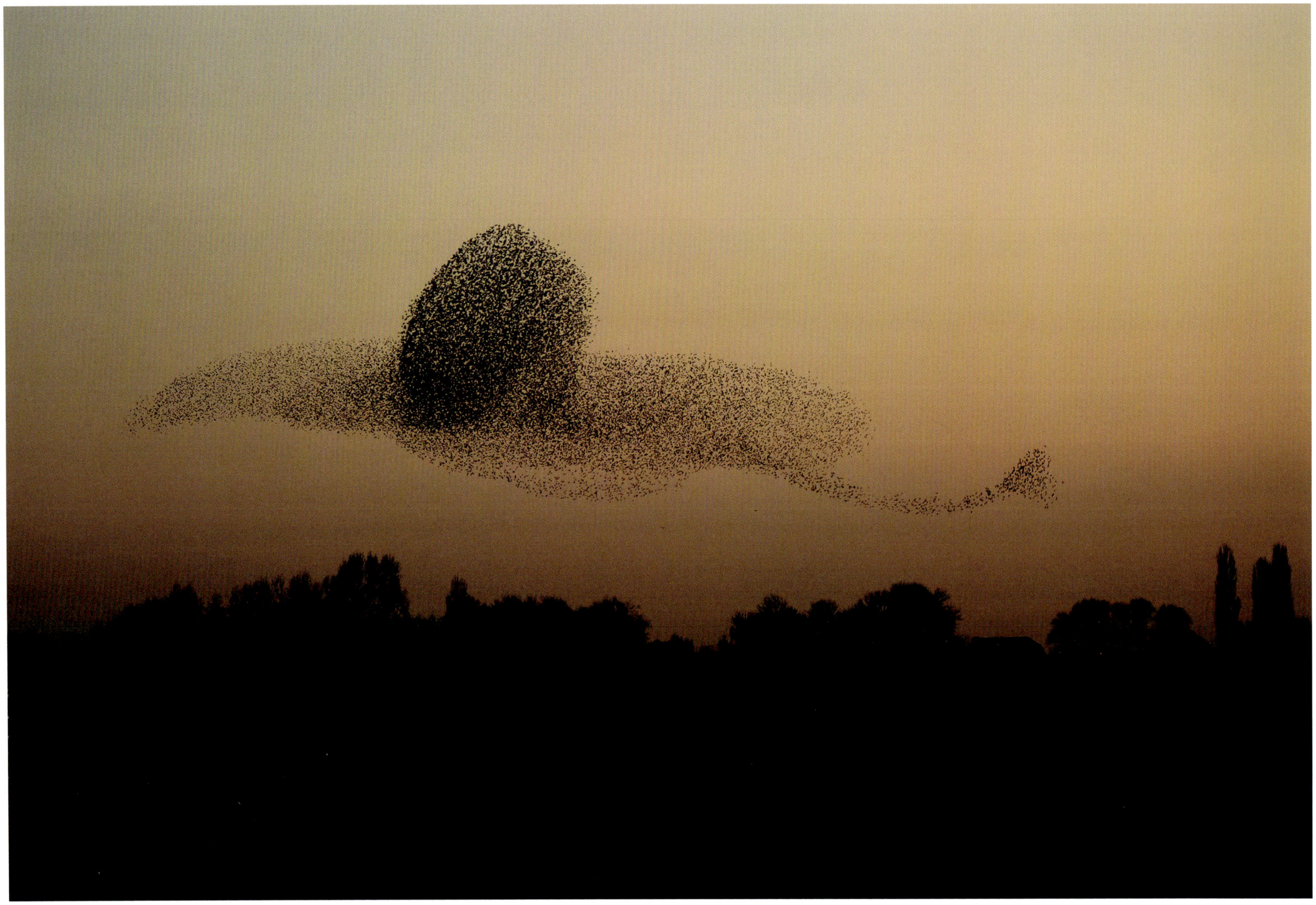

Starenschwarm | **Niederlande**

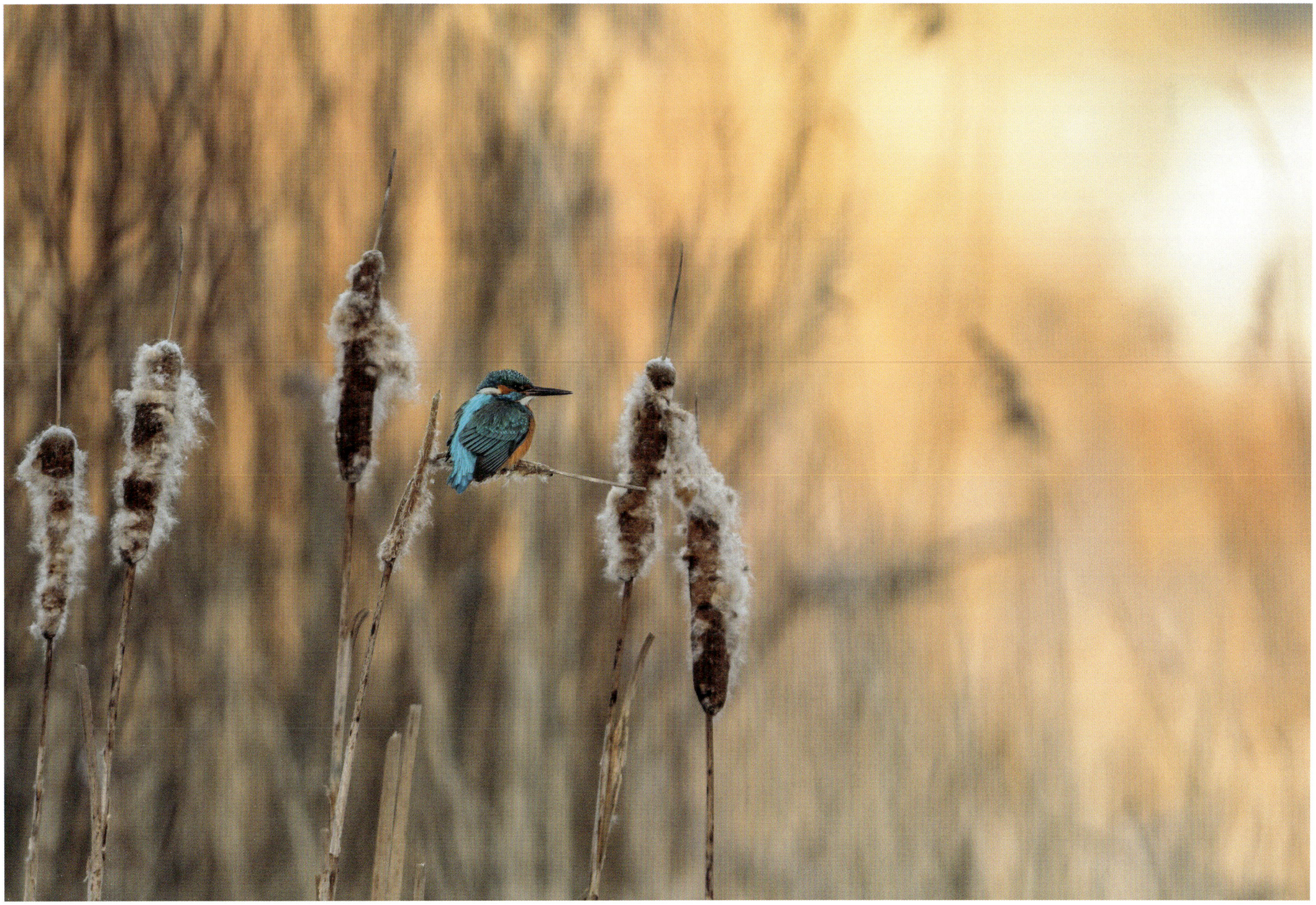

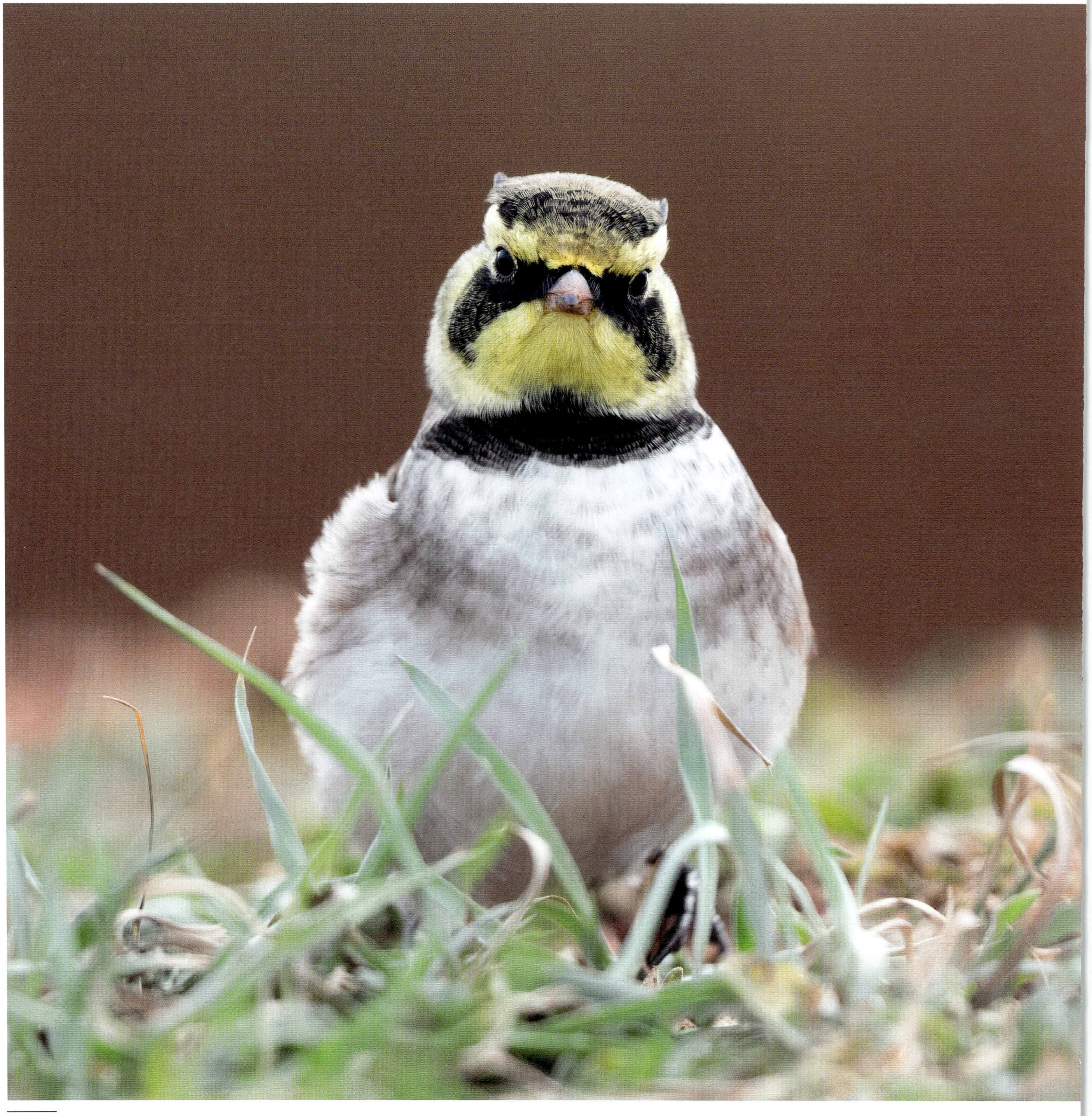

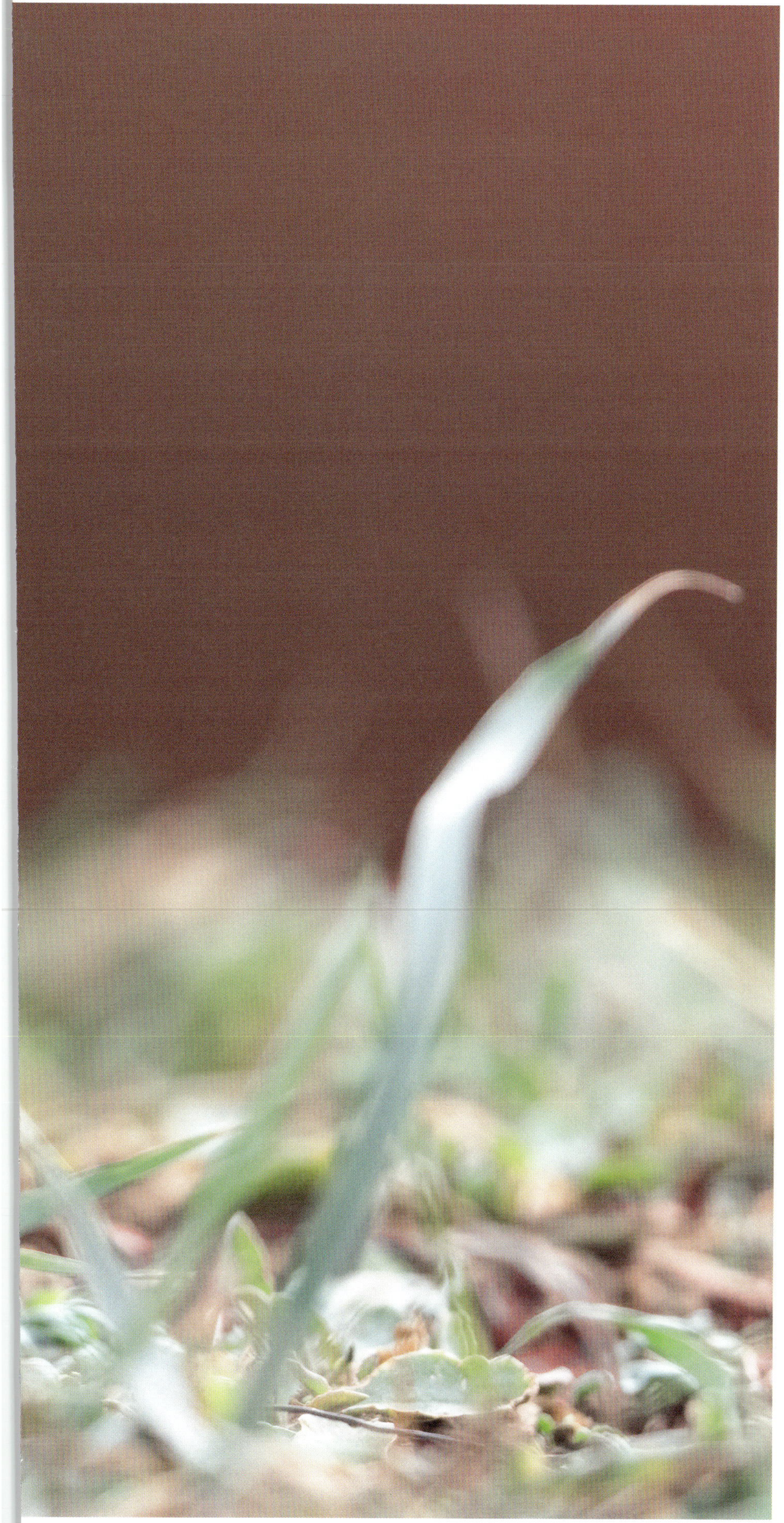

HINTERGRÜNDE

In der Vogelfotografie steht der Vogel unbestreitbar im Mittelpunkt des Bildes. Der Hintergrund hat jedoch auch einen erheblichen Einfluss auf das Endergebnis. Er bildet nicht nur den »natürlichen Rahmen« für den Vogel – und lenkt somit den Blick des Betrachters auf ihn. Der Hintergrund kann uns auch viel über den Lebensraum des Vogels verraten: Wald, Felsen, Sand oder anderes.
Meist heben Textur oder Farbe des Hintergrunds den Vogel sehr gut hervor. In anderen Fällen kann er den Vogel fast verschwinden lassen, was die Fähigkeit einiger Arten unterstreicht, sich in ihre Umgebung einzufügen und ihre nahezu perfekte Tarnung zu zeigen.
Bei der Aufnahme achte ich sehr auf meine Positionierung, um den Hintergrund wie geplant hinzubekommen. Wenn ich mich etwas nach oben oder unten bewege, kann das perspektivisch einen großen Unterschied ausmachen. Aber auch ein winziger Schritt nach links oder rechts kann für ein völlig anderes Farbschema im Bild sorgen. Vor allem bei der Arbeit mit langen Objektiven können ein paar Zentimeter Bewegung einen enormen Effekt haben.
Wer mich also einmal zufällig beim Fotografieren beobachtet und sich wundert, warum ich mich dauernd ein klein wenig bewege, statt auf den Auslöser zu drücken – das ist der Grund.

Ohrenlerche | **Deutschland**

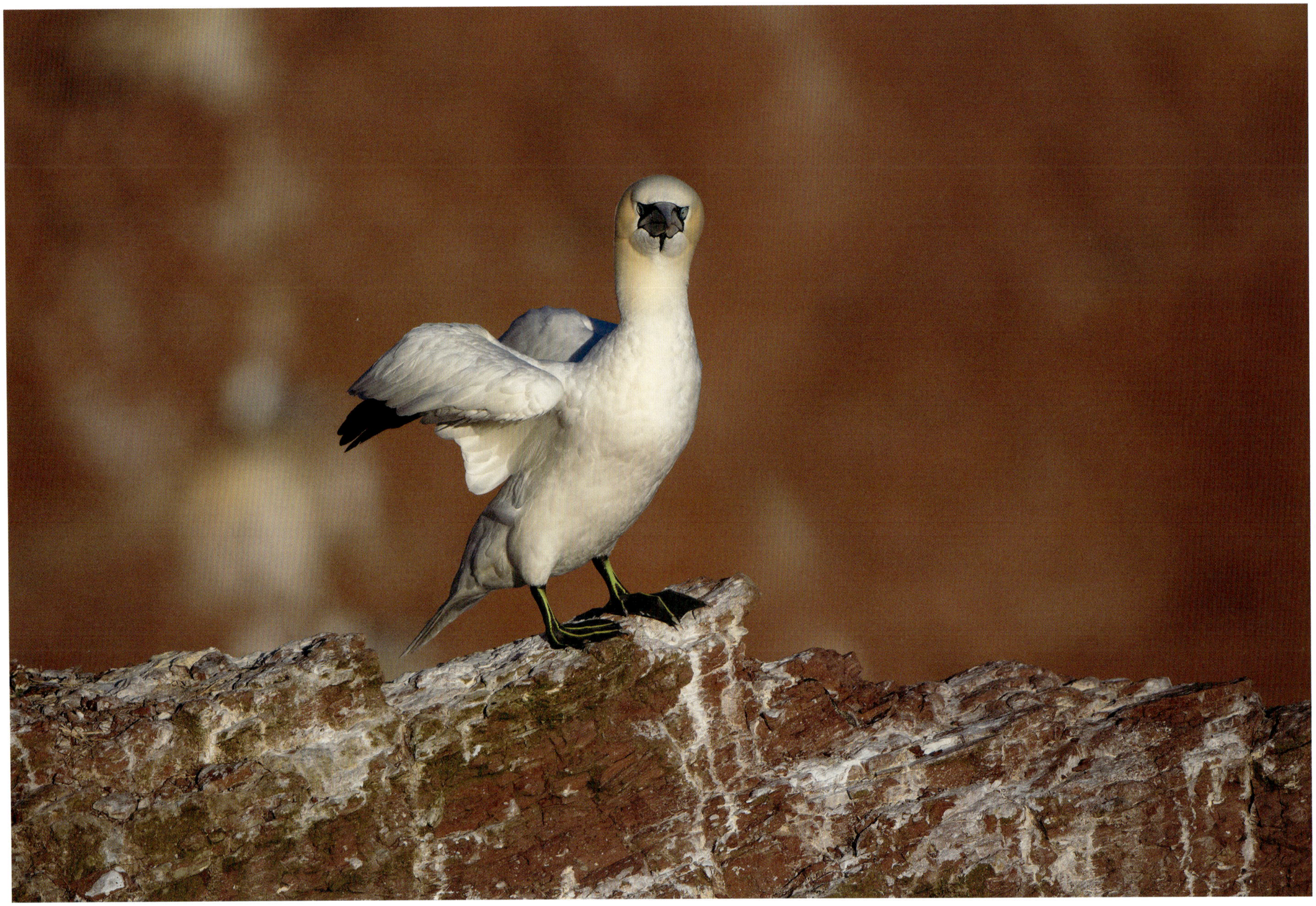

Basstölpel | **Deutschland**

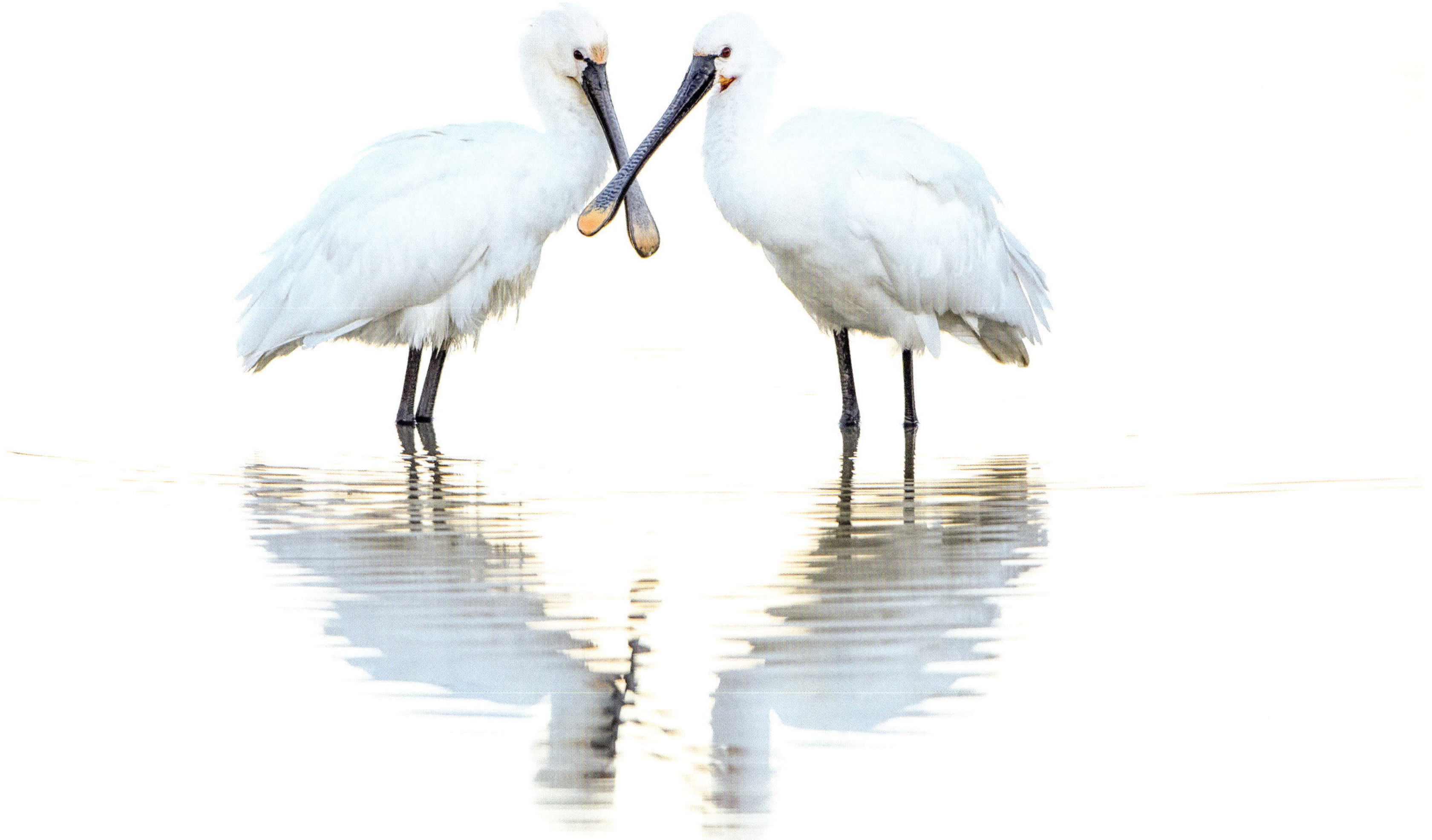

Löffler **| Portugal**

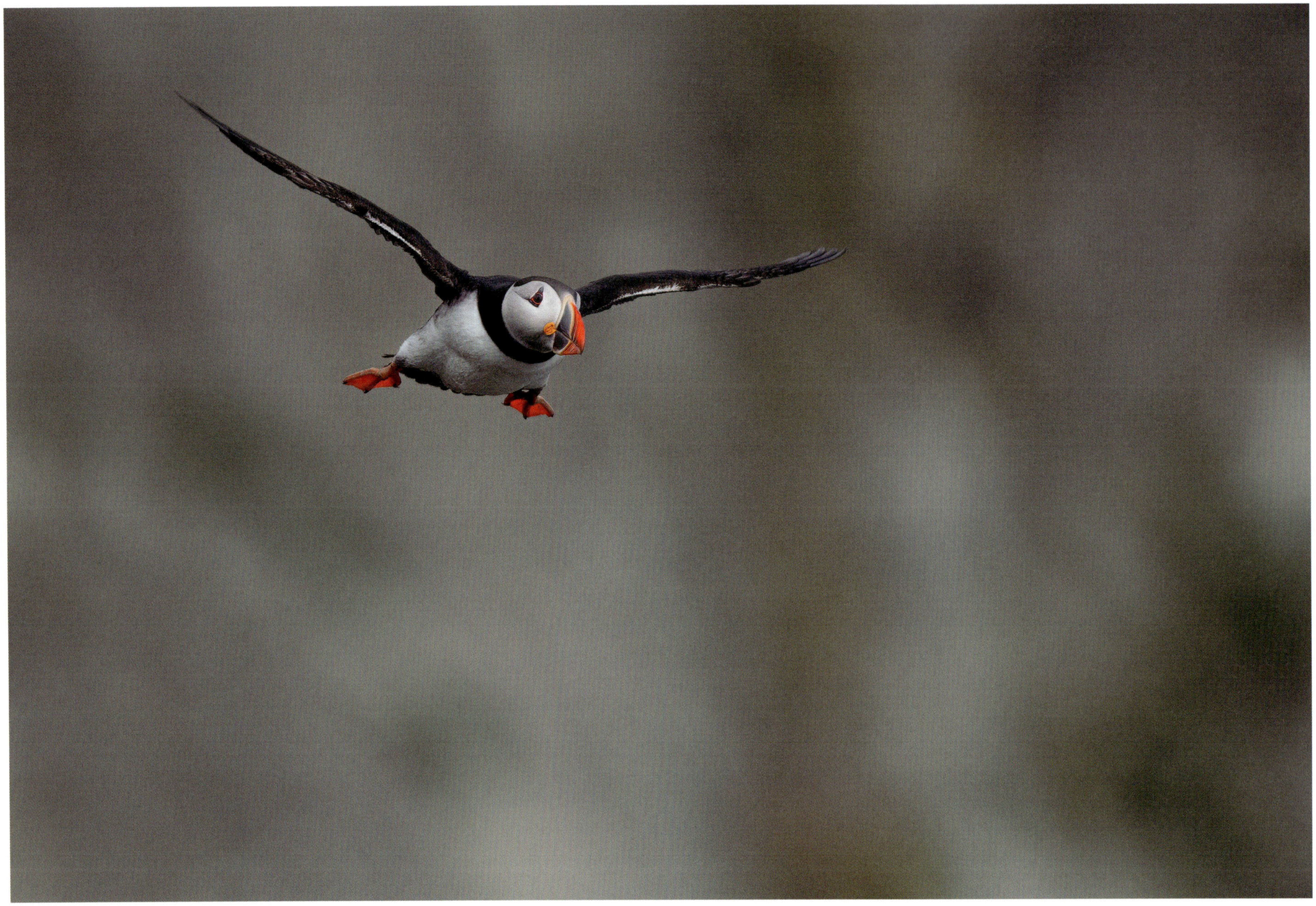

Papageitaucher **I Island**

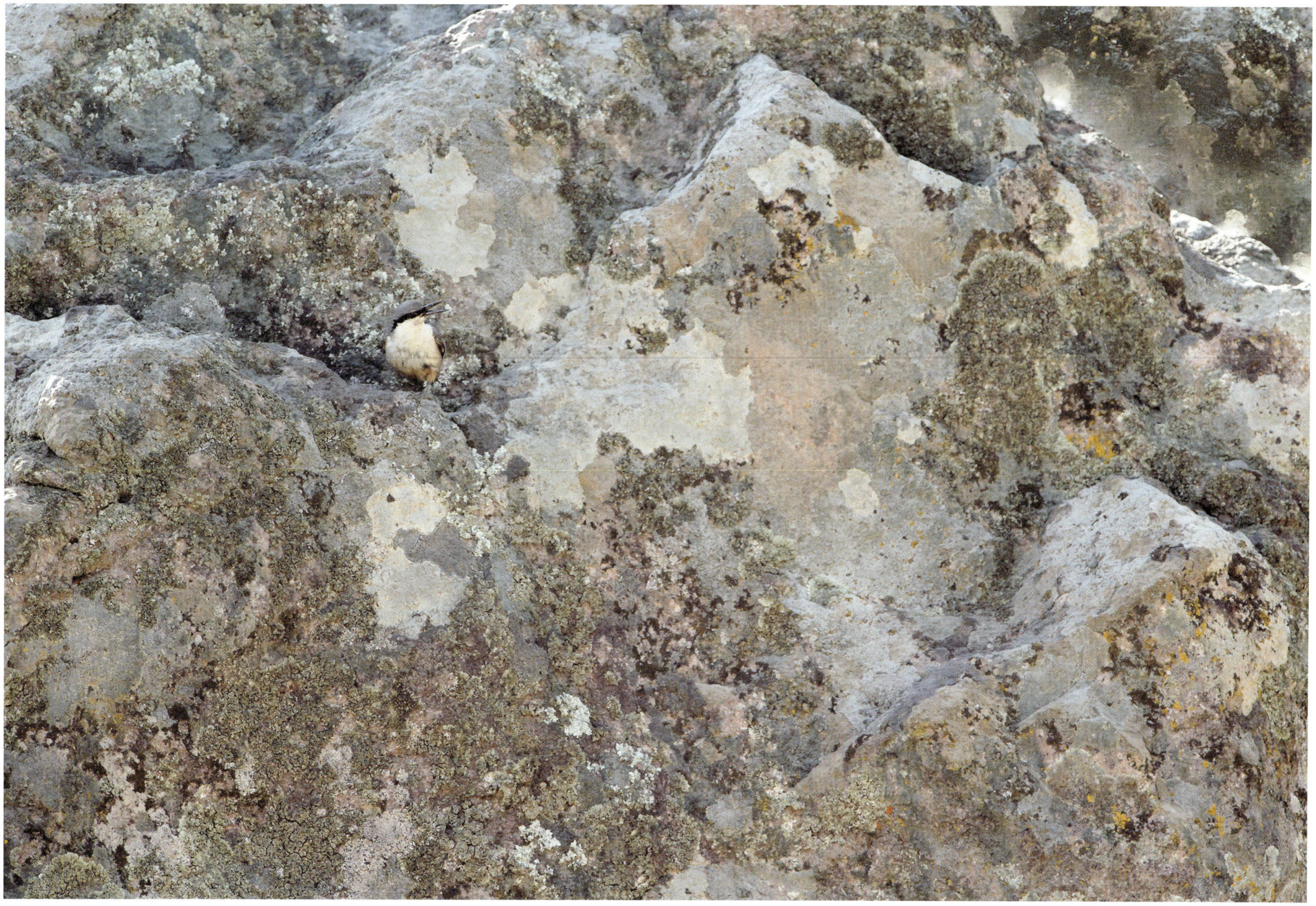

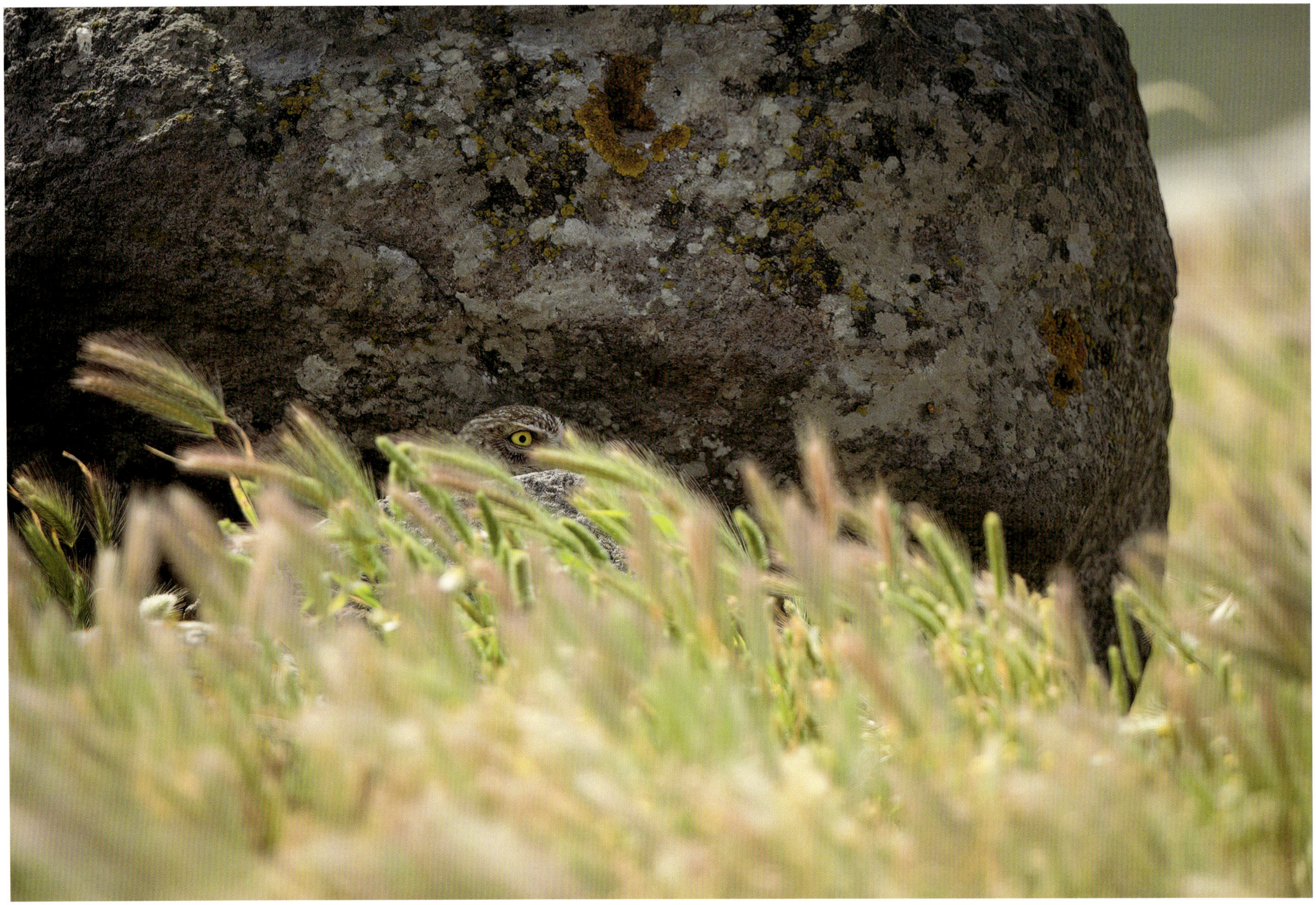

Steinkauz **I Griechenland**

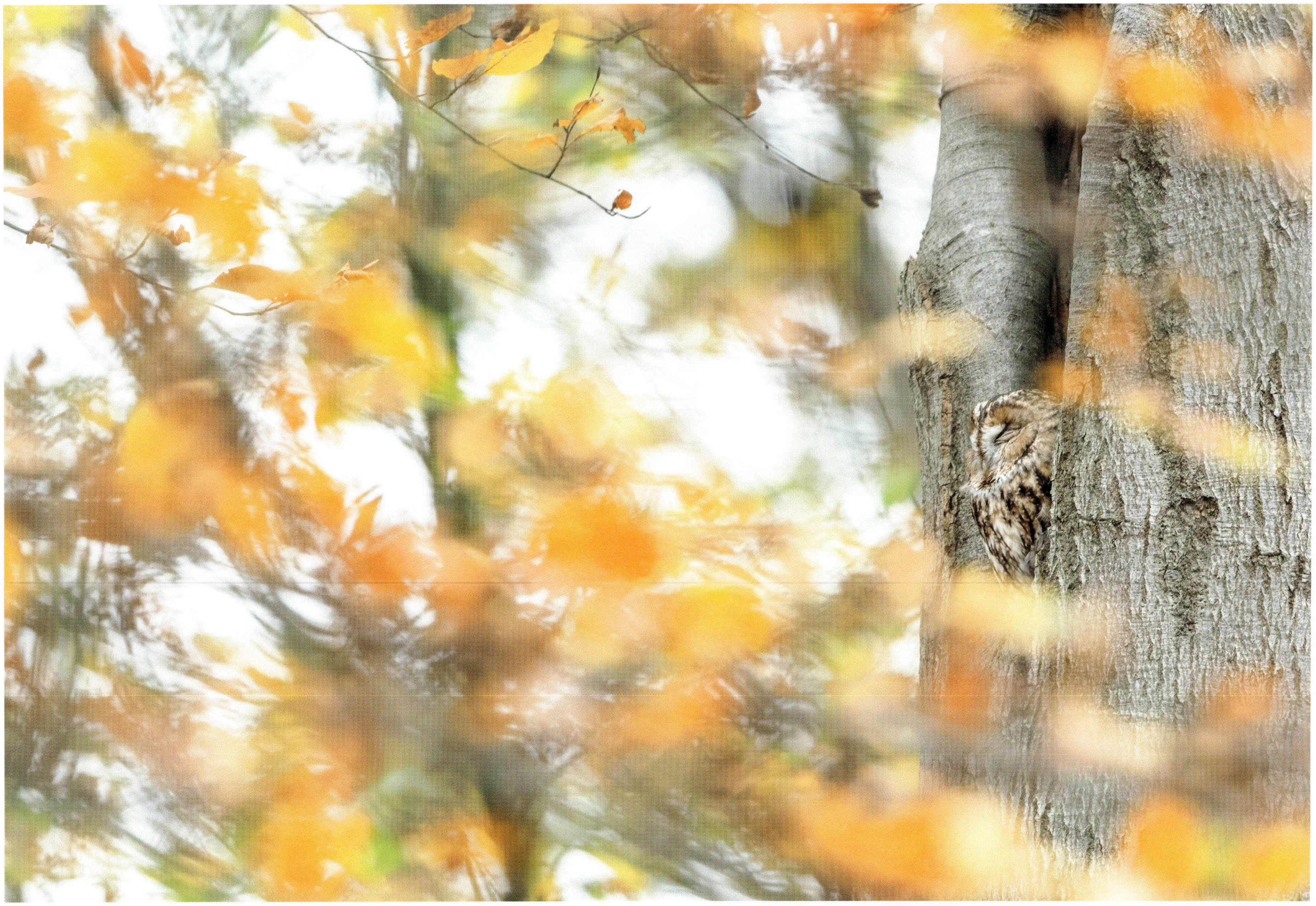

Waldkauz | **Niederlande**

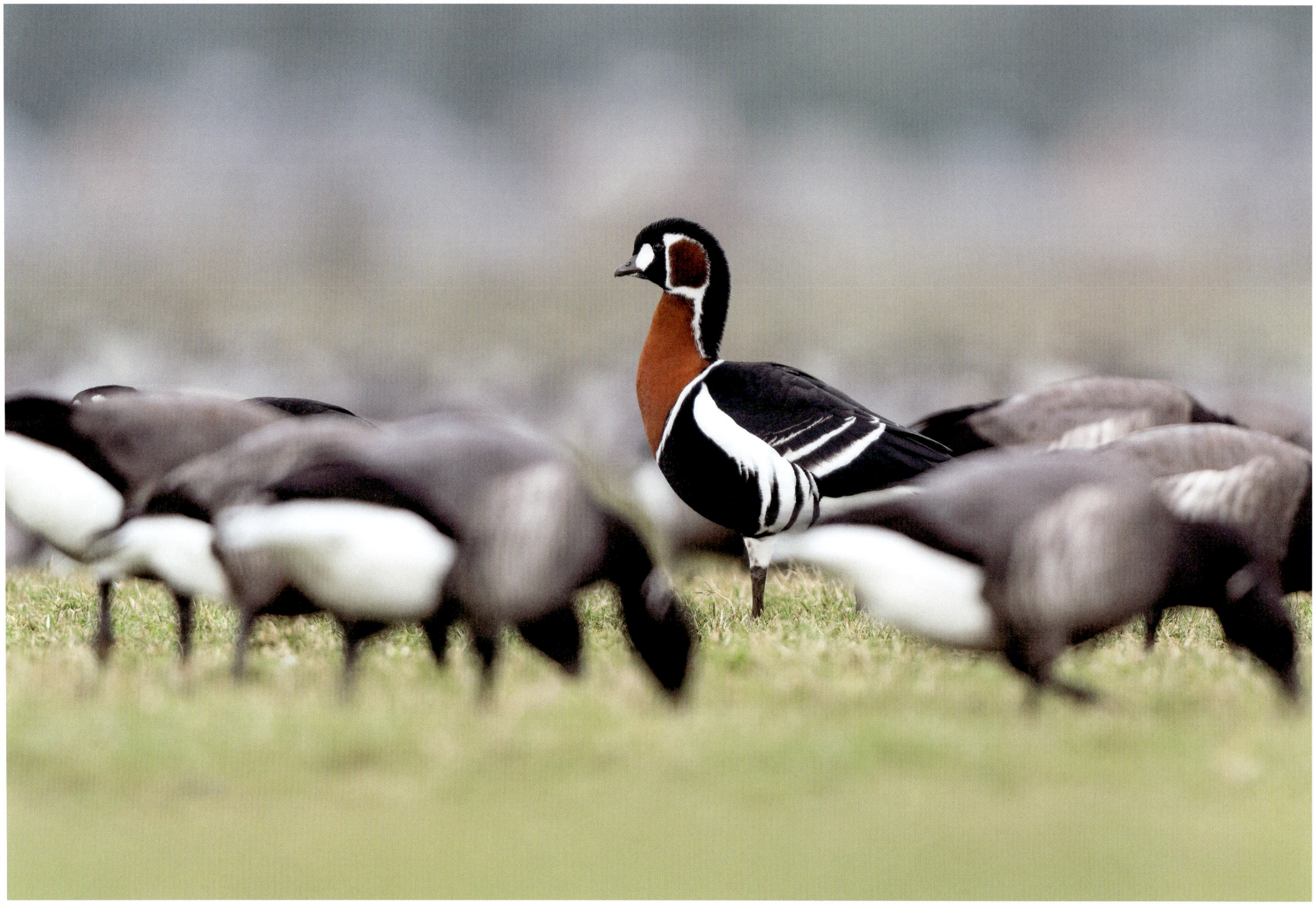

Rothalsgans **I Niederlande**

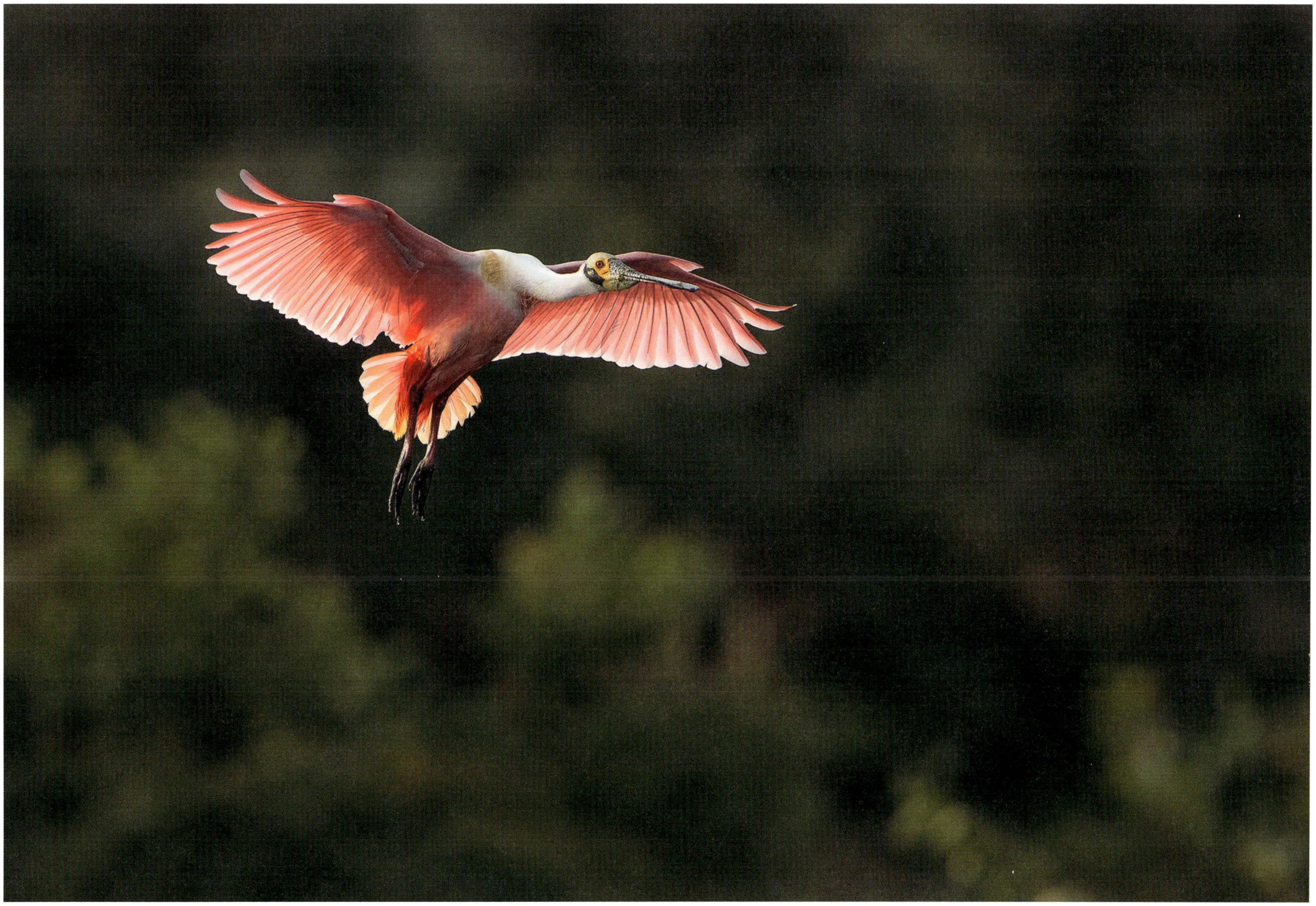

Rosalöffler I **USA**

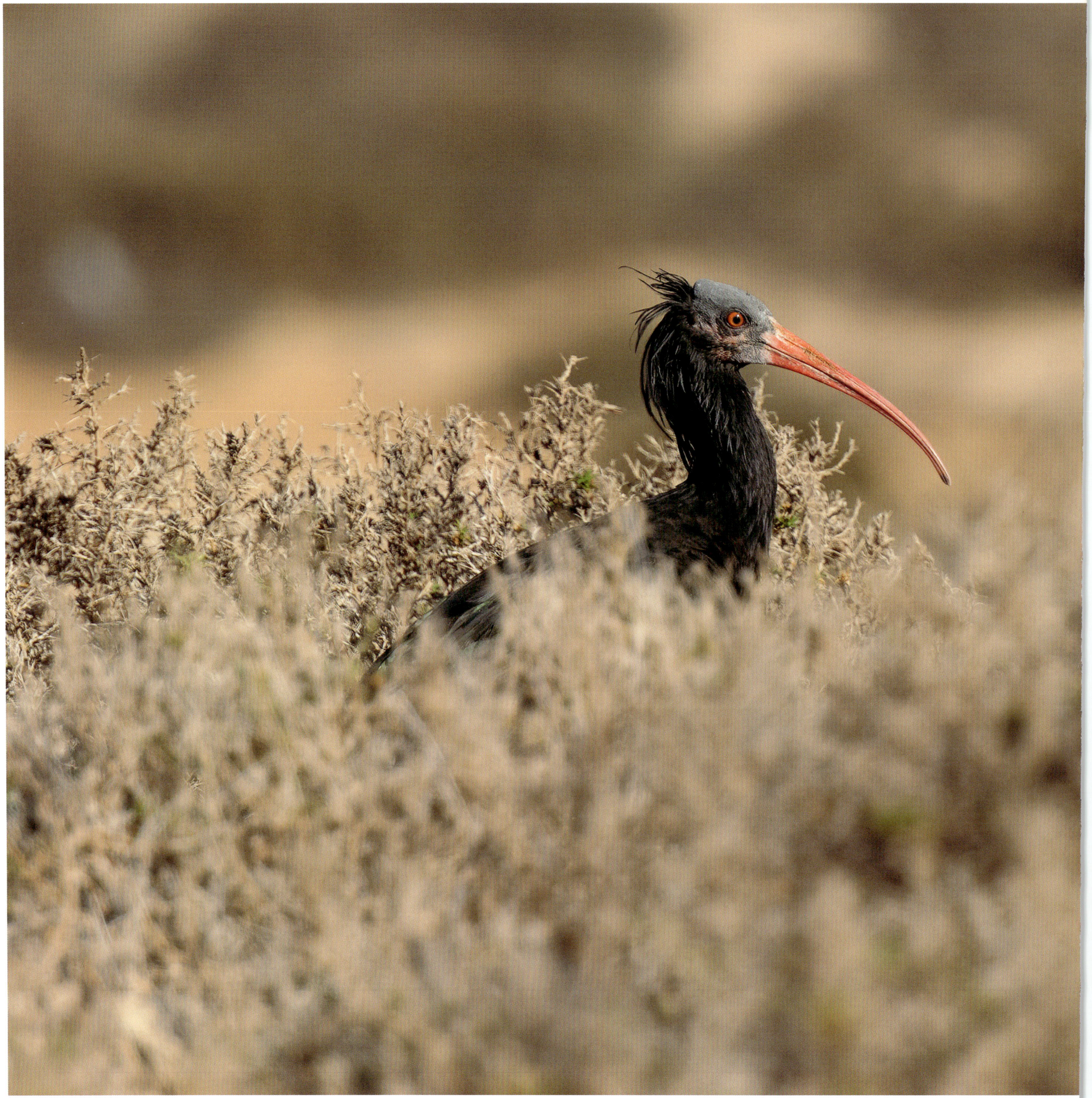

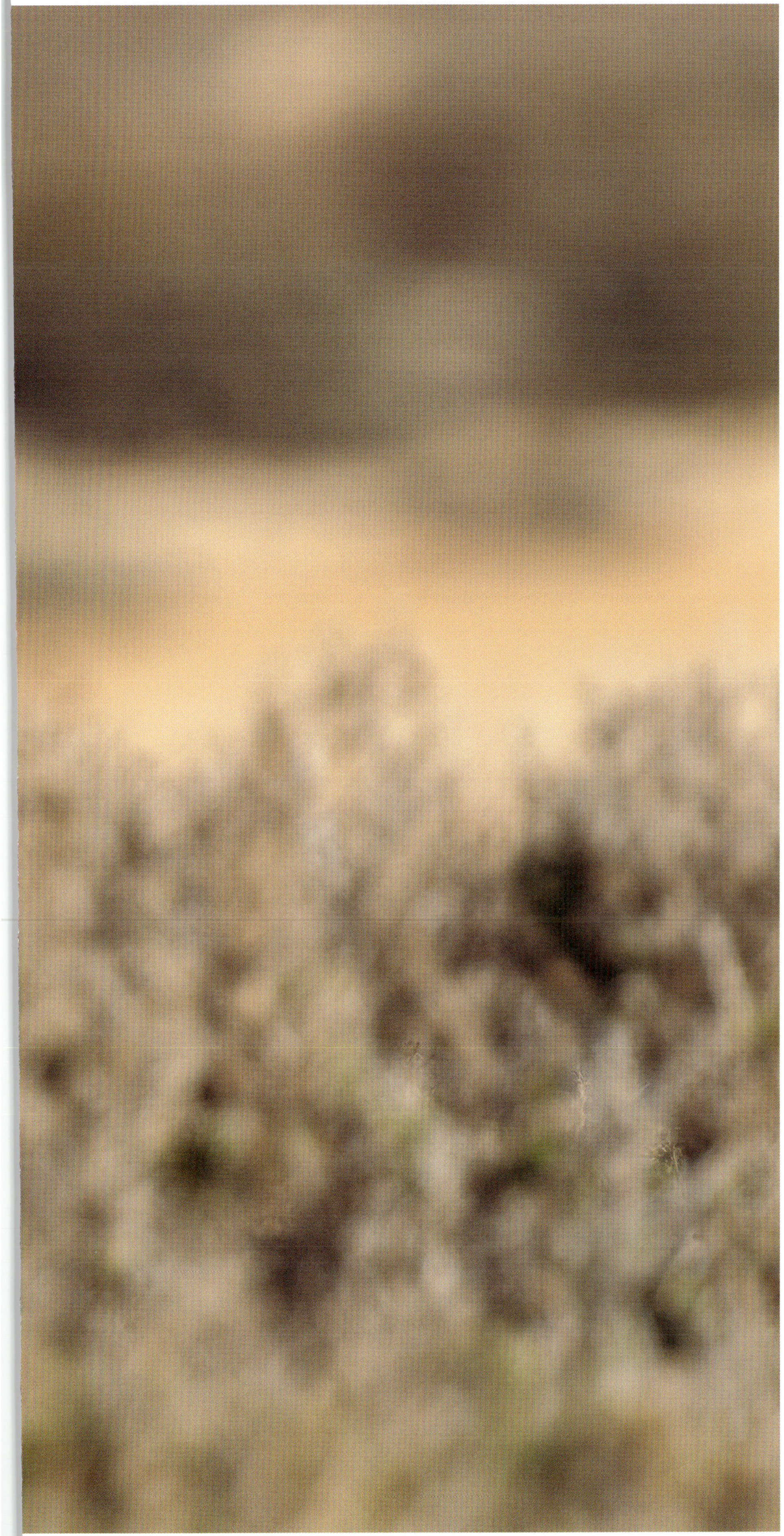

AM RANDE DES AUSSTERBENS

Den Waldrapp gibt es schon eine ganze Weile, um es vorsichtig auszudrücken: seit mindestens 1,8 Millionen Jahren, wie Fossilienfunde belegen. Dieser ikonische Vogel, der einst im Nahen Osten, in Mitteleuropa und Nordafrika weit verbreitet war, wurde in den letzten 200 Jahren fast ausgerottet.
Noch mal zur Verdeutlichung: Um eine 1.800.000 Jahre alte Erfolgsgeschichte zu beenden, reichen also 200 Jahre menschlicher Einfluss – das muss man sich einmal vorstellen!
Derzeit gibt es dank eines gut geführten Erhaltungsprogramms noch etwa 700 Wildvögel in Marokko.
2002 wurden zehn Wildvögel in Syrien gesehen, zu diesen gibt es leider keine aktuellen Informationen.
Das Fotografieren gefährdeter Wildtiere trägt hoffentlich dazu bei, das Bewusstsein für ihre Kostbarkeit und Gefährdung zu schärfen und Menschen und Regierungen dazu zu bringen, Schutzprogramme wie das in Marokko zu unterstützen.
Denn wir müssen bedenken: Ein endgültiges Aussterben ist nicht rückgängig zu machen.

Waldrapp I **Marokko**

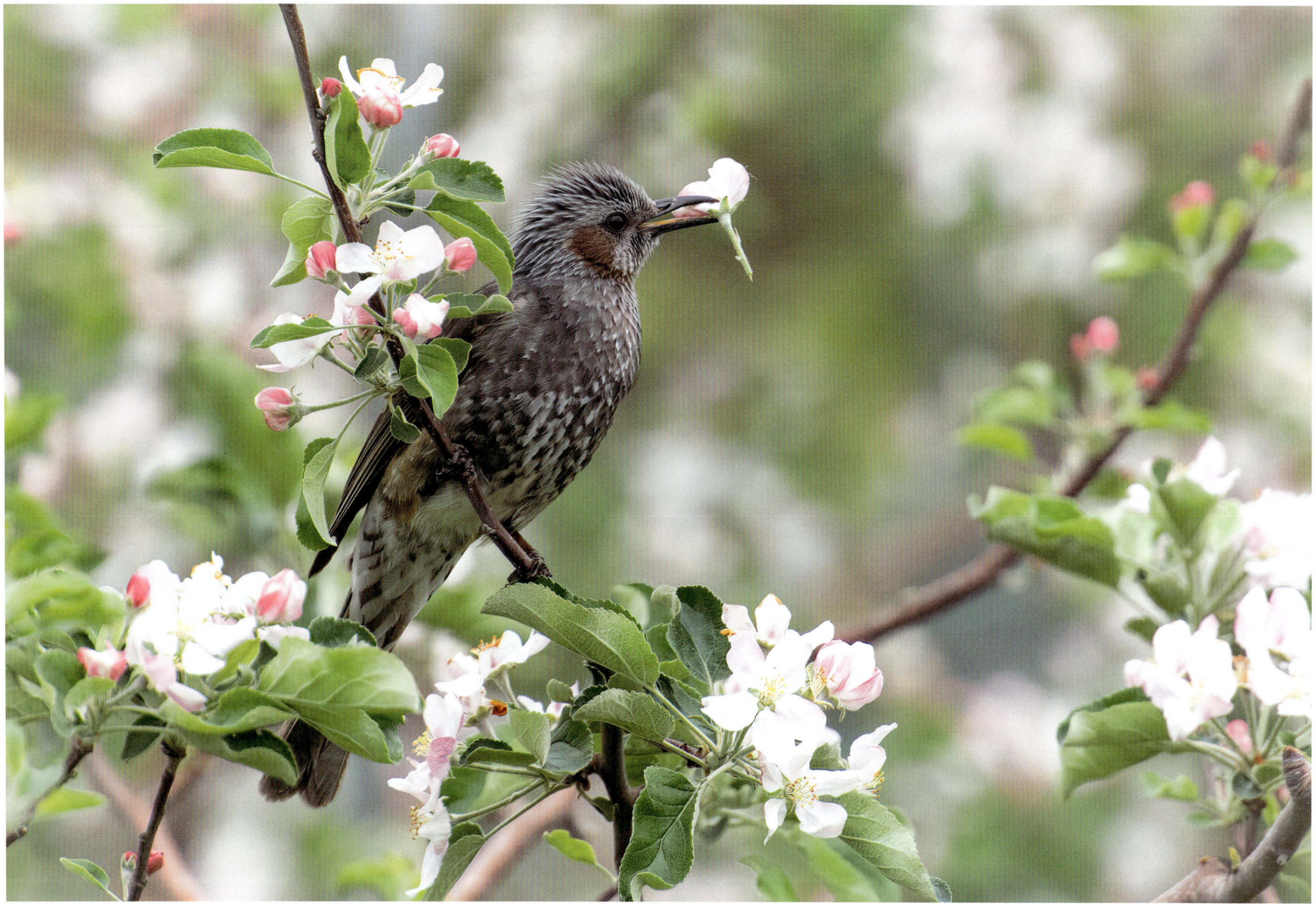

Orpheusbülbül | **Südkorea**

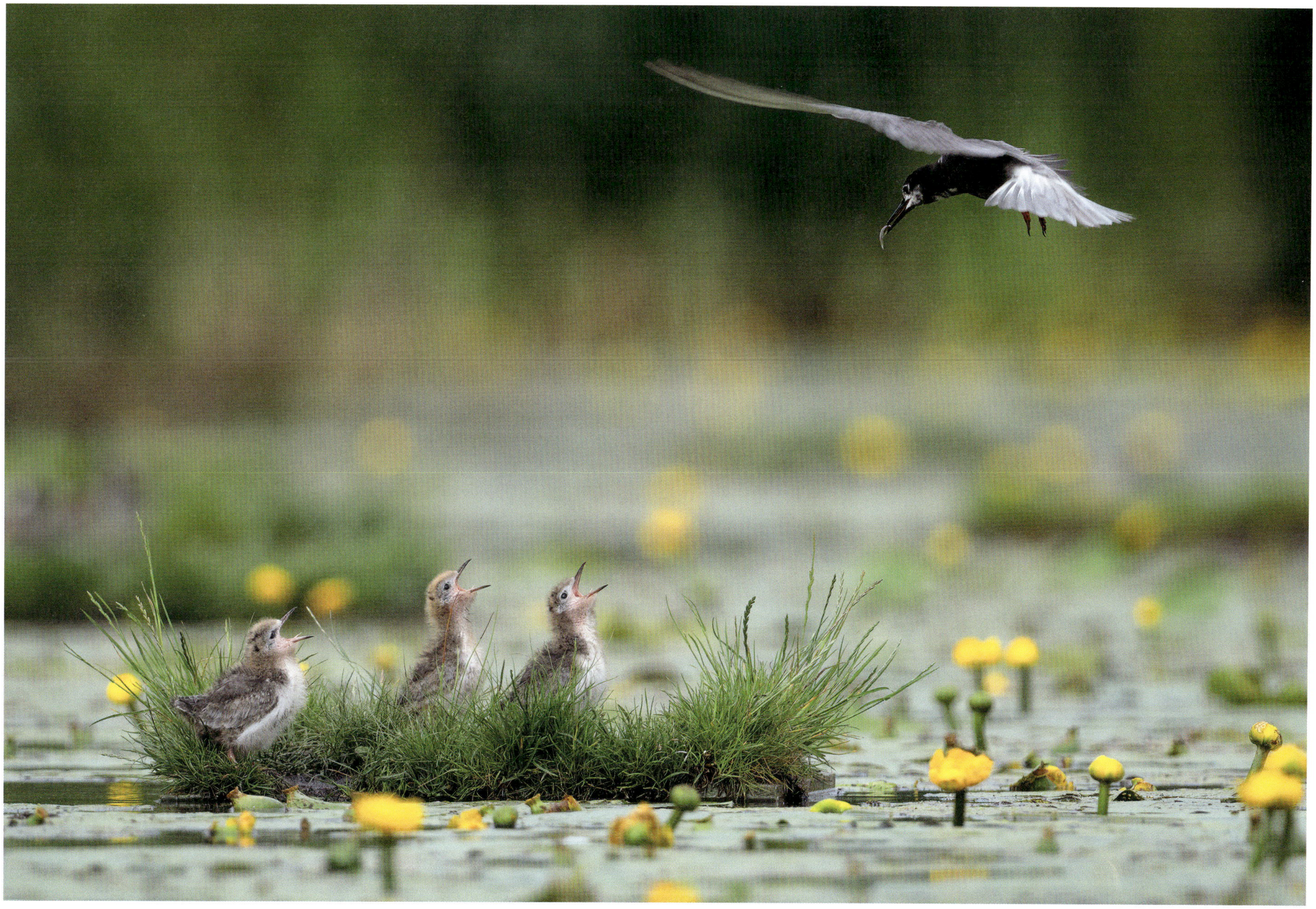

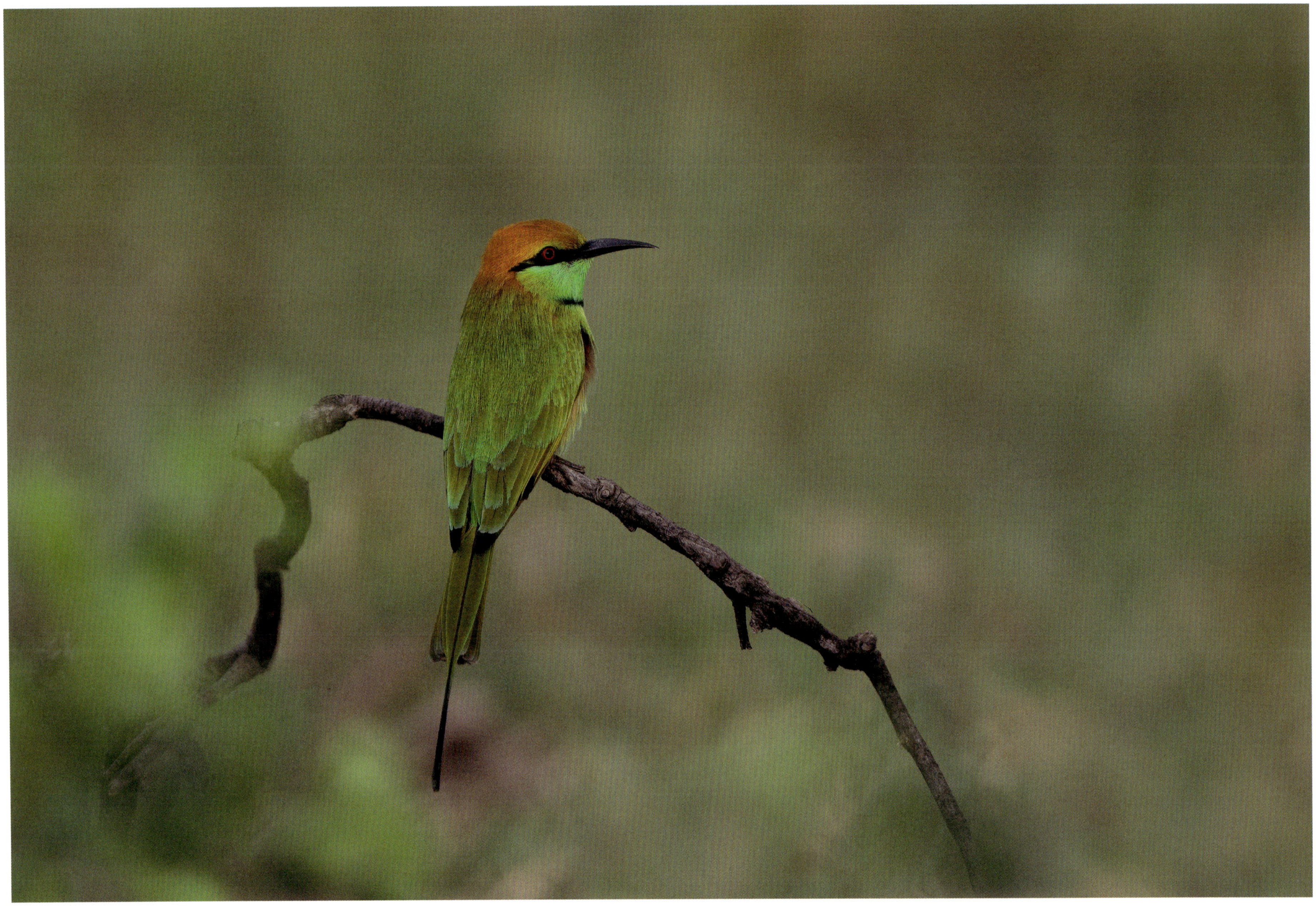

Smaragdspint **I Thailand**

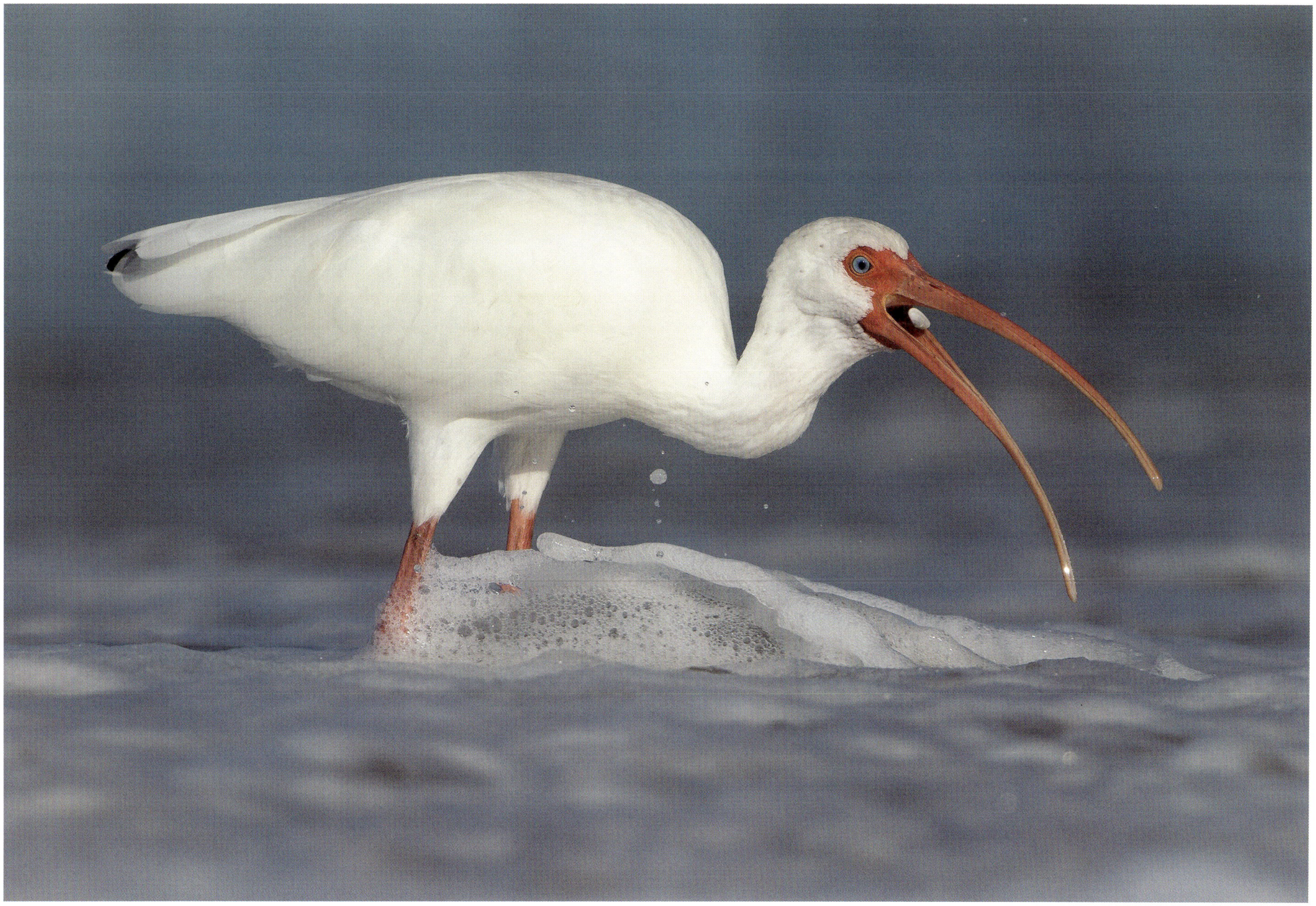

Schneesichler | **USA**

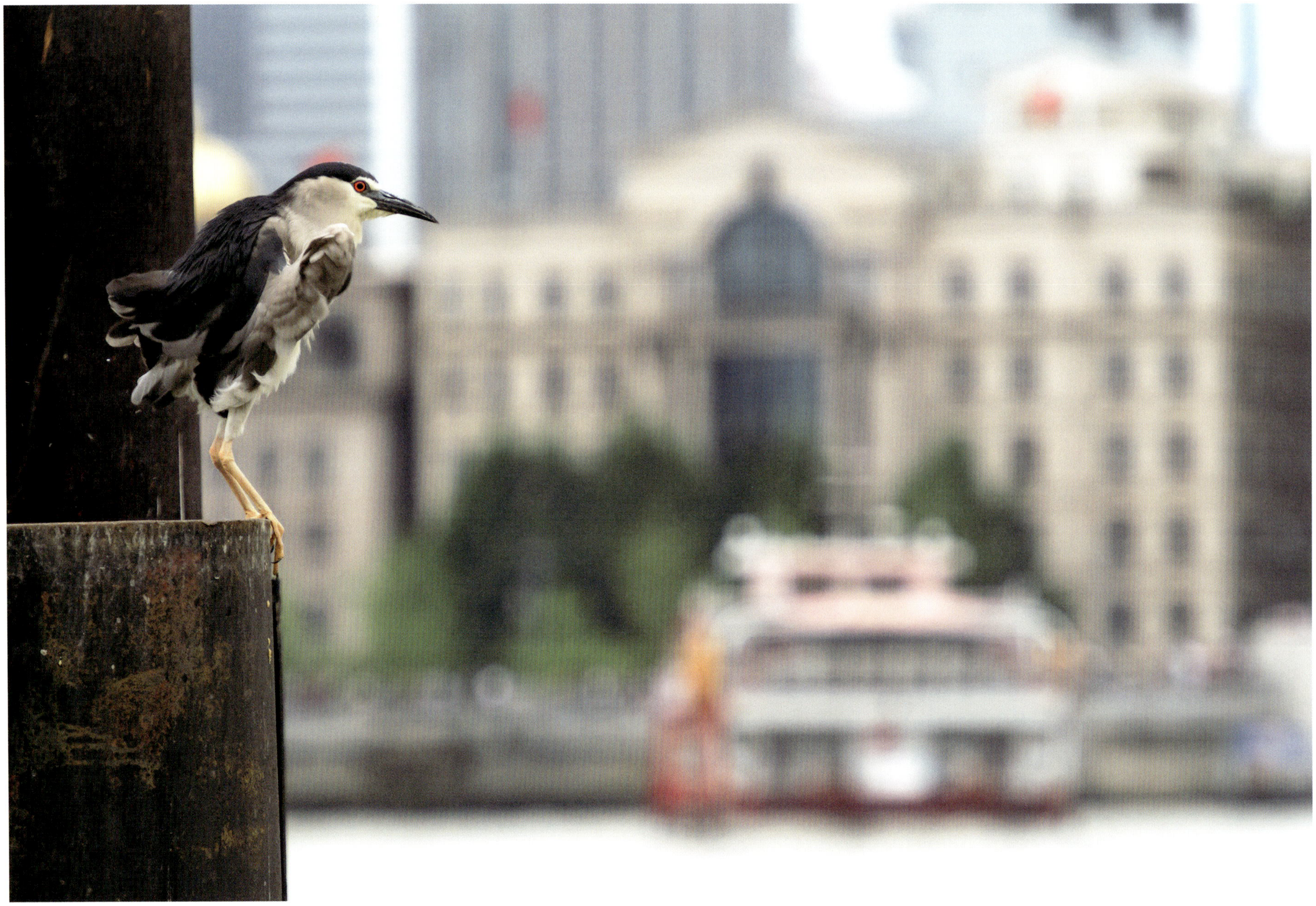

Nachtreiher I **China**

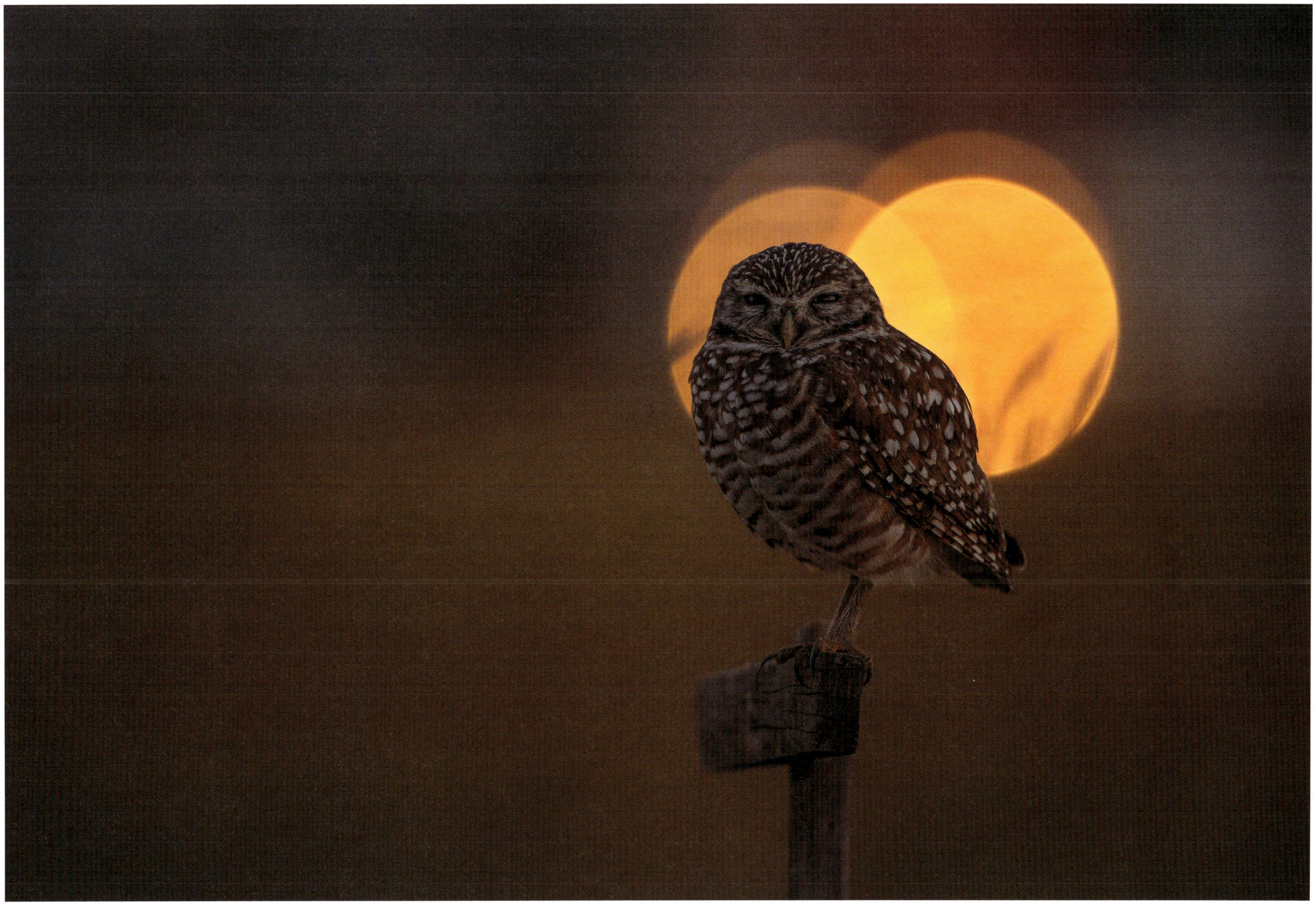

Kaninchenkauz **I USA**

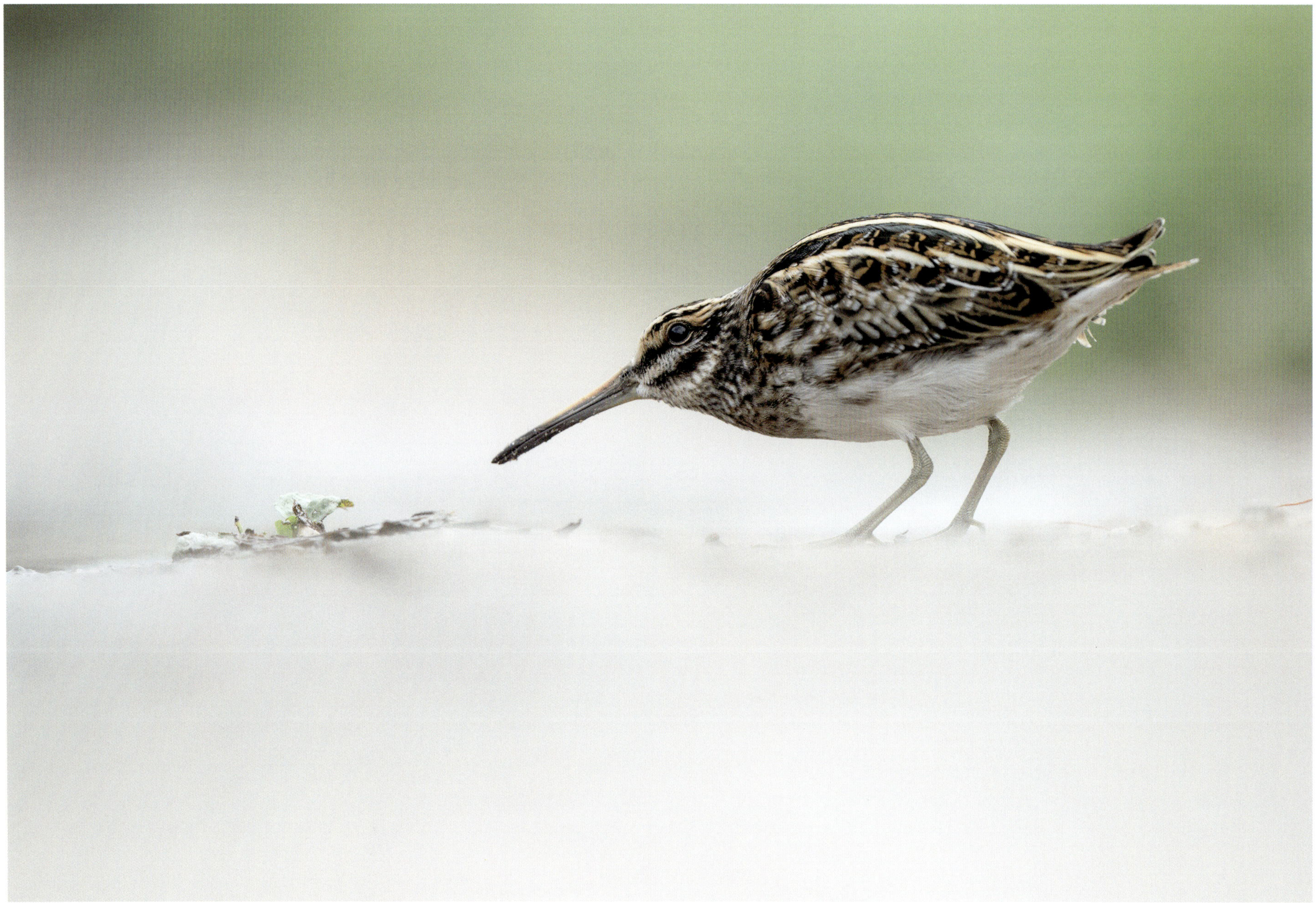

Zwergschnepfe | **Deutschland**

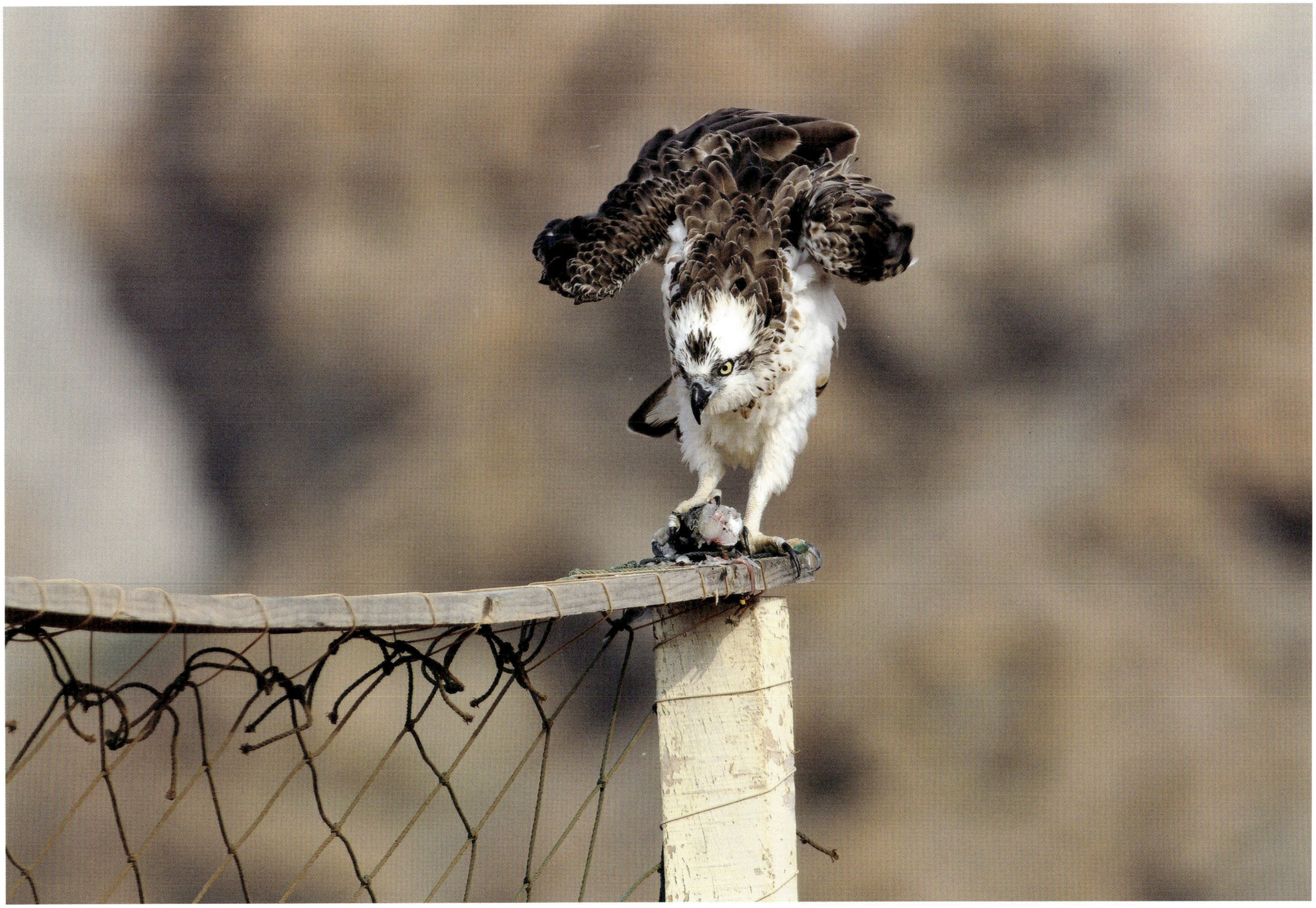

Fischadler | **Oman**

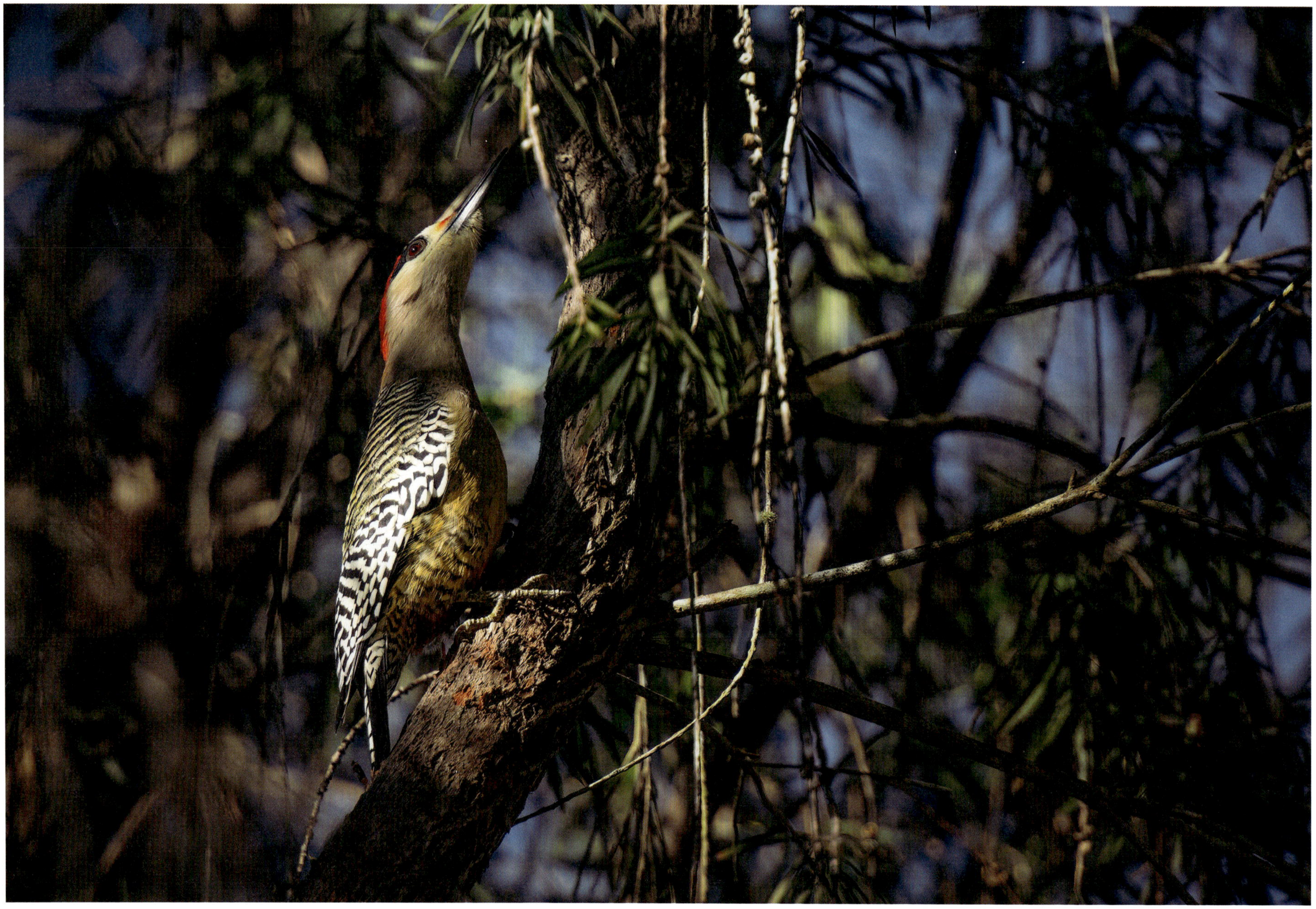

Bahamaspecht | **Kuba**

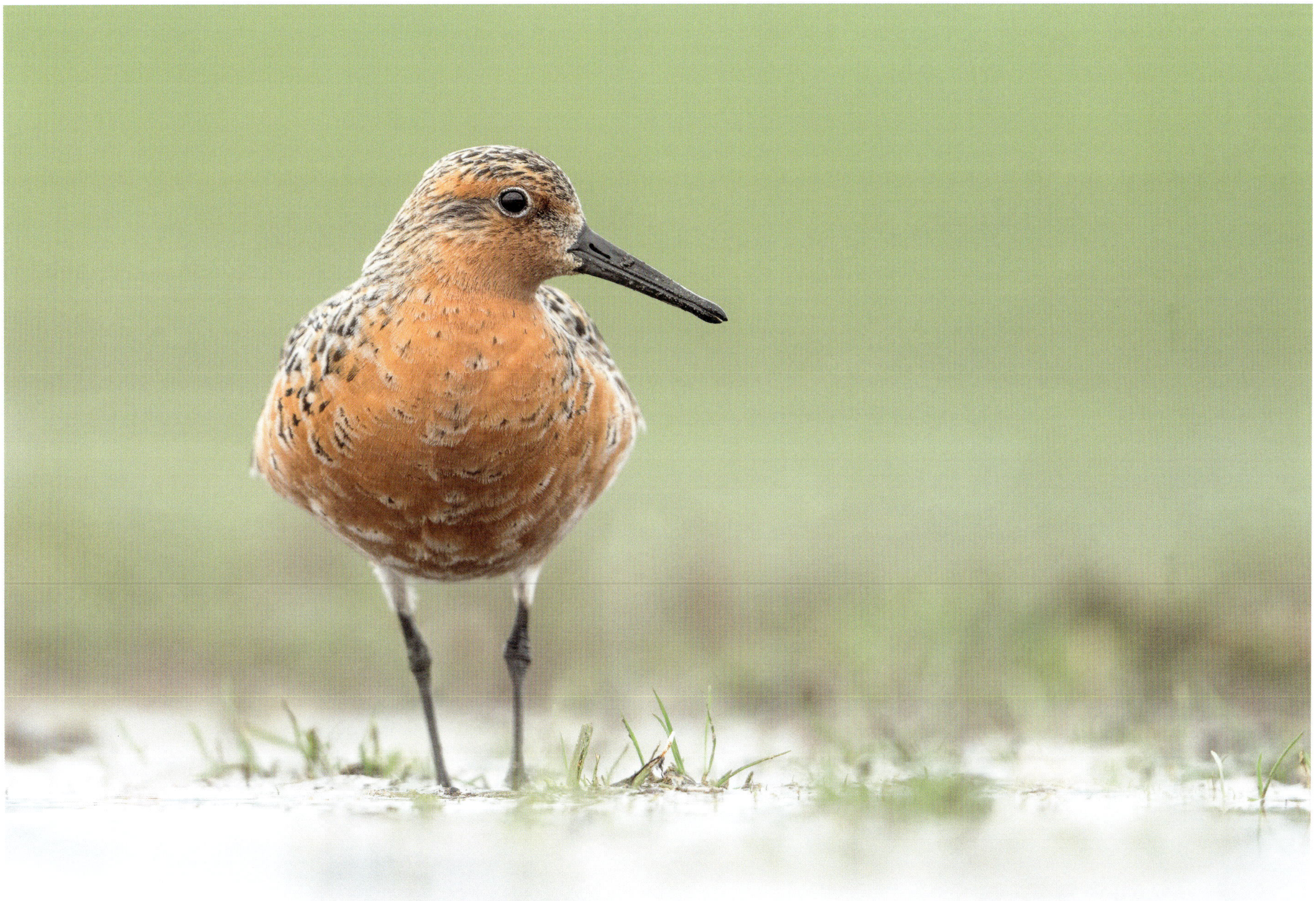

Knuttstrandläufer | **Niederlande**

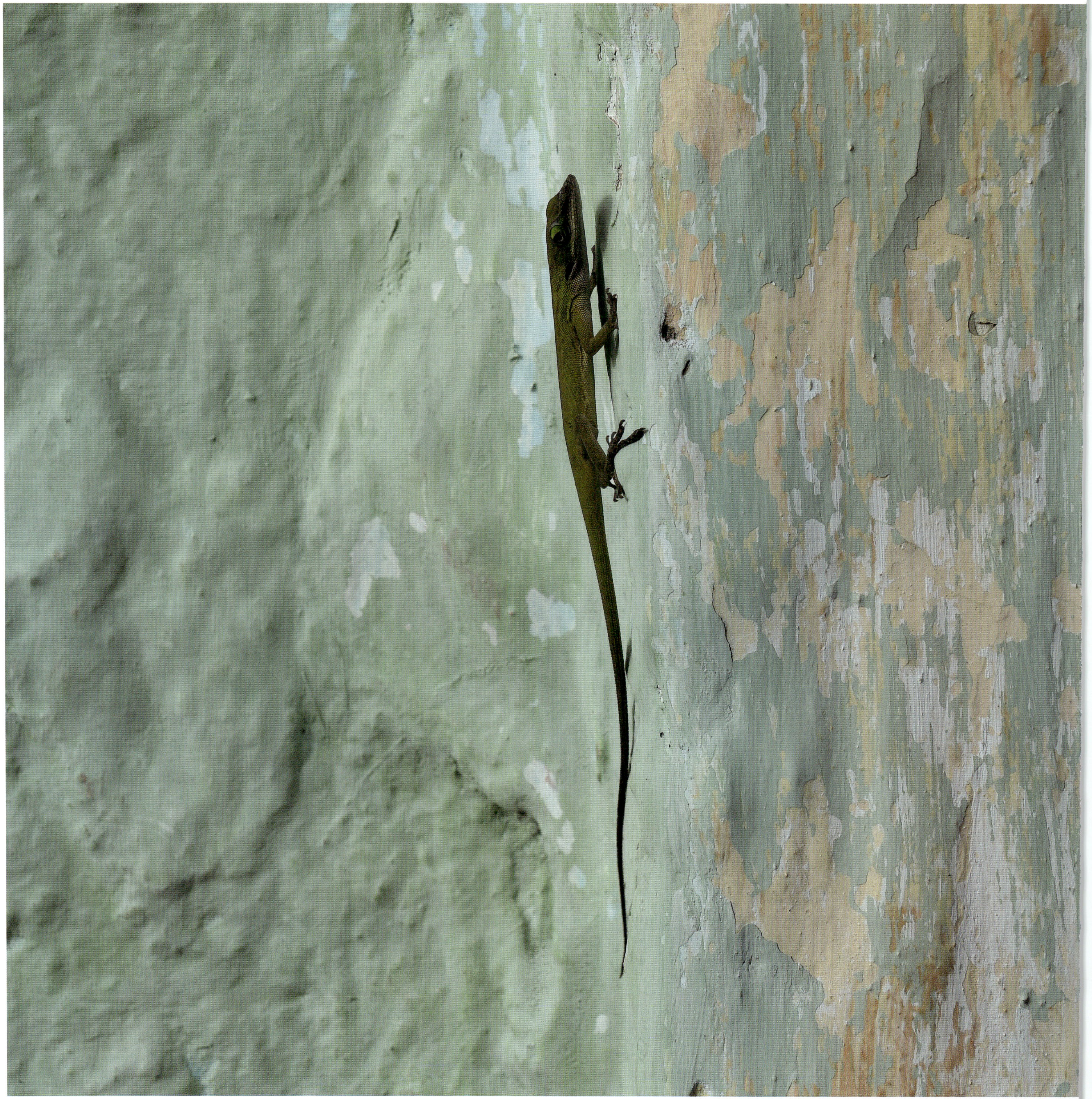

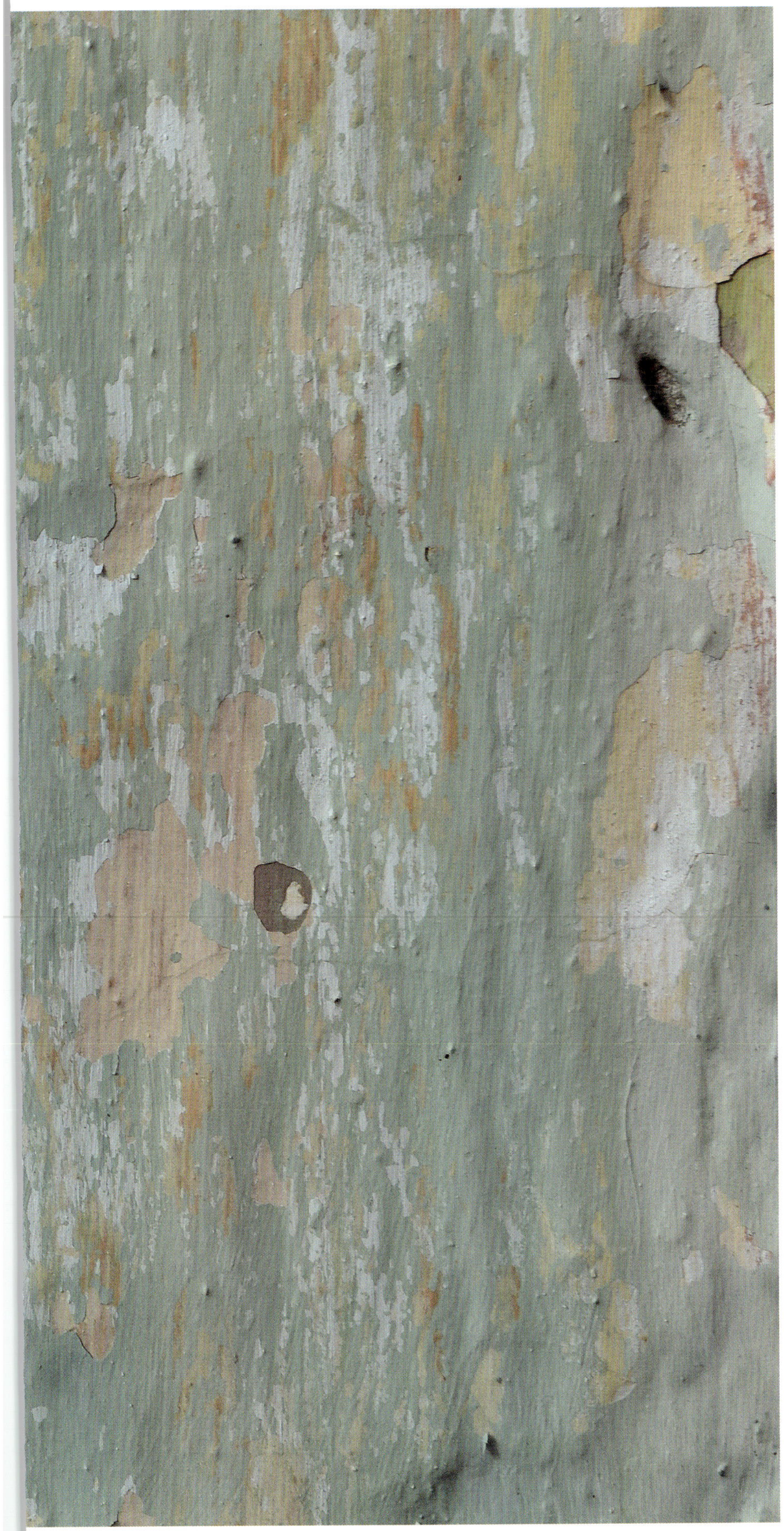

WILDTIERE LAND UND MEER

Bekannter Spruch unter Vogelbeobachtern: »Der beste Vogel des Tages war ein Säugetier.«
Das ist oft wahr – und bedeutet, dass man immer offen sein sollte, was einen erwartet, wenn man sich mit der Kamera auf den Weg macht.
Wie bei den Vögeln kommt es auch hier darauf an, das Bild im Kopf zu komponieren, bevor man mit der Aufnahme beginnt. Und auch ein Wechsel des Objektivs kann sich als nützlich erweisen.
Bei der Vogelfotografie arbeite ich fast ausschließlich mit einem 500-mm-Objektiv. Bei einigen der größeren Säugetiere ist diese Linse natürlich überdimensioniert. Deshalb habe ich, vor allem auf längeren Reisen, auch andere Objektive dabei – für den Fall der Fälle.

Kubanische grüne Anolis I **Kuba**

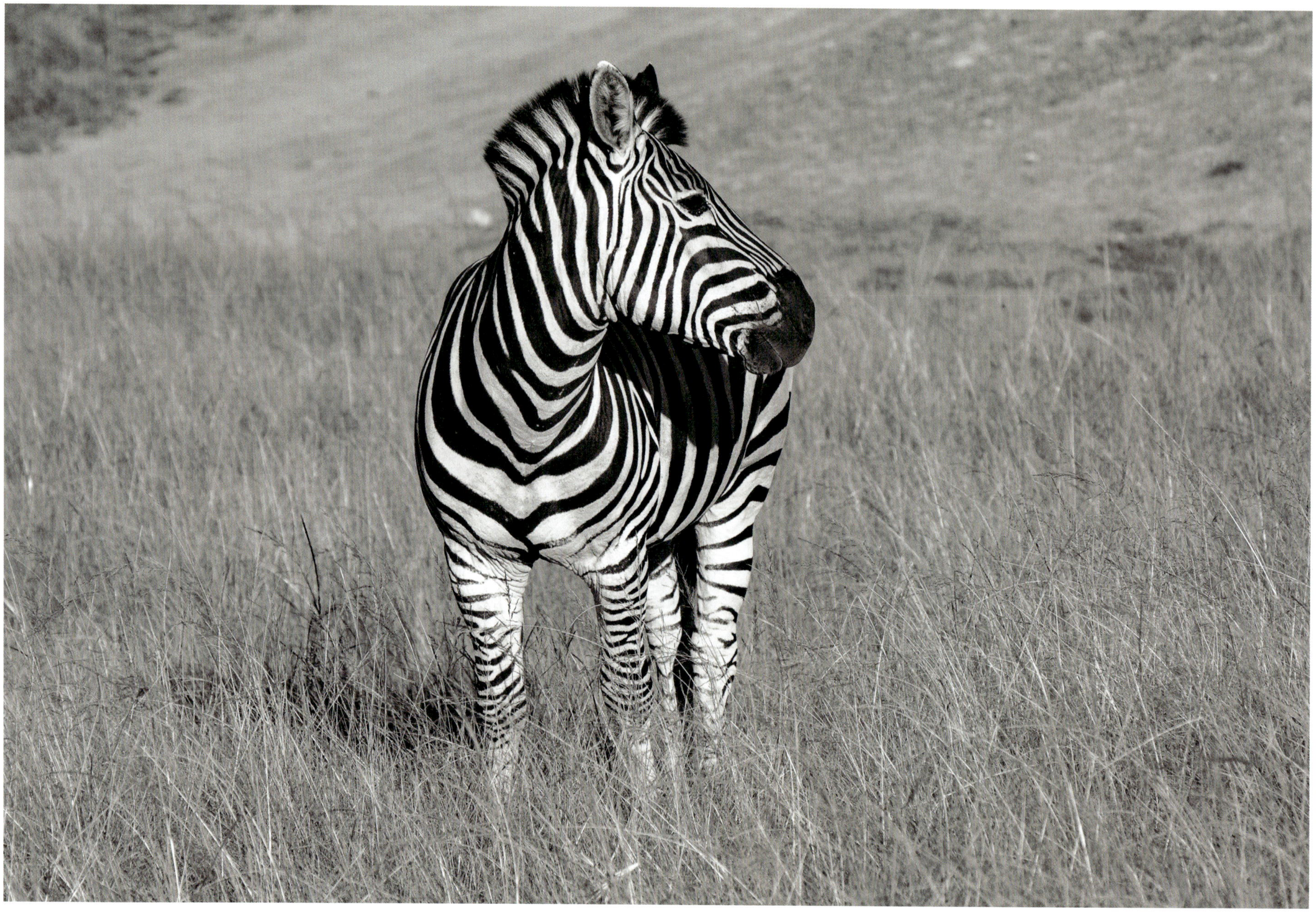

Steppenzebra **I** **Südafrika**

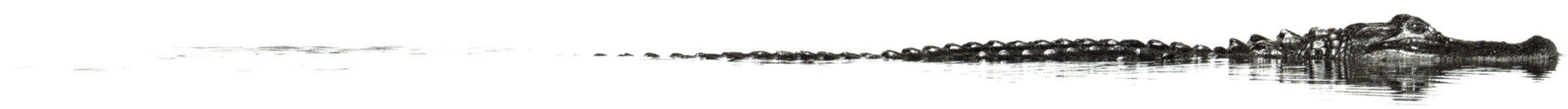

Alligator | **USA**

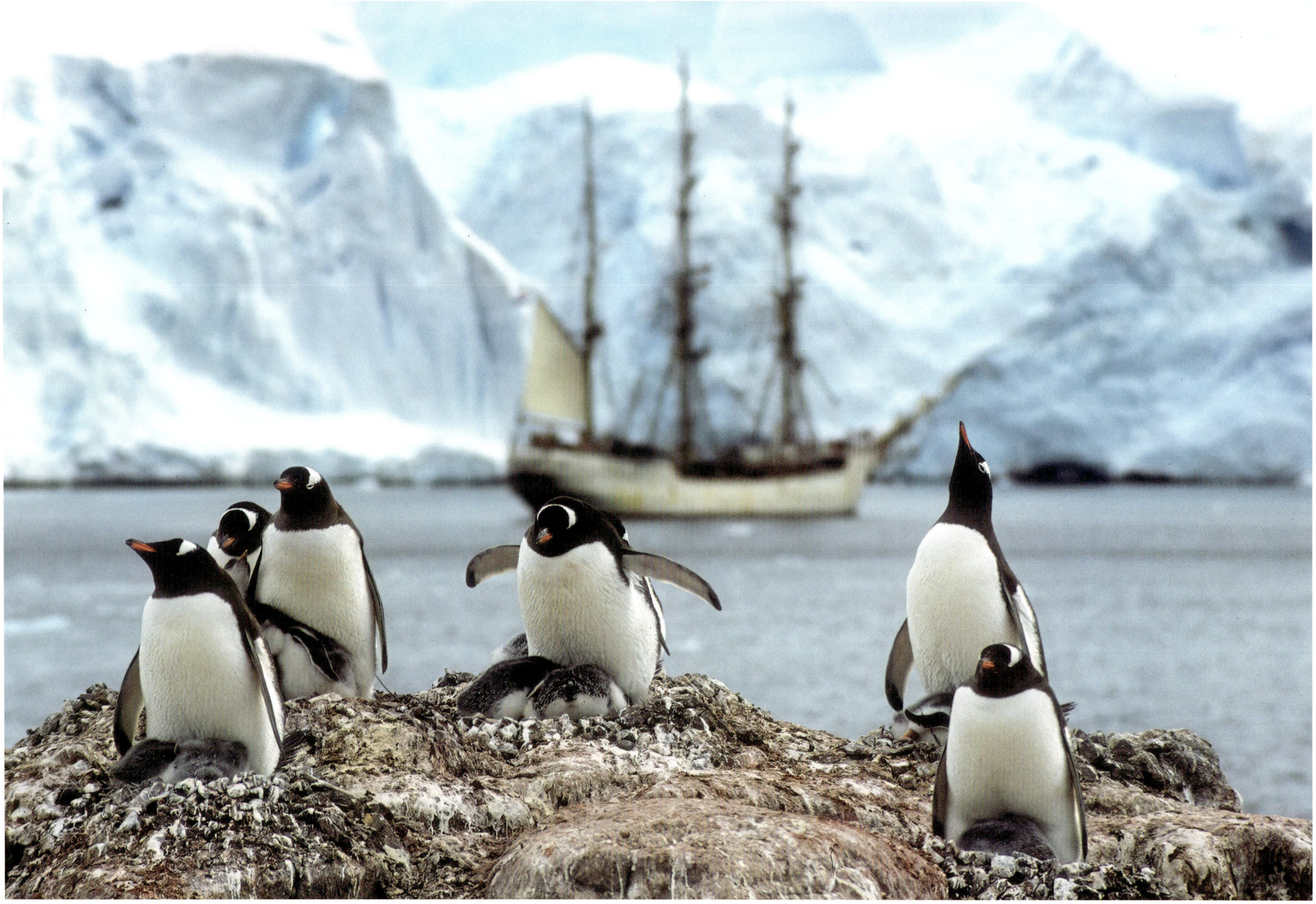

Eselspinguine I **Antarktis**

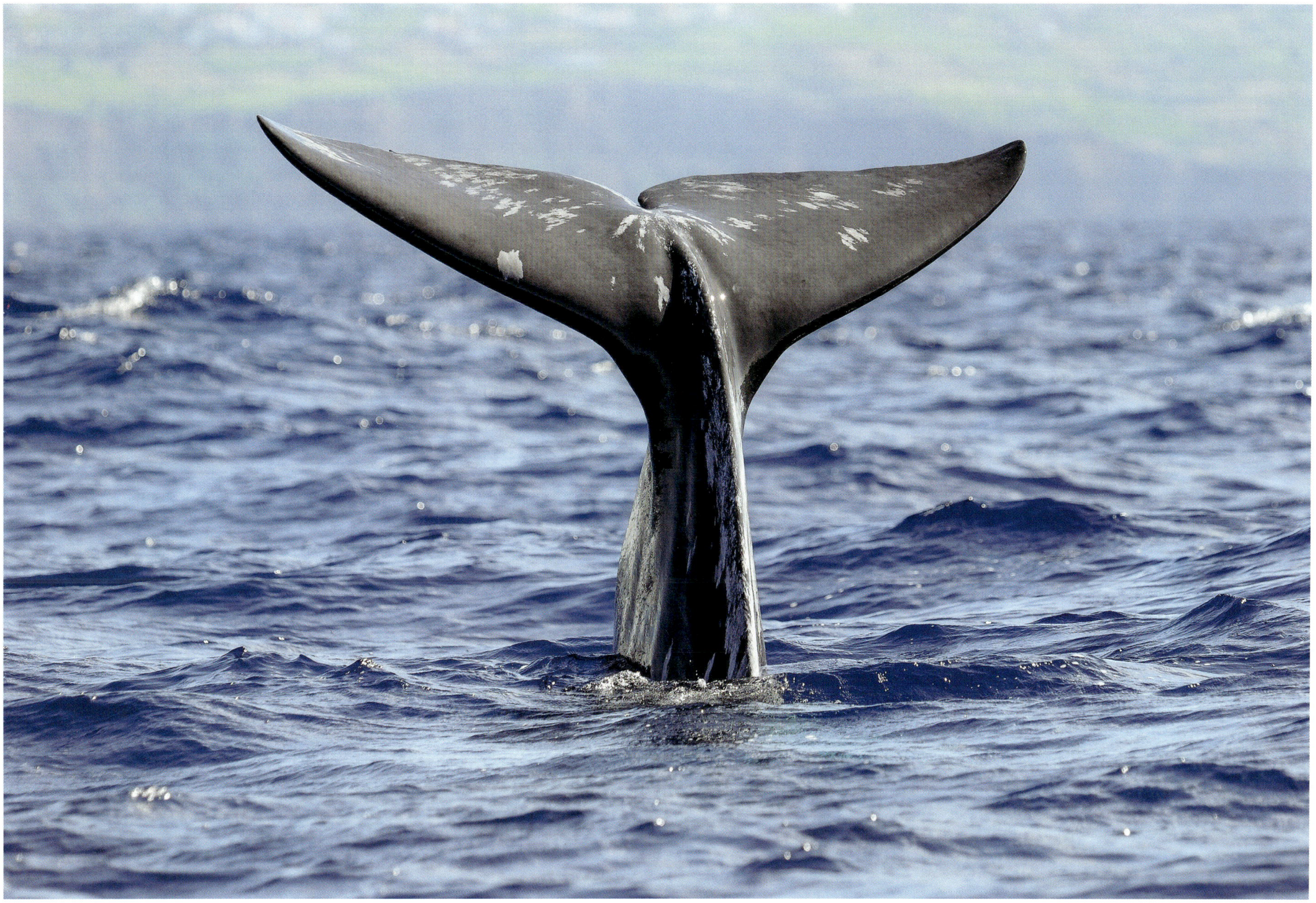

Pottwal **| Azoren, Portugal**

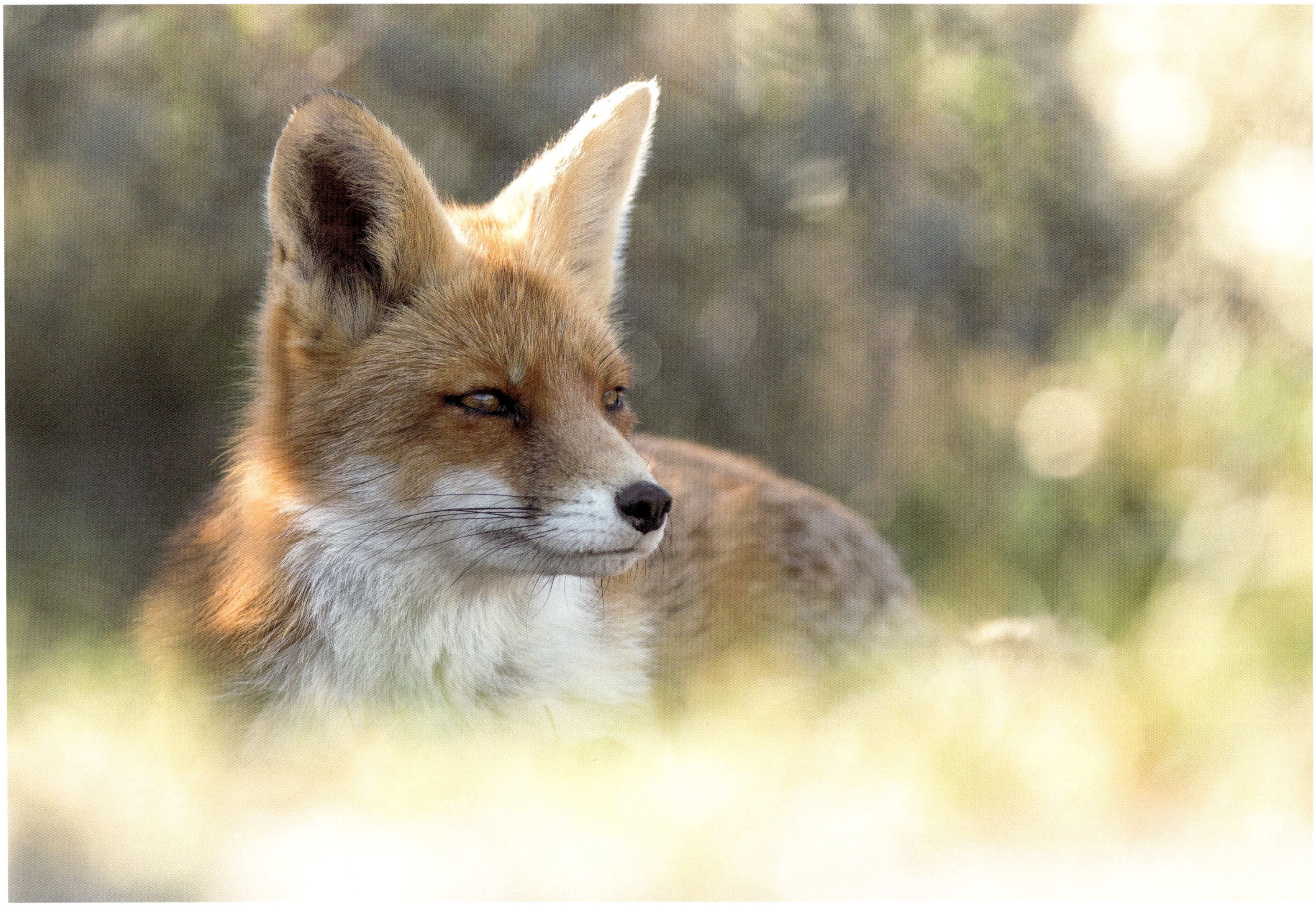

Rotfuchs | **Niederlande**

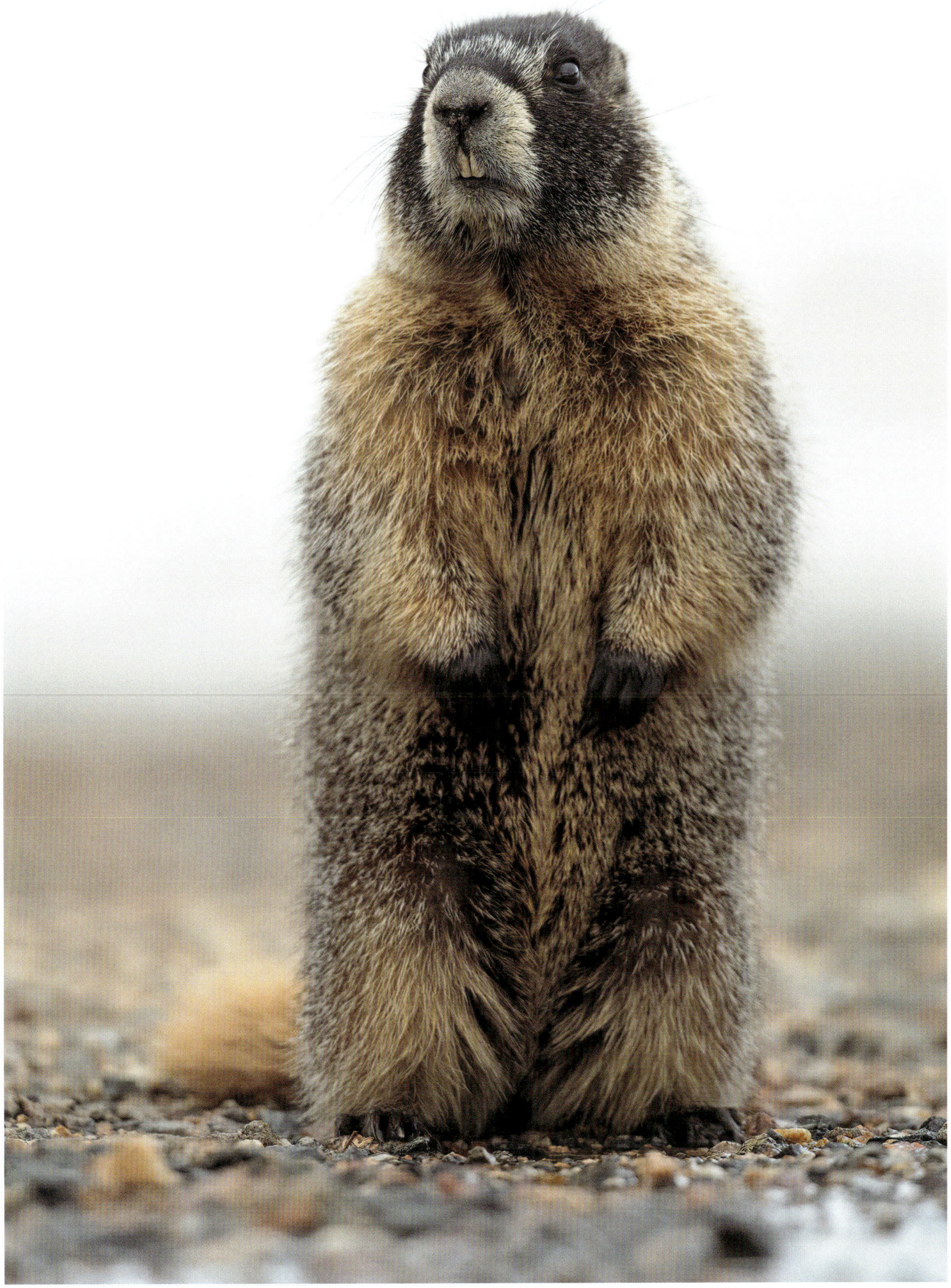

Gelbbauchmurmeltier | **USA**

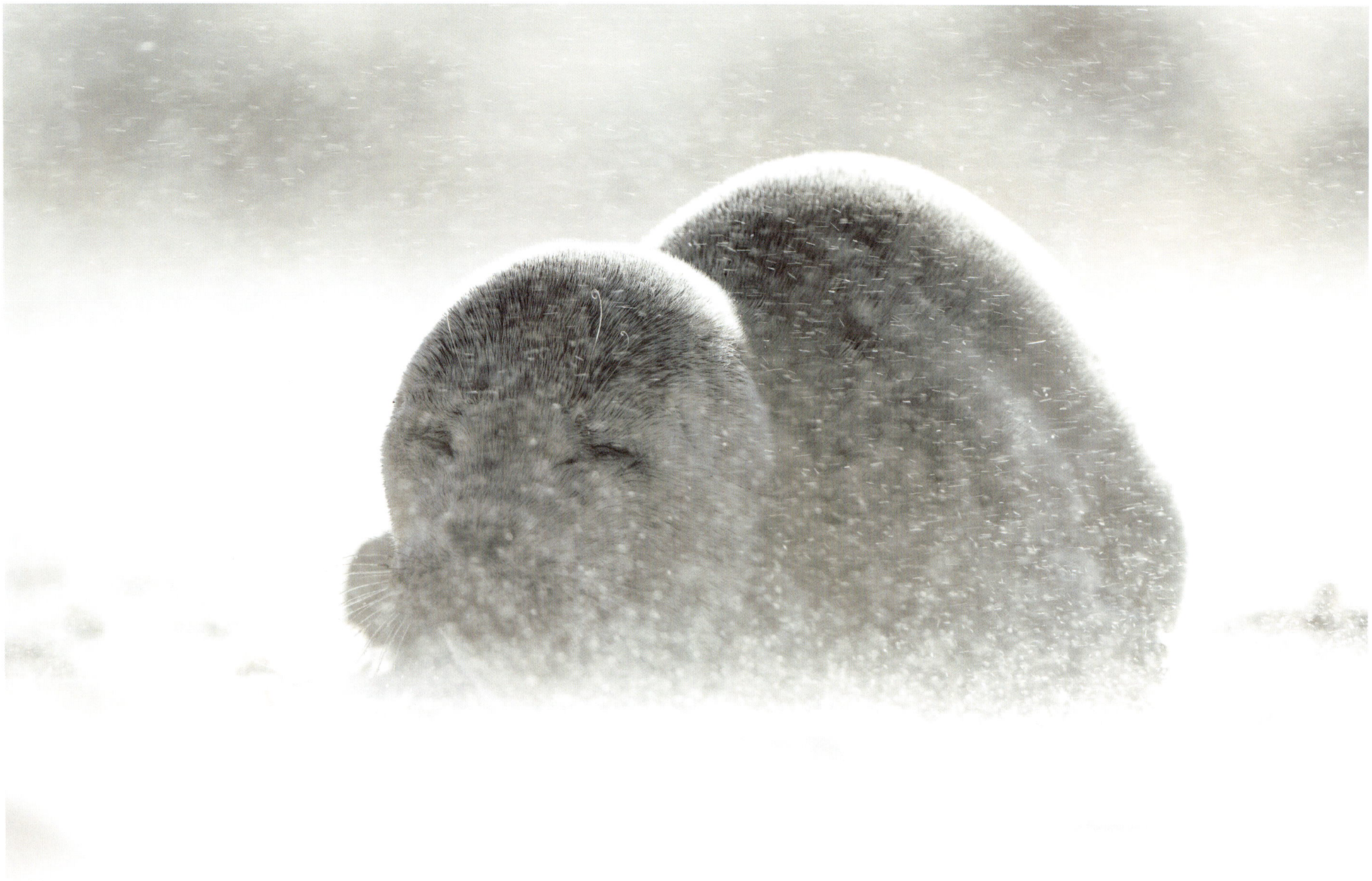

Seehund | **Deutschland**

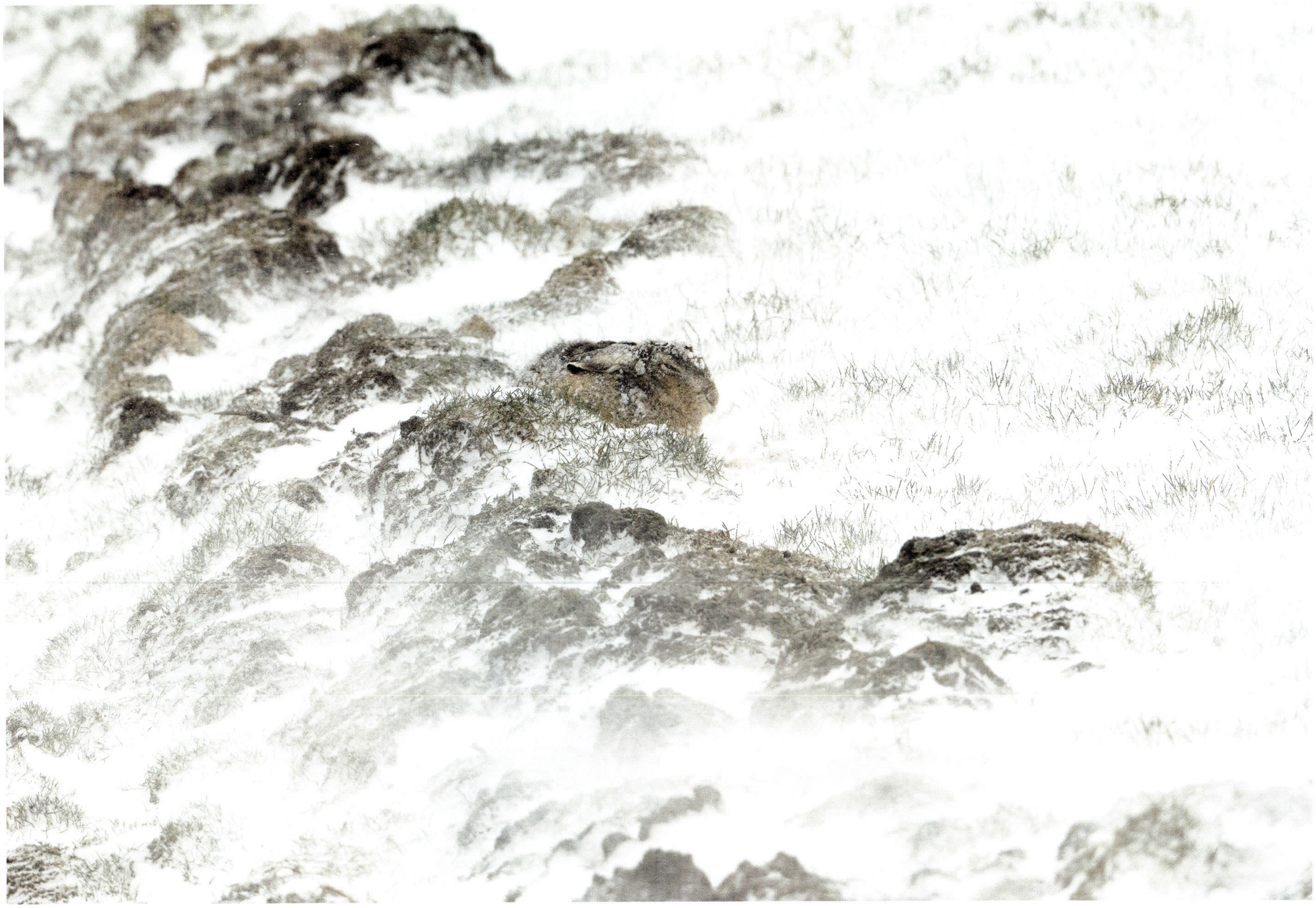

Feldhase | **Niederlande**

MENSCHEN UND ORTE

Auch wenn ich die meiste Zeit mit den Vögeln verbringe, interessieren mich andere Motive durchaus. Natürlich Wildtiere, aber auch das, was ich »Menschen und Orte« nenne. Dazu gehört eine große Vielfalt: Städte, Landschaften, Märkte, Begegnungen mit Menschen ...
Deshalb reise ich kaum noch ohne Kamera. Selbst auf Geschäftsreisen habe ich immer eine dabei. Oft eine größere Ausrüstung, aber manchmal auch nur eine kleine Point-and-Shoot-Kamera wie die Leica D-Lux. Das hat sich schon oft als nützlich erwiesen. Es gibt so viel zu sehen, so viel zu fotografieren ...

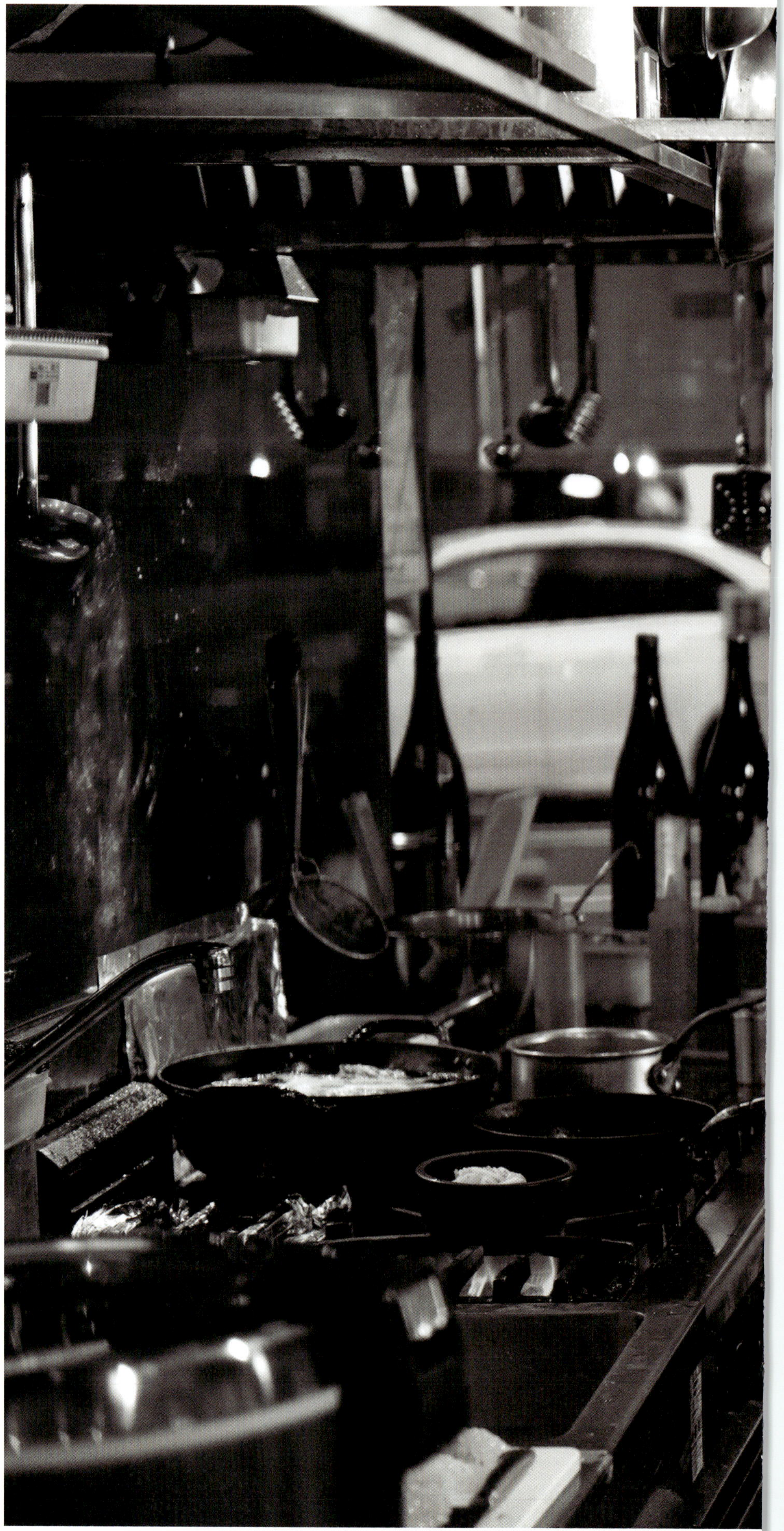

Der Koch | **Japan**

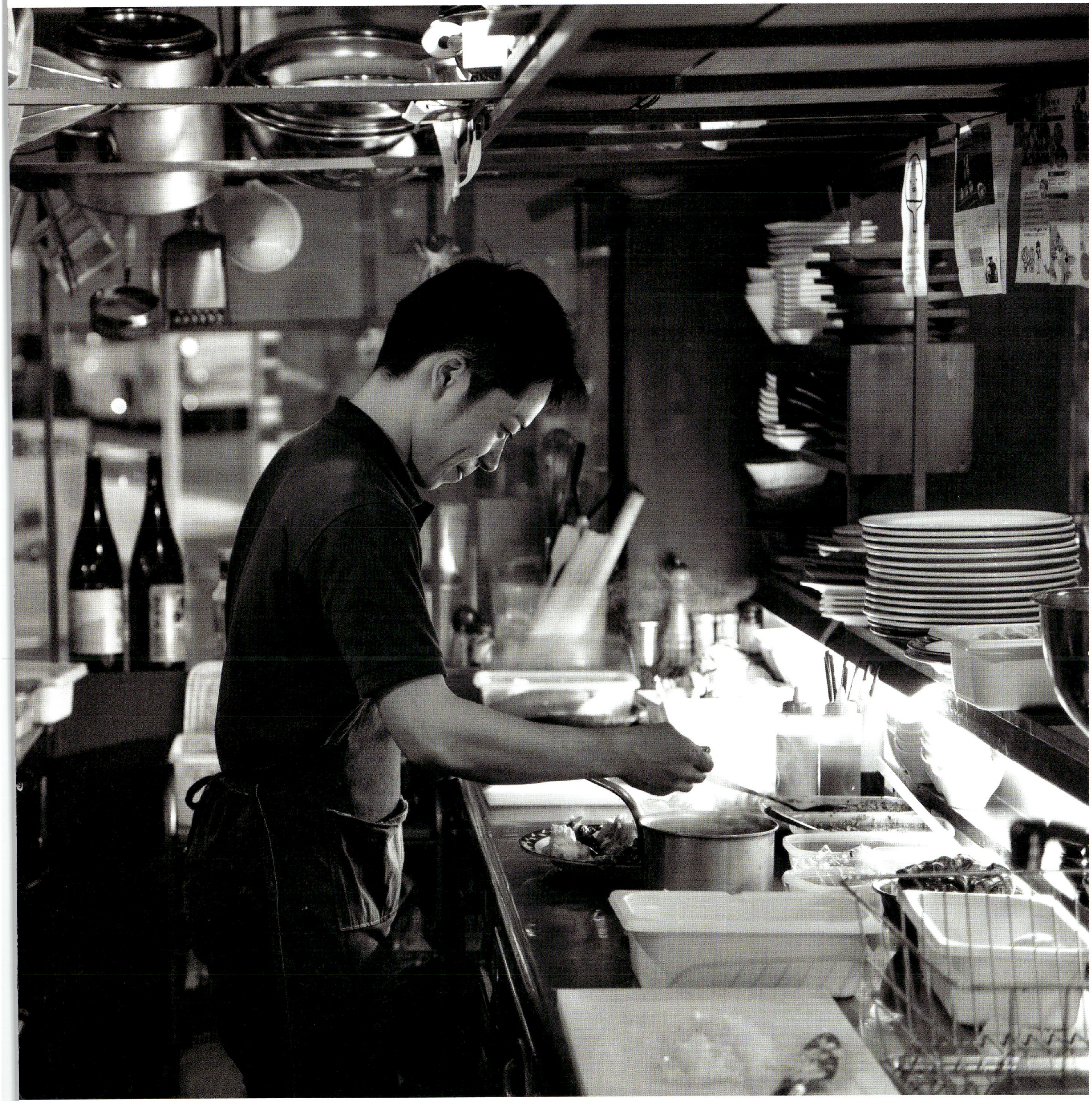

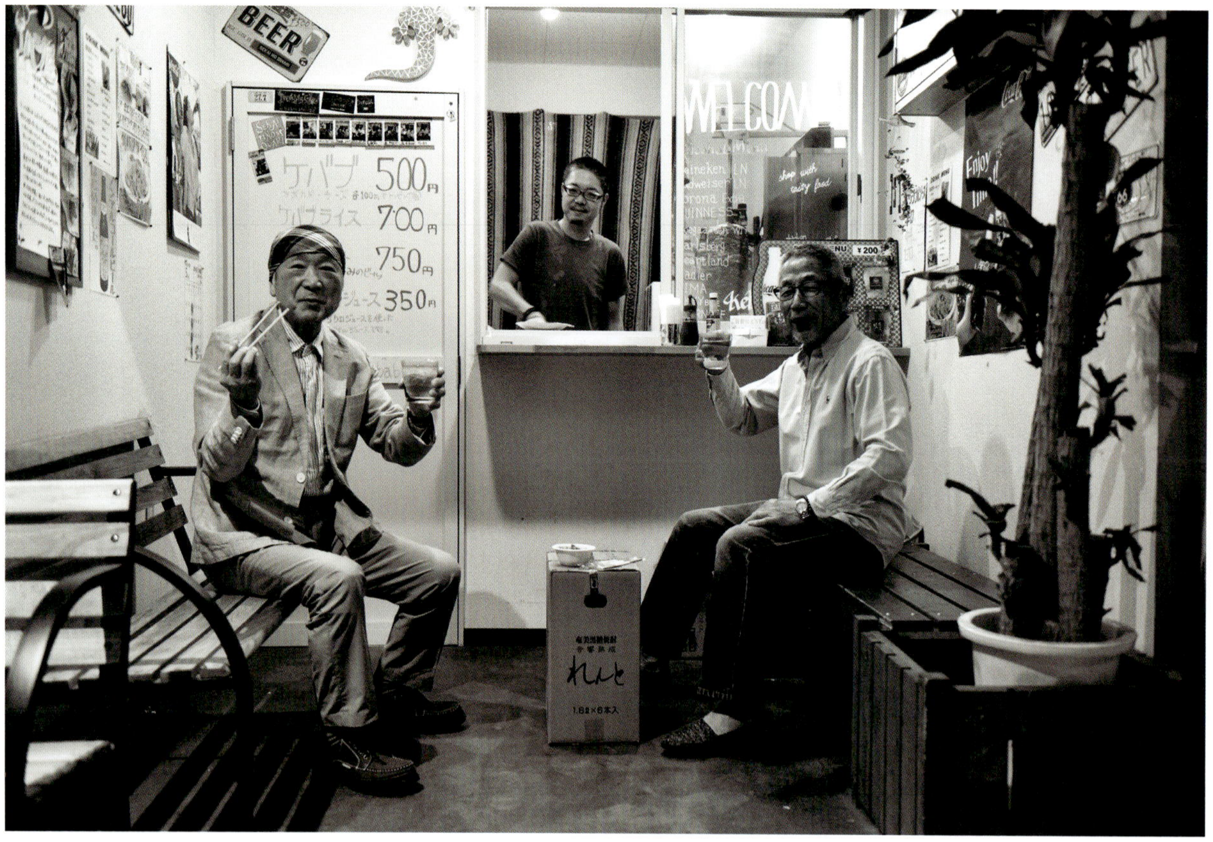

Zum Wohl! **I Japan**

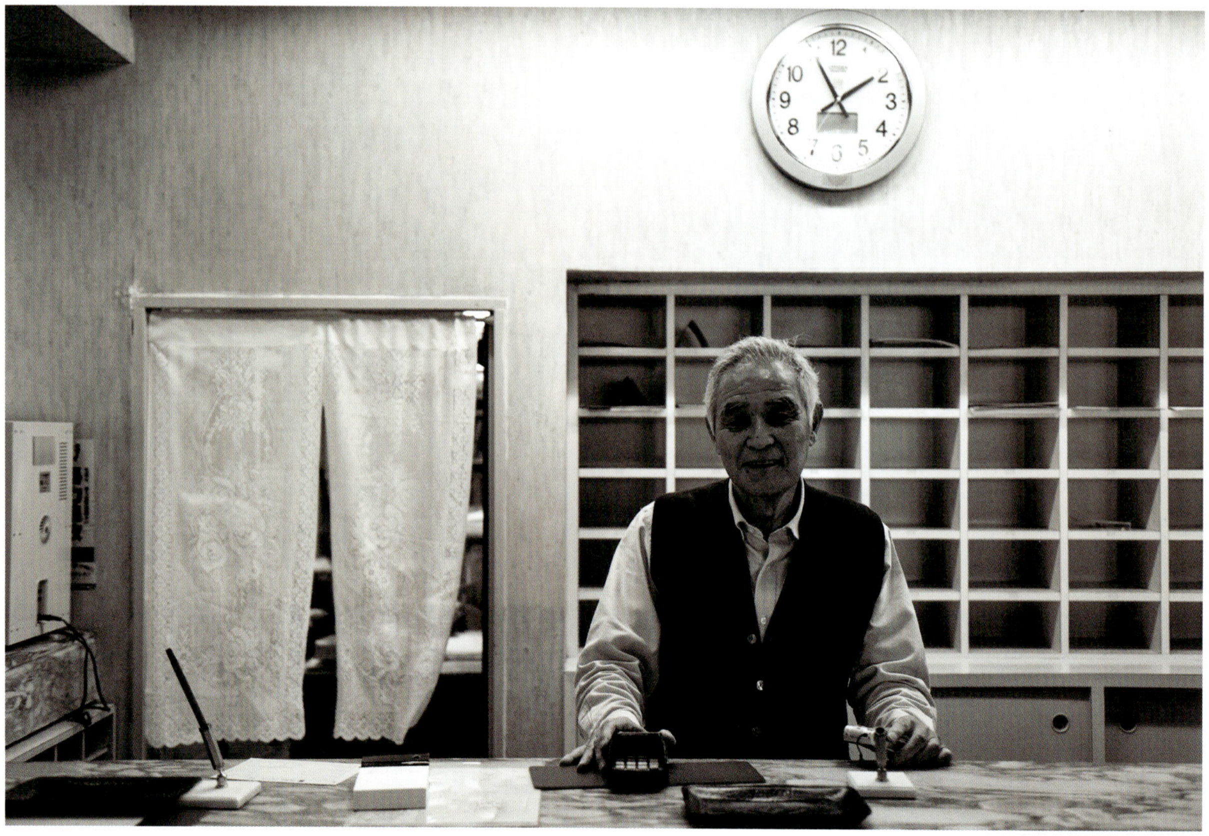

Hotelportier **I Japan**

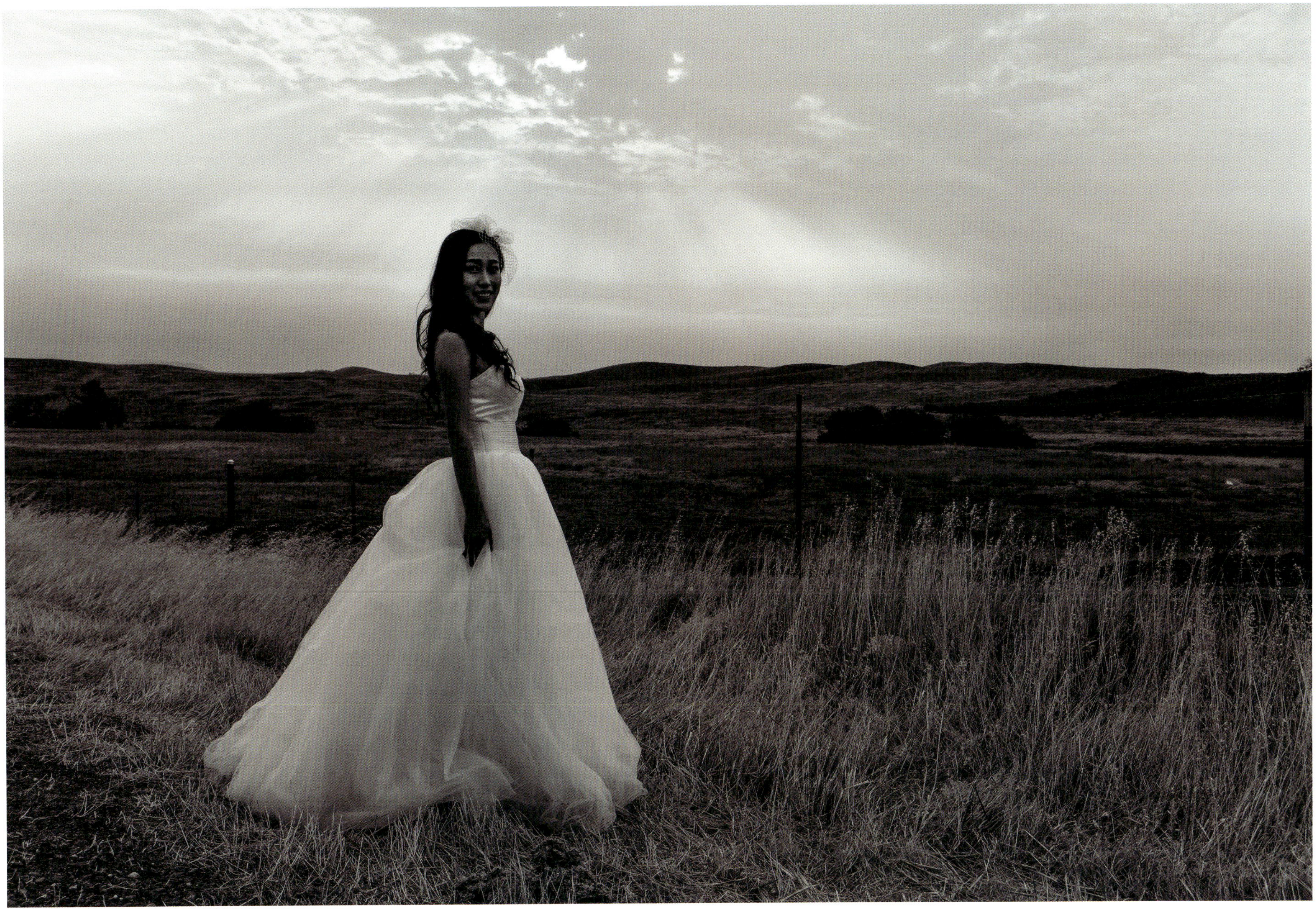

Braut am Wegesrand **I USA**

MENSCHEN IN KUBA

Reisen bedeutet Begegnungen. Der wahre Geist eines Ortes oder Landes zeigt sich am besten in den Menschen, die dort leben. Die Kubaner, so habe ich gelernt, sind farbenfrohe Menschen mit Charakter, unabhängig von ihrem Alter. Ich bewundere ihre Unverwüstlichkeit. Der tropische Charme der Insel ist nämlich trügerisch – der Alltag auf Kuba ist hart. Während unserer Radtour um die Insel trafen wir so viele der freundlichen Einwohner. Warmherzig, einladend und immer für ein Gespräch bereit – was in der Folge manchmal auch zu schönen Fotomomenten führte.
Der alte Mann, der auf der Veranda eines heruntergekommenen Hauses seine Zigarre rauchte, das spielende, barfüßige Kind – und der Junge, der seinen Hund für eine anstehende Busfahrt schon in eine Tasche gepackt hatte. Sie alle gaben den Geschichten, die wir von unserer Reise mit nach Hause brachten, eine besondere Note. Es gibt keinen besseren Weg, diese zu bewahren, als ein Foto von ihnen zu machen. Natürlich mit ihrem Einverständnis.

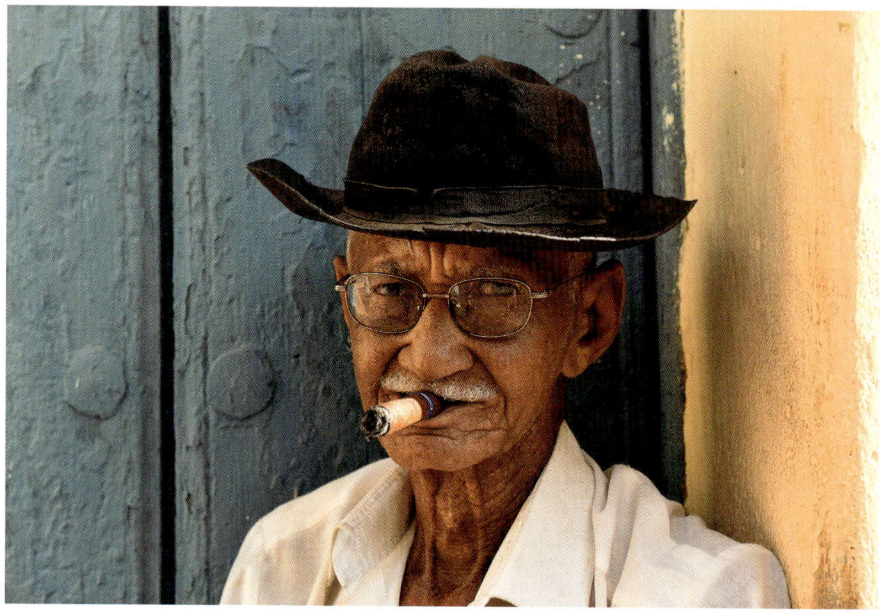

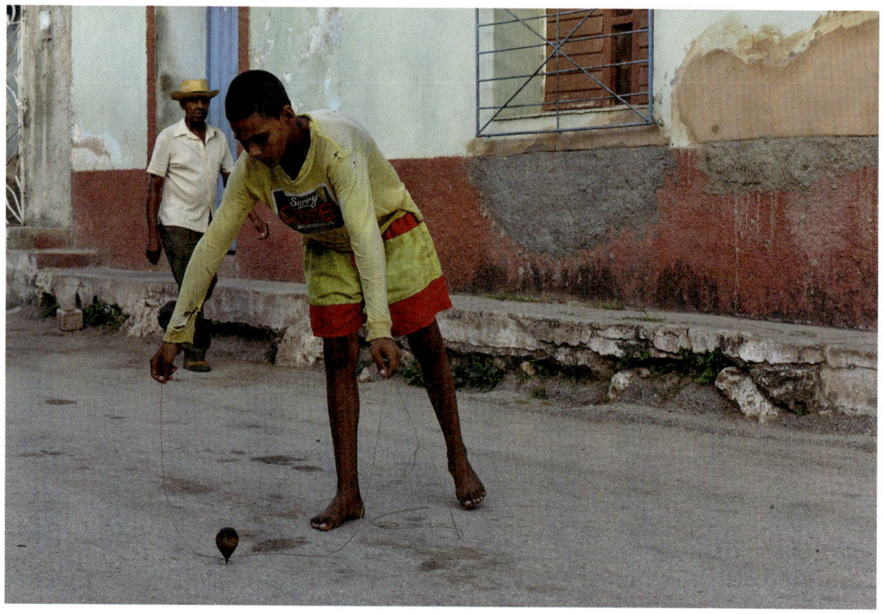

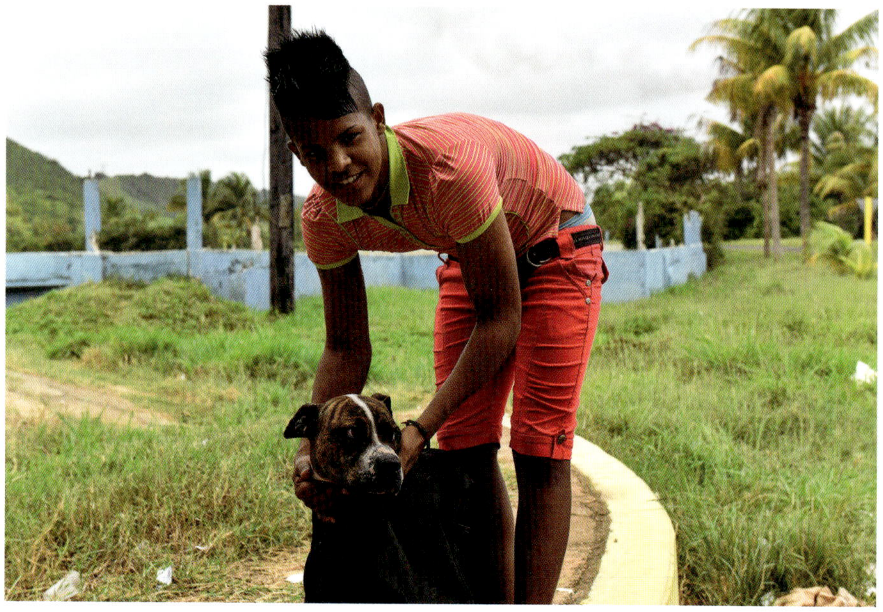

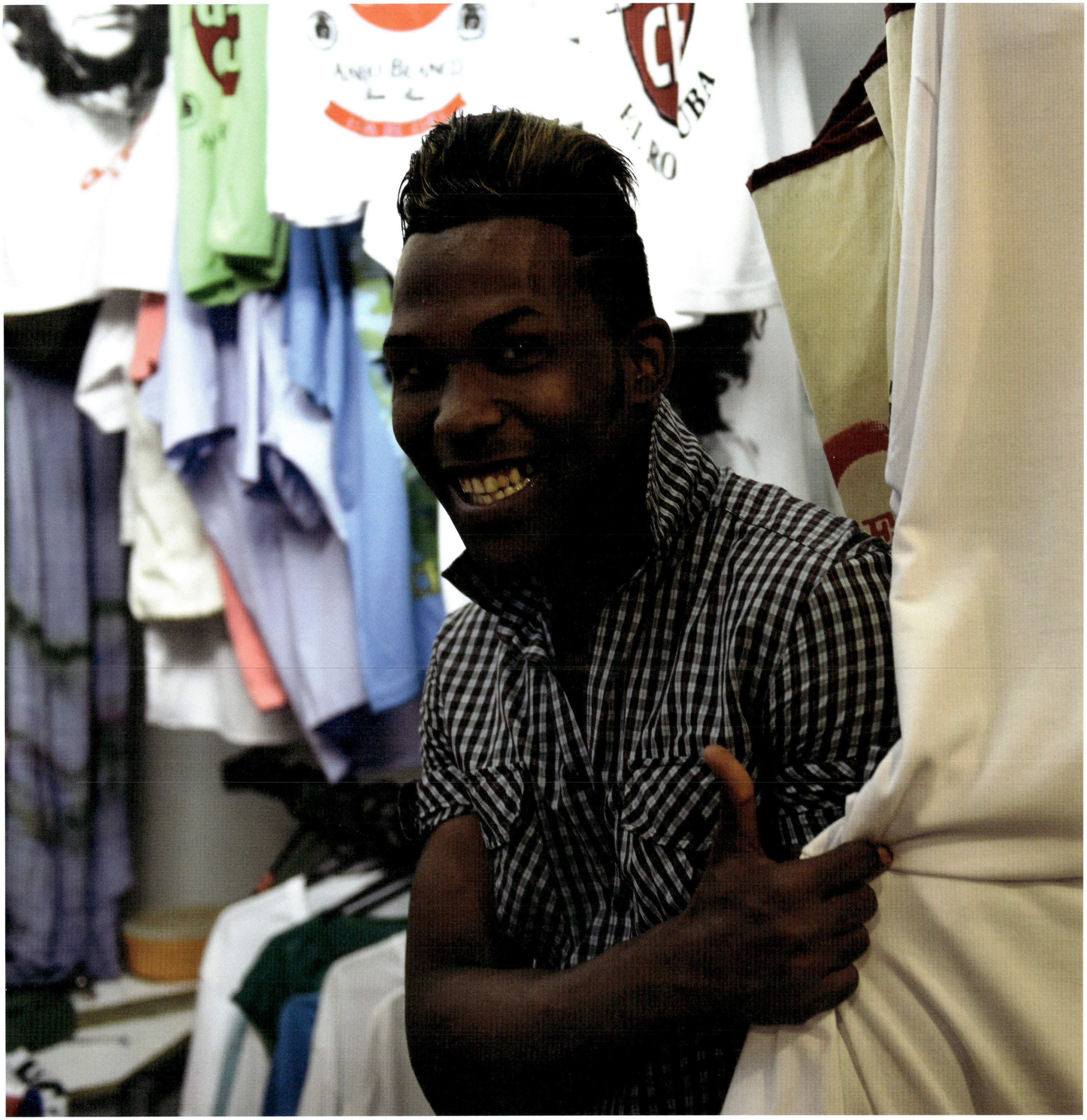

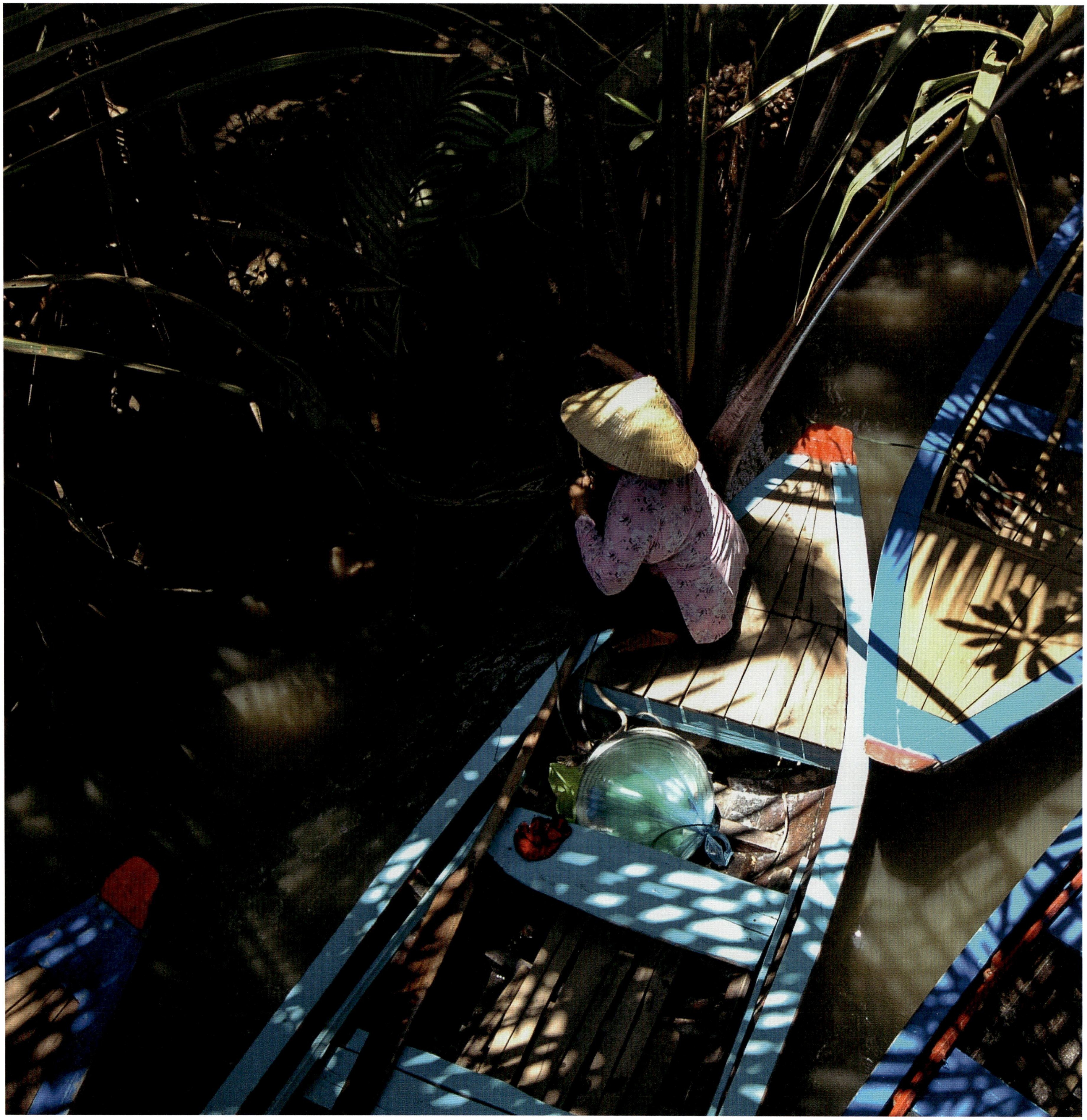

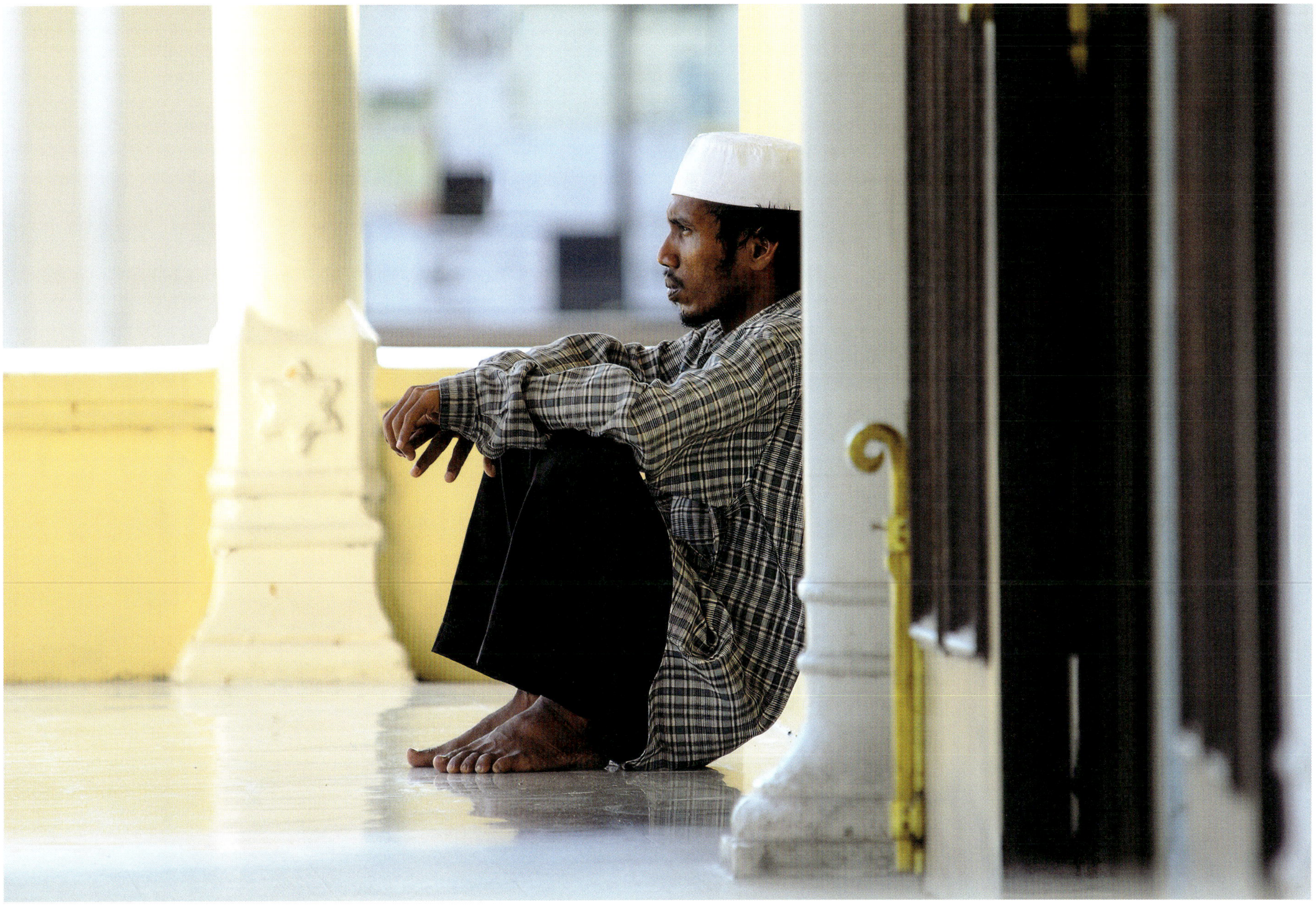

Händlerin
Vietnam

Moscheebesucher **I Malaysia**

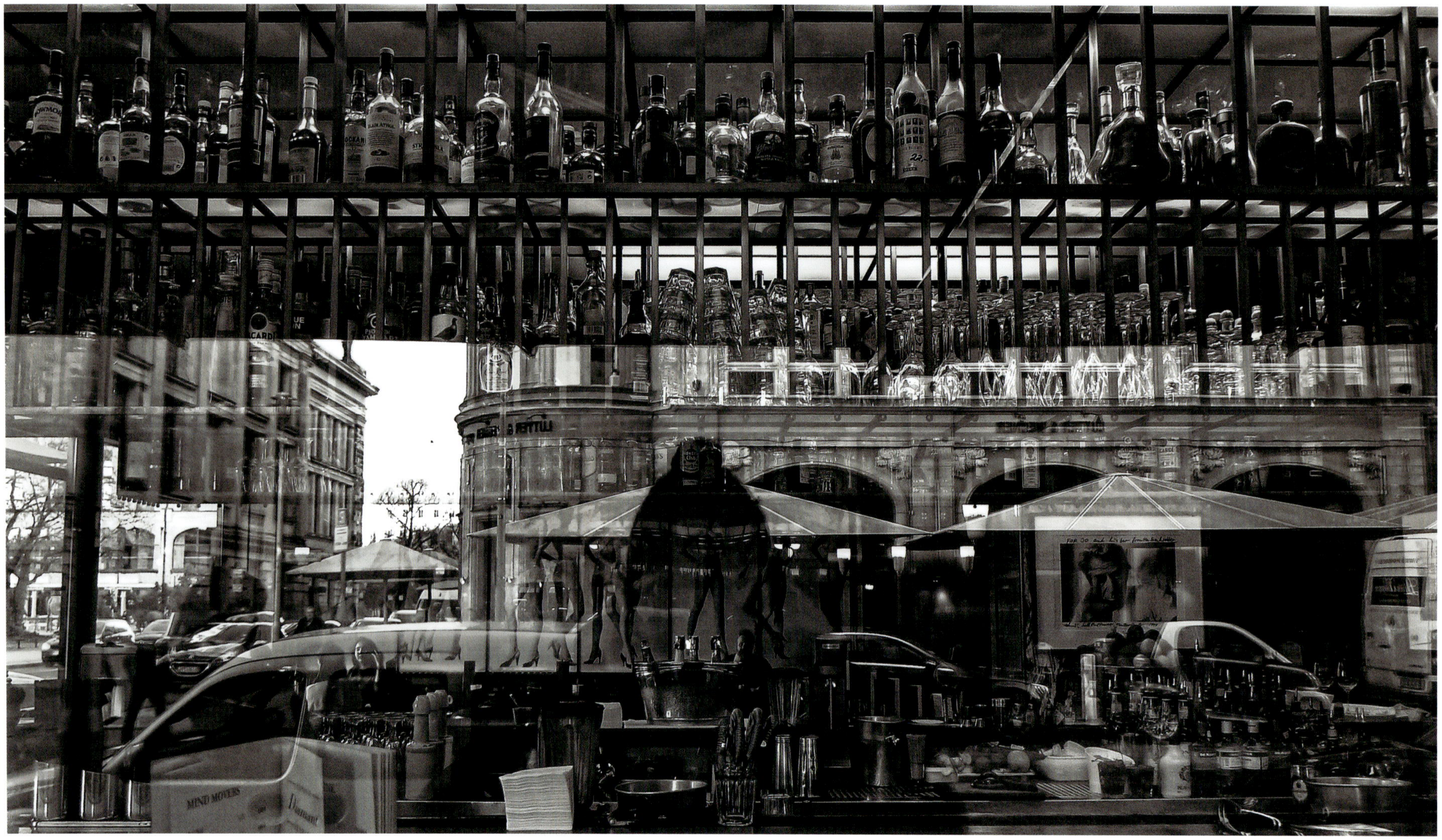

Newton Bar | **Berlin, Deutschland**

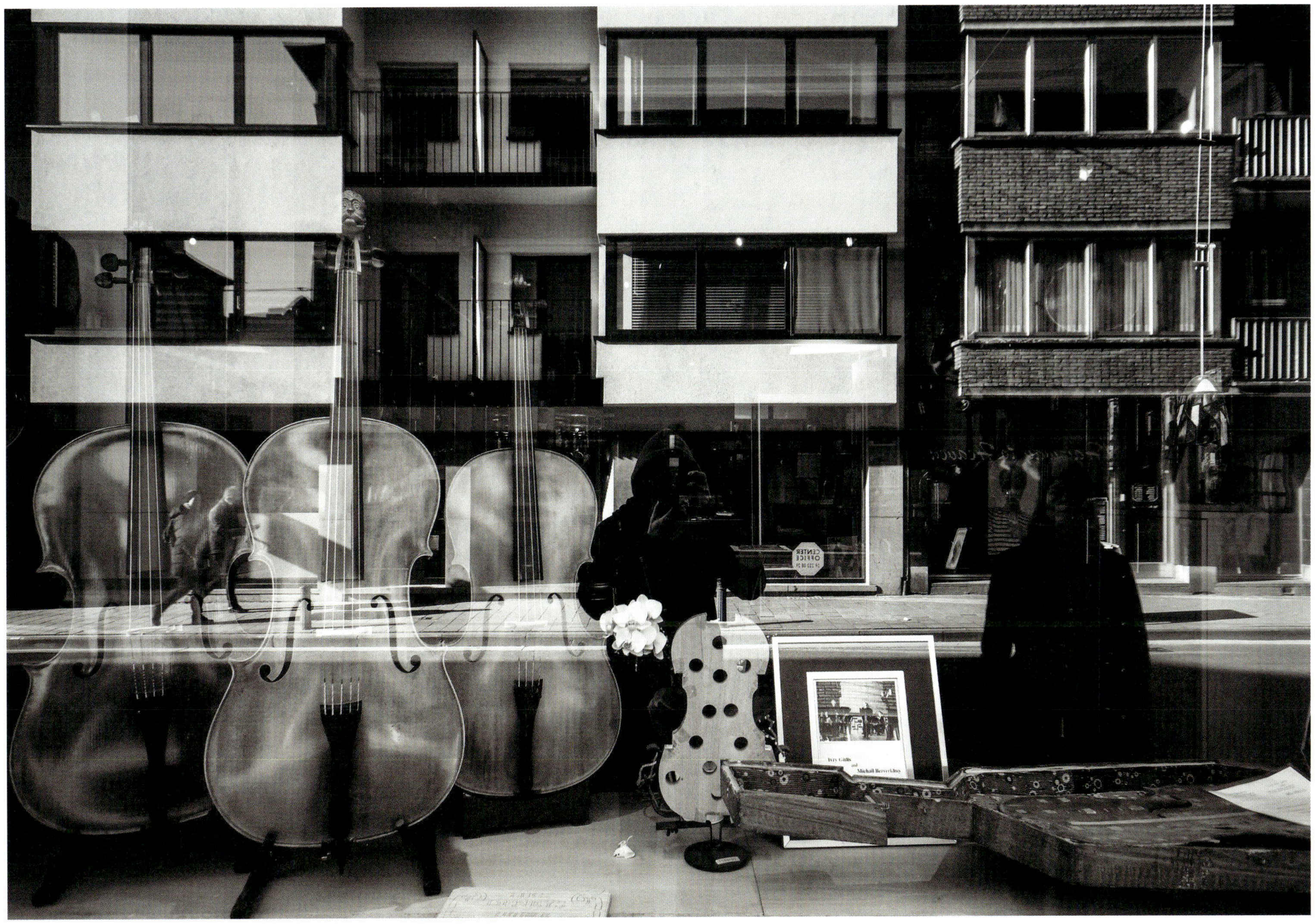

Musikinstrumente I **Belgien**

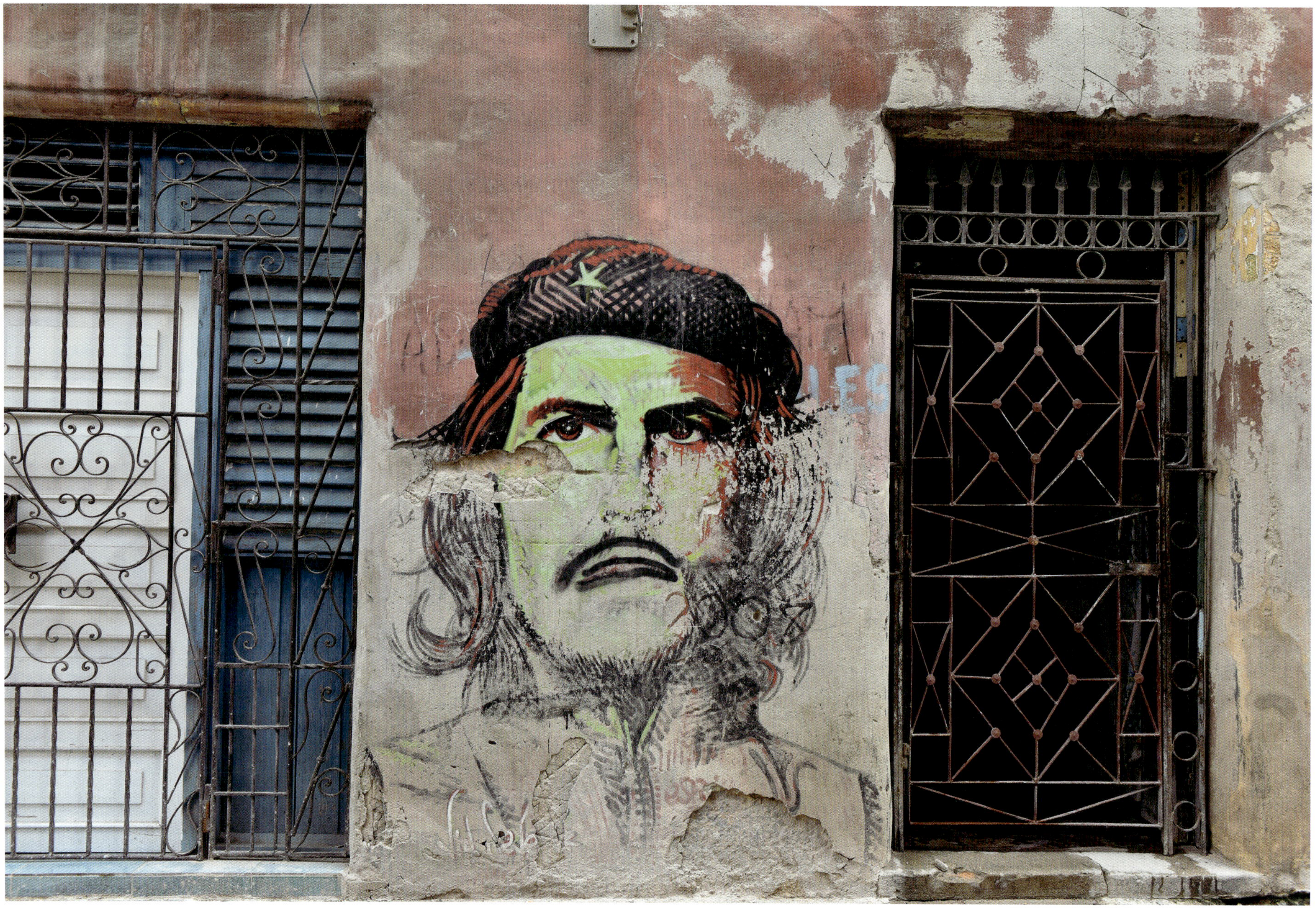

Wandbild | **Havanna, Kuba**

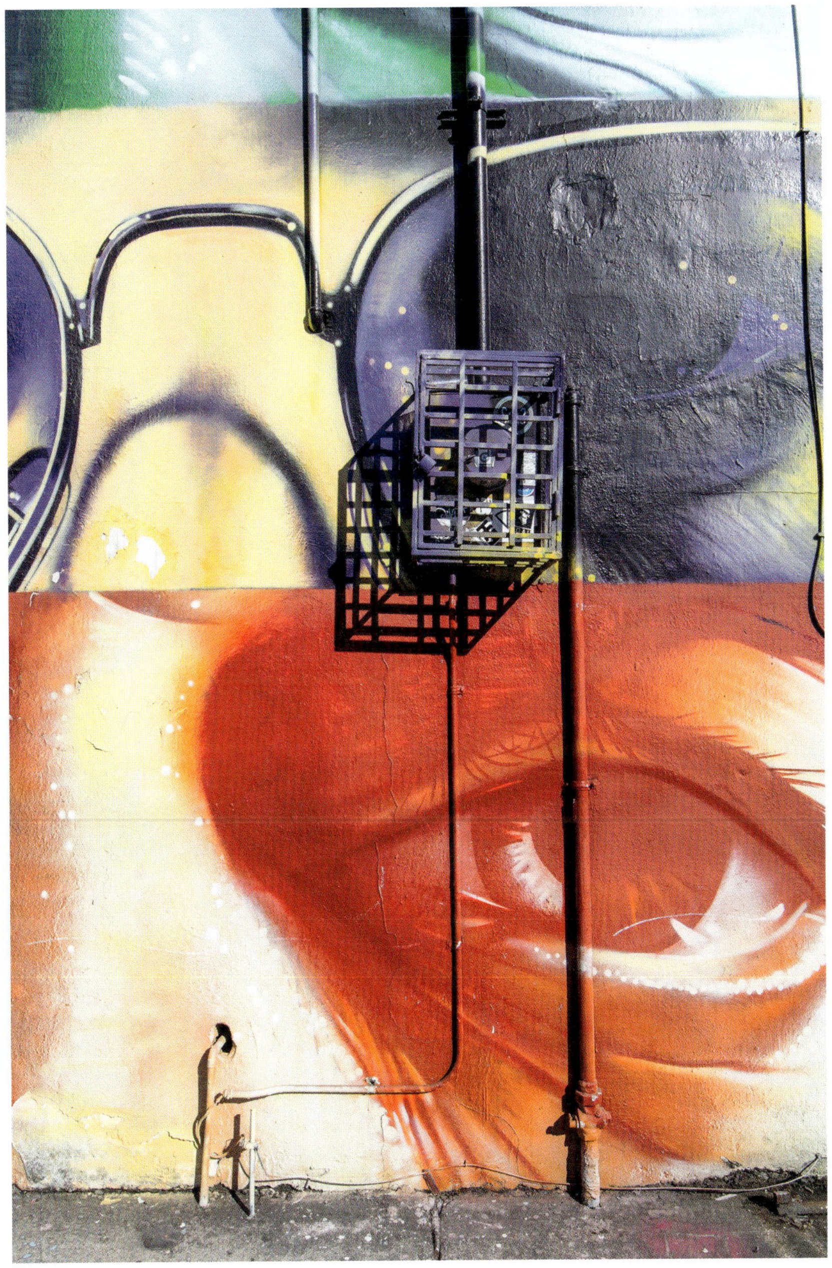

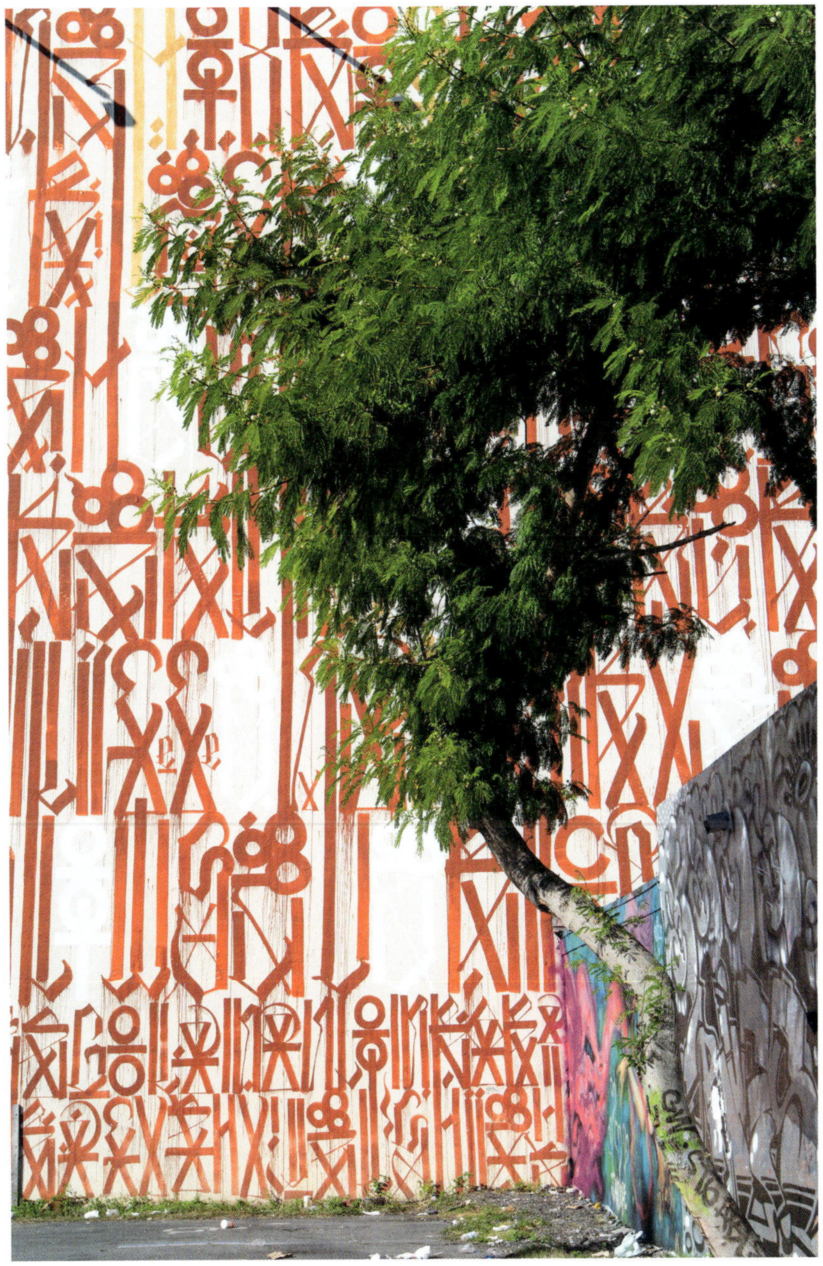

Wandbilder | **Miami, USA**

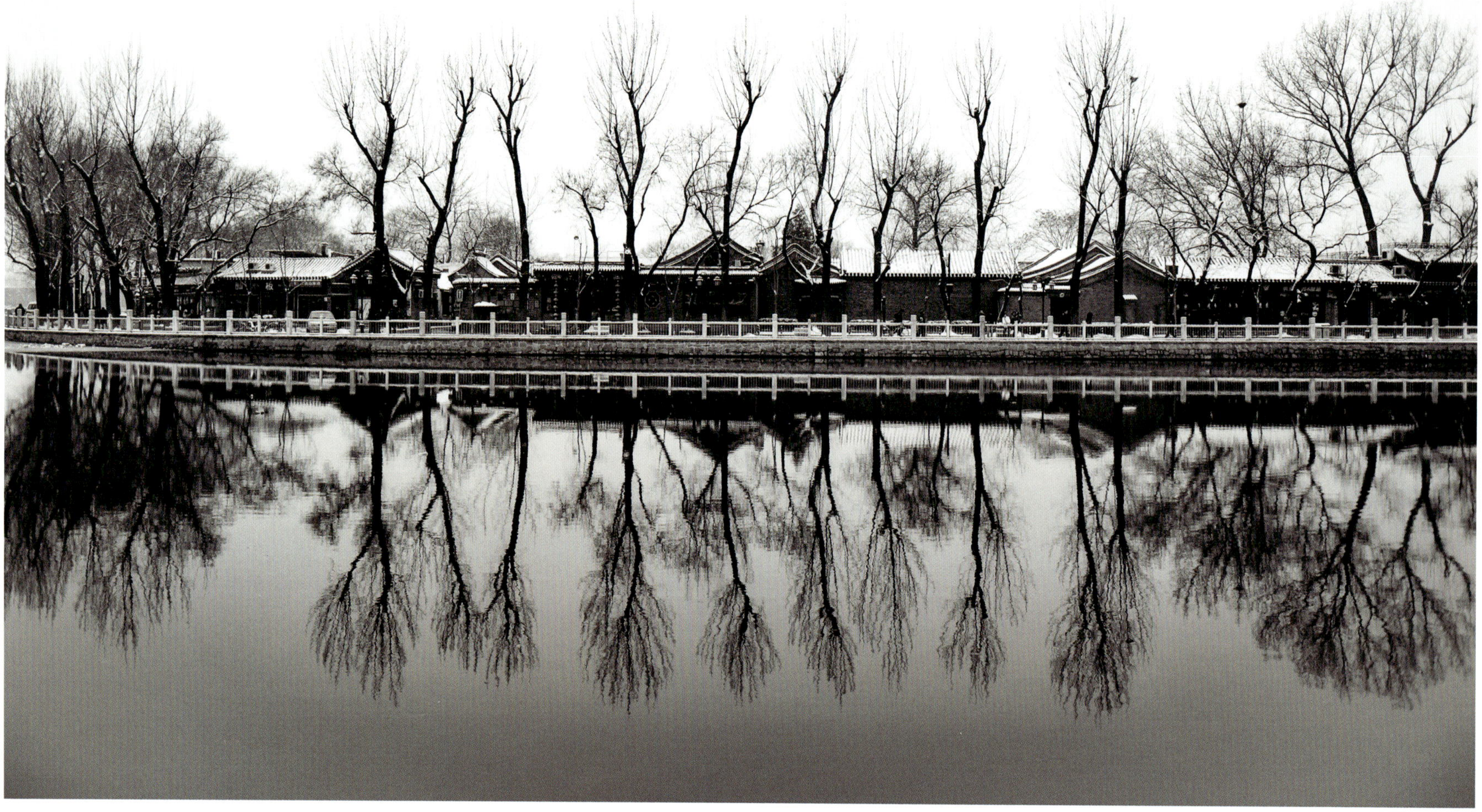

Spiegelung I **Bejing, China**

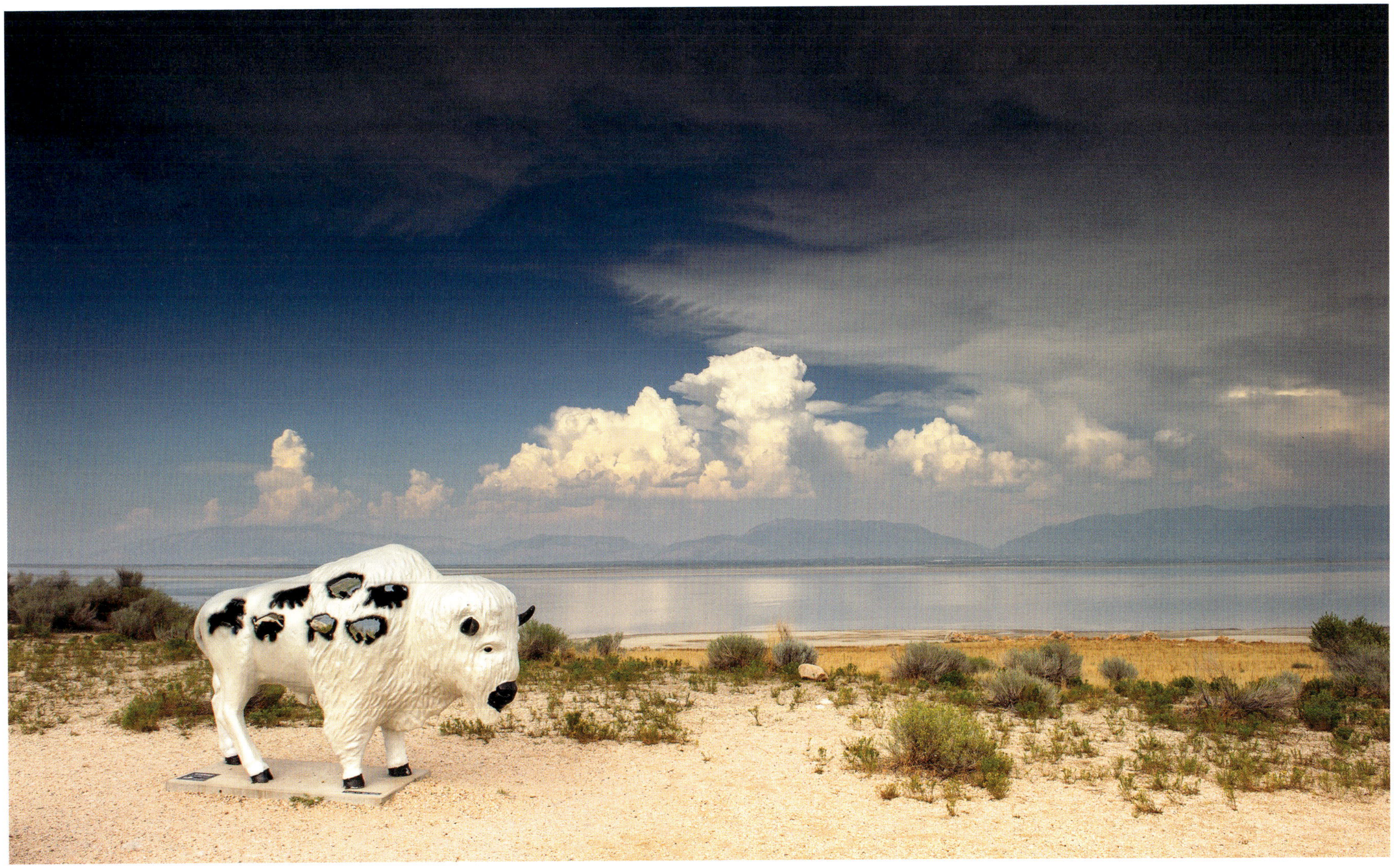

Bison-Statue I **Antelope Island, USA**

I WANT TO RIDE MY BICYCLE

Die meisten Reisen, die meine Frau Dominique und ich in den letzten Jahrzehnten unternommen haben, waren Fahrradtouren. Das ist kein Zufall, sondern die – meiner Meinung nach – lohnendste Art, ein Land kennenzulernen.
Beim Radfahren kann man größere Entfernungen zurücklegen als zu Fuß und gleichzeitig viel mehr erleben als beim Autofahren. Die Erde zu riechen, den Vögeln zuzuhören und zu spüren, wie sich die Landschaft hebt und senkt – und das auch in den Muskeln zu fühlen –, all das sind Empfindungen, die man in einem klimatisierten Fahrzeug nicht hat.
Überall anhalten zu können, bedeutet für mich ein Gefühl von absoluter Freiheit. Außerdem ist es viel einfacher, mit den Einheimischen in Kontakt zu kommen, da die meisten Menschen Radfahrer als eine sympathische Untergruppe der Touristen betrachten.
Auf unseren Rädern durchquerten wir die marokkanische Wüste, erklommen die taiwanesischen Berge, kurbelten tapfer gegen die heftigen Winde in Südargentinien, hatten mit hohen Temperaturen in Kuba zu kämpfen und fuhren bis zur entmilitarisierten Zone (DMZ) zwischen Süd- und Nordkorea – um nur einige unserer bisherigen Ziele zu nennen. Ich bin überzeugt, dass diese Erlebnisse mit anderen Verkehrsmitteln nicht so intensiv gewesen wären.
Solange es möglich ist, werden wir unsere Räder als bevorzugtes Transportmittel benutzen – und die Kamera mitnehmen, natürlich.

Sehnsucht nach Asphalt | **Marokko**

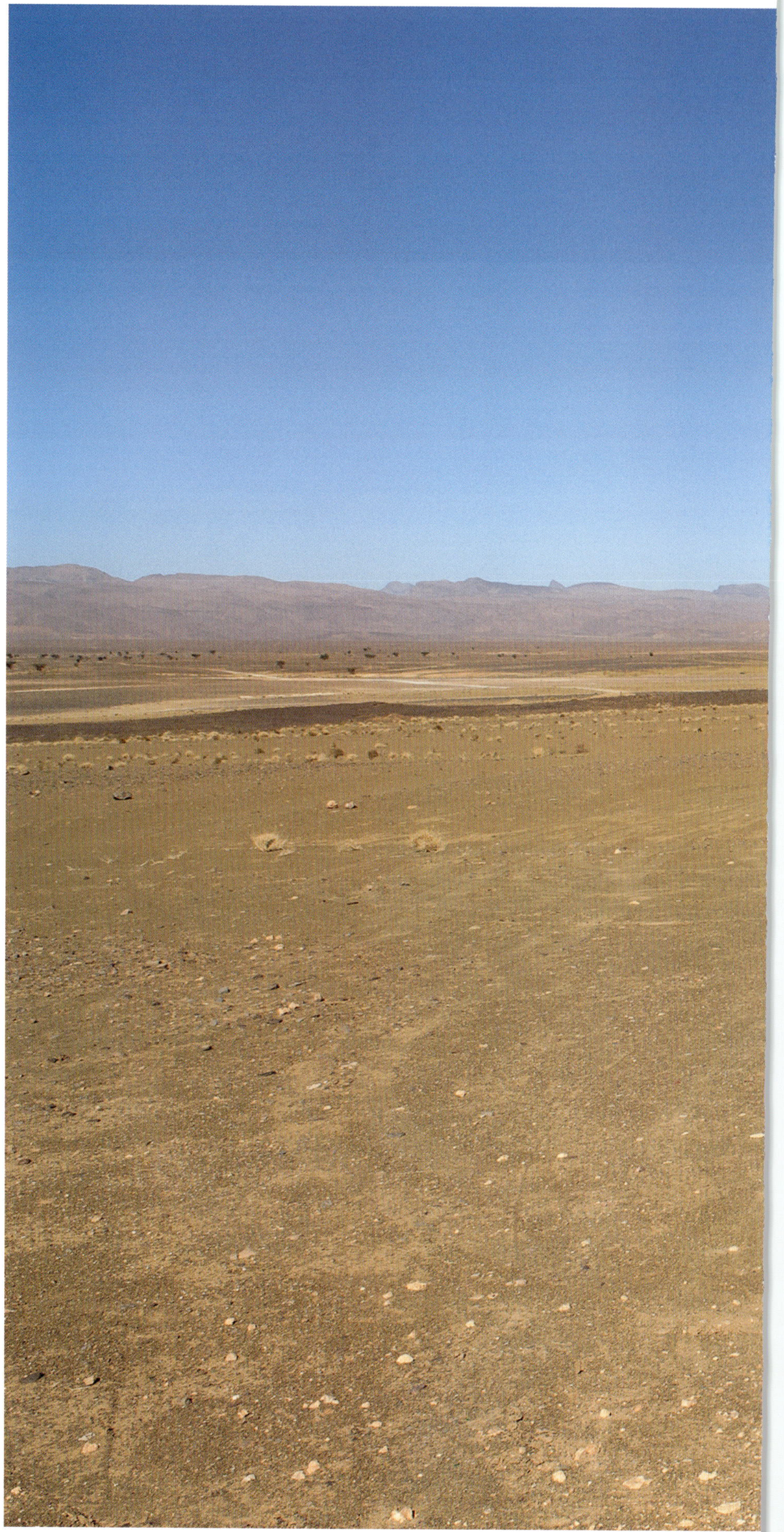

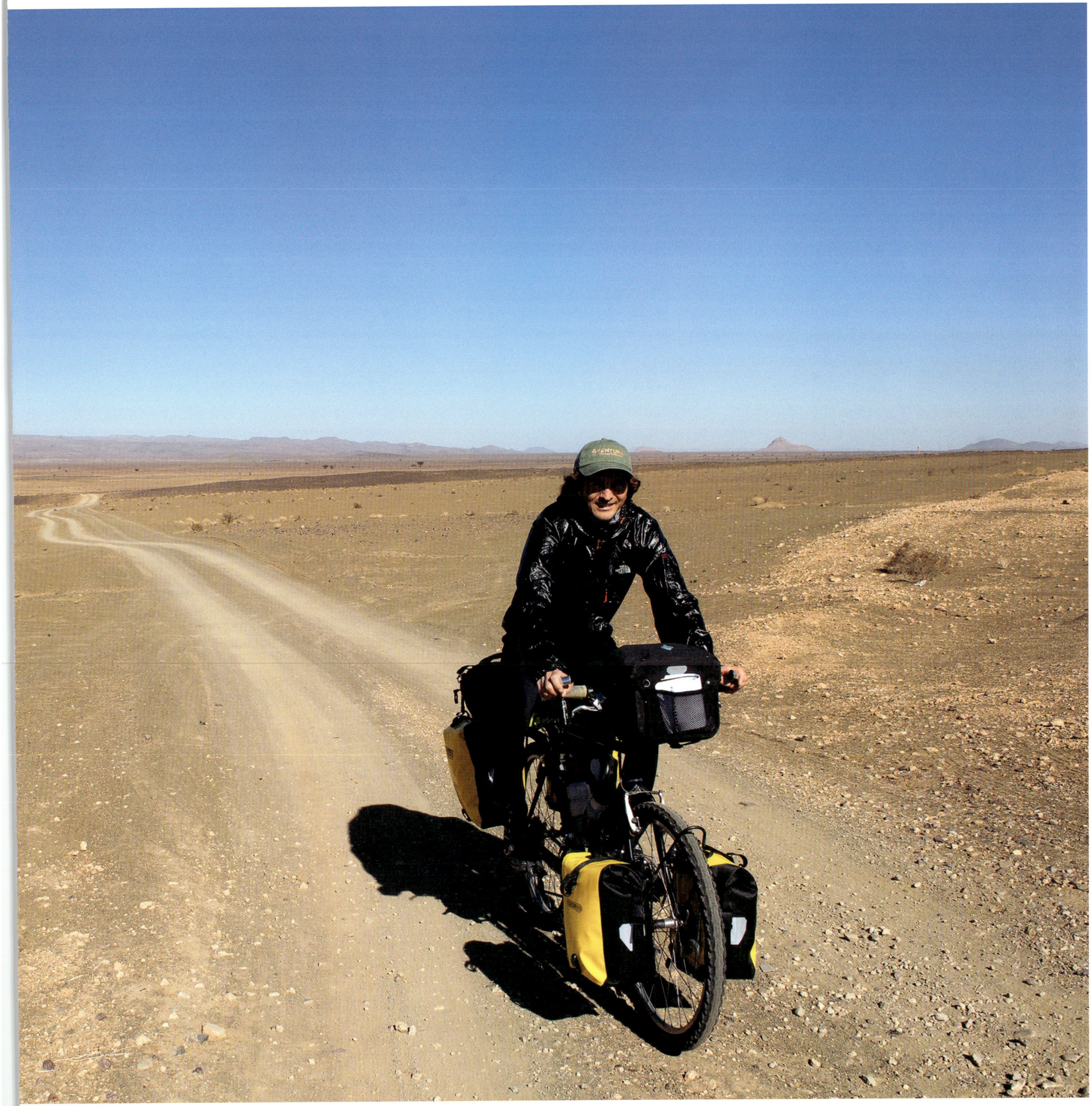

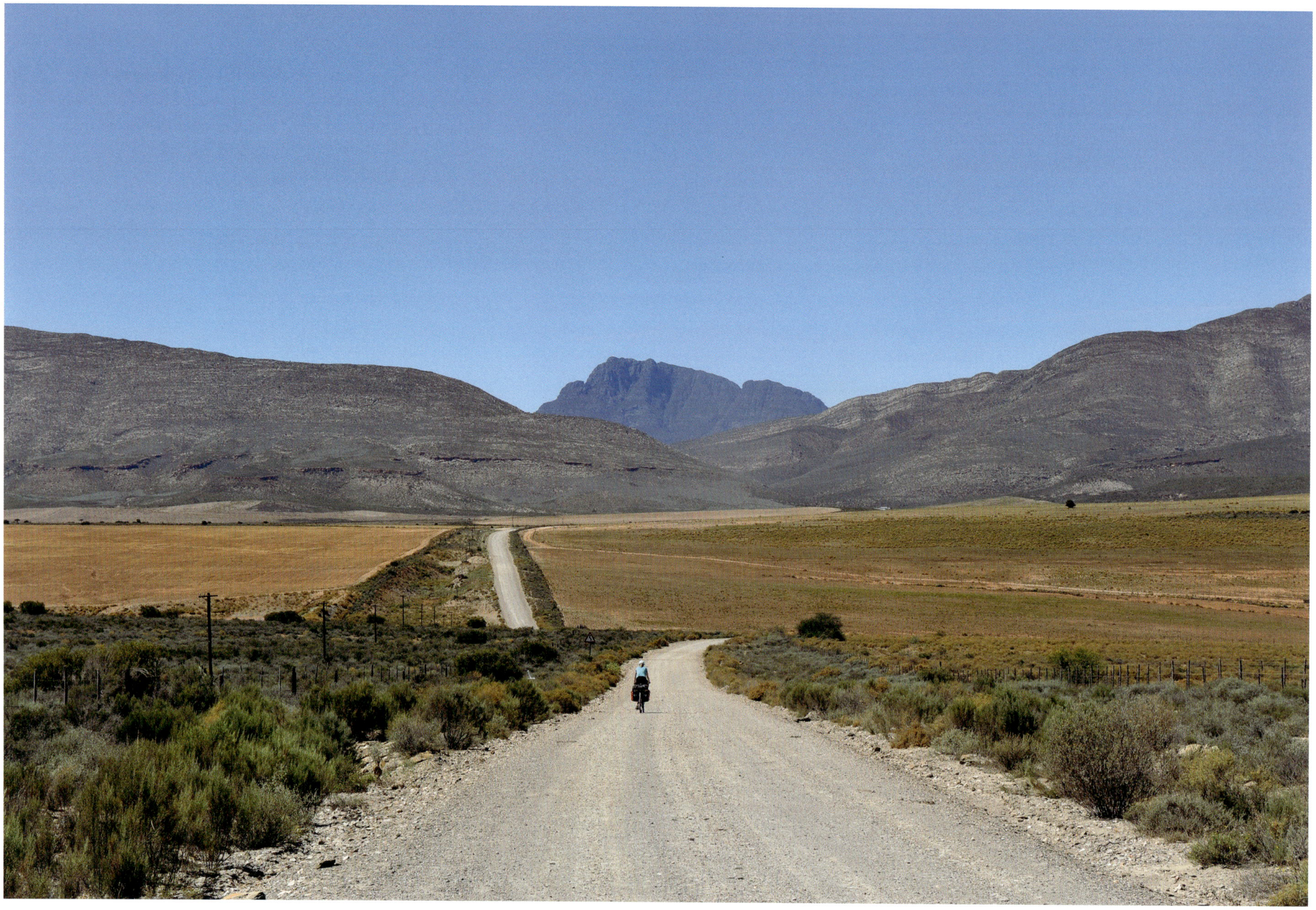

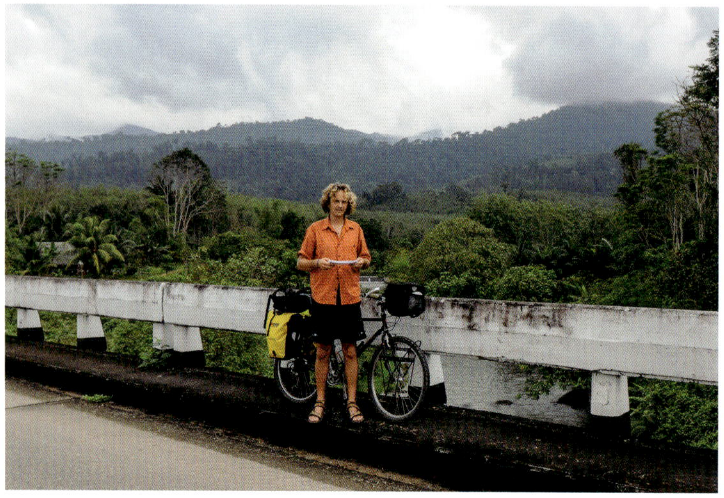

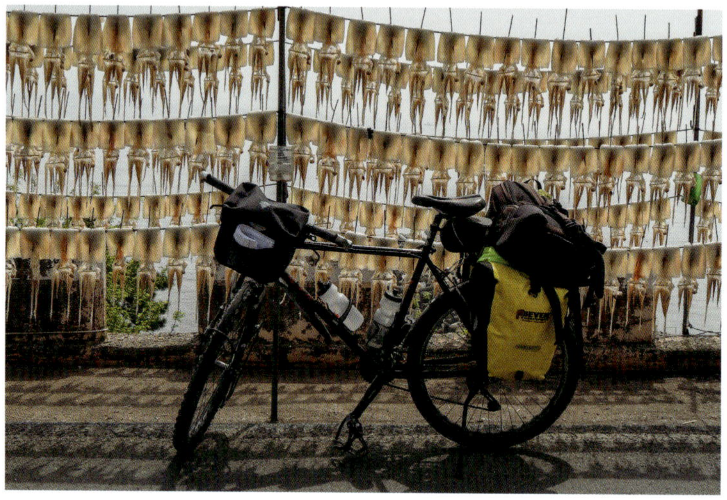

Unsere Fahrräder haben viel gesehen von der Welt. Und sogar trocknenden Fisch gerochen ...
Süafrika (oben)
Malaysia (ganz links)
Südkorea (links)

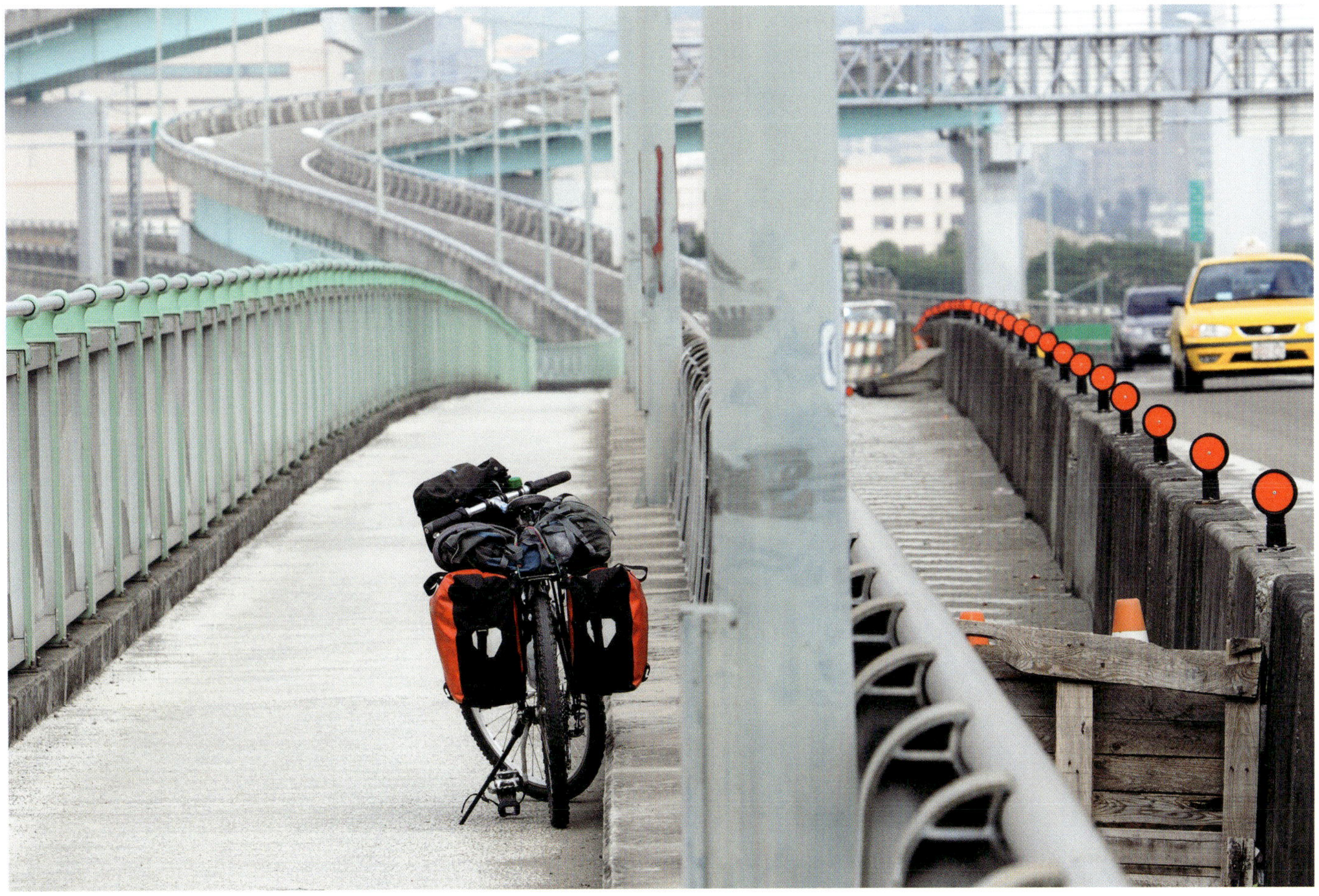

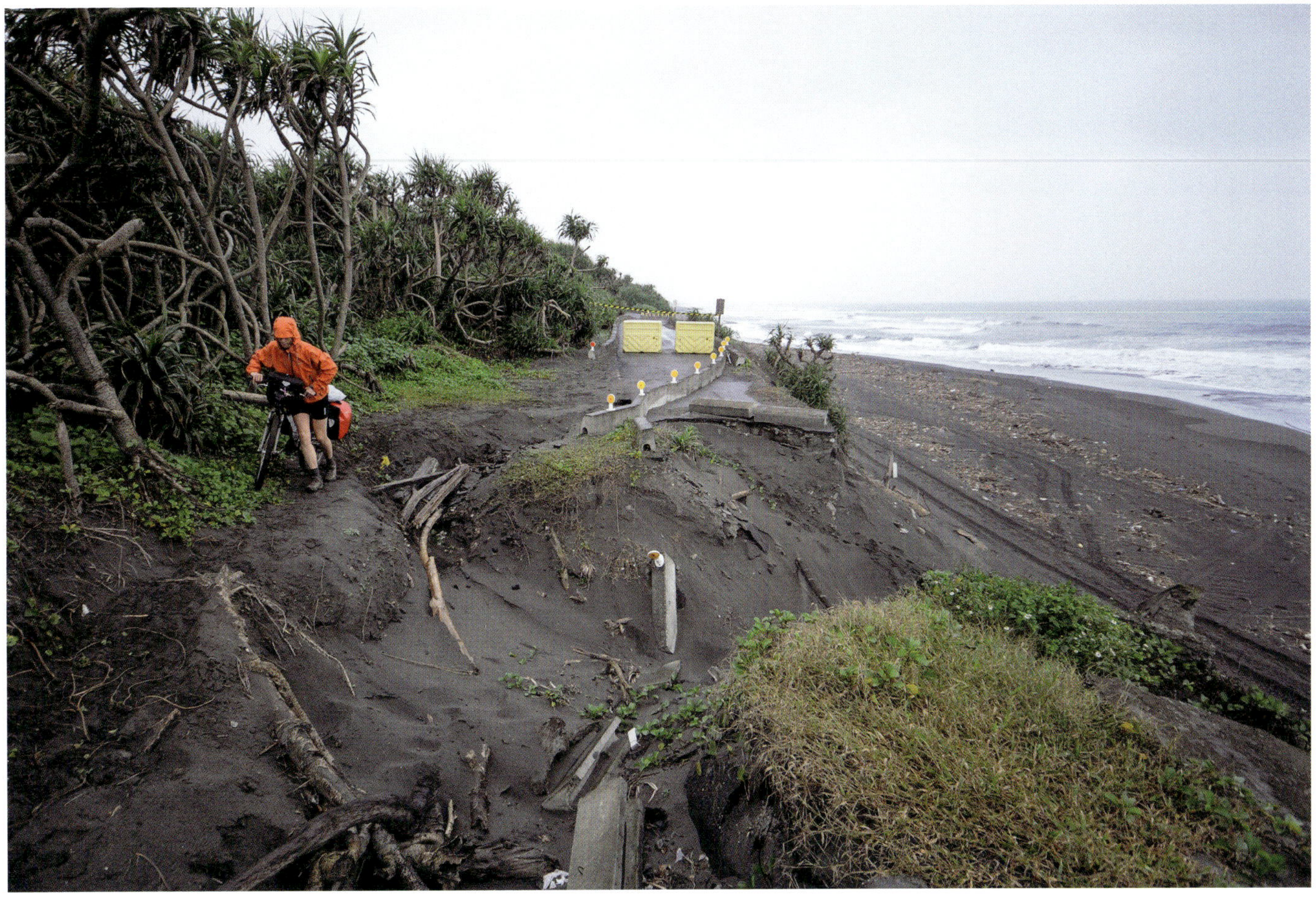

Mal gibt es fast
zu viele Straßen,
mal gar keine.
Taiwan

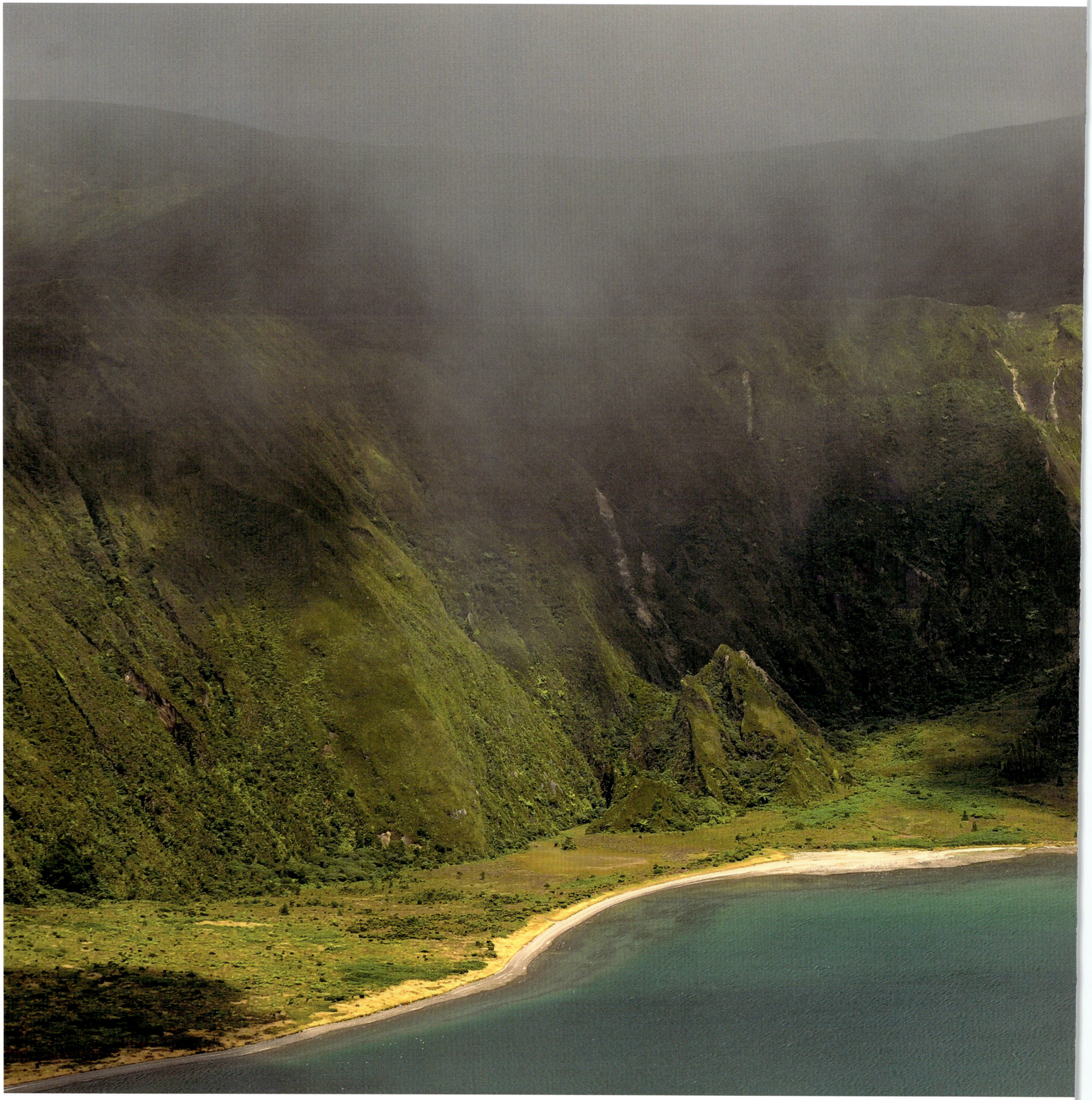

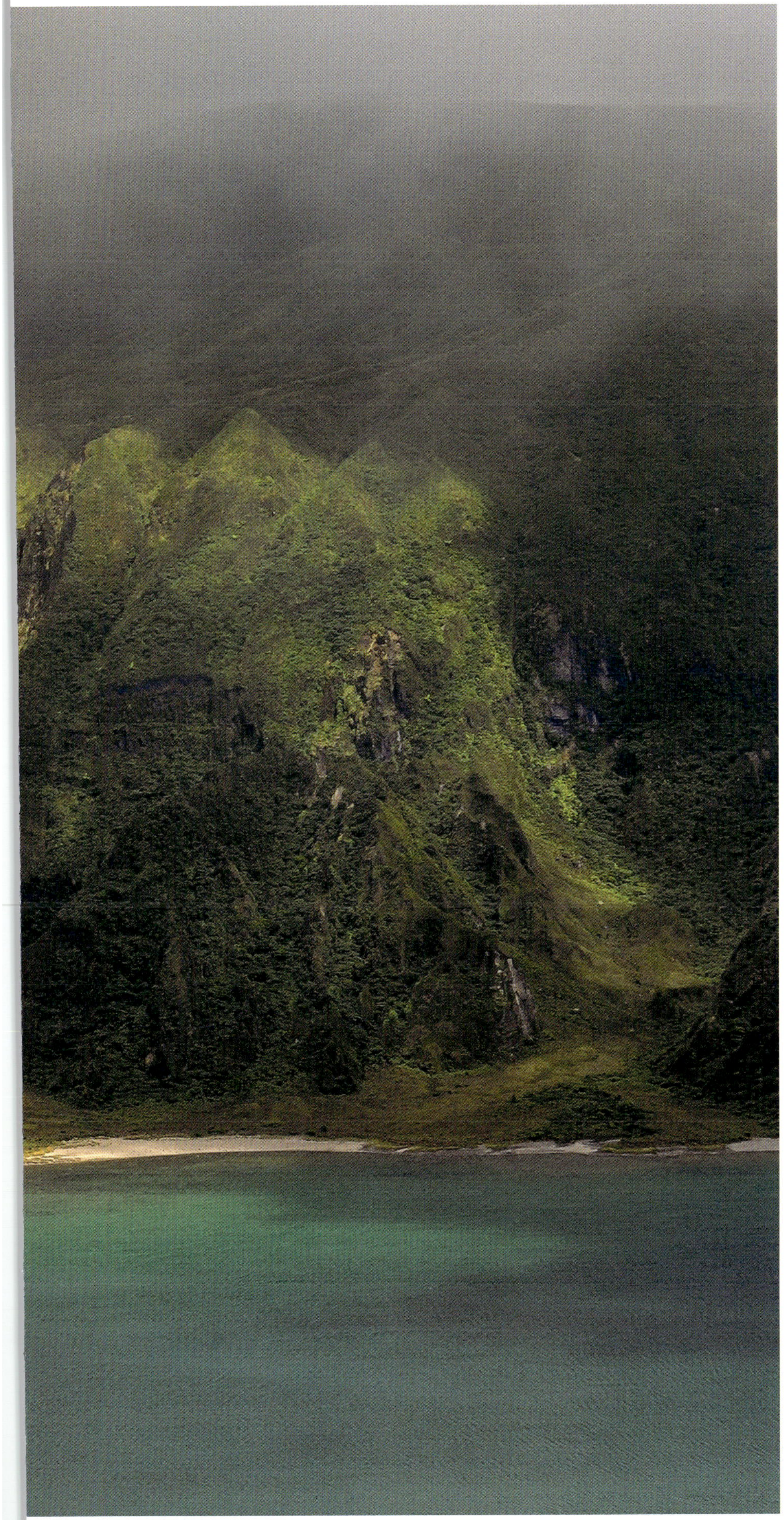

LANDSCHAFTEN

Landschaftsfotografie kann eine enttäuschende Tätigkeit sein. Man ist überwältigt und beeindruckt von den majestätischen Szenerien, die man sieht. Aber daraus ein überzeugendes Bild zu machen, ist eine ganz andere Sache. Das, was man tatsächlich sieht, einfach nur abzulichten, reicht in den meisten Fällen nicht aus. Zum Beispiel, weil die Kamera die Weite und Dynamik einer Landschaft ganz anders erfasst als unser Auge.
Um die Eindrücke, die meine Umgebung auf mich macht, zu vermitteln, konzentriere ich mich in der Regel entweder auf kleine Details oder beziehe bewusst interessante Lichtverhältnisse in meine Bilder ein, um sie lebendiger zu machen. Auf diese Weise versuche ich, entweder das zu zeigen, was mir ins Auge gefallen ist, oder die Atmosphäre wiederzugeben, die ich vor Ort erlebt habe.

Fifty shades of green | **Azoren, Portugal**

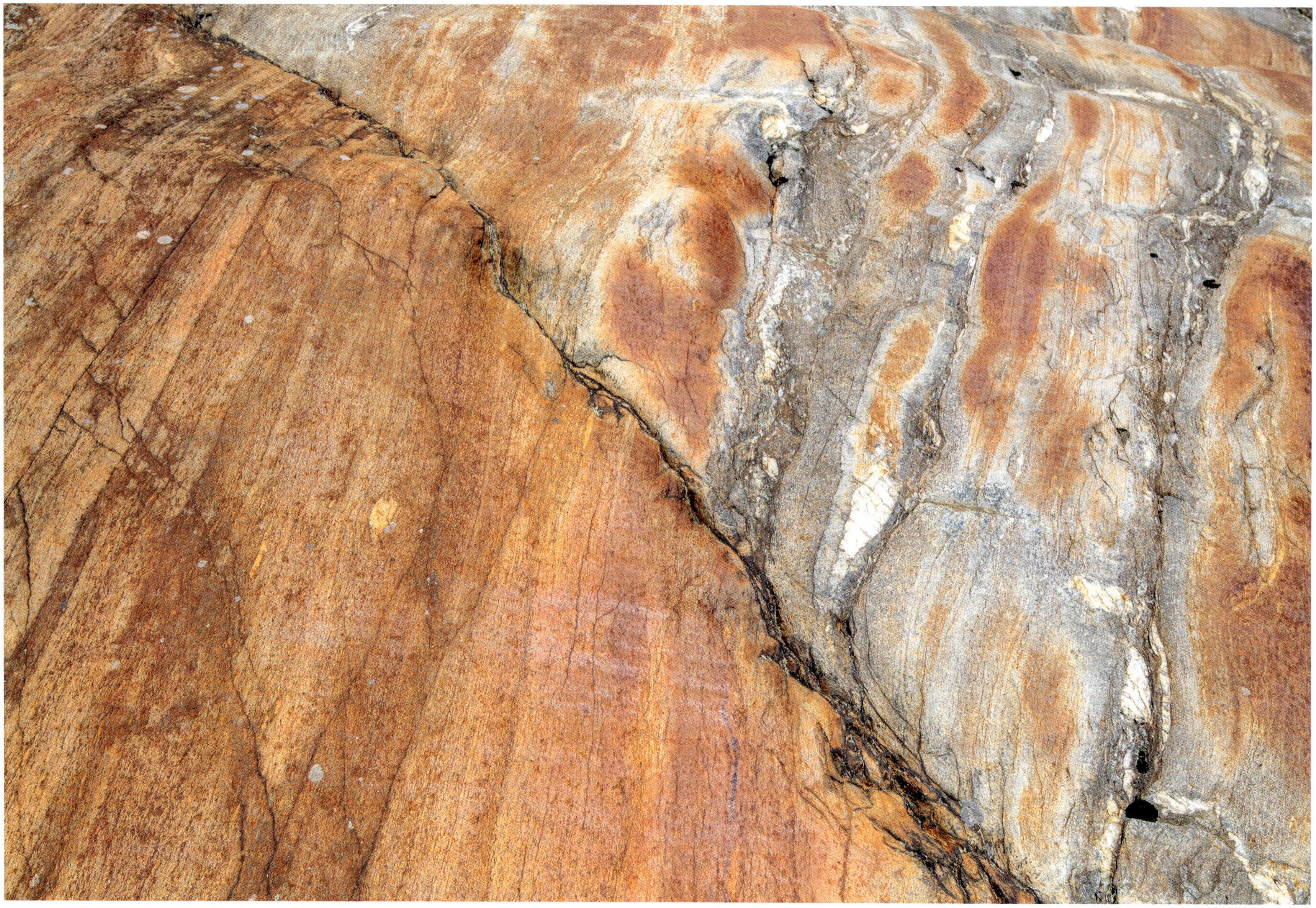

Felsstrukturen I **Österreich**

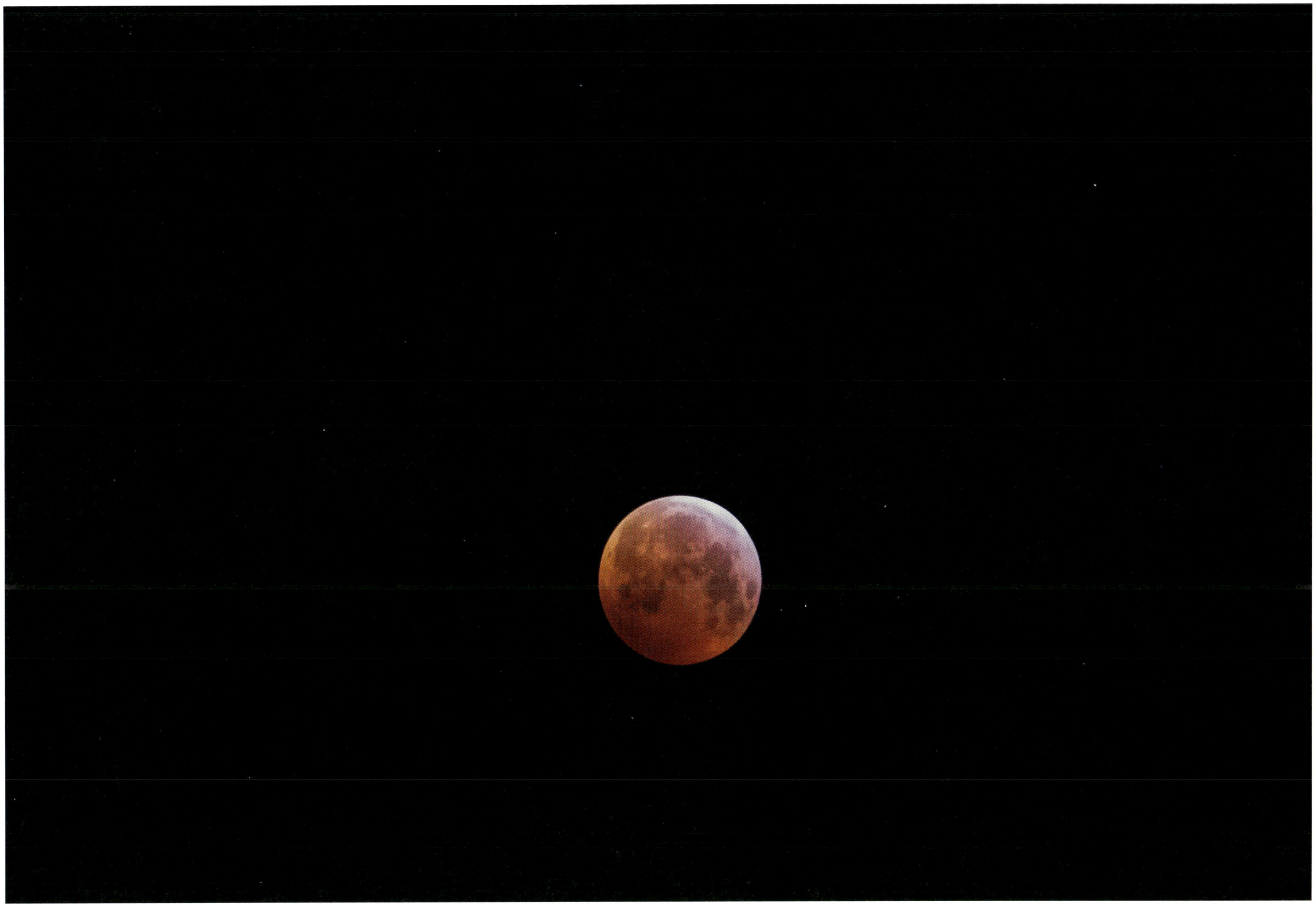

Blutwolfsmond | **Niederlande**

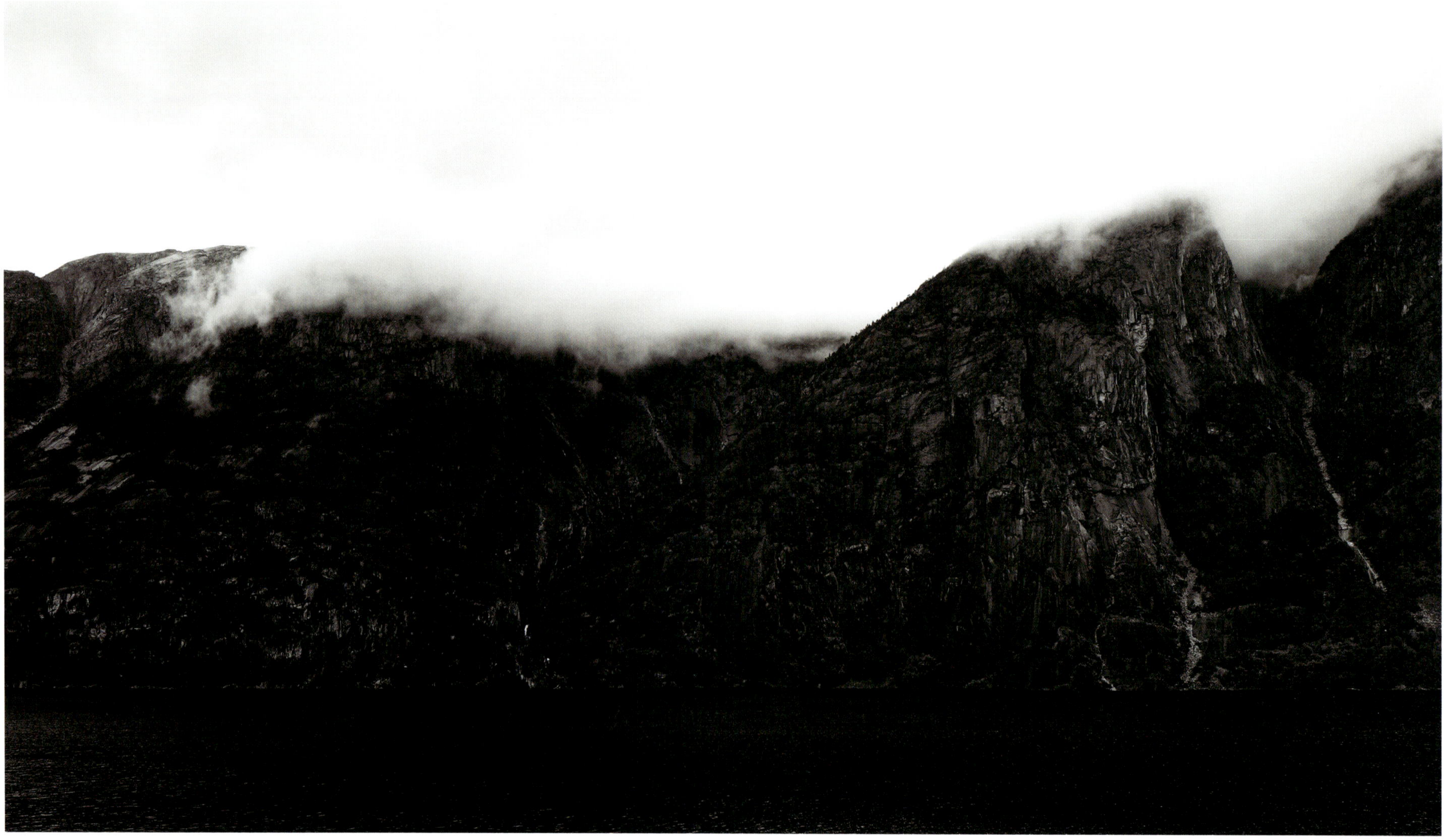

Tief und ruhig | **Hardangerfjord, Norwegen**

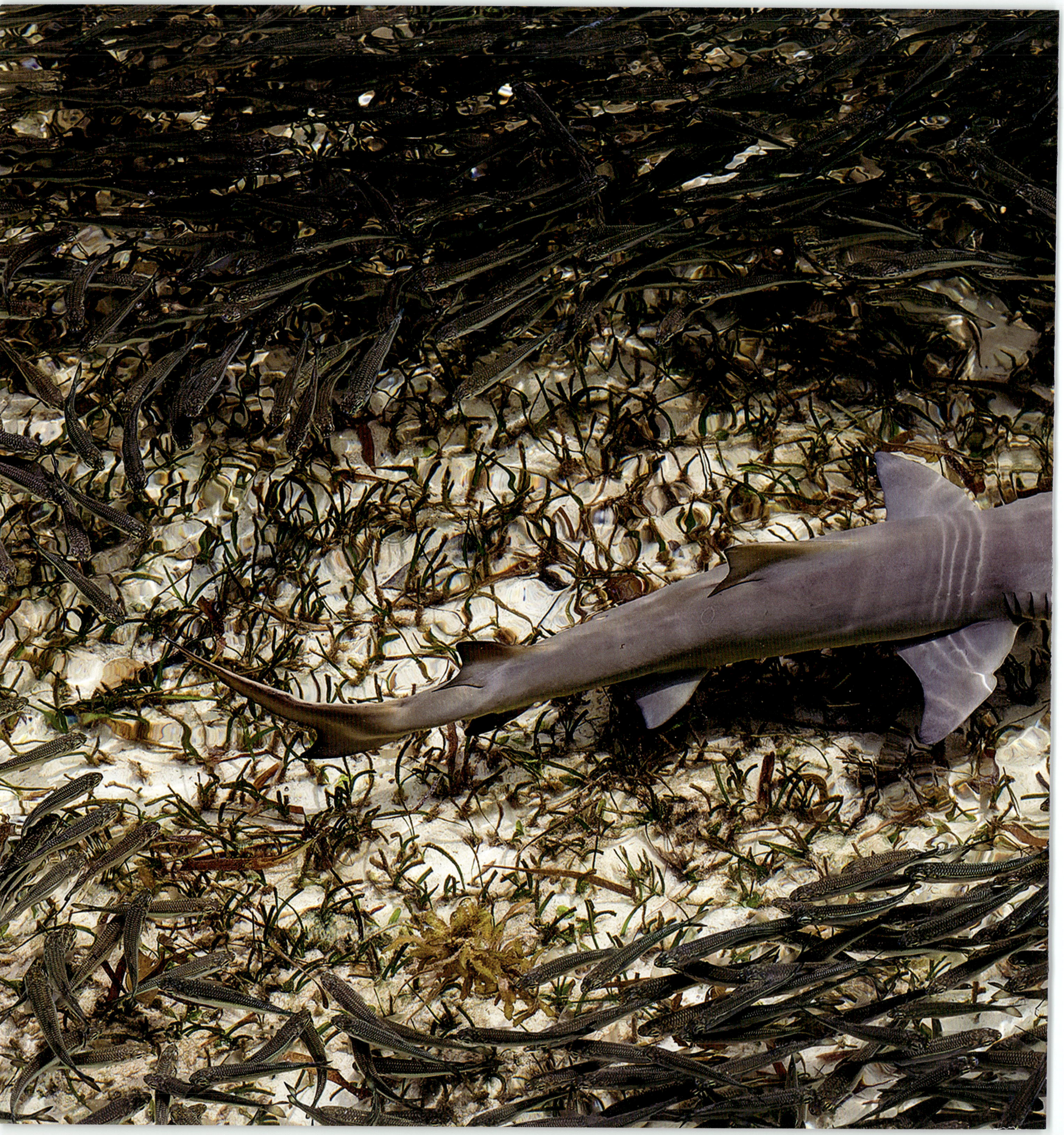

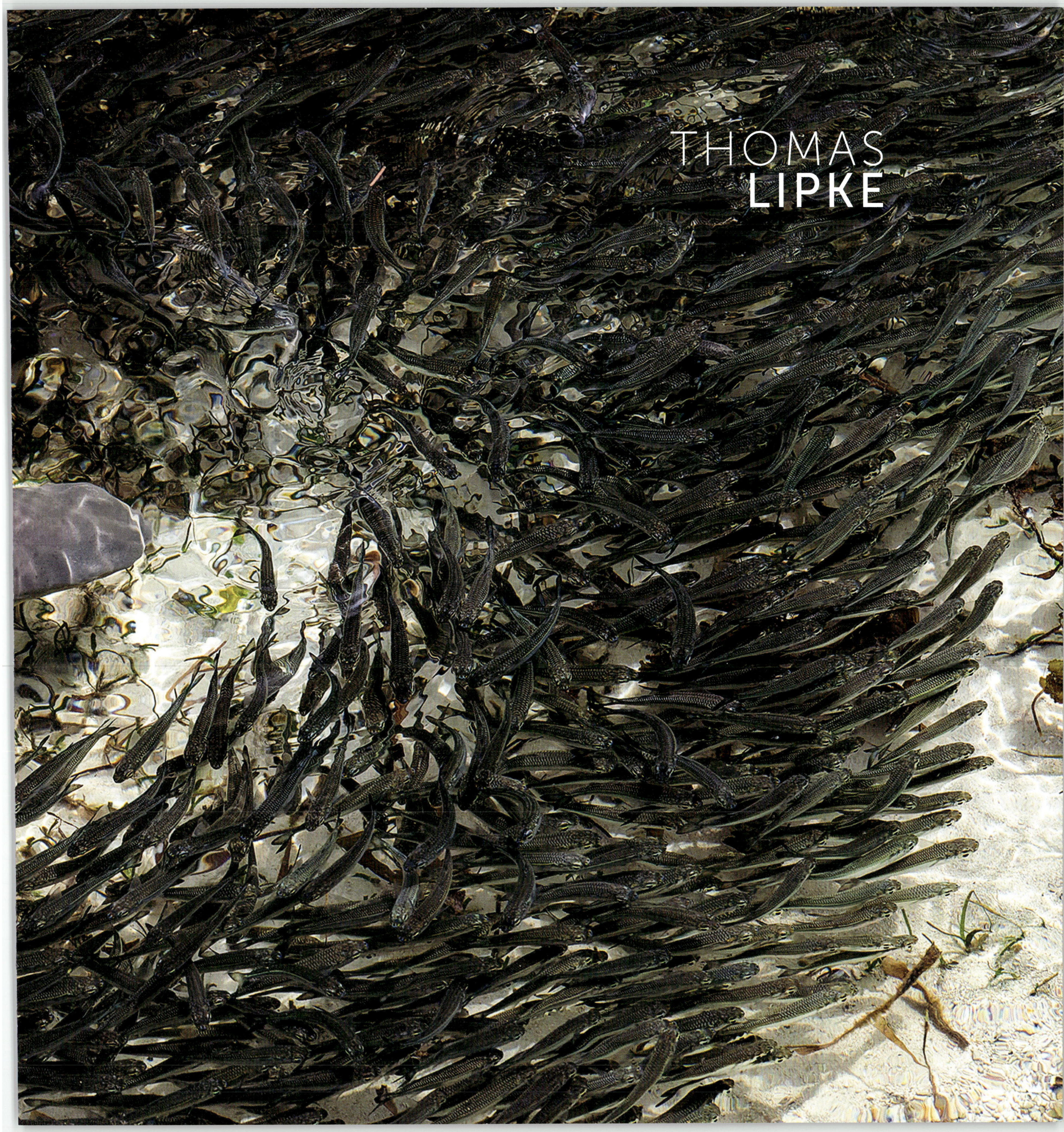
THOMAS
LIPKE

THOMAS **LIPKE**

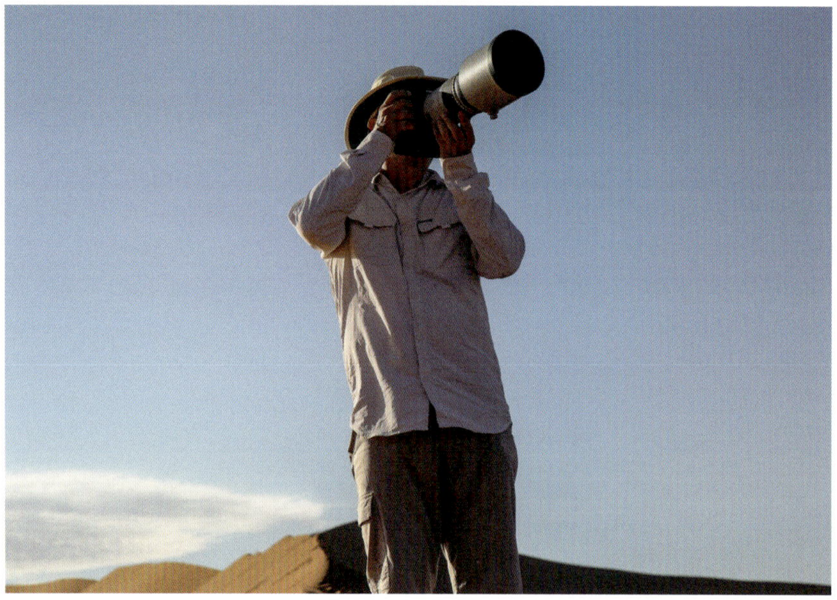

DER STORYTELLER

WILDE EXPEDITIONEN, WUNDERSCHÖNE NATUR, BEMERKENSWERTE MENSCHEN. THOMAS IST REPORTER IN EIGENER SACHE.

Er ist Abenteurer im besten Sinn: neugierig, unternehmungslustig, belastbar. Und das völlig unabhängig vom Reisebudget. Schon mit dem kargen Salär eines Azubis der Mess- und Regeltechnik startet Thomas zu Winter-Expeditionen nach Lappland. Wochenlang mit Ski und Pulka durch den weglosen Sarek-Nationalpark zu marschieren, ist nicht teuer, aber ziemlich tough.

Den ersten Aushilfsjob bei Globetrotter nimmt Thomas 1980 auch an, weil er auf Mitarbeiterrabatt hofft, um an bessere Expedtionsausrüstung zu kommen.

Schnell merken die Globetrotter-Gründer – und auch Thomas selbst –, dass der junge Mann viele Talente in die damals noch winzige Firma einbringen kann. Thomas, bis heute Techie und Gadget-Fan, erkennt extrem früh das Potenzial von digitaler Technik. Das von Hand geführte Kassenbuch weicht einem neuartigen Computer, der »Commodore CBM 8064 SK« kostet damals 25.000 Mark. In die erste Digitalkamera werden schockierende 60.000 Mark investiert, doch schon nach zwei Katalogproduktionen hat sich das Hightech-Gerät amortisiert. Globetrotter geht als erste Outdoor-Firma in Deutschland online. Auf die Frage, wo er denn ohne Globetrotter gelandet wäre, antwortet Thomas: »Vielleicht als Manager bei Microsoft.«

Für einen anderen Job besteht aber gar kein Grund, denn Thomas kann seine Aufgaben mit seinen Passionen verbinden. Neue Ausrüstung fürs Sortiment testen, Business-Termine mit gleichgesinnten Geschäftspartnern in die Wildnis verlegen, an Branchenmessen im Ausland noch einen privaten Outdoor-Trip anhängen.

Bei so viel Begeisterung für Wildnis, Reisen und Technik verwundert es nicht, dass Thomas auch leidenschaftlich fotografiert. »Für mich gehörte beides schon immer zusammen. Keine Reise ohne Kamera«, sagt er.

Fotografie ist für Thomas aber kein Selbstzweck, er sieht die Kamera mehr als Reisebegleiterin, die seine Erlebnisse festhält: »Ich möchte etwas erzählen. Das Dokumentieren und Teilen des Erlebten nimmt andere mit auf meine Reisen. Und da ein Bild bekanntlich mehr sagt als tausend Worte, ist die Fotografie für mich das wichtigste Mittel dieser Erzählungen.«

Damit bewegt er sich »fotophilosophisch« in der Tradition der Reportagefotografie, bei der Authentizität und Zeitzeugenschaft im Fokus stehen. »Fotografie ist immer Vergangenheit. Jedes Foto ist ein Zeitdokument und einzigartig. Ich glaube, dass das vielen nicht bewusst ist.«

Bereits bei seinen ersten Touren hat Thomas eine Rollei 35 SE im Rucksack. Anfang der 1980er kauft er seine erste Spiegelreflex, eine Nikon FM2. Diese ist eine technische Sensation, weil sie erstmals Verschlusszeiten von einer 1/4000 Sekunde erlaubt. Die Nikons jener Zeit, allen voran die F3, das Arbeitspferd der Profireporter, genießen bis heute einen legendären Ruf in Sachen Robustheit: »Man konnte damit Fotos machen – oder Nägel in die Wand schlagen«, lacht Thomas. Für ihn ist die FM2 die perfekte Expeditionskamera: »Die war wie für mich gemacht! Leicht, klein und zuverlässig unter allen Bedingungen.«

Zwar habe er später teurere Kameras gehabt, aber relativ zum Einkommen sei die FM2 eine Rieseninvestition gewesen. »Keine andere Kamera habe ich länger benutzt. Den Ehrenplatz in meinem Fotofundus hat sie sich wirklich verdient.«

Später wechselt Thomas auf Canon, bleibt dabei – und natürlich stets auf dem neuesten Stand der Technik. Aktuell sind das die Profiboliden R5 und R3. »Inzwischen ist mein Ausrüstungsschrank gut gefüllt und ich packe je nach Anforderungen der Tour. Das kann mal nur die GoPro sein, mal das 600-mm-Tele mitsamt großem Stativ.«

Technik allein macht aber keine Bilder. »Jedes Foto ist eine Mischung aus Kreativität, Handarbeit und Technologie«, sagt Thomas. Fragt man, ob ihn ein bestimmtes Foto nachhaltig beeindruckt hat, kommt eine klare Antwort: »Moon and Halfdome« – das berühmte Schwarzweiß-Foto, das Ansel Adams 1960 im Yosemite National Park aufgenommen hat. Spektakuläre Natur, in einer ebenso sachlich genauen wie emotional bewundernden Betrachtung. Dieses Motiv hat Thomas nie losgelassen.

Anders als Altmeister Ansel Adams, der seine Motive oft regelrecht belagerte, bis endlich das Licht und alle Details stimmten, macht Thomas seine Fotos fast nebenbei. Zuerst kommen die Tour, das Abenteuer, die Begegnung.

»Ich bin nicht spezialisiert auf Landschaften, Leute, Flora oder Fauna. Auf Reisen muss man offen sein und ein guter Beobachter. Wenn etwas in meinen Fokus gerät, versuche ich es als Foto zu verewigen. Ewiges Warten oder komplizierte Inszenierungen sind nicht mein Stil. Die Wirklichkeit bietet viel Raum für gute Fotos.«

So spiegelt sich in Thomas Fotografie unmittelbar die Bandbreite seiner Reisen wider. Regelmäßig unternimmt er anspruchsvolle Wildnistouren, oft als Teil einer Gruppe von Freunden, zu der auch sein Co-Geschäftsführer und Schwager Andreas Bartmann gehört. Mit dem Musher Björn Klauer geht es zu wochenlangen Hundeschlitten-Expeditionen nach Spitzbergen oder Norwegisch-Lappland. Mit den Kumpels erkundet Thomas auf ausgedehnten Kanutouren kanadische Wildflüsse, im Familienurlaub pirscht er durch die Dschungel der Seychellen.

»Dabei fotografiere ich viel – versuche aber, weder Mitreisende noch Motive zu belästigen. Ich gebe aber zu: Das gelingt nicht immer«, sagt Thomas. »Am meisten gelitten hat sicher meine Frau – aber nach über 30 Jahren Ehe hat sich da ein sehr gutes Team entwickelt.«

Bei Expeditionen hat er als Fotograf keine Sonderstellung: »Da bin ich nur ein Mitreisender mit Kamera. Wenn alle Hände gebraucht werden, etwa um die Hunde einzuspannen oder das Zelt aufzubauen, kann ich die Kamera problemlos weglegen.«

Wenn er sie dann wieder zur Hand nimmt, fotografiert Thomas am liebsten »aus dem Hintergrund und mit maximaler Effektivität. Wenn wir nach einer Tour gemeinsam Bilder anschauen und jemand fragt: ›Sag mal, wann hast du denn das aufgenommen?‹ – dann freut mich das.«

Letzte Frage: Gibt es ein Motiv, ein perfektes Foto, das Thomas noch machen möchte?

»Natürlich«, lacht er, »Moon and Halfdome.«

»Ich möchte etwas erzählen. Das Dokumentieren und Teilen des Erlebten nimmt andere mit auf meine Reisen. Die Fotografie ist für mich das wichtigste Mittel dieser Erzählungen.«

Tibet, am Straßenrand
Fotografie ist eine individuelle Sache, es gibt so viele Blickwinkel, wie es Fotografen gibt. Diese einheimische Reisende macht gerade mit ihrem Handy Fotos des tibetischen Hochlands. Mein Foto stellt wiederum die Fotografin und ihr leuchtendes Gewand in den Mittelpunkt. Natürlich habe ich sie um Erlaubnis gefragt und ihr das Foto auch gezeigt. Beide fanden wir das amüsant.

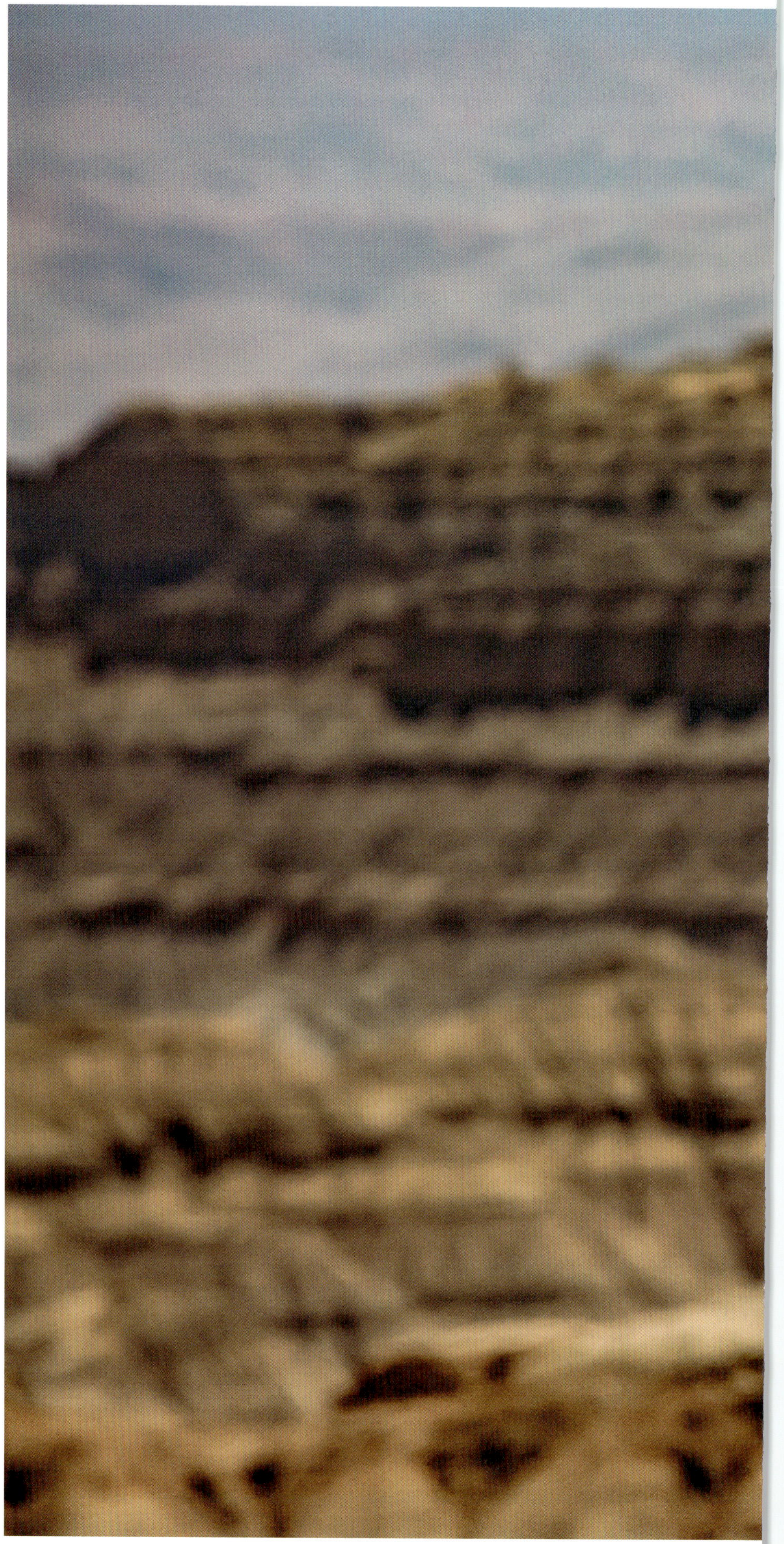

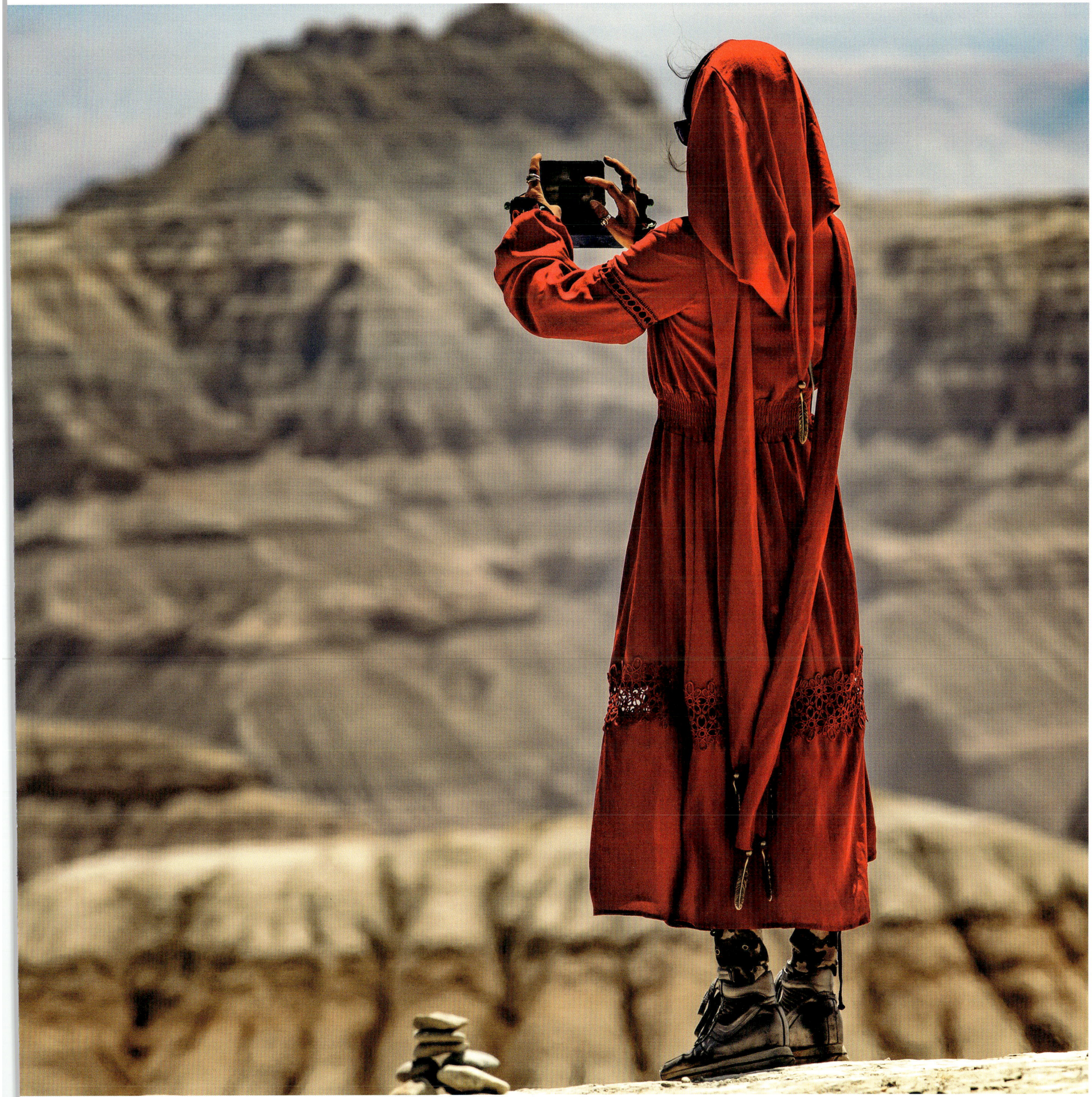

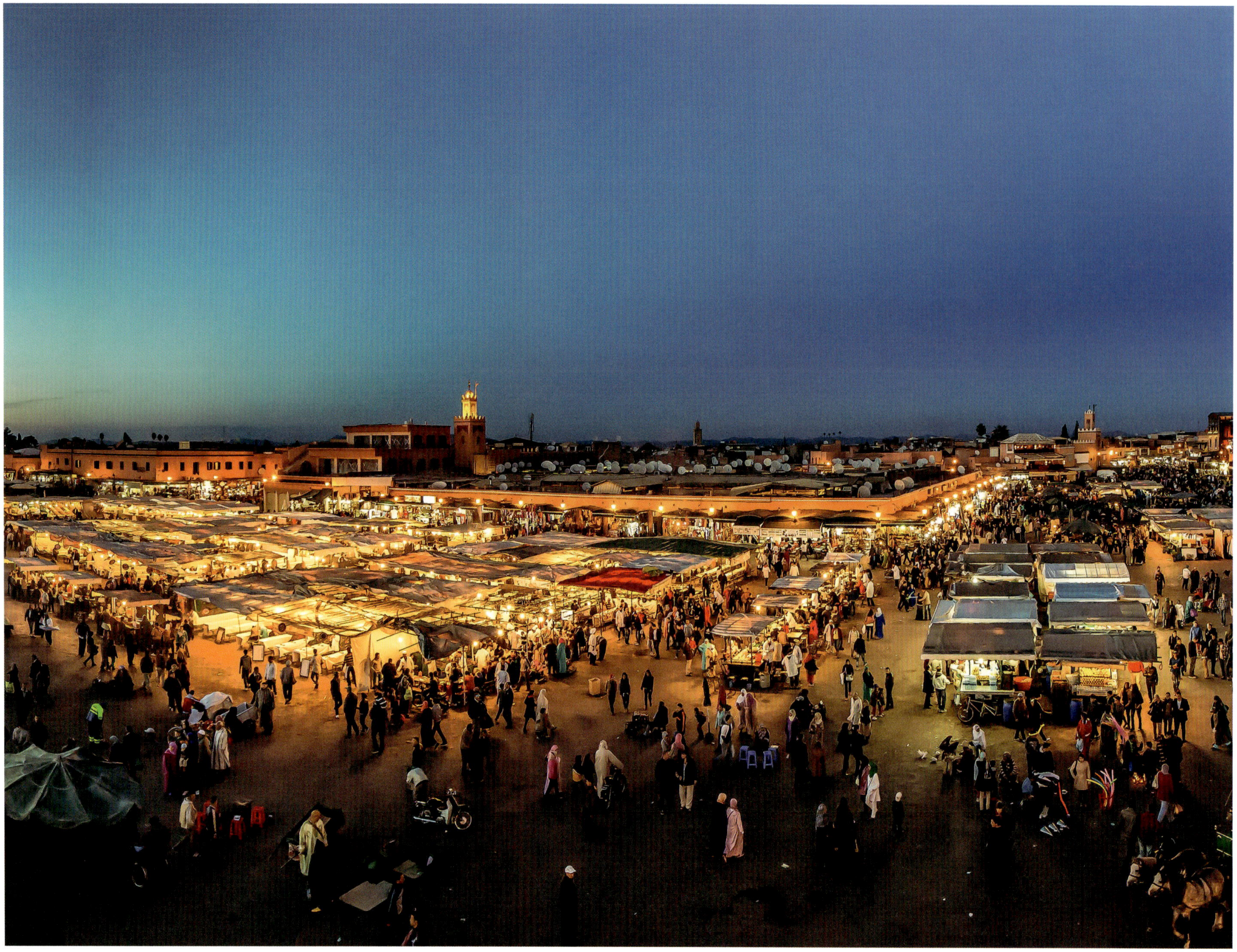

Markt auf dem Djemaa el-Fna, dem »Platz der Gehängten« I **Marrakesch, Marokko**

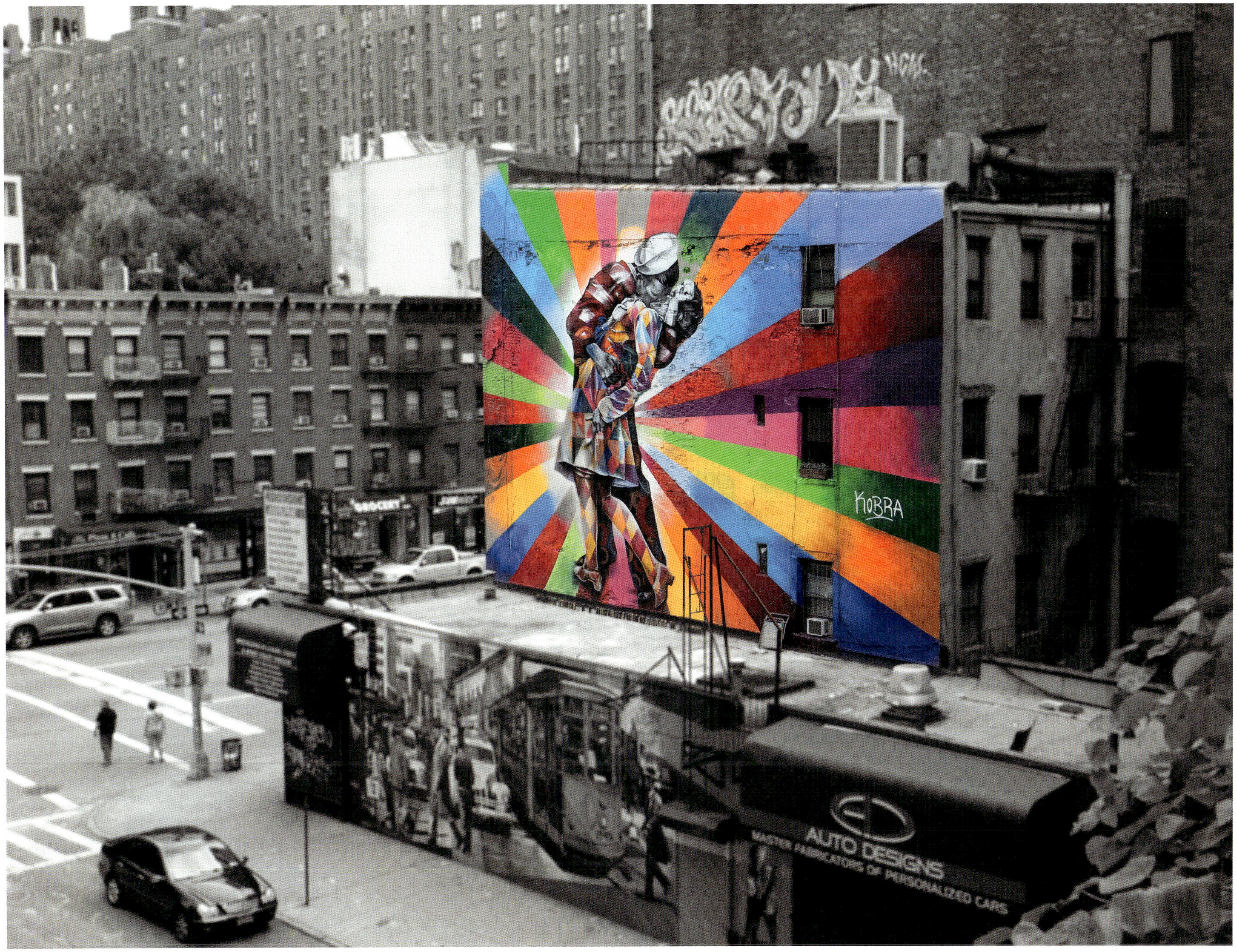

New York, USA
Das berühmte Foto »V-J Day in Times Square« von 1945 war Vorlage für dieses tolle Wandgemälde von Eduardo Kobra. Ich habe es 2012 fotografiert, unten stehen noch die Sprühdosen des Künstlers. Inzwischen wurde es leider übermalt. Ich bin froh, es festgehalten zu haben: ein Foto von einem Wandgemälde von einem Foto.

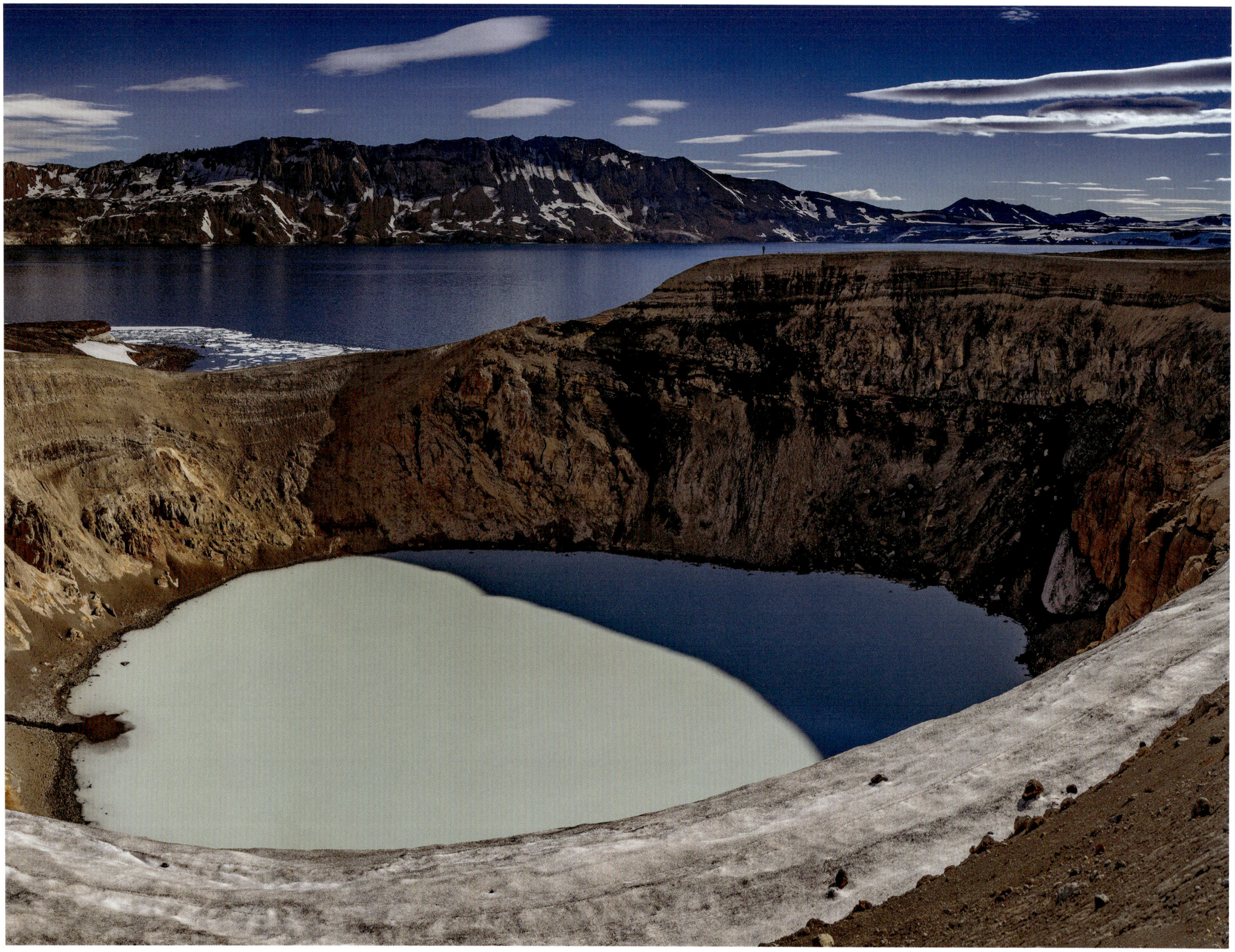

Weitblick – und ein anderer Fotograf I **Viti-Krater über dem Öskjuvatn, Island**

Sólheimajökull-Gletscher
Island

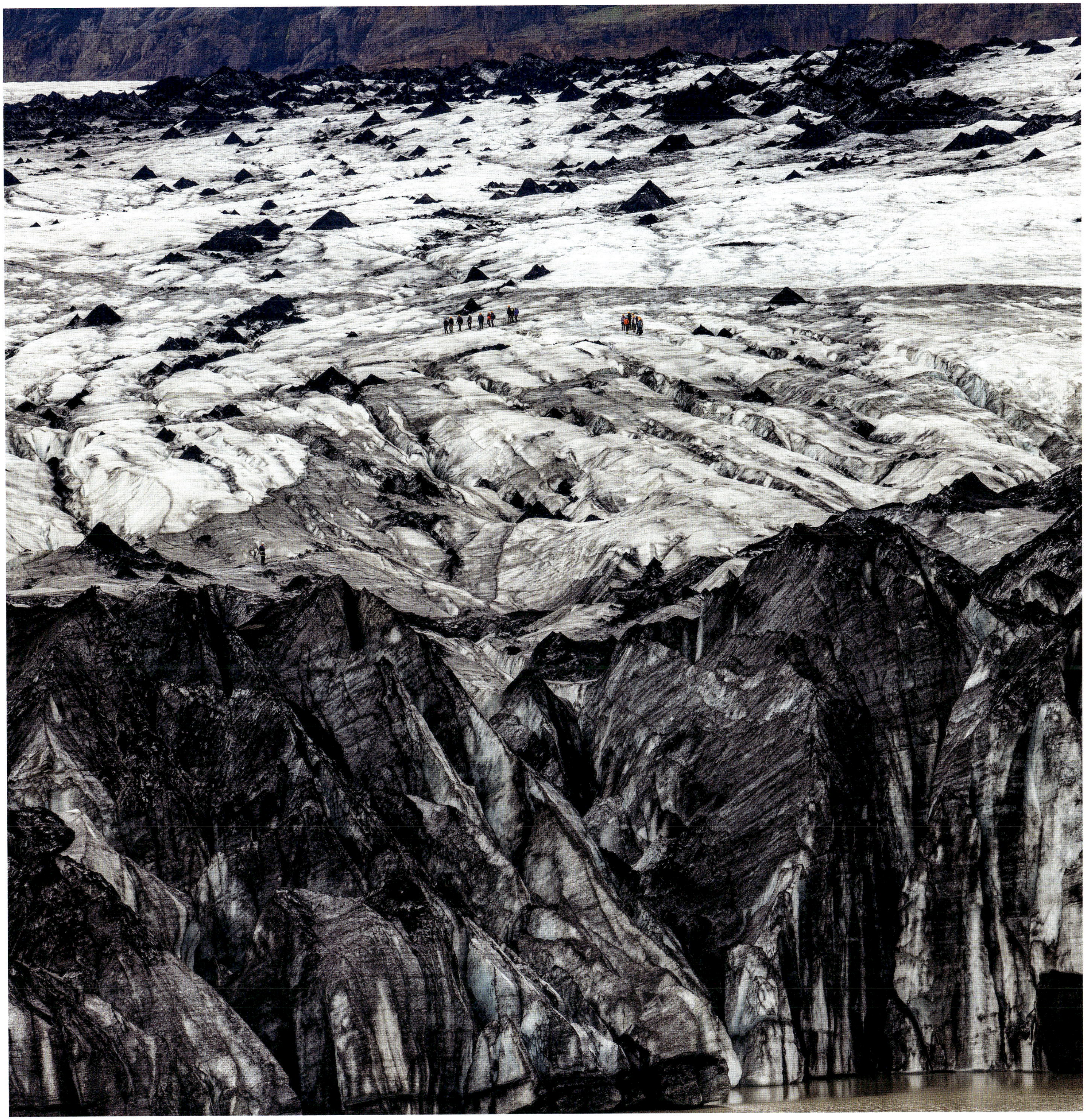

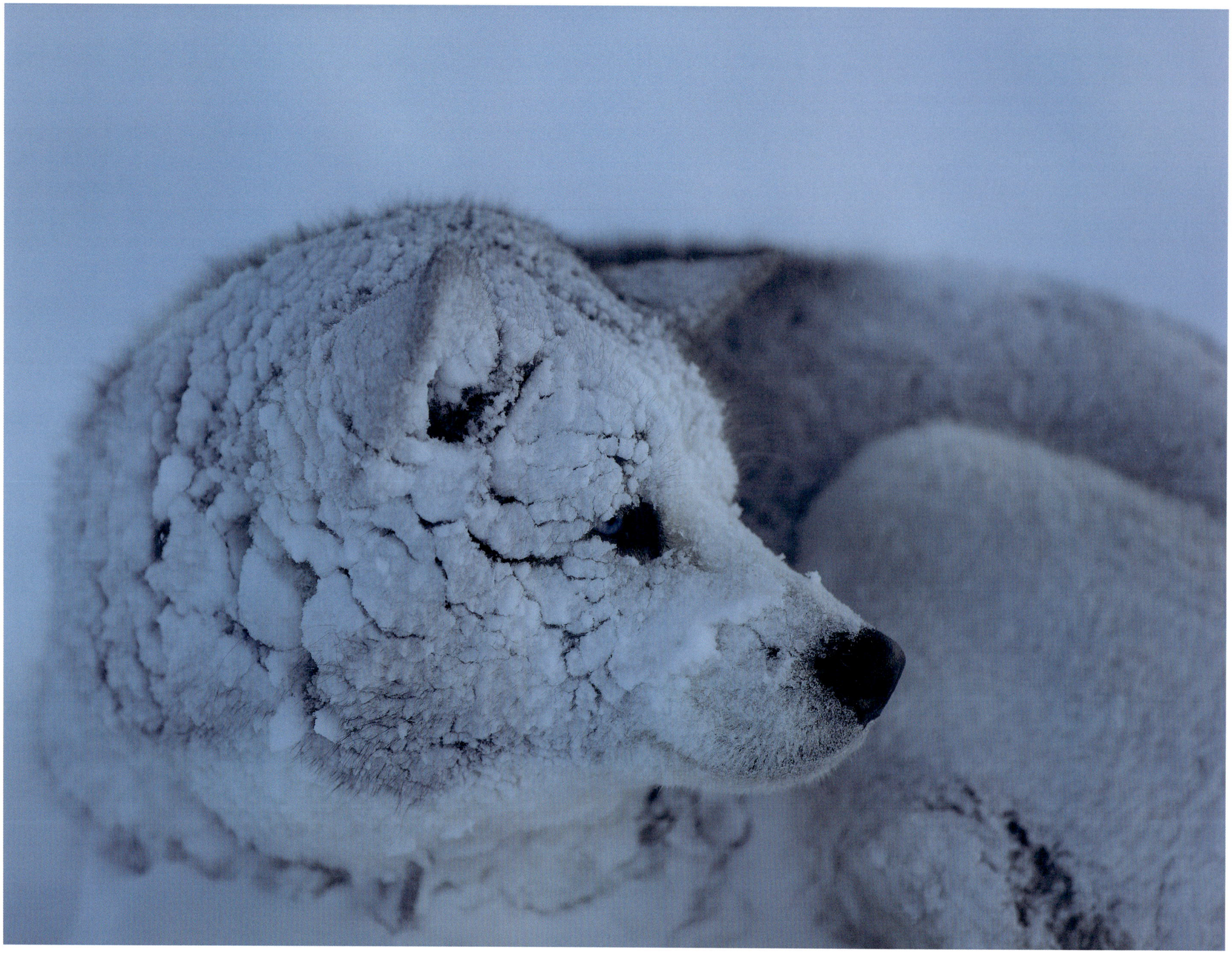

Gut geschlafen: Husky nach einer kalten Nacht | **Norwegisch-Lappland**

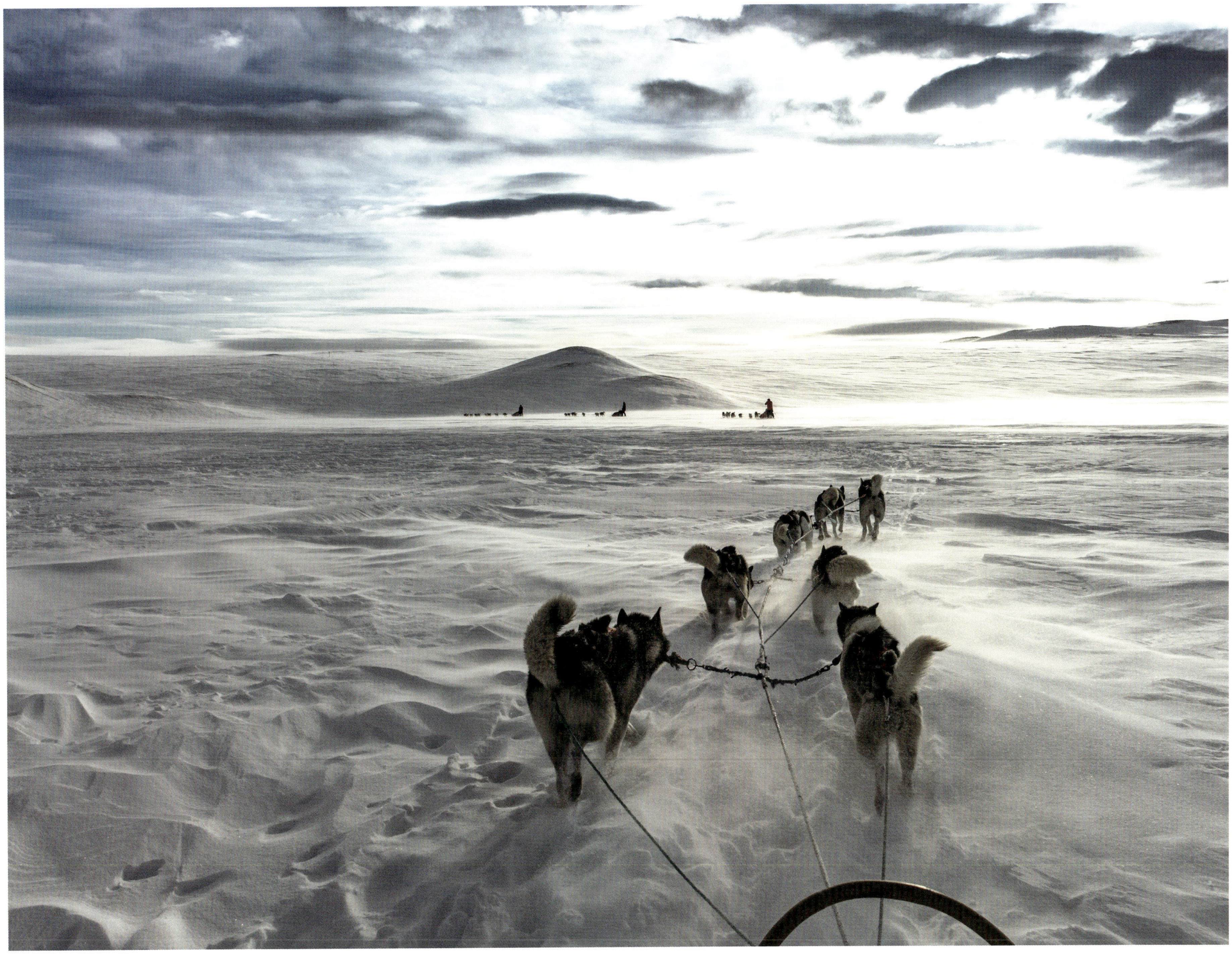

1000 Kilometer in vier Wochen. Expedition entlang der russischen Grenze I **Norwegisch-Lappland**

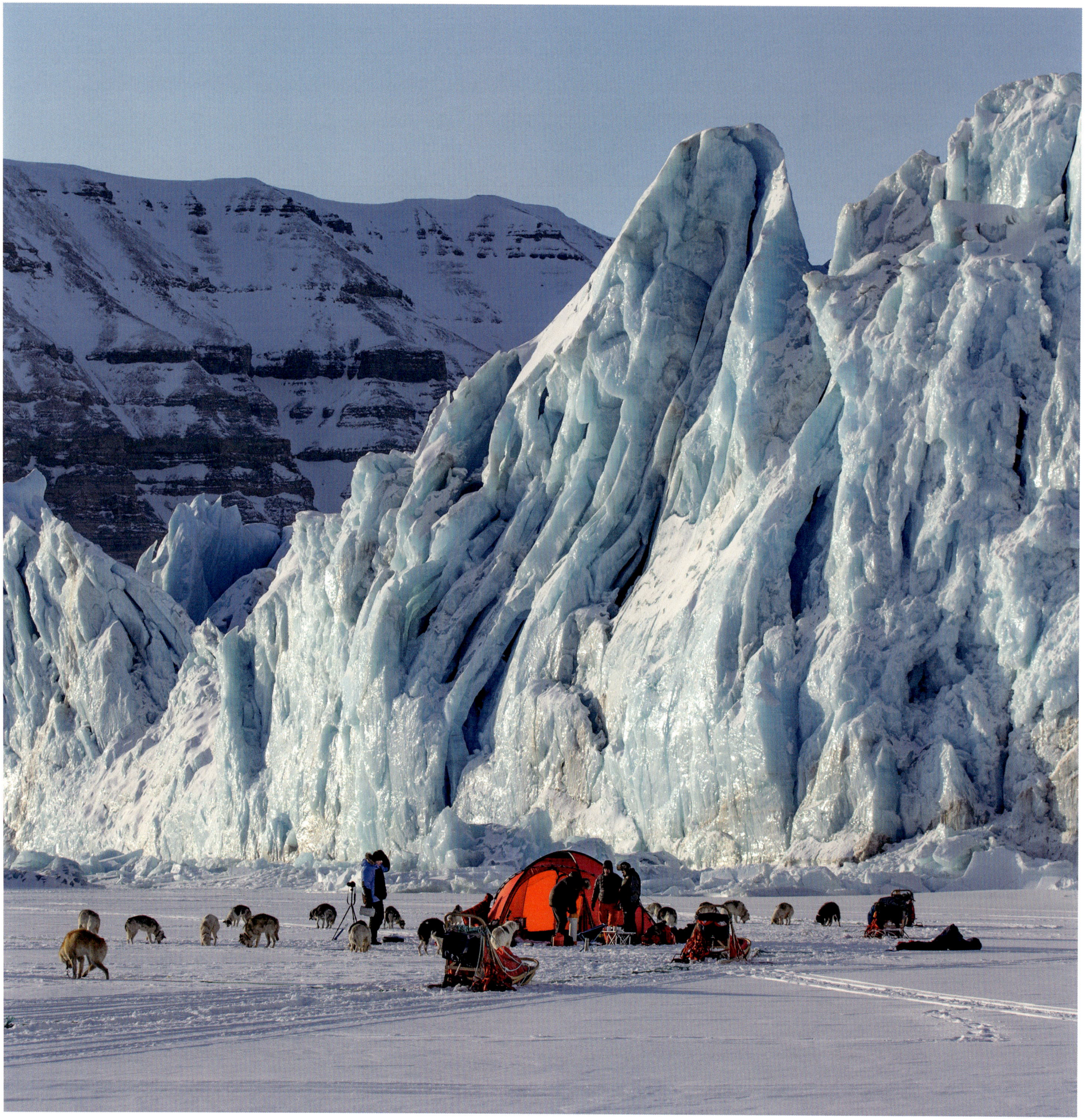

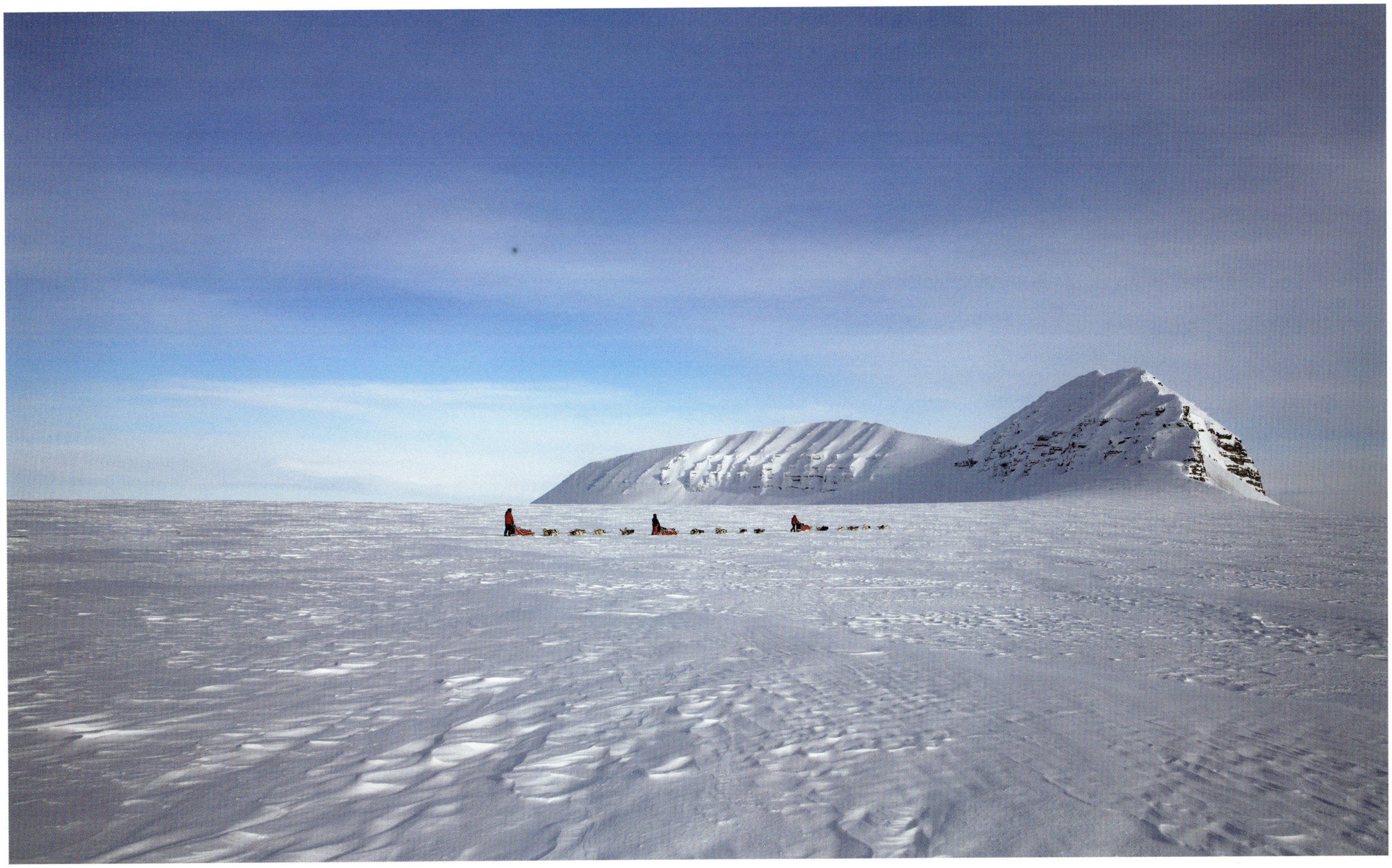

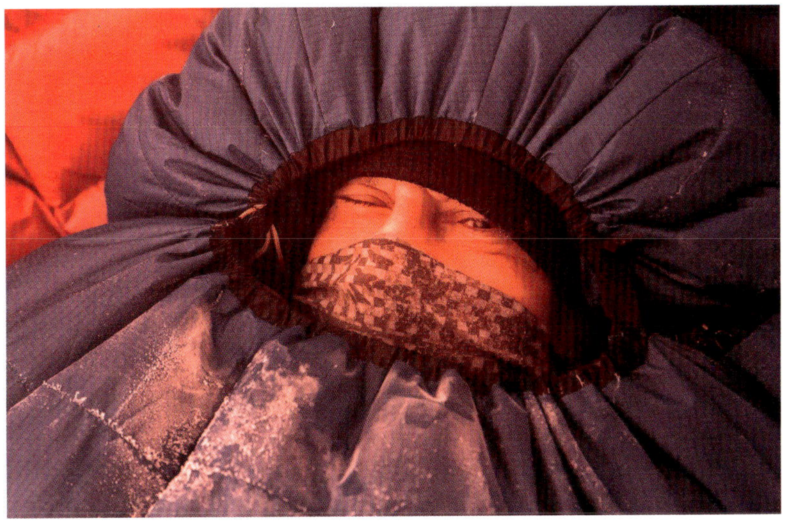

Spitzbergen-Expedition 2013
Unterwegs mit dem Musher Björn Klauer. 1400 Kilometer will er auf Svalbard zurücklegen, wir begleiten ihn über drei Wochen und 400 Kilometer.
Das Thermometer steigt dabei nie über minus 20 Grad.

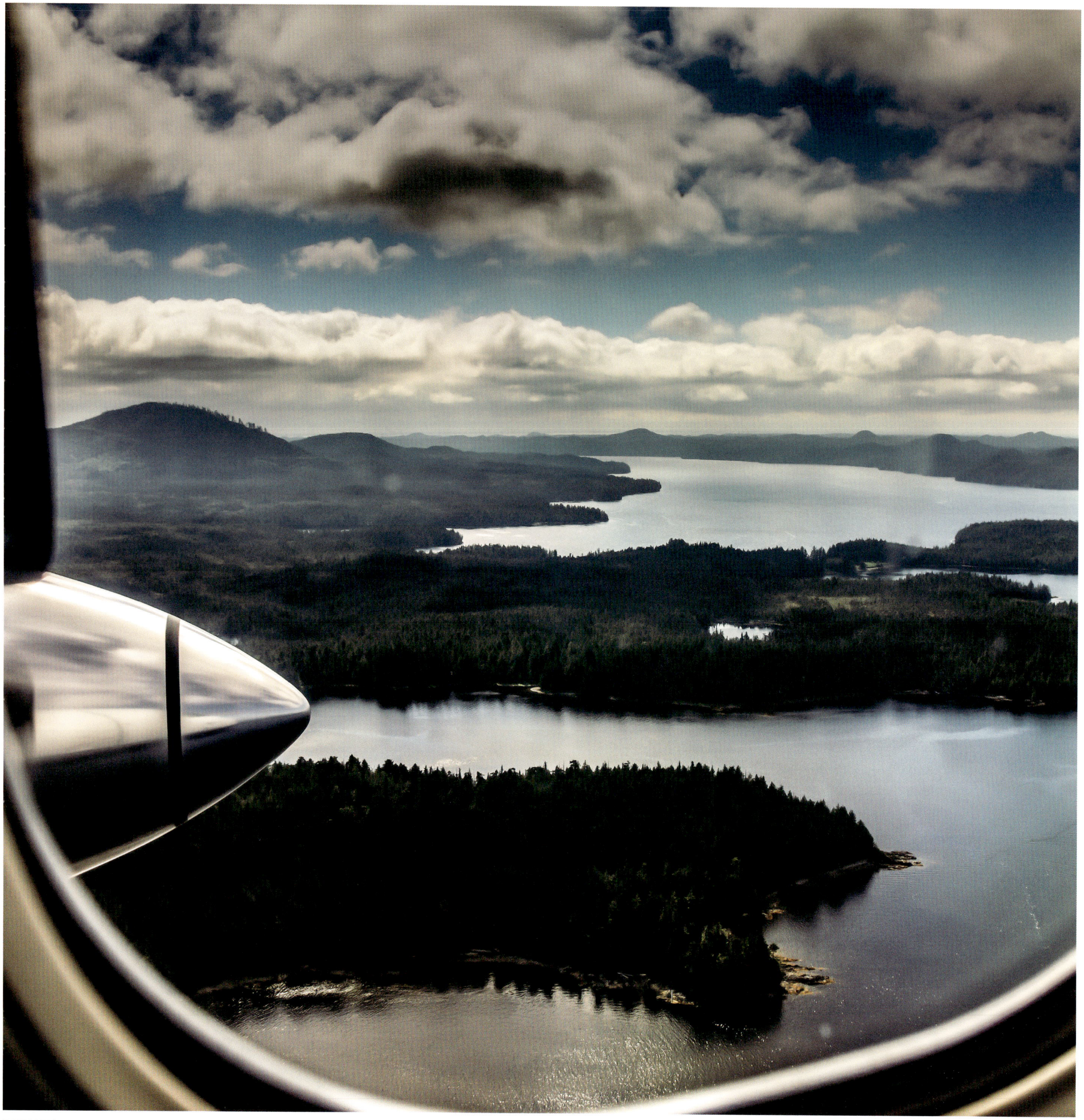

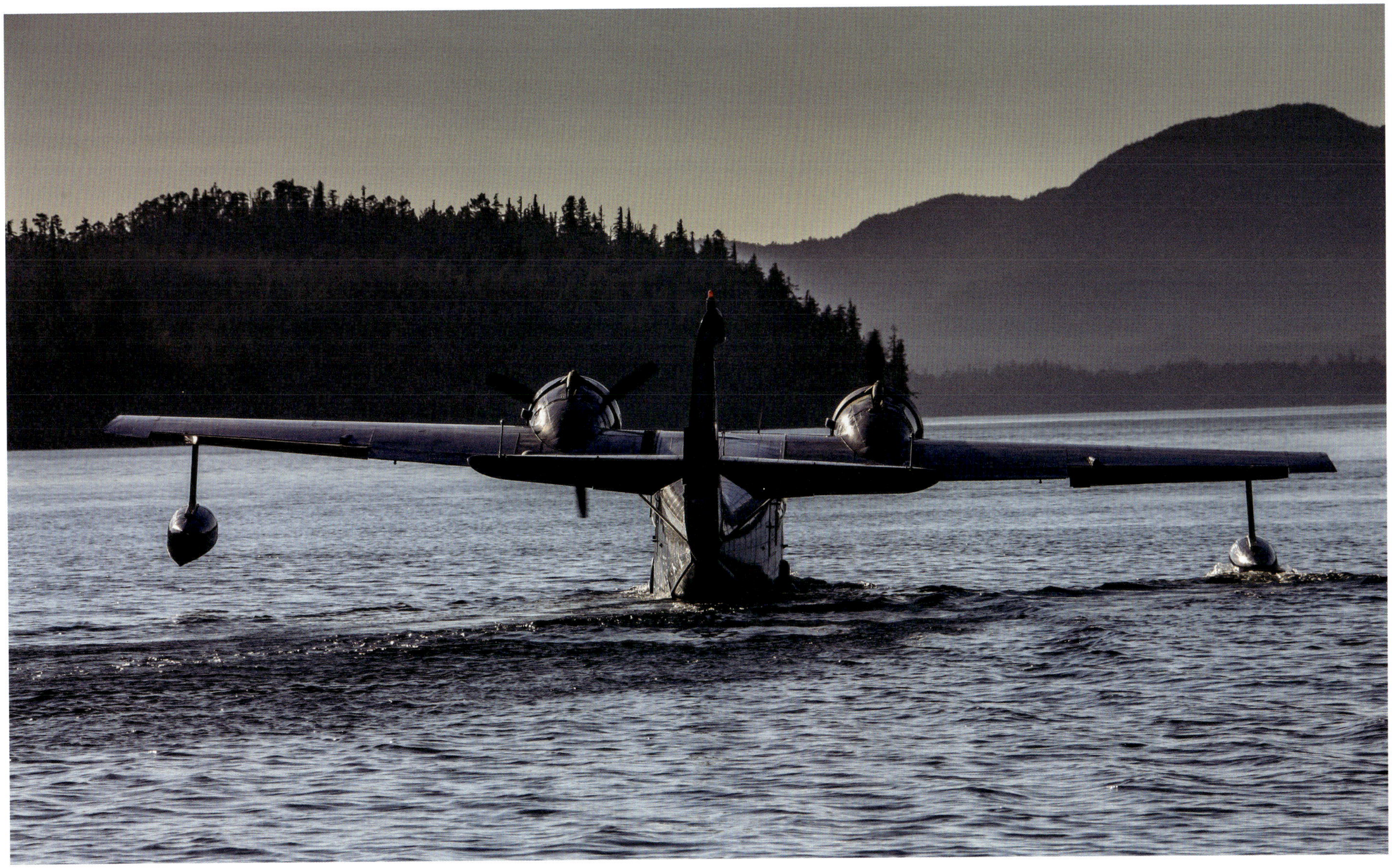

The Goose, British Columbia, Kanada
Die Grumman G-21 Goose ist ein historisches, zweimotoriges Amphibienflugzeug, in den USA gebaut von Grumman Aircraft in Ganzmetall-bauweise. Der Erstflug fand 1937 statt. Es soll nur noch 30 Exemplare geben.

Seychellen
115 Inseln zählen zum Archipel der Seychellen. Während die Hauptinseln um Mahé gut zu erreichen und touristisch erschlossen sind, wird es auf den Outer Islands immer einsamer und ursprünglicher.
Bei mehreren Reisen habe ich auch einige dieser kleinen Inseln erkundet, dort geangelt und fotografiert.

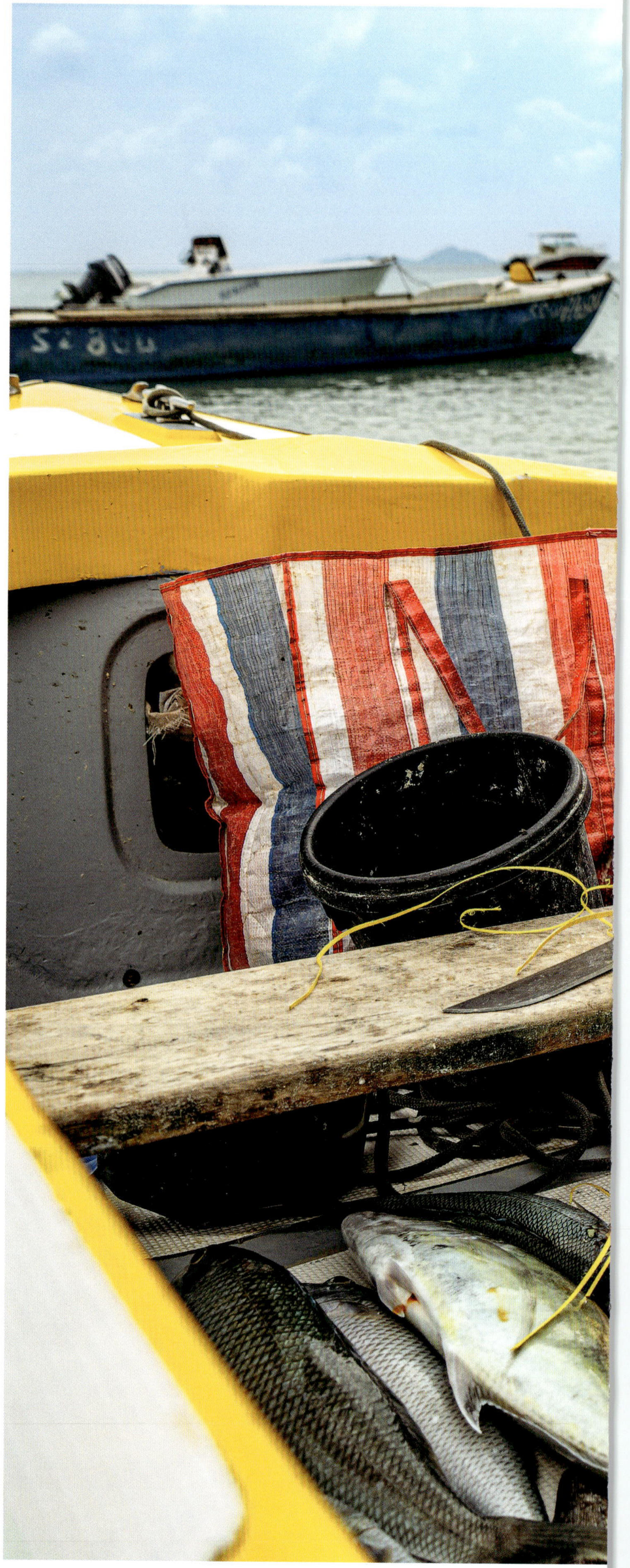

Fischer auf Praslin Island
Seychellen

Folgende Doppelseite:
Himba-Frauen
Namibia

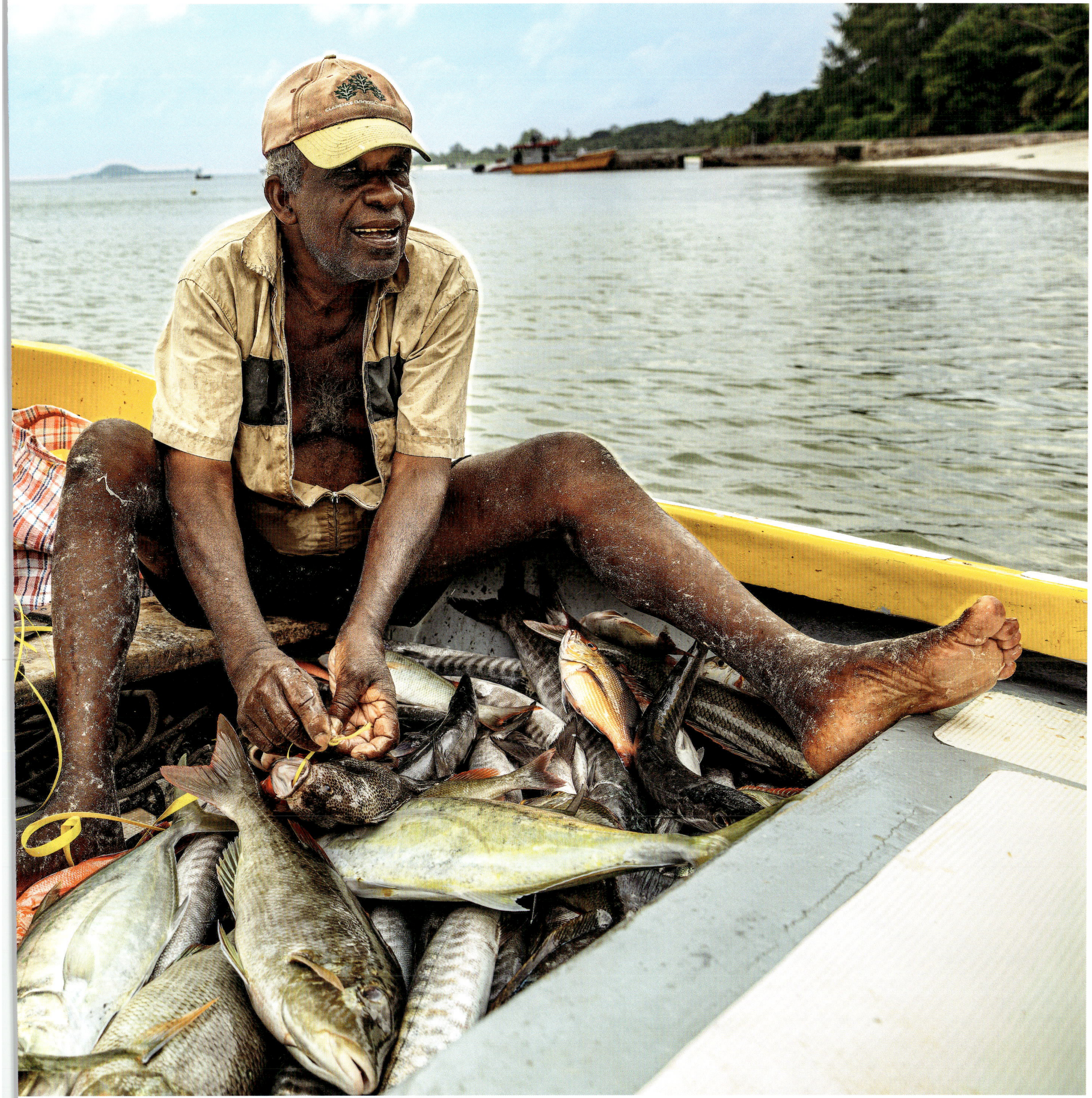

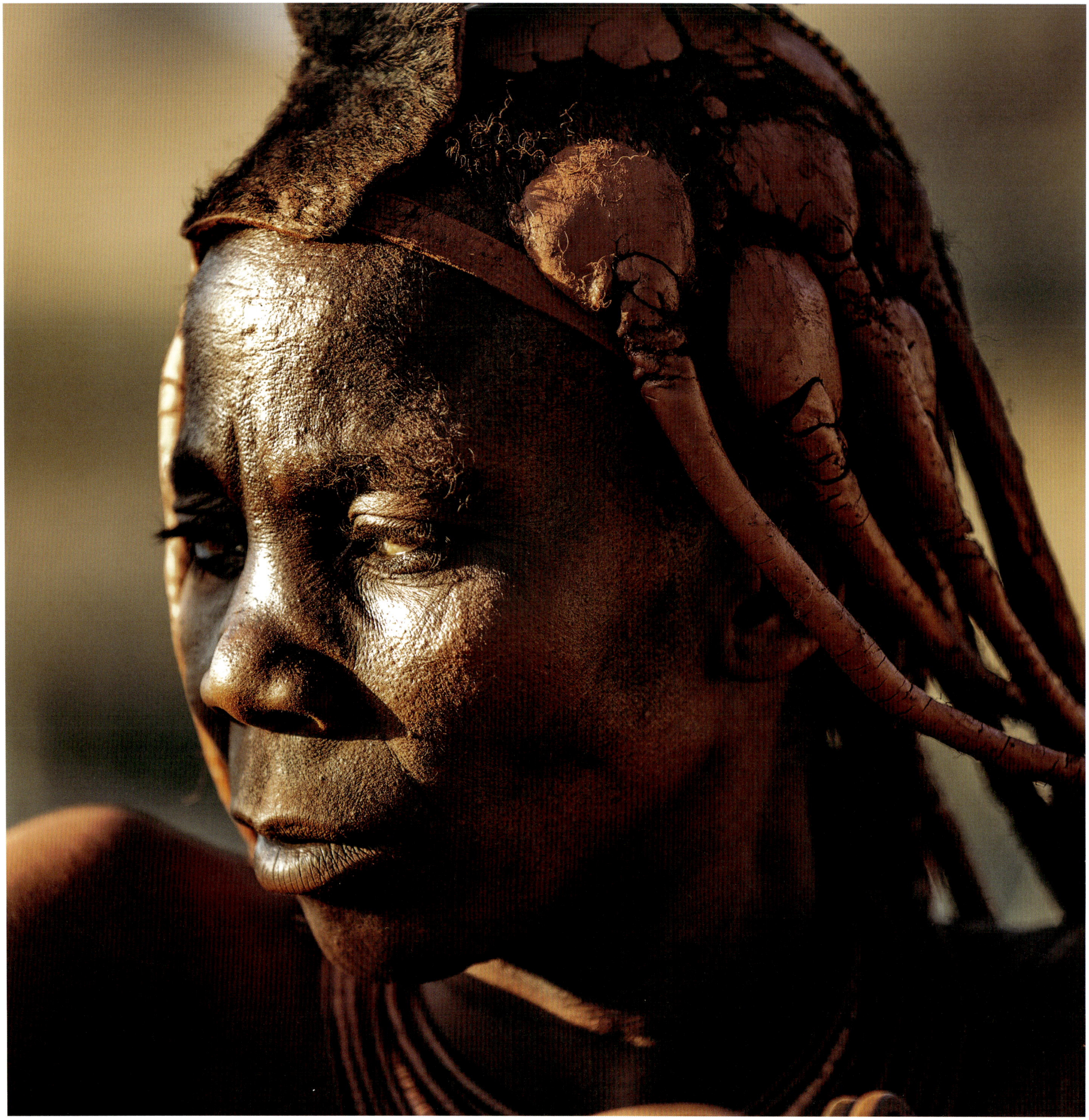

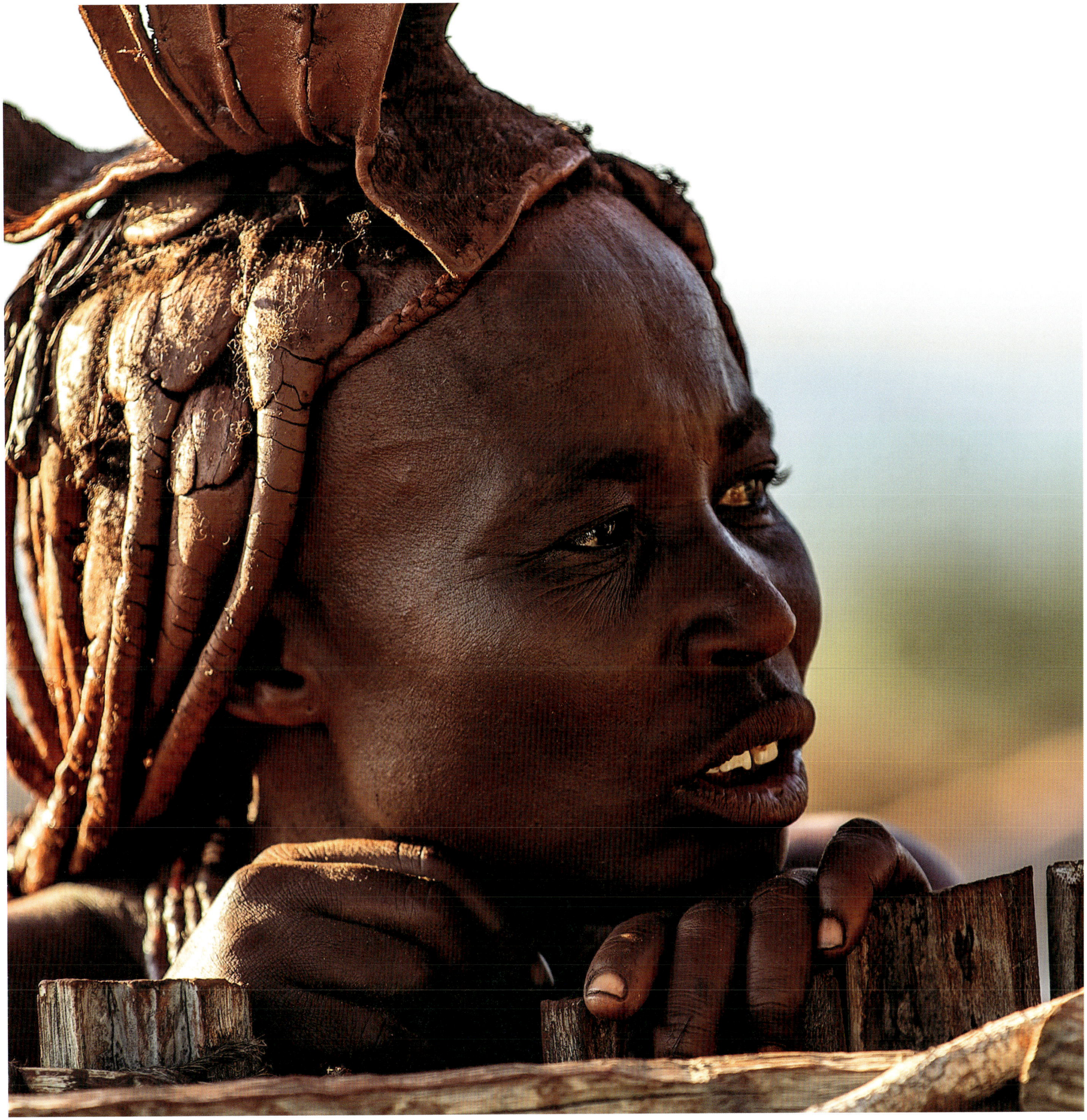

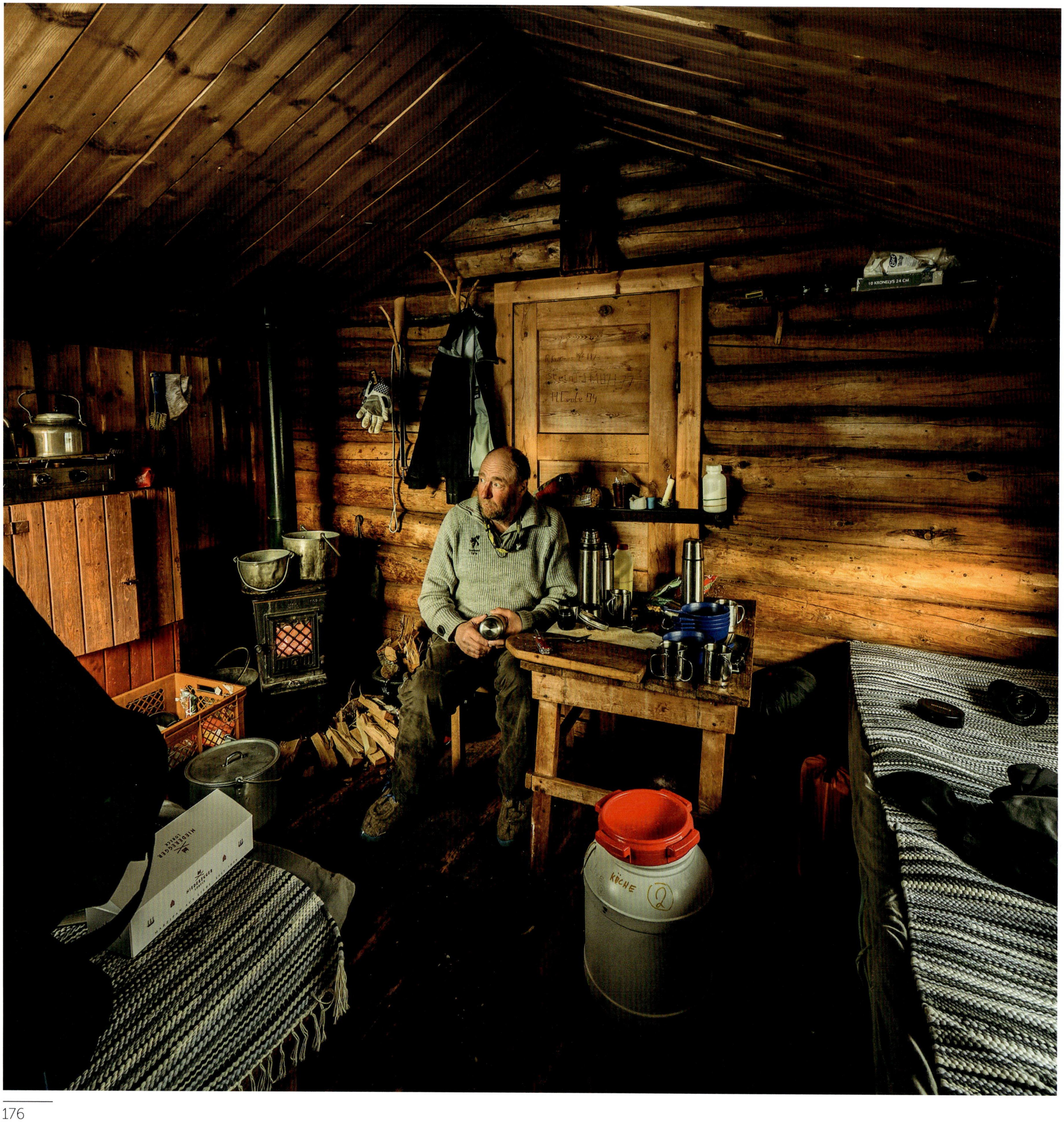
KÜCHE
2

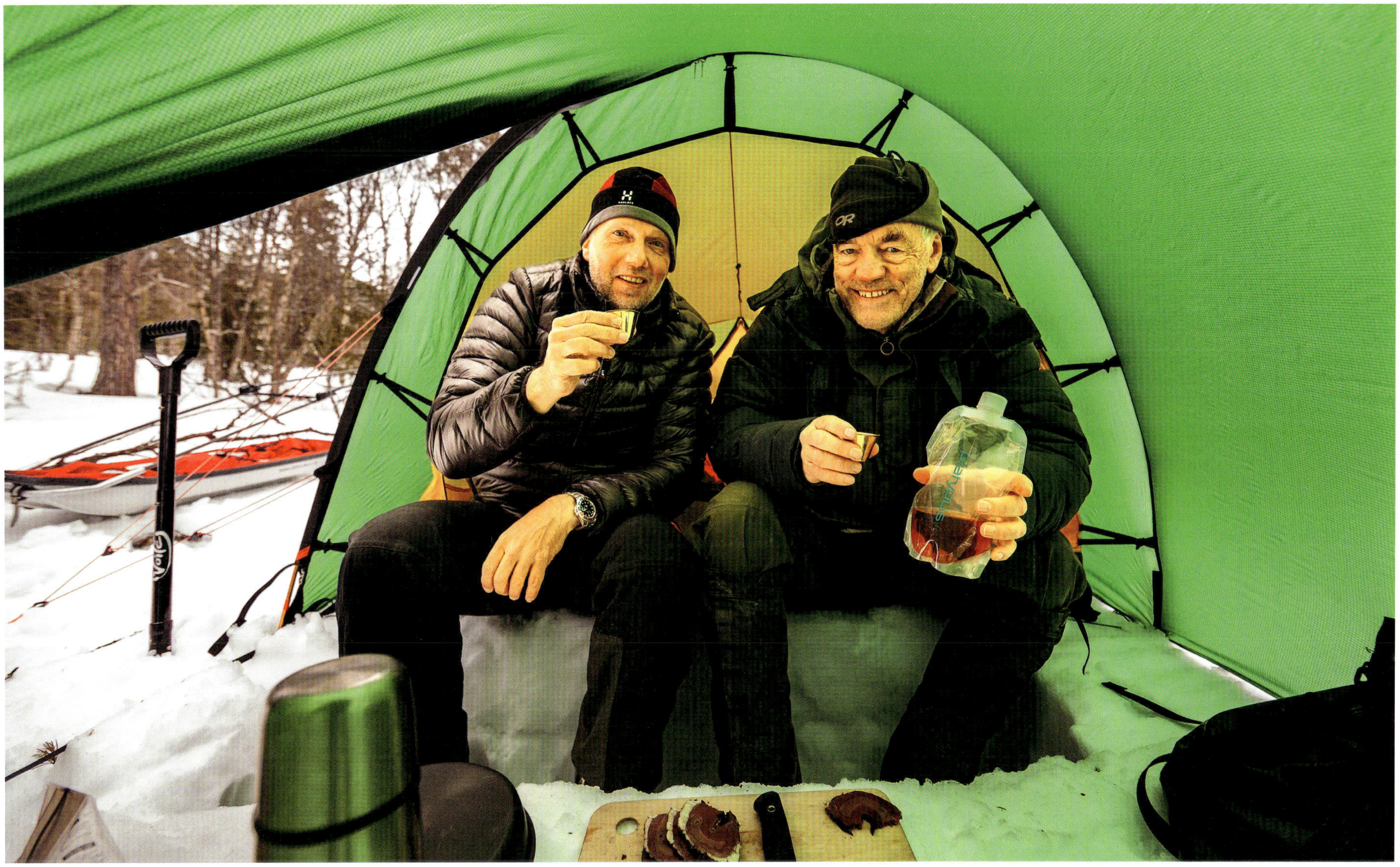

Øvre Dividal Nationalpark, Norwegen
Musher Björn Klauer nach einer langen Gewaltetappe im Rahmen unserer »Russian Border Tour« 2017. Rund 1000 Kilometer geht es mit Hundeschlitten durch Lappland, auch entlang der russischen Grenze. Nur selten steht für die Nacht eine Hütte zur Verfügung – ein großer Luxus. Mehr zu Björn unter www.huskyfarm.de

Jämtland, Schweden
Fjälltour mit Freund und Geschäftspartner Bosse Hilleberg. Bei so einer Tour entstand die Idee eines verlängerten Vorzelts für mehr Stauraum, was vor allem im Winter ein großer Vorteil ist. Seither tragen Hilleberg-Zelte mit längerer Apsis im Modellnamen den Zusatz GT – für Globetrotter.

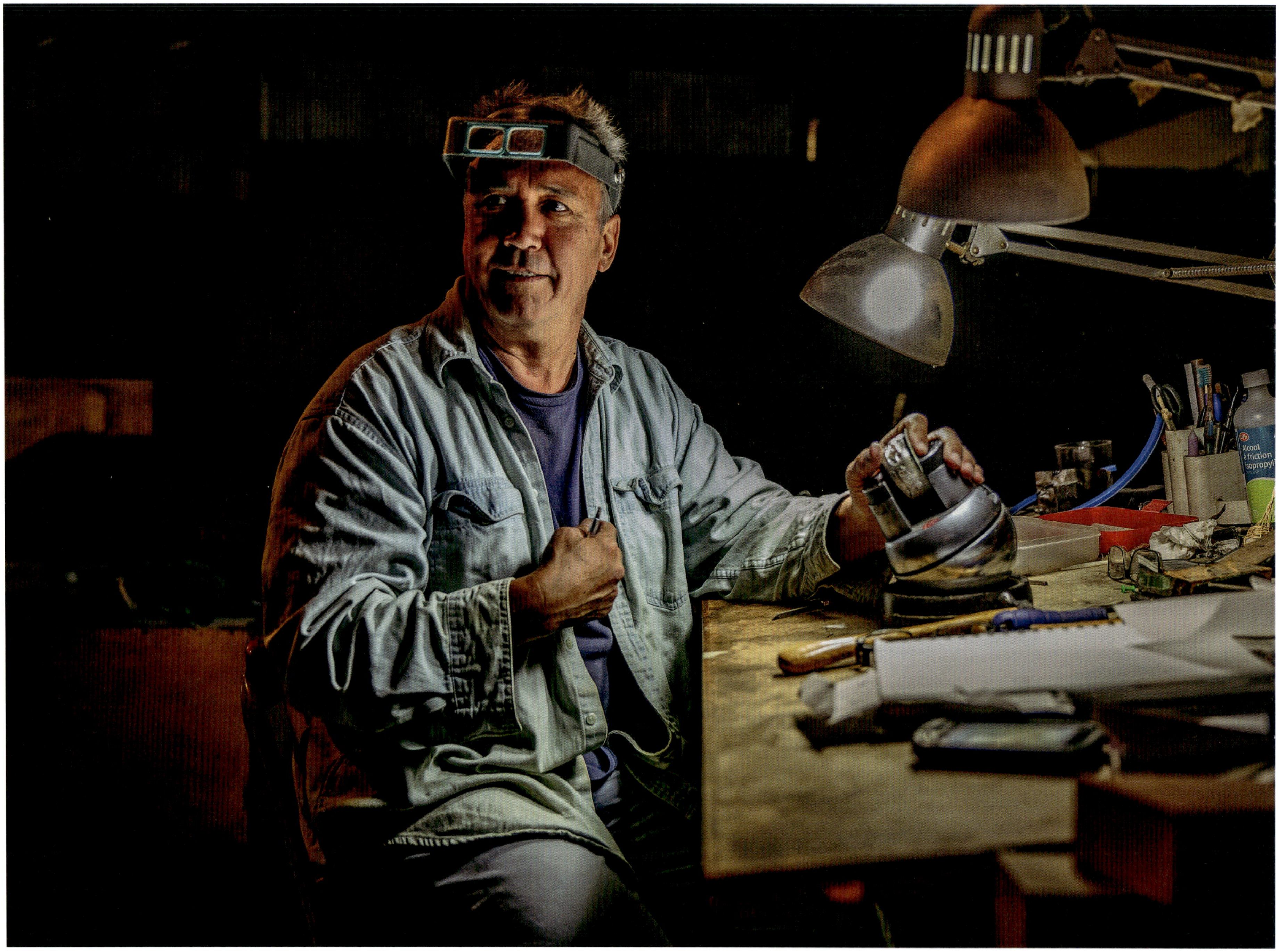

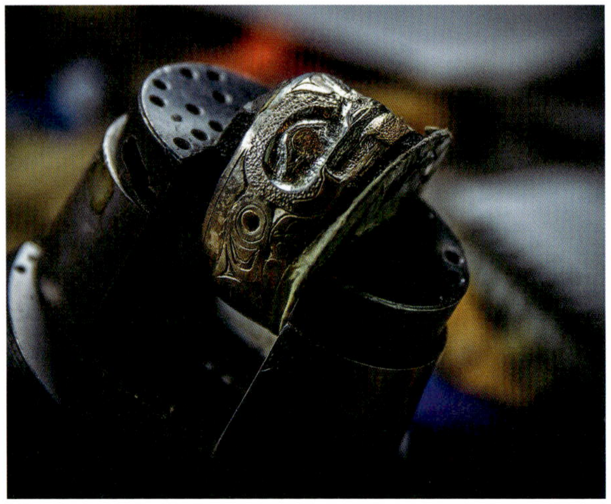

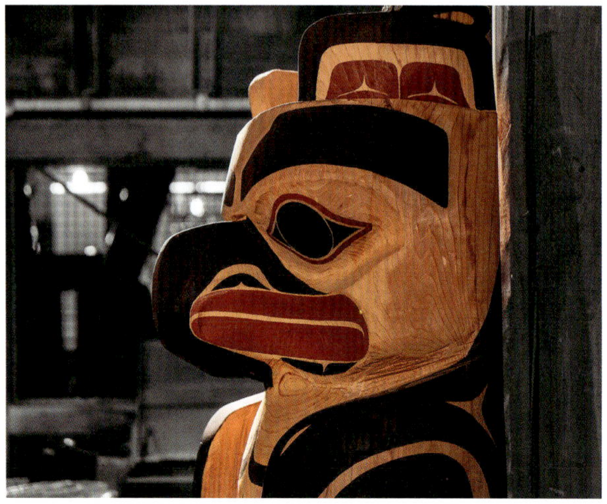

Clarence Mills
In seiner Werkstatt auf Granville Island, einem Stadtteil von Vancouver, schnitzt der Haida-Künstler Clarence Mills auch gewaltige traditionelle Totempfähle. »Du kannst sie ansehen – aber vor allem sehen sie dich an.«

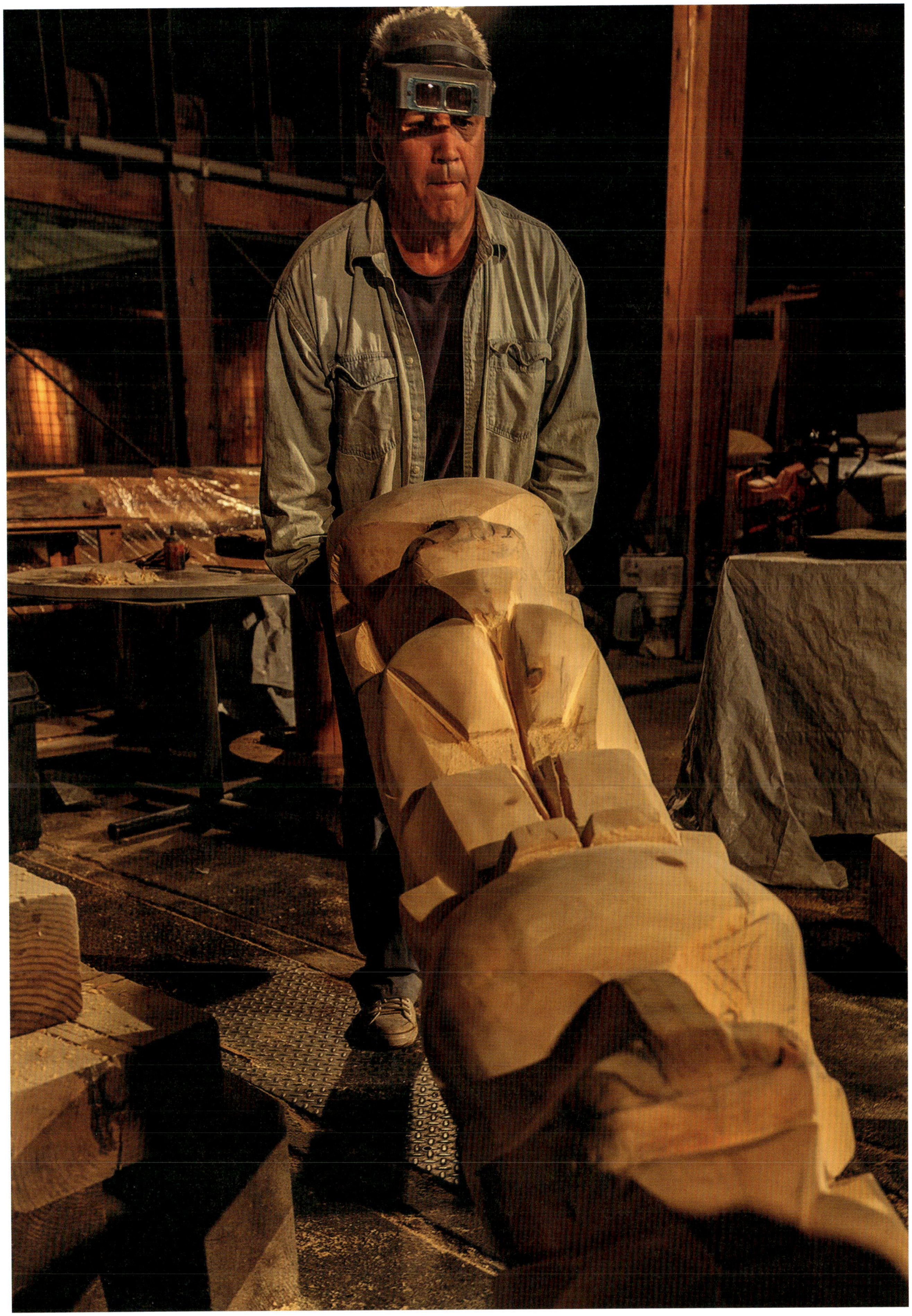

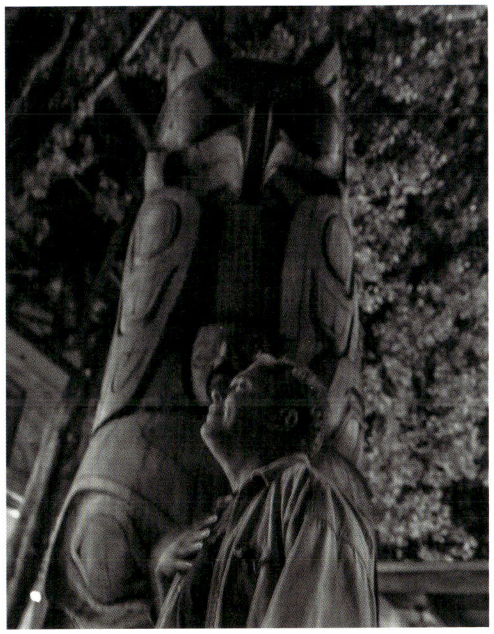

Folgende Doppelseite:
Armenien
Schnapsladen unter freiem Himmel. Im Angebot der einheimische Maulbeerschnaps Tuti-Oghi, Wodka, Arzach und mehr ...

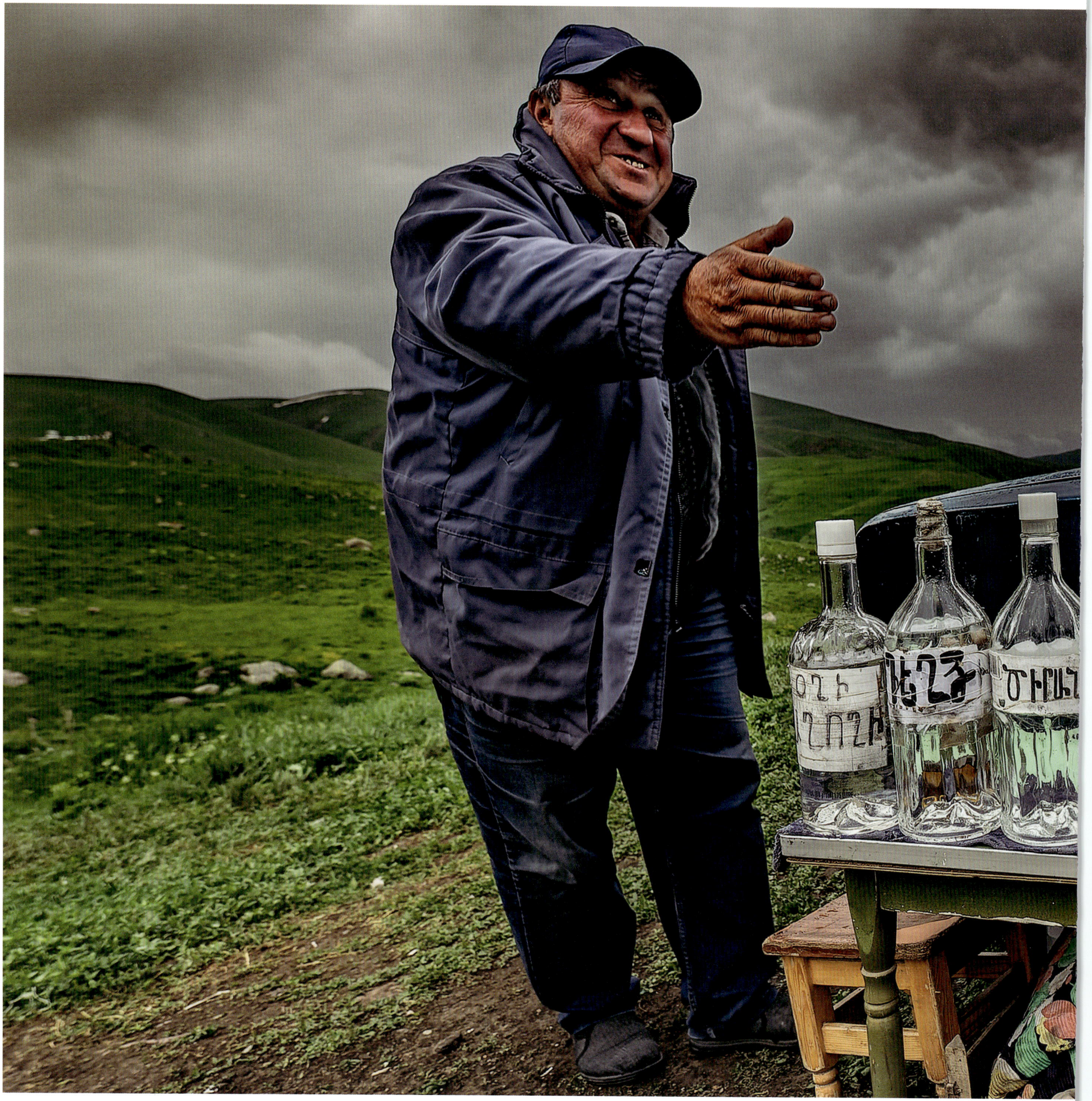

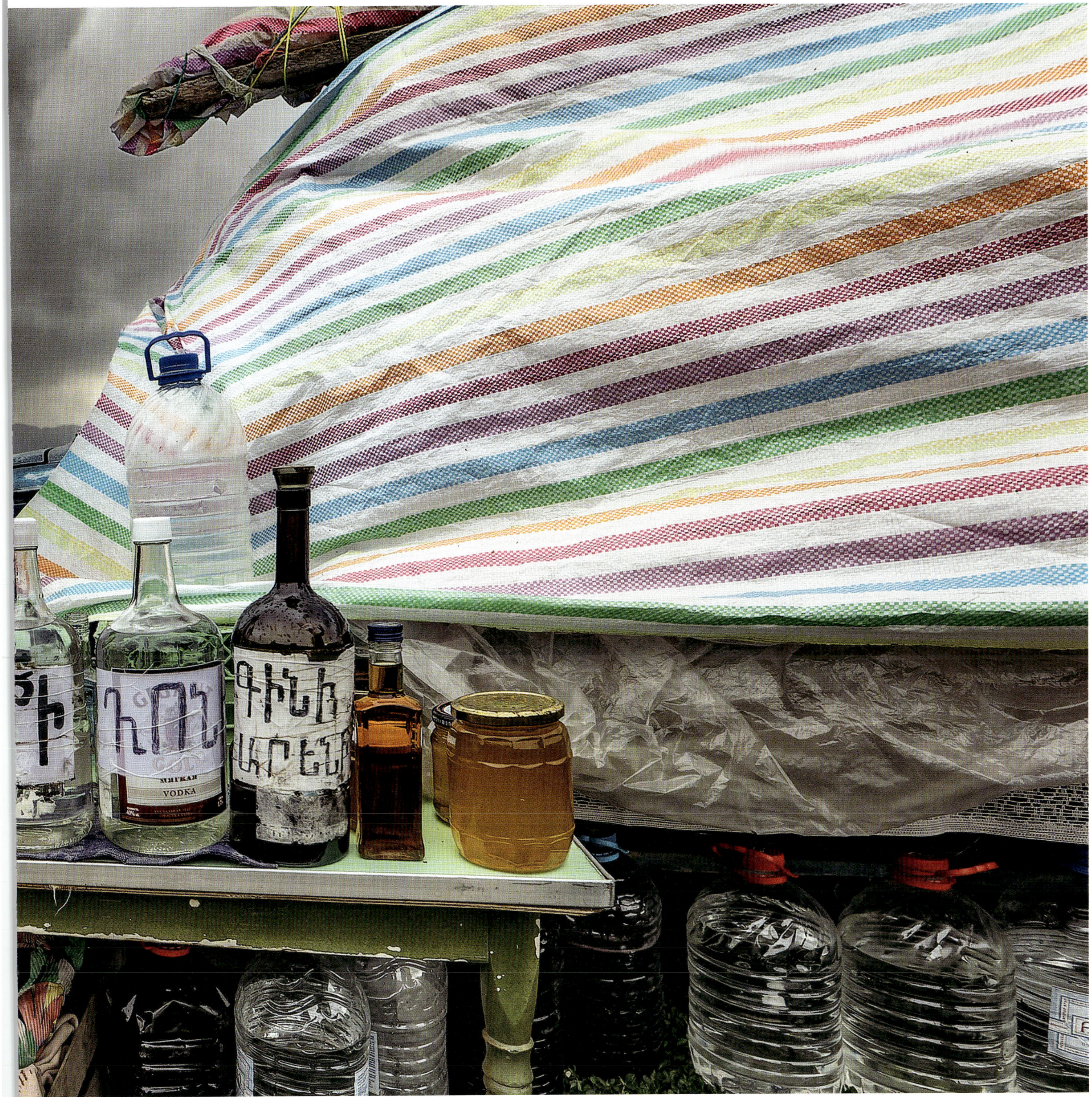
VODKA

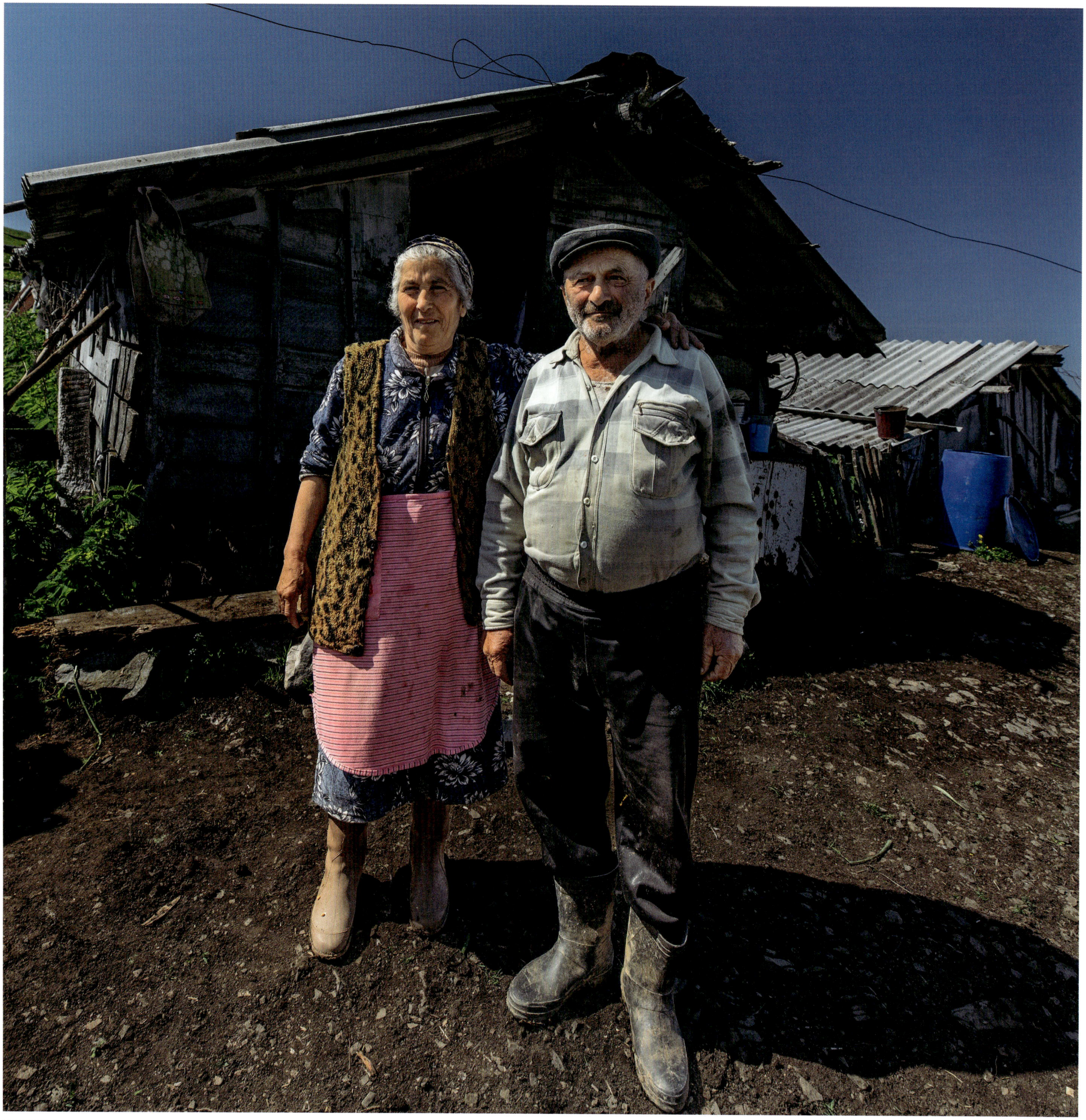

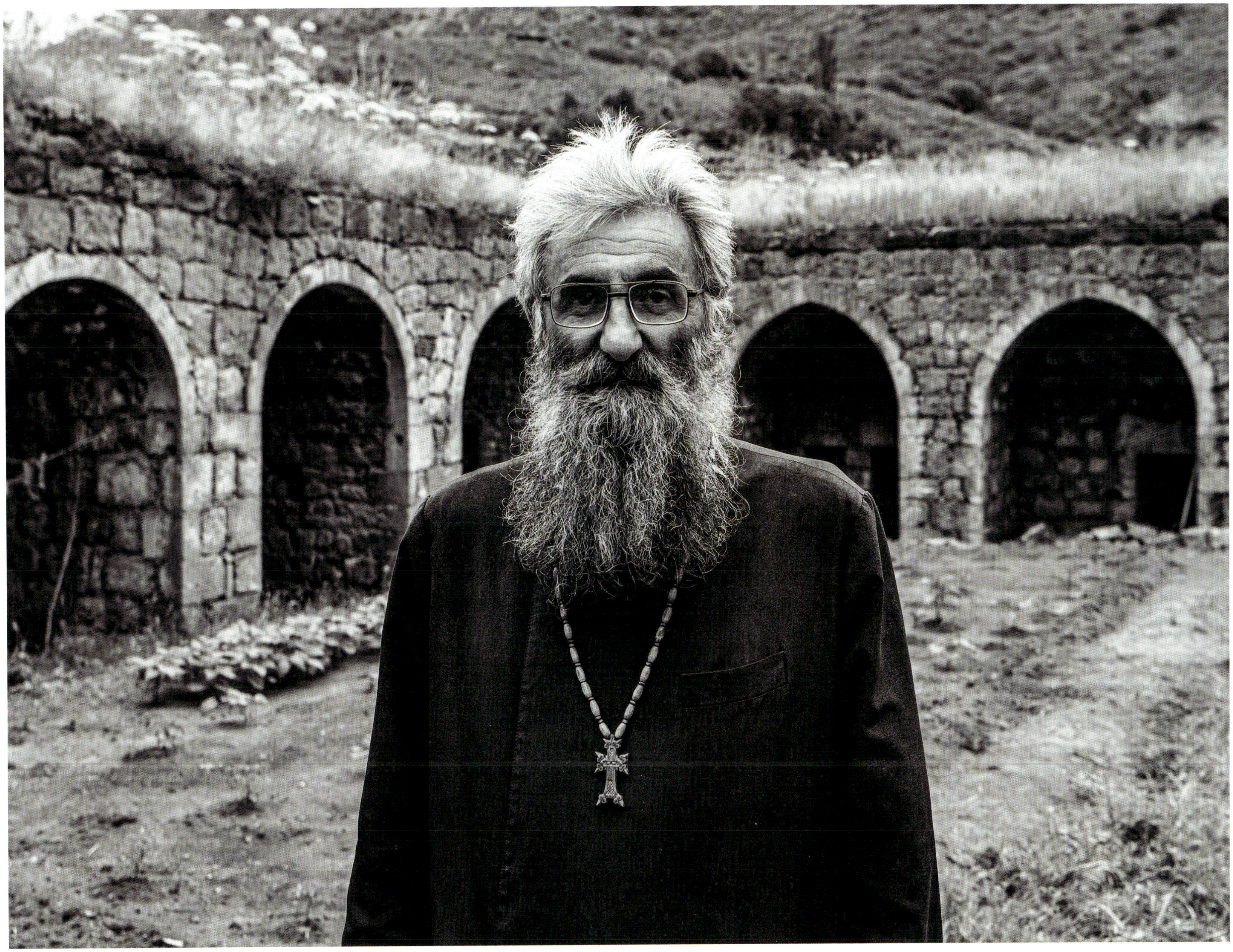

Dilidschan, Armenien
Herzliche Gastgeber und eine einfache Unterkunft am Ende eines langen Trekkingtages.

Kloster Tatevi Anapat, Armenien
Der Mönch lebt als Einziger in dem alten Kloster und pflegt es auch ganz allein. Über unseren Besuch hat er sich sehr gefreut.

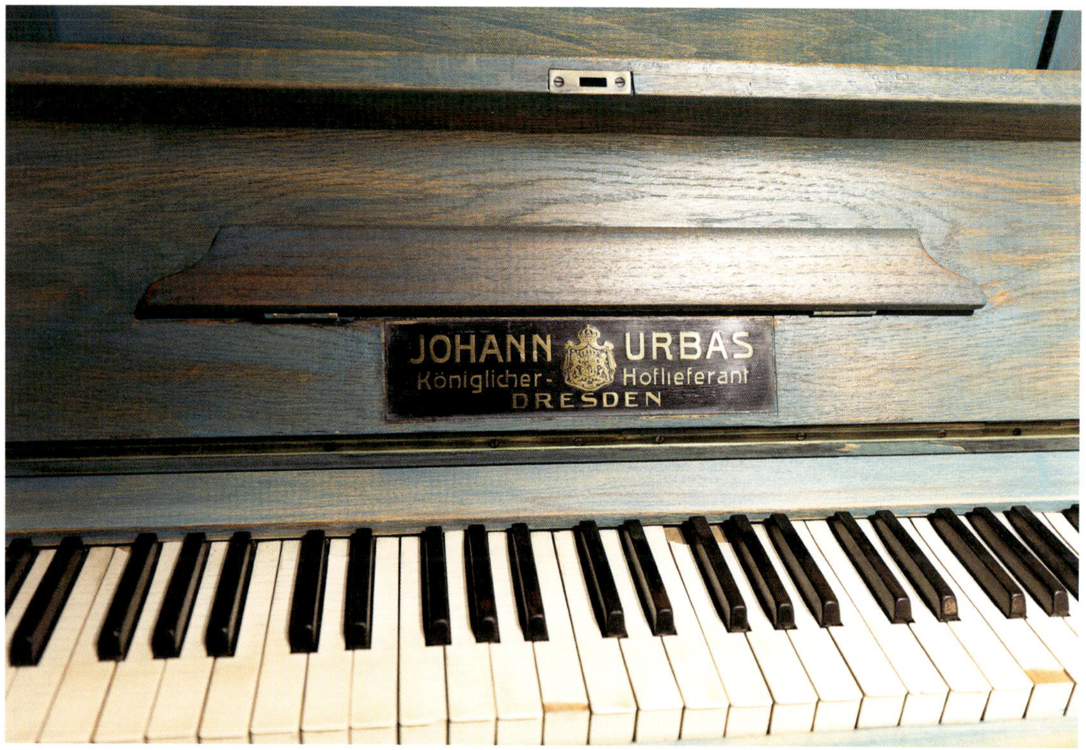

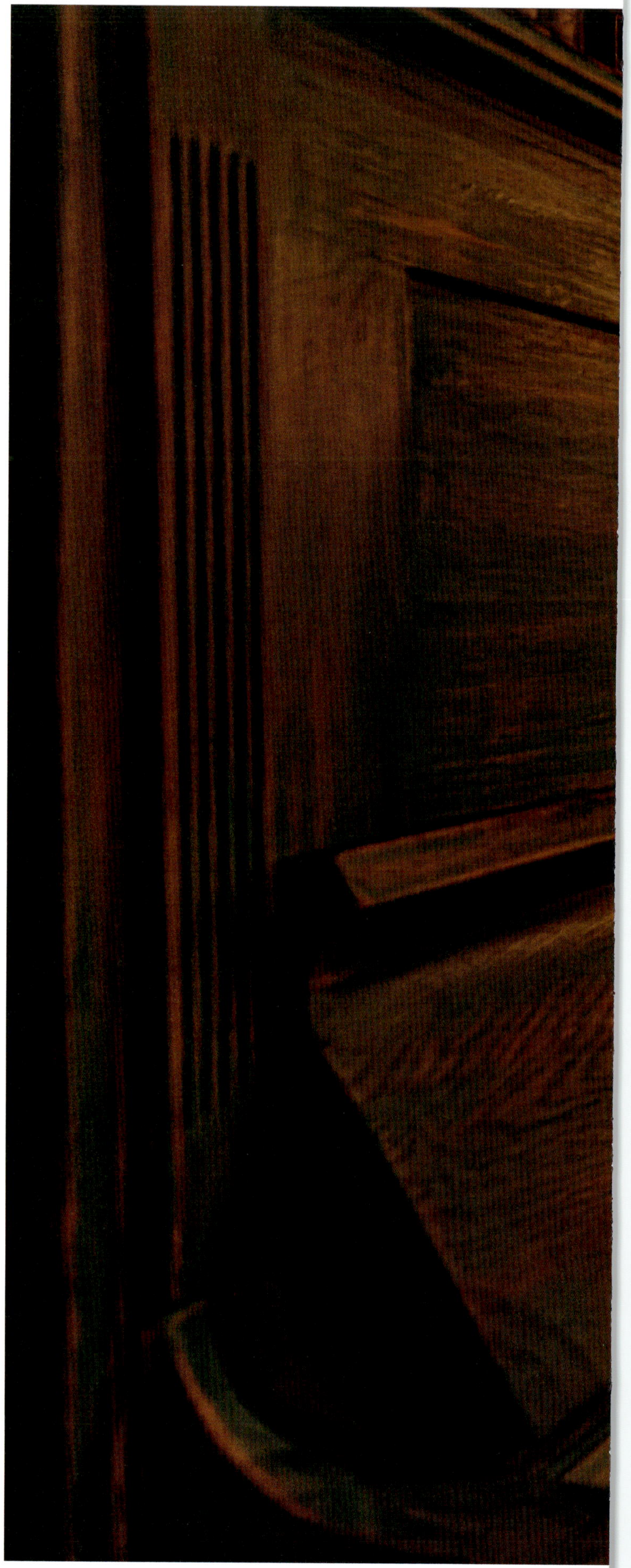

Hotel Arevi, Armenien
Gebaut aus gebrauchten Containern hat diese Unterkunft in einem großartigen Wandergebiet ihren eigenen Charme. Das alte Piano aus Dresden hat eine lange Reise hinter sich und wurde von dem Hotelier persönlich perfekt bespielt.

Folgende Doppelseite:
Meghri, Armenien
Der russische GAZ M21 Wolga (Baujahr 1962) ist dank liebevoller Pflege in bestem Zustand.

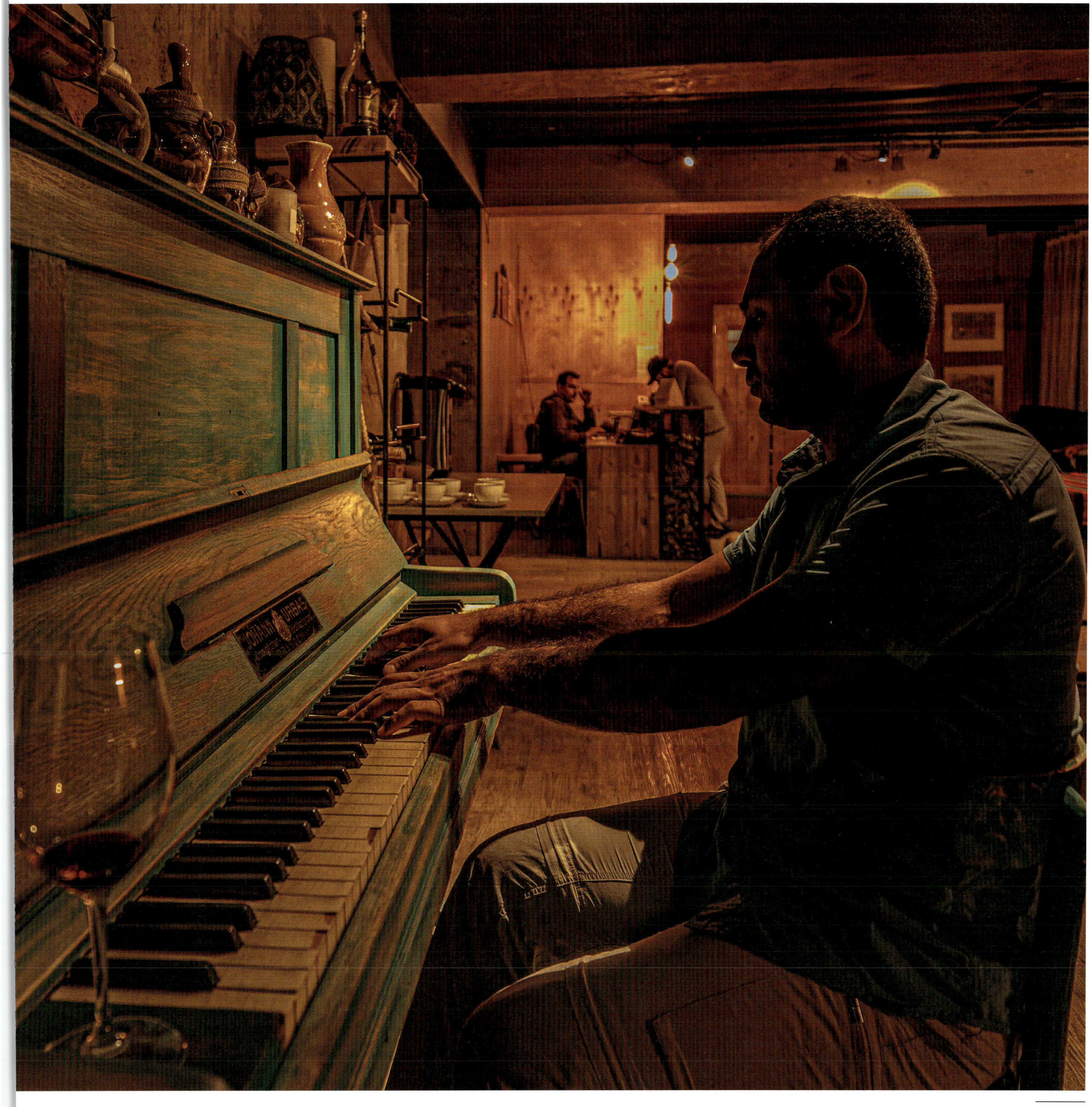

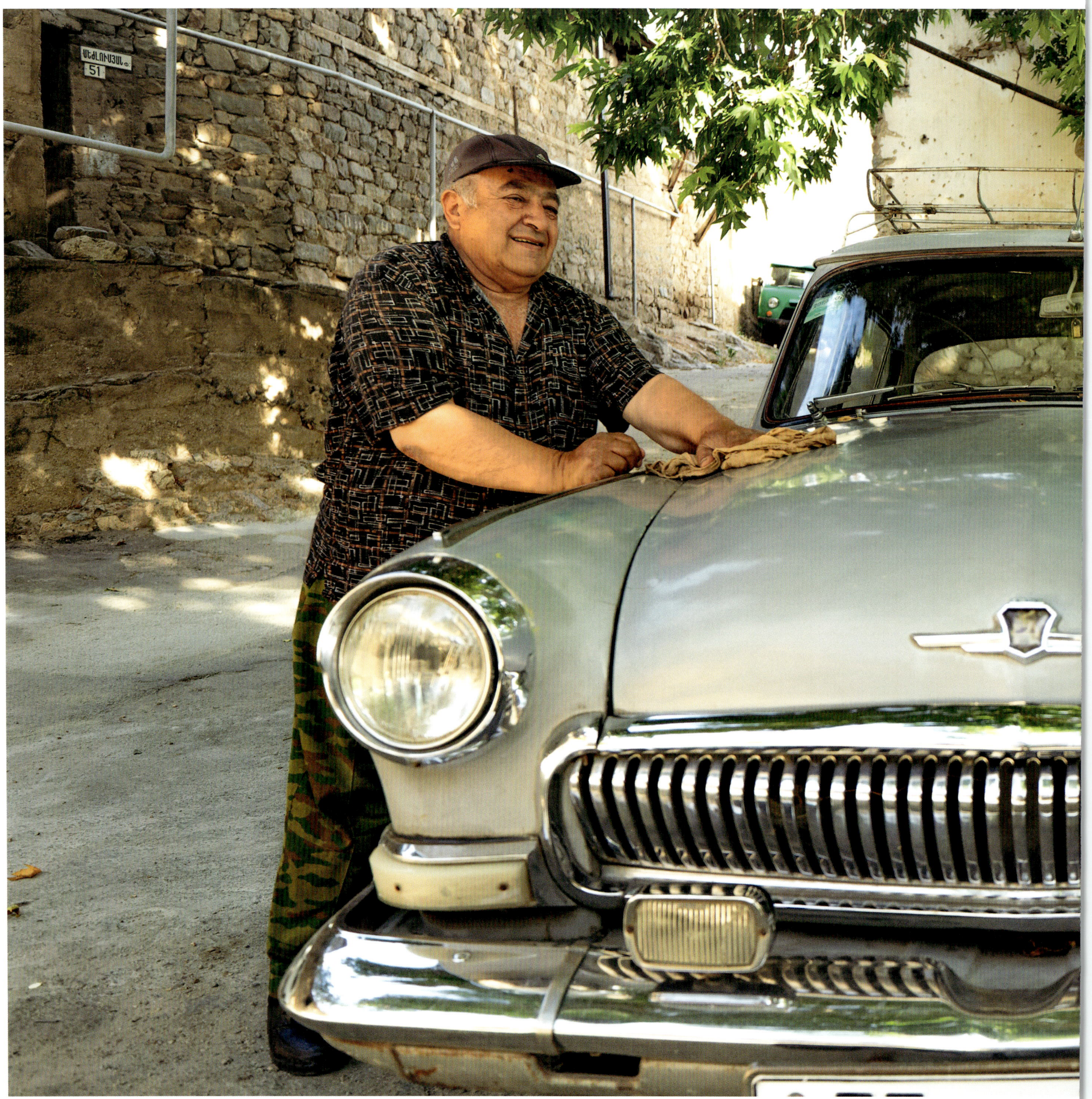
ՄԵԺԼՈՒՄՅԱՆ փ.
51

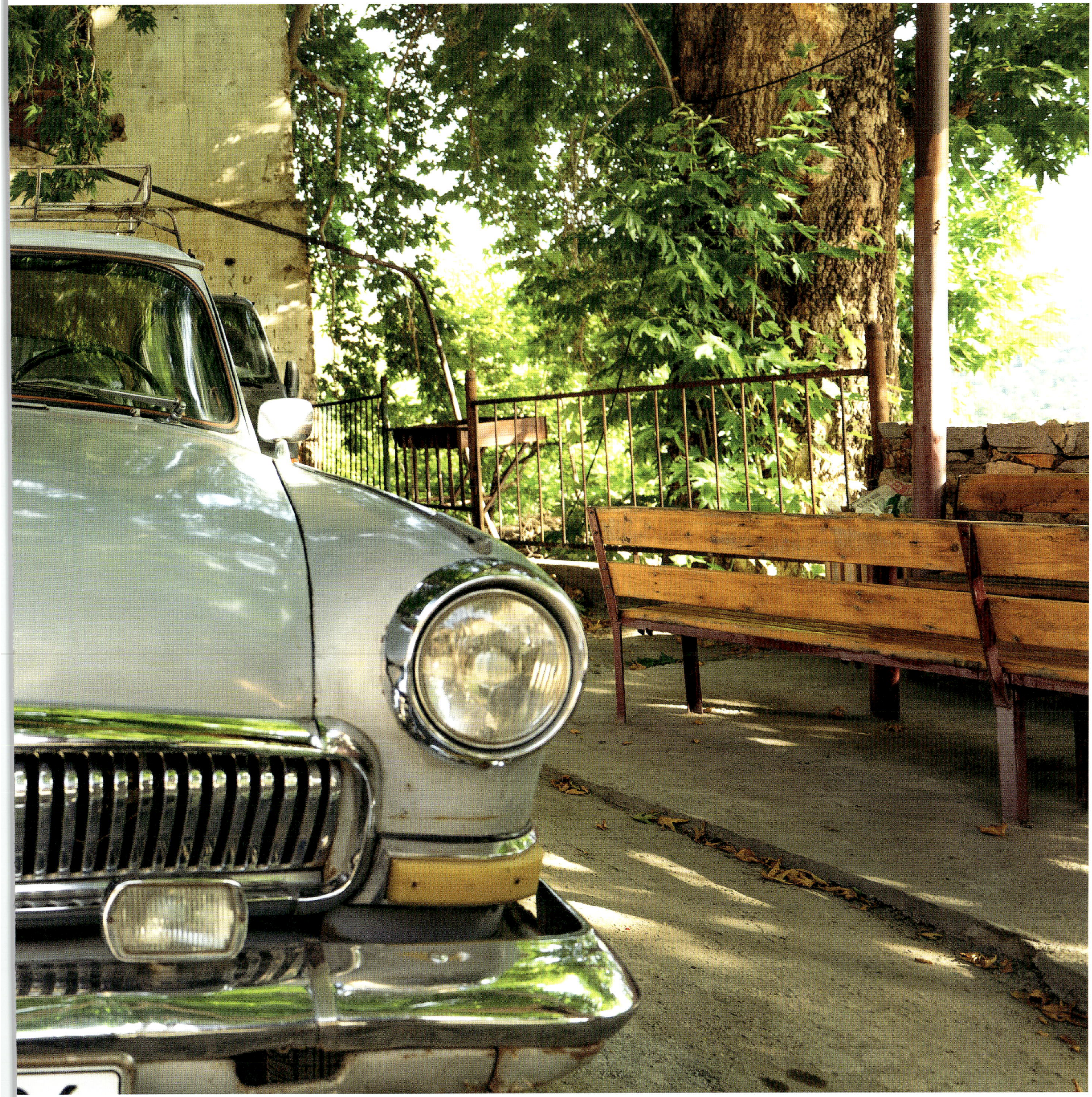

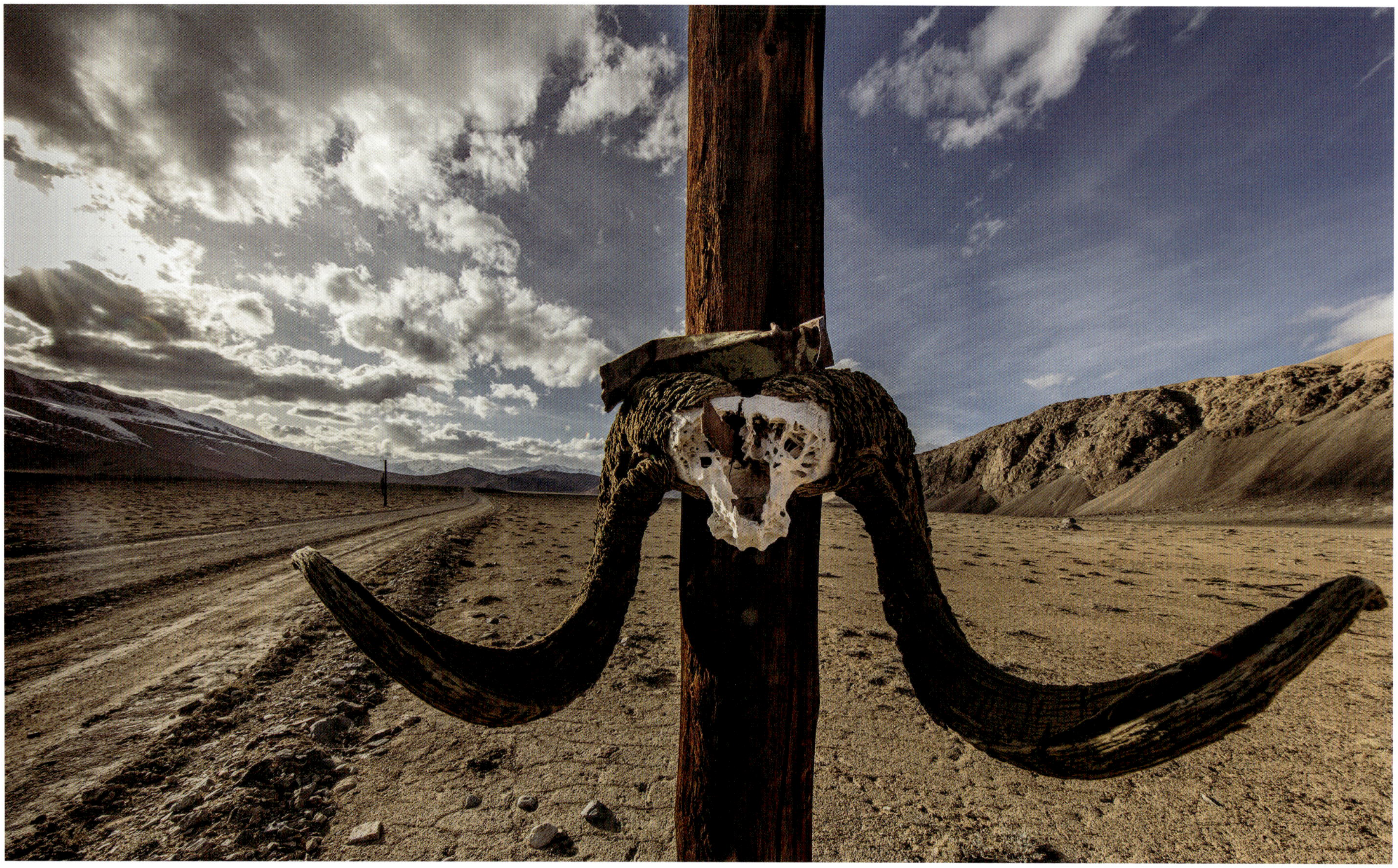

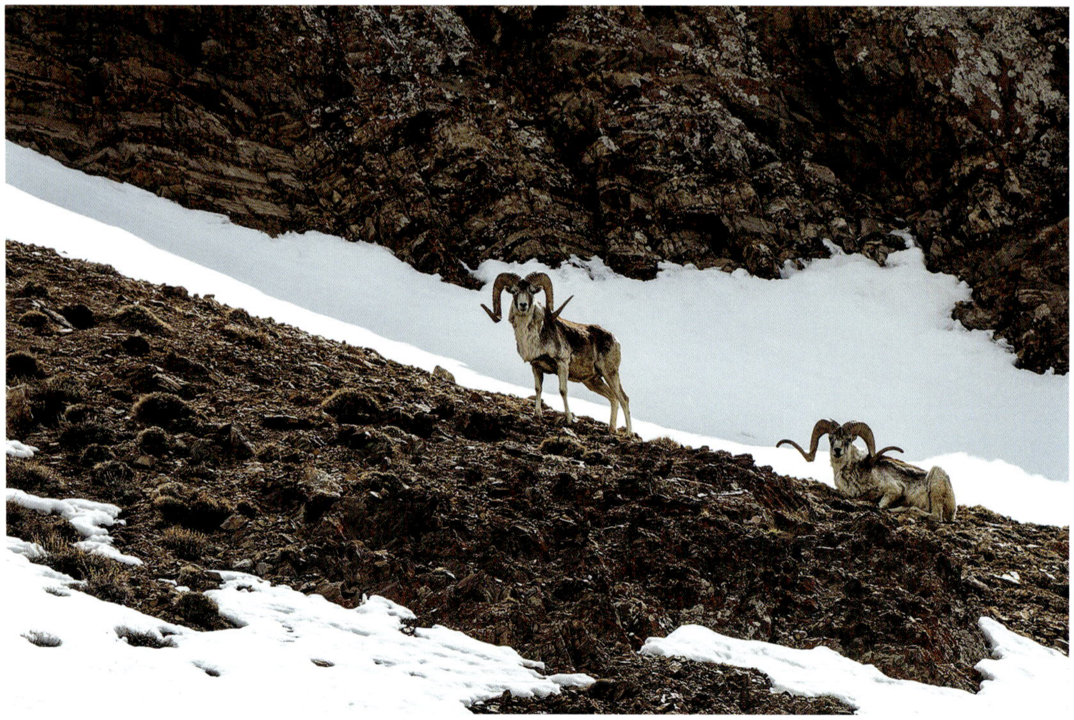

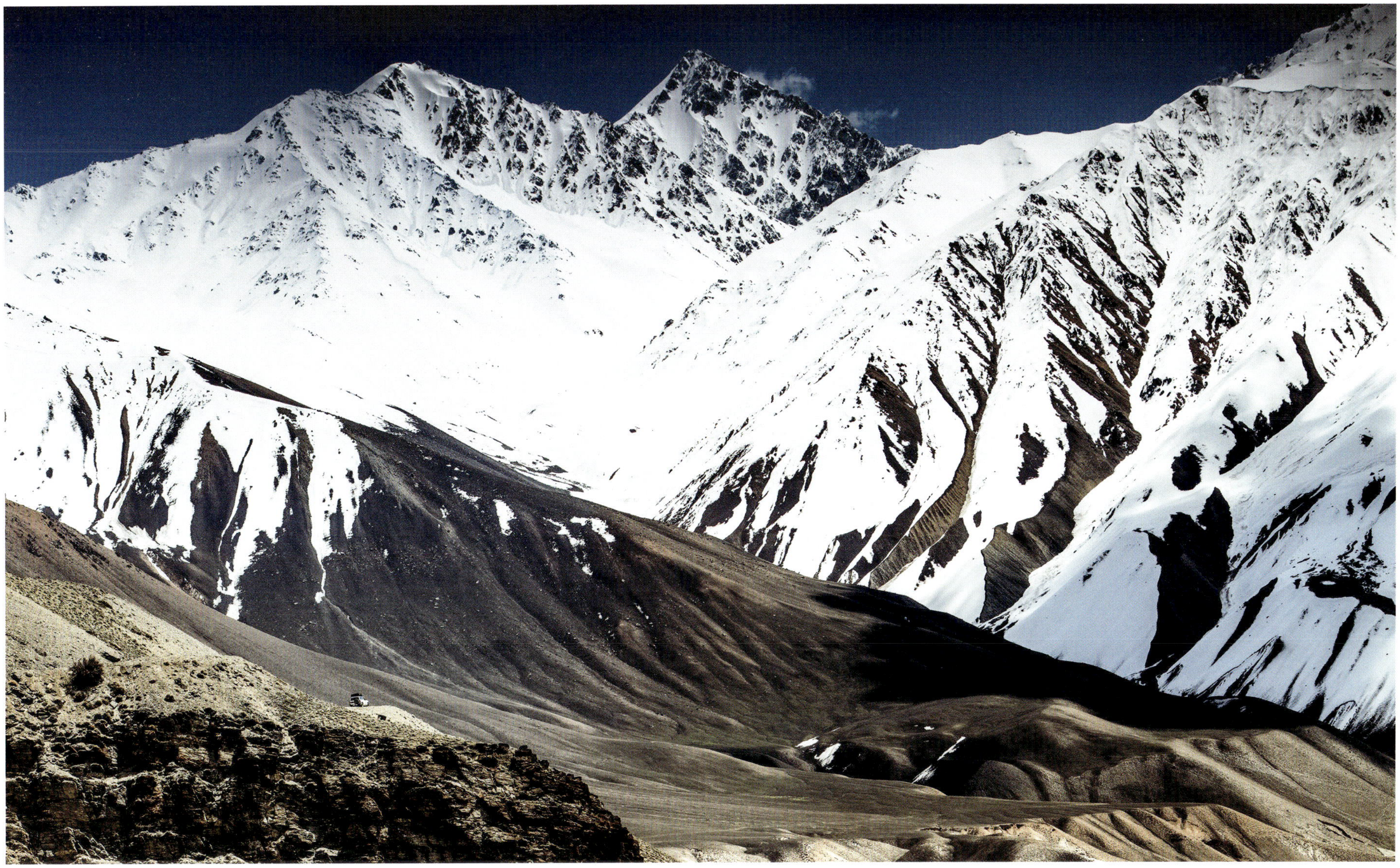

Pamir Highway, Tadschikistan
Die legendäre Gebirgsstraße führt von Tadschikistan nach Kirgisien und China, der höchste Pass liegt mit 4655 Metern beinahe auf Montblanc-Niveau.
Oben: Wir halten immer wieder für Trekkingtouren und Fotowanderungen. Das Auto steht auf 3100 m Höhe.
Die Berge im Hintergrund liegen schon in Afghanistan.
Links: Marco-Polo-Schafe auf 4200 m Höhe. Ihre Hörner dienen auch mal als Schmuck der kargen Landschaft (oben links).

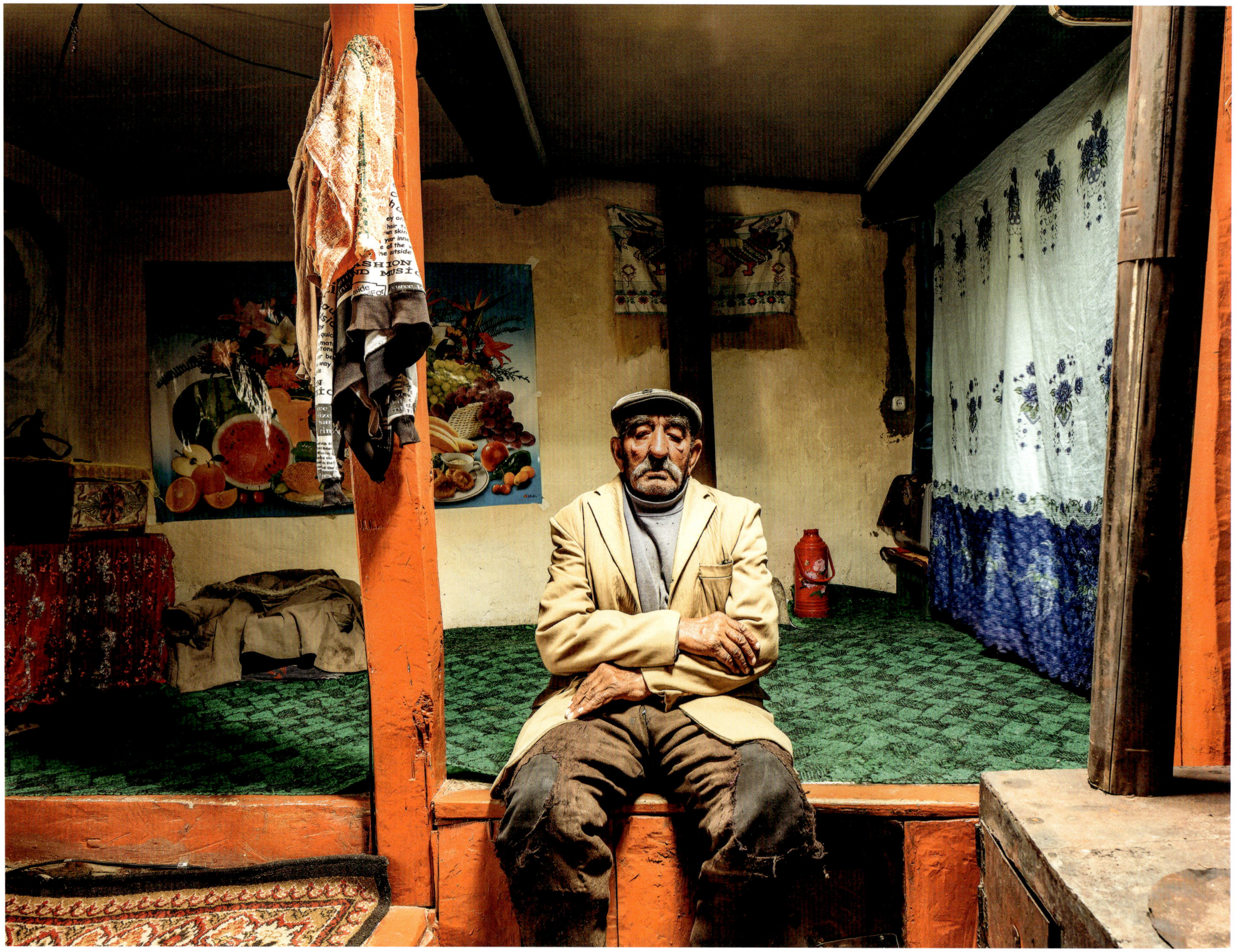

Gorno Badakhshan (3300 m), Tadschikistan
Der Dorfälteste lädt uns auf einen Tee ein.

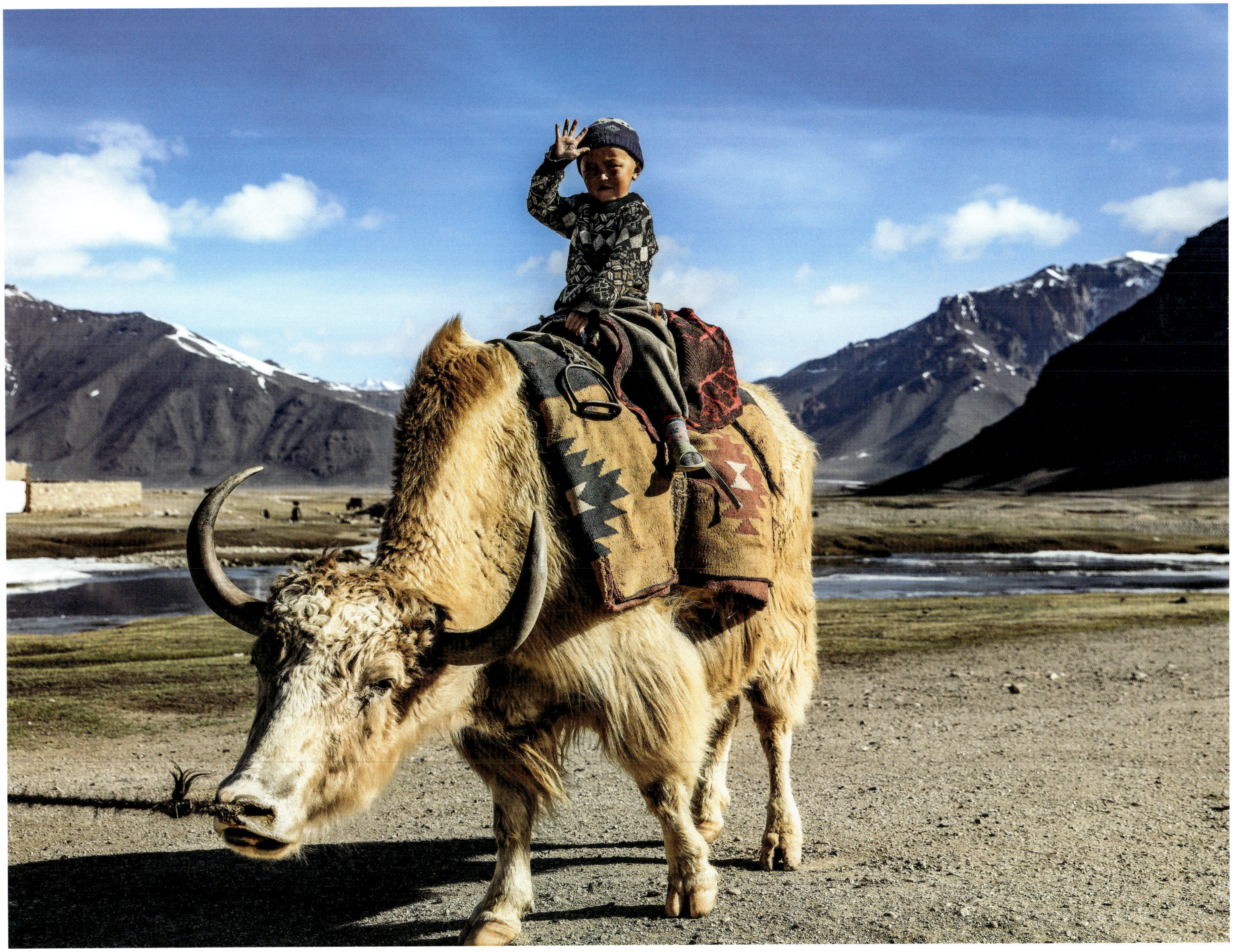

Alichur (3945 m), Tadschikistan
Yaks sind hier in dieser Höhe die wichtigsten Nutztiere.

Folgende Doppelseite:
Tadschikistan, Pamir
Links: Die geplante Tour zum Basislager des Pik Friedrich Engels (6510 m) müssen wir wegen starken Schneefalls abbrechen. Selbst mit Gepäck-Eseln ist kein Durchkommen.
Rechts: Stattdessen zelten wir zwei Nächte in einem Bergdorf und lernen nette Leute und Lämmer kennen.

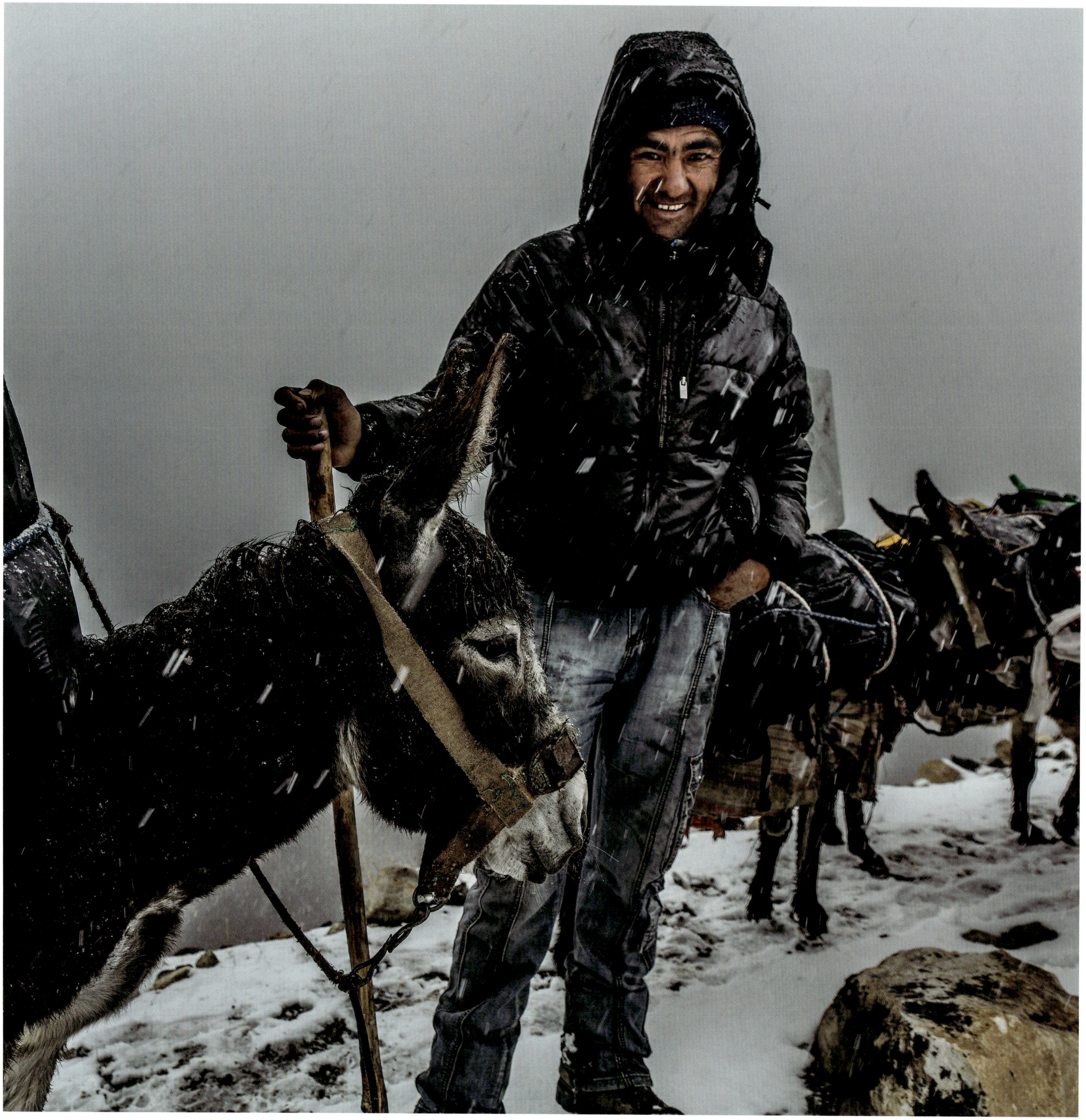

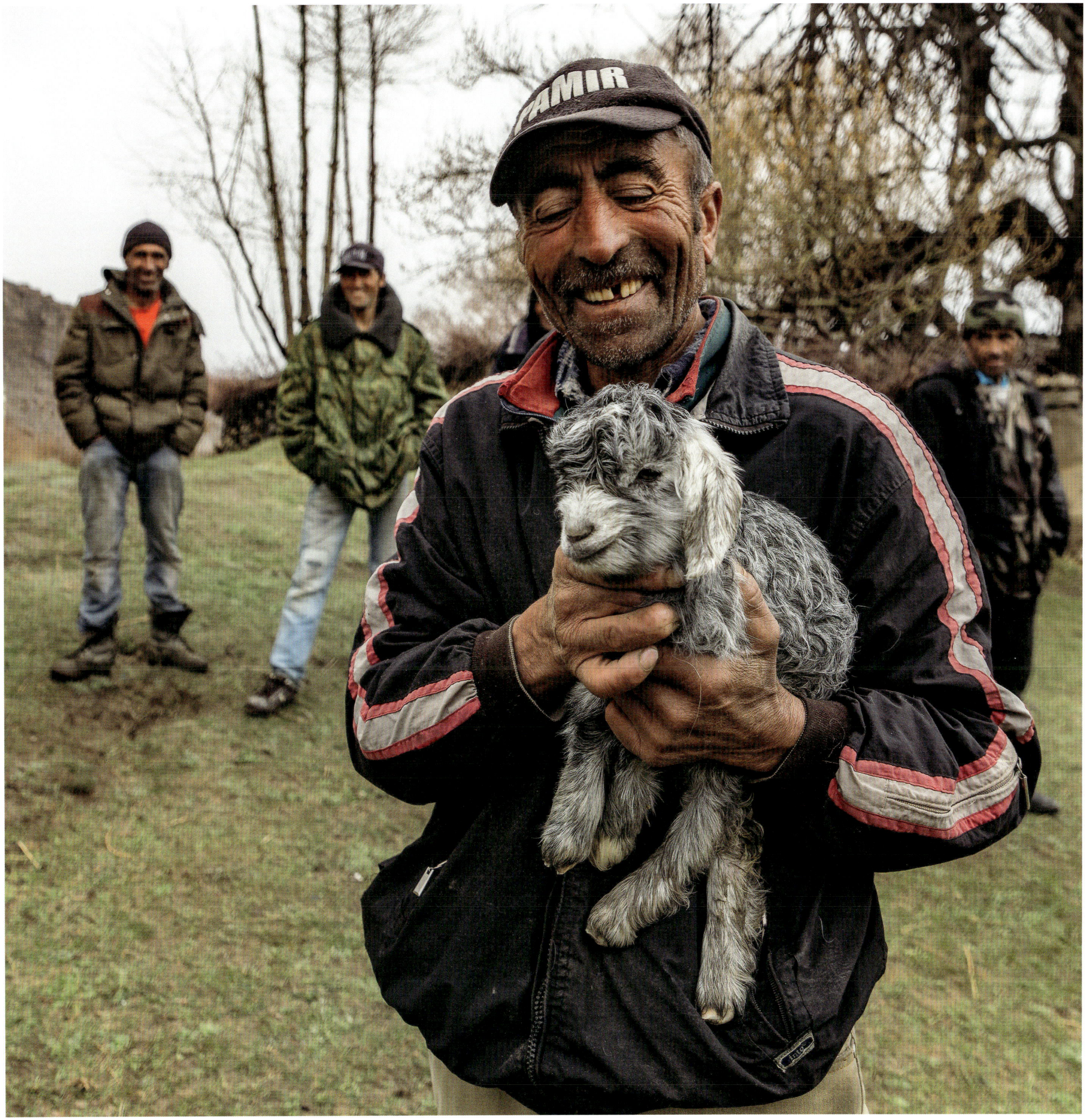
PAMIR

Tibet

Das Dach der Welt, die Heimat des Dalai Lama – und für mich eine der beeindruckendsten Reisen meines Lebens.
Die Hauptstadt Lhasa empfängt uns mit »Tashi Delek« – Glück und Frieden.
Pilger ziehen an den allgegenwärtigen Gebetsmühlen vorbei und grüßen uns freundlich.
Dieser spirituellen und friedlichen Atmosphäre kann man sich nicht entziehen.

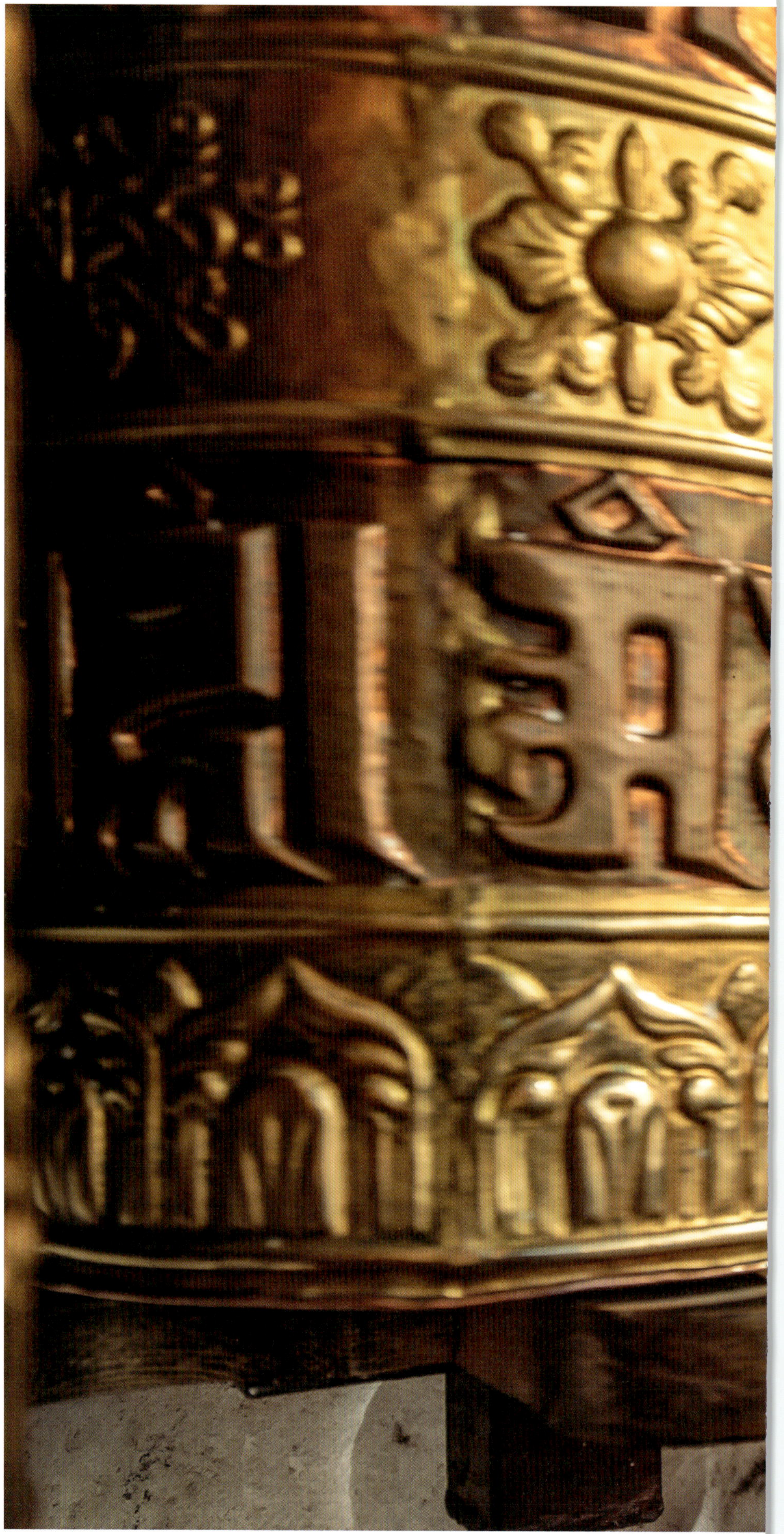

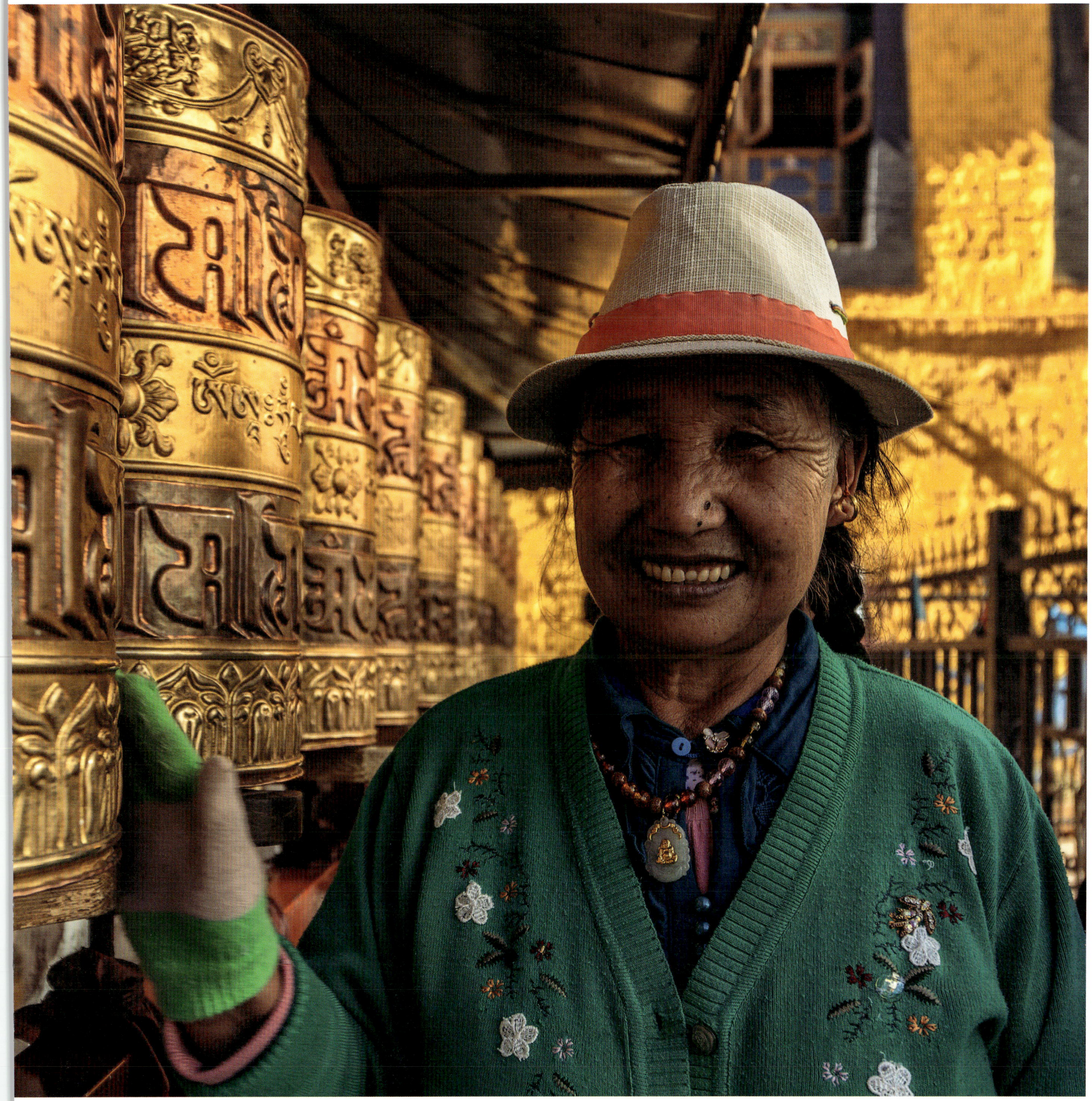

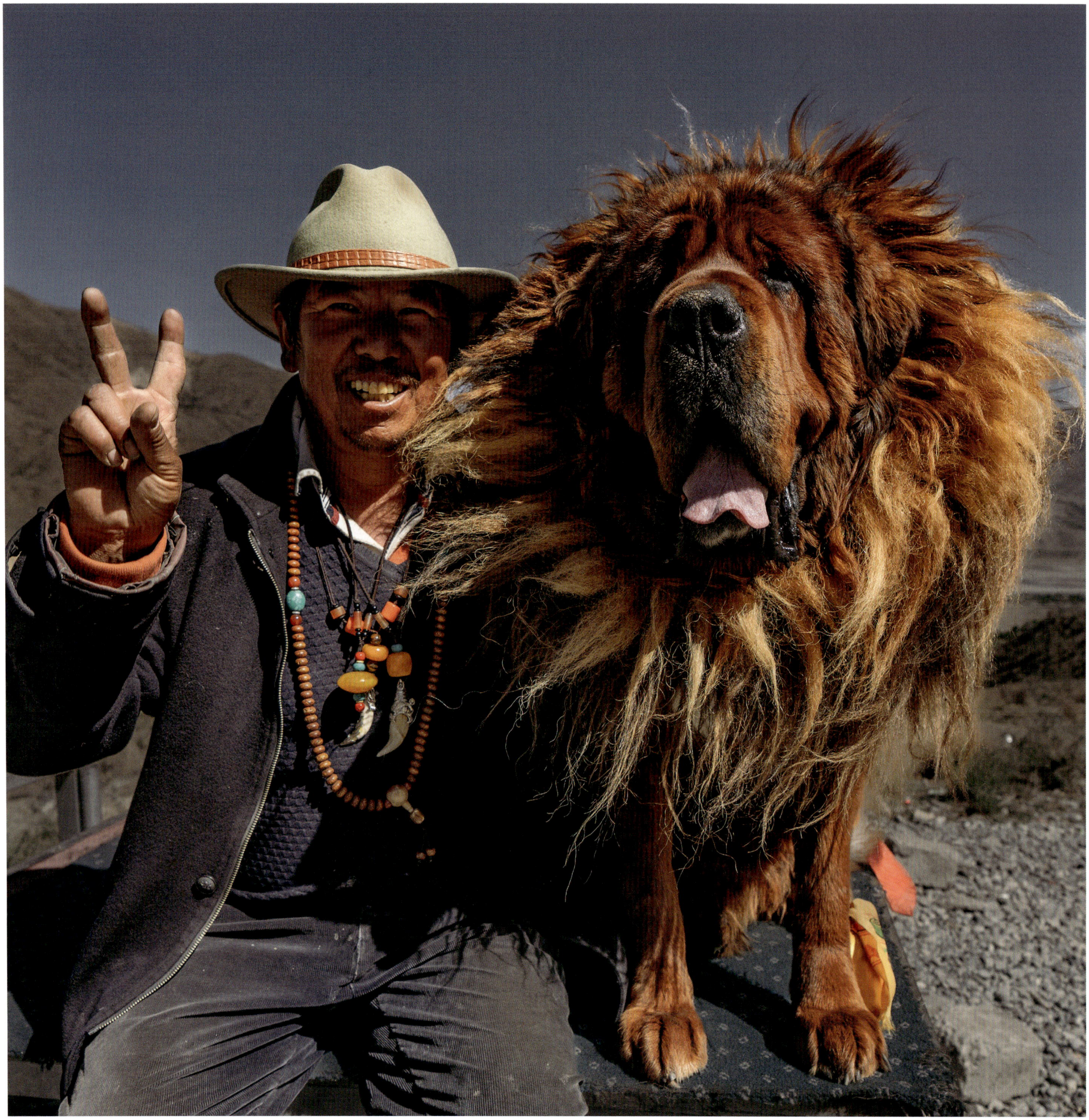

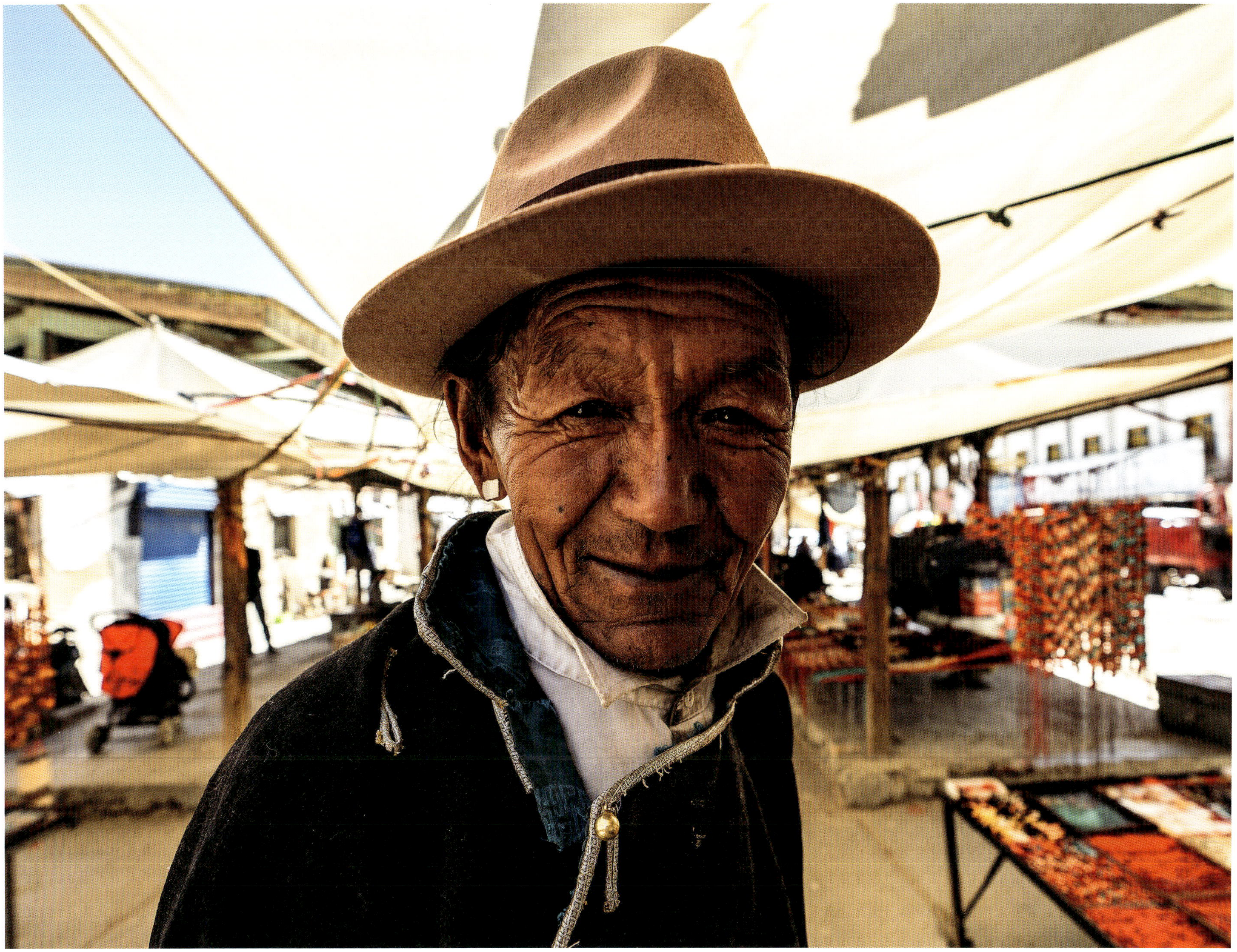

Tibeter und Tibetdogge
Freundliche Gesichter allerorten. Der Tibet Do Khy oder Tibetmastiff ist eine uralte Hunderasse, die durch Marco Polo um 1271 in der westlichen Welt bekannt wurde. Die Tiere werden auch heute noch als Wach- und Hirtenhunde eingesetzt.

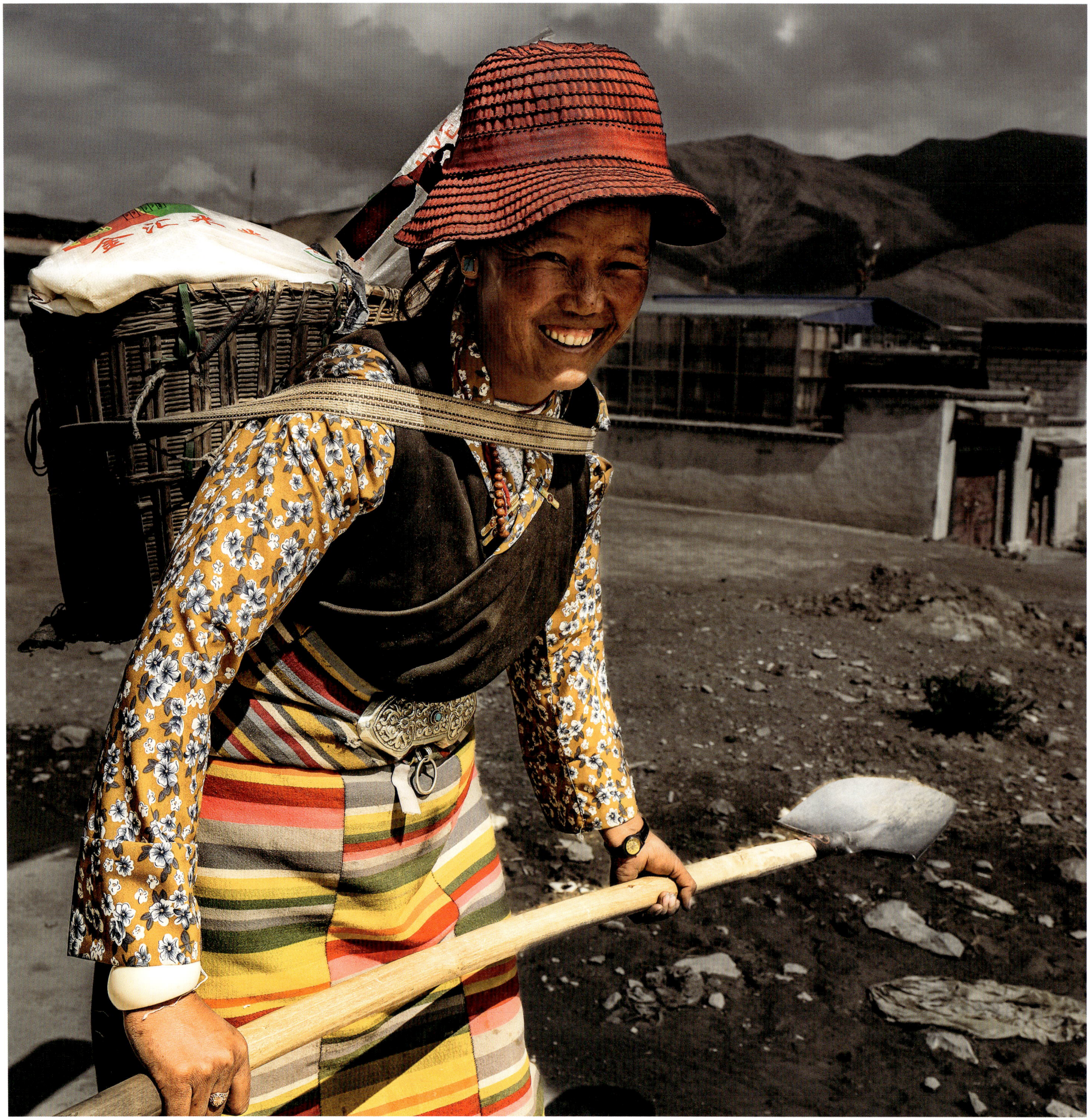

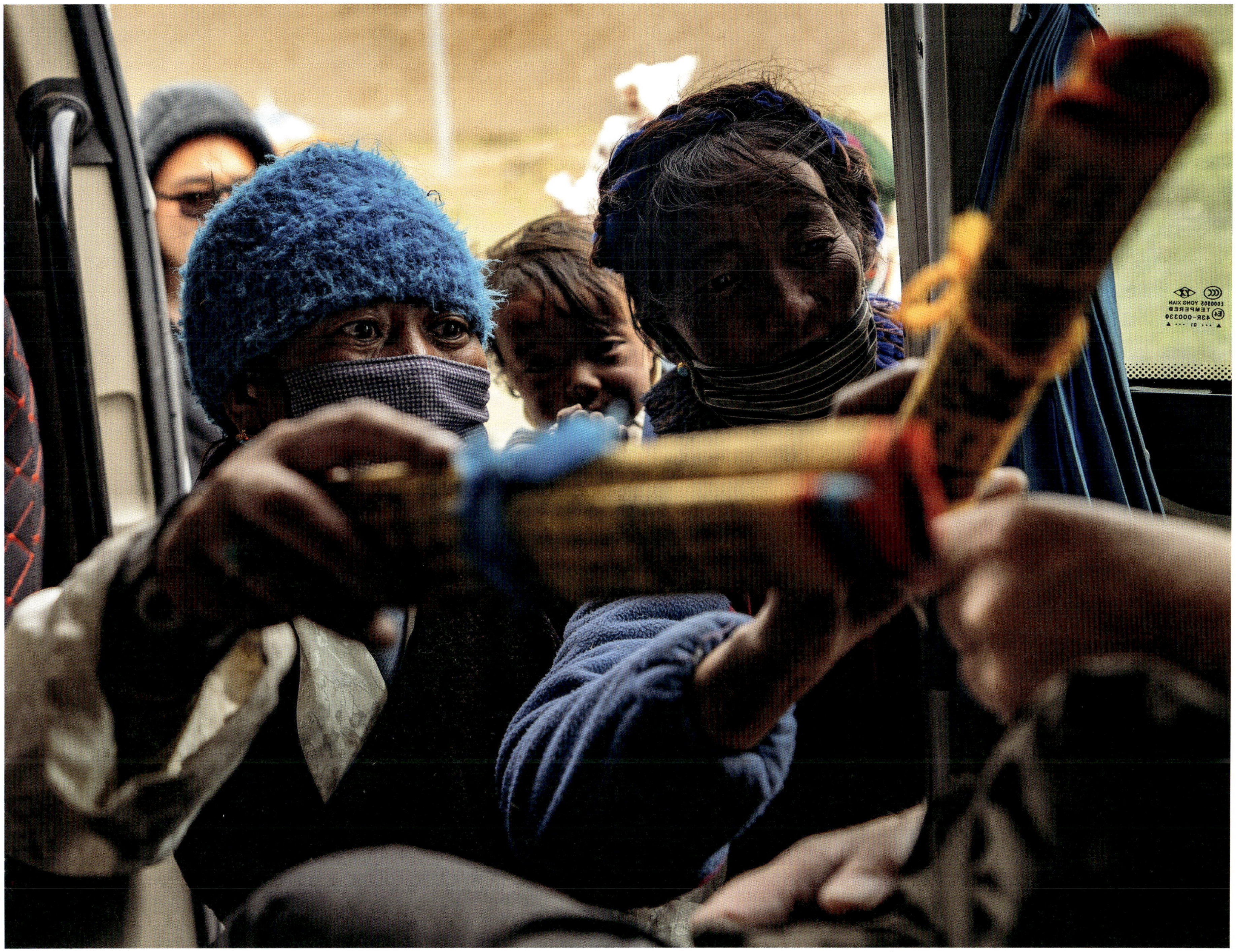

Tibet, unterwegs zum Kailash
Links: Das Leben der Bauernfamilien im tibetischen Hochland ist hart – aber kein Grund für schlechte Laune. Wir fragen nach dem Weg und bekommen ausführliche Informationen.
Oben: Unverzichtbare Ausrüstung – den Pilgern werden Gebetsfahnen verkauft.

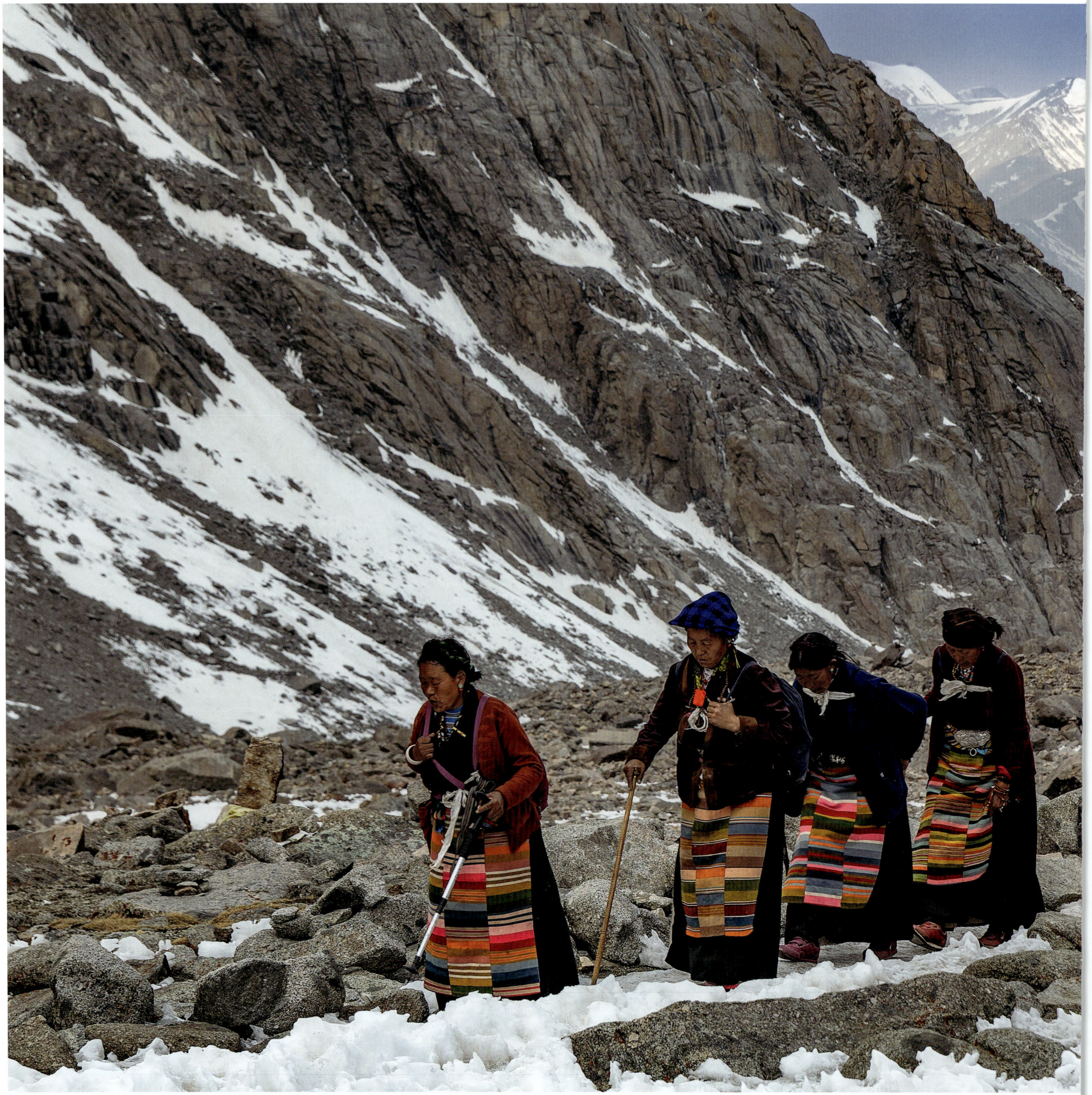

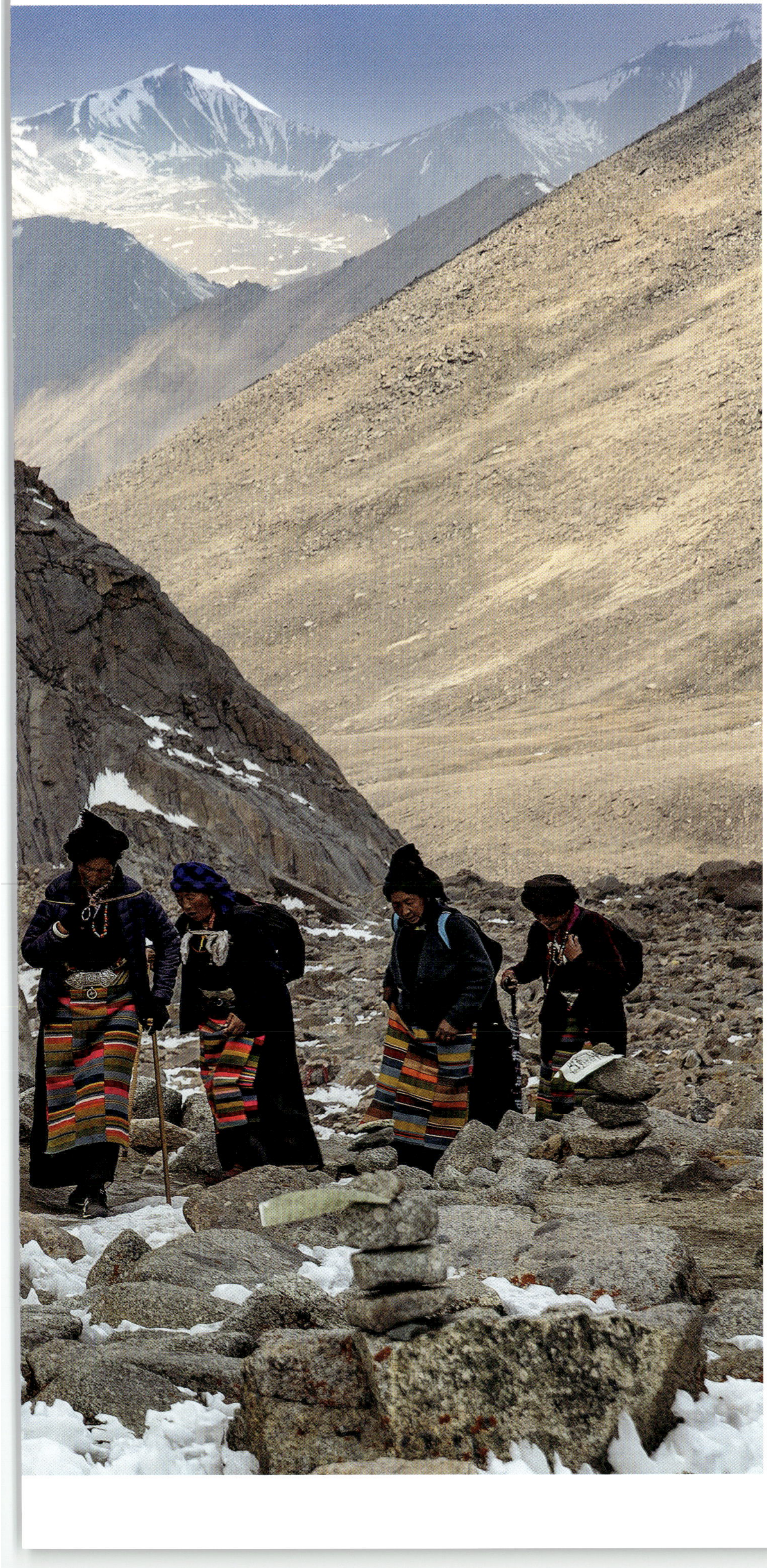

Umrundung des Kailash, Tibet
Die Kora, wie tibetische Pilger die Umrundung des heiligen Berges Kailash zu Fuß nennen, dauert drei Tage und ist 53 Kilometer lang. Das klingt machbar – bis man auf die Karte schaut: Man bewegt sich da zwischen 4800 und 5700 Meter Höhe.
Für unsere Trekkinggruppe trotz guter Klimatisierung eine echte Herausforderung. Auf dem Weg hinauf zum Drölma-La-Pass (5650 m) hörten wir erst wunderschönen Gesang – und dann überholten uns diese acht älteren Damen. Ich war ergriffen und erschöpft wie selten.

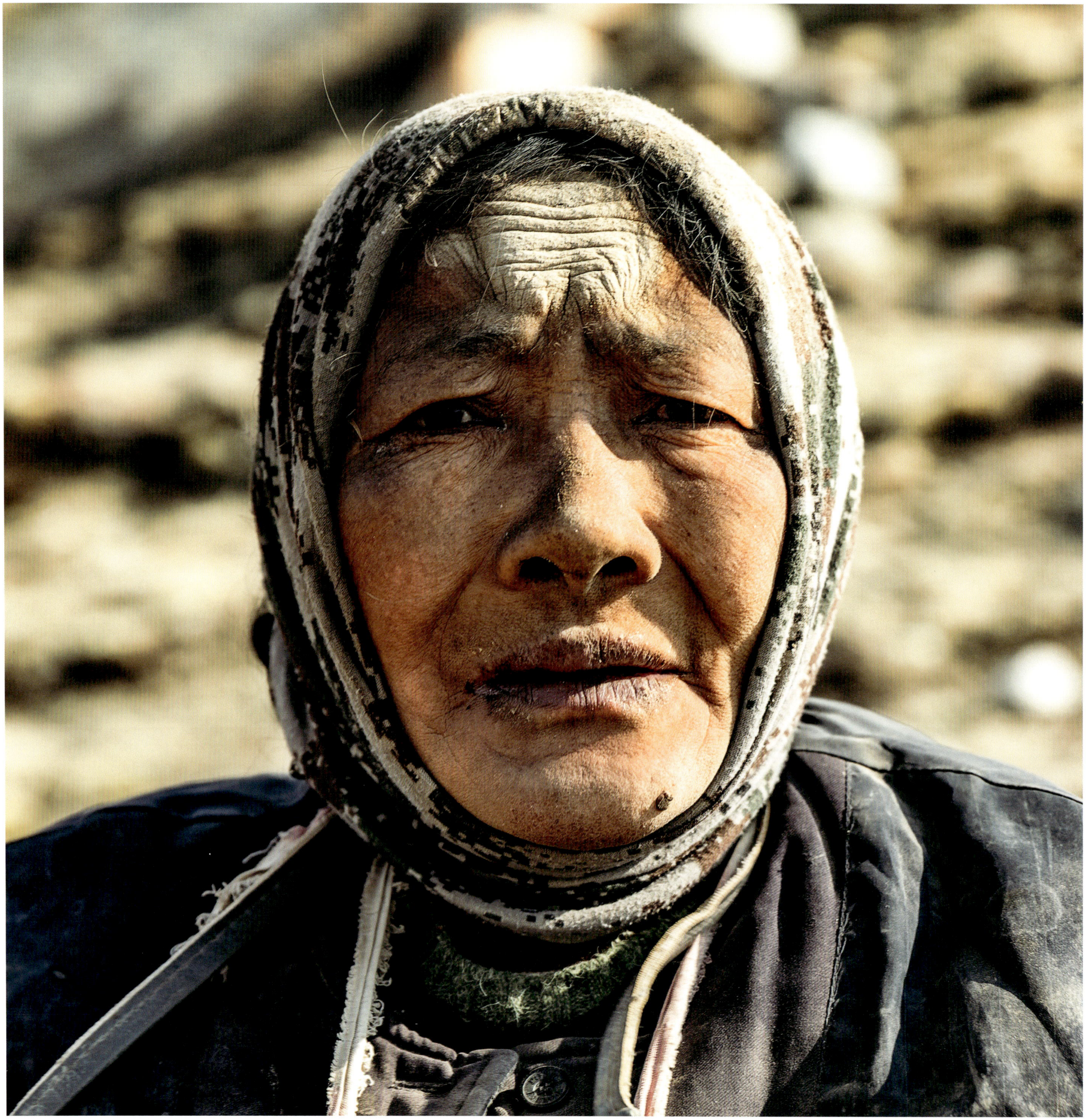

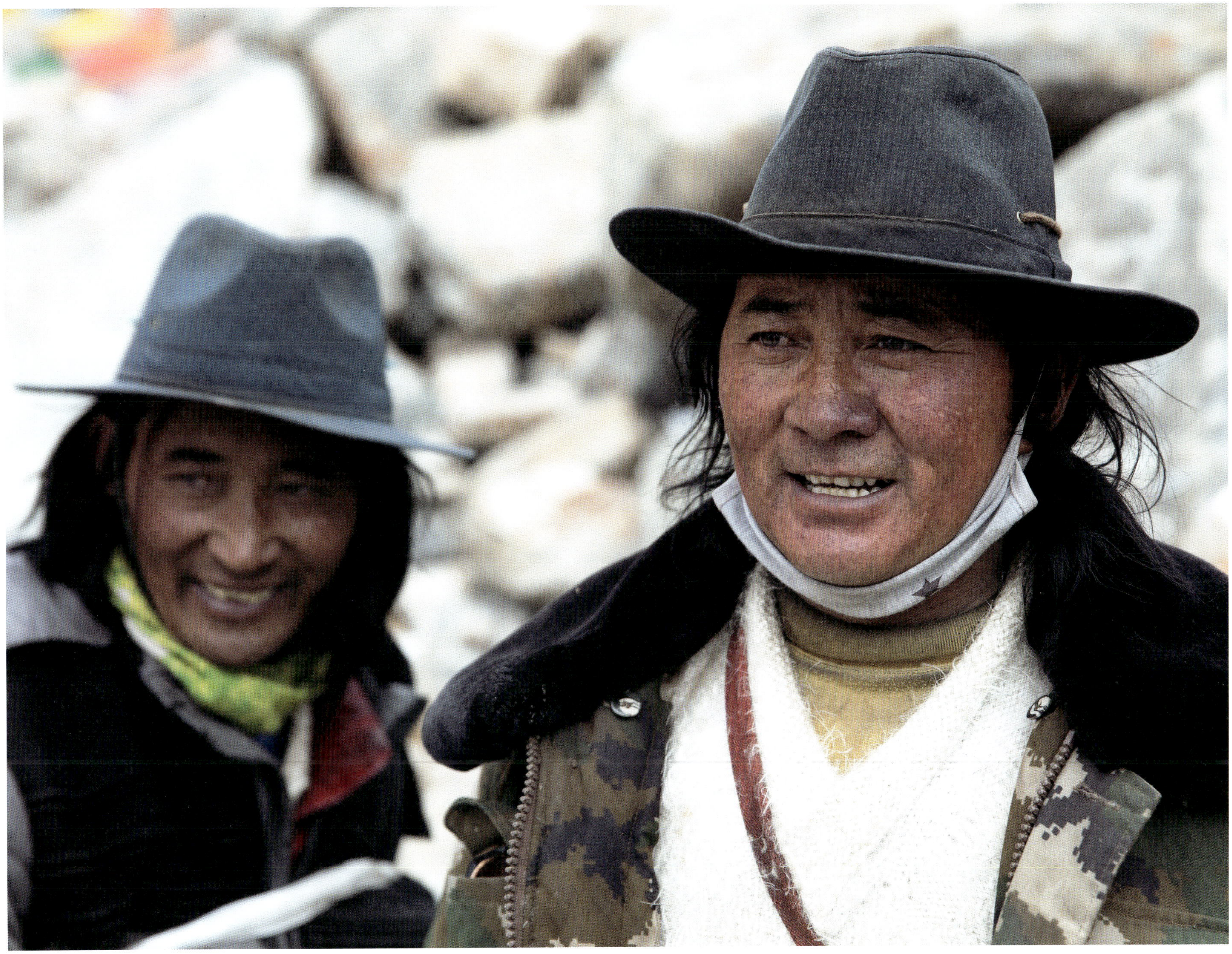

Umrundung des Kailash, Tibet
Einige tibetische Pilger wie diese Frau vermessen die Kora mit ihrer Körperlänge: Es wird im Liegen die Stirn auf den Boden gepresst und gebetet, sich aufgerichtet, drei bis fünf Schritte gegangen – und wieder im Liegen gebetet. So dauert die Umrundung zwei bis vier Wochen. Wegen des steinigen Bodens tragen diese Pilger Lederschürzen, Handschuhe und Knieschutz. Andere Pilger unterstützen sie mit Wasser und Essen.

Gefährten
Während unserer Tour begegnen wir manchen Pilgern immer wieder, es entsteht eine Zusammengehörigkeit. Am höchsten Punkt der Runde freuen sich Tibeter wie Westler gleichermaßen und gratulieren sich gegenseitig.

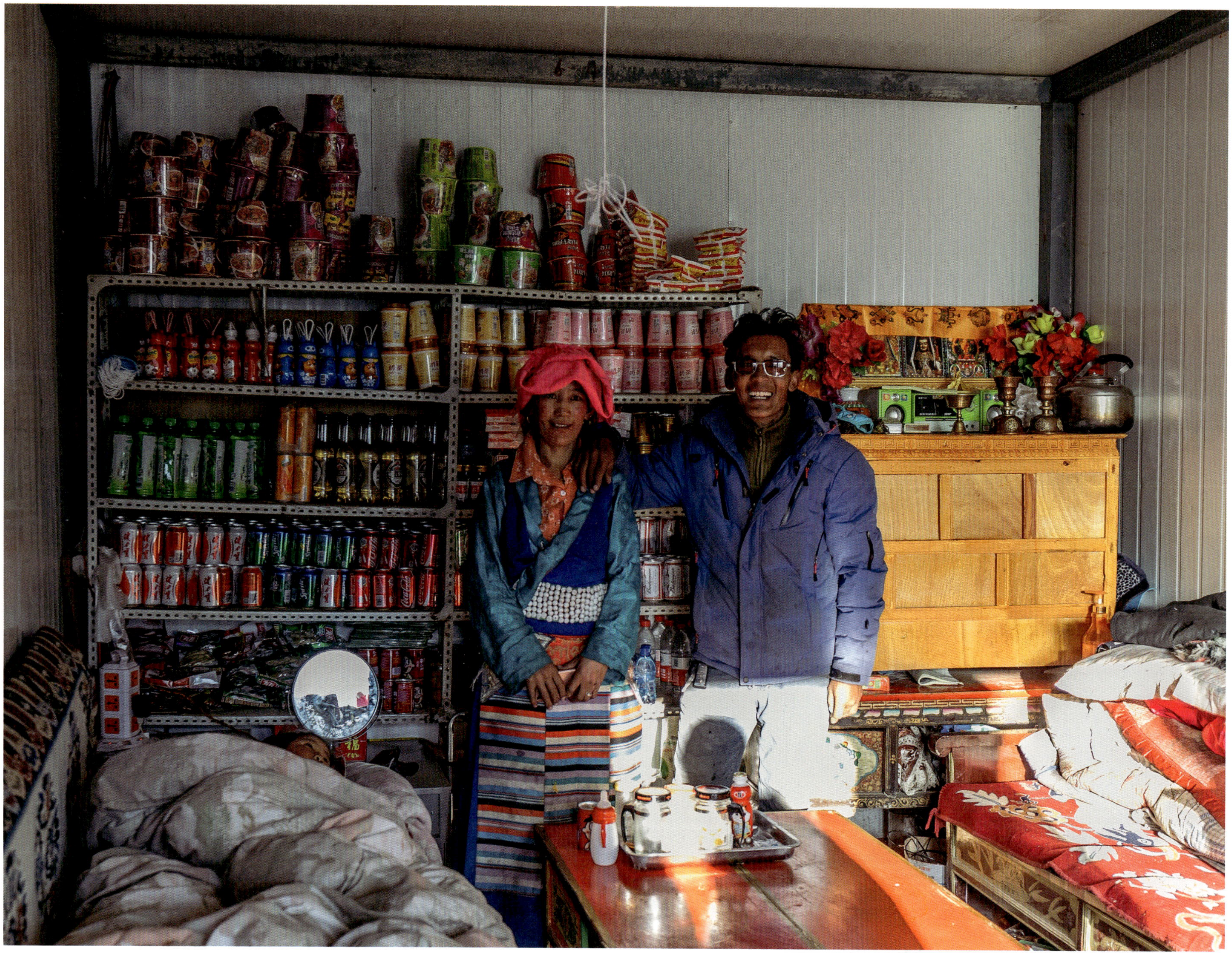

Umrundung des Kailash, Tibet
Nahe dieser Verpflegungsstation haben wir gezeltet und wurden mit Suppe und Brot versorgt. Da ich meinen Mini-Fotodrucker dabeihatte und so den Leuten Fotos von ihnen schenken konnte, wurde noch die Tochter der Familie dazugeholt – und posierte ganz bezaubernd.

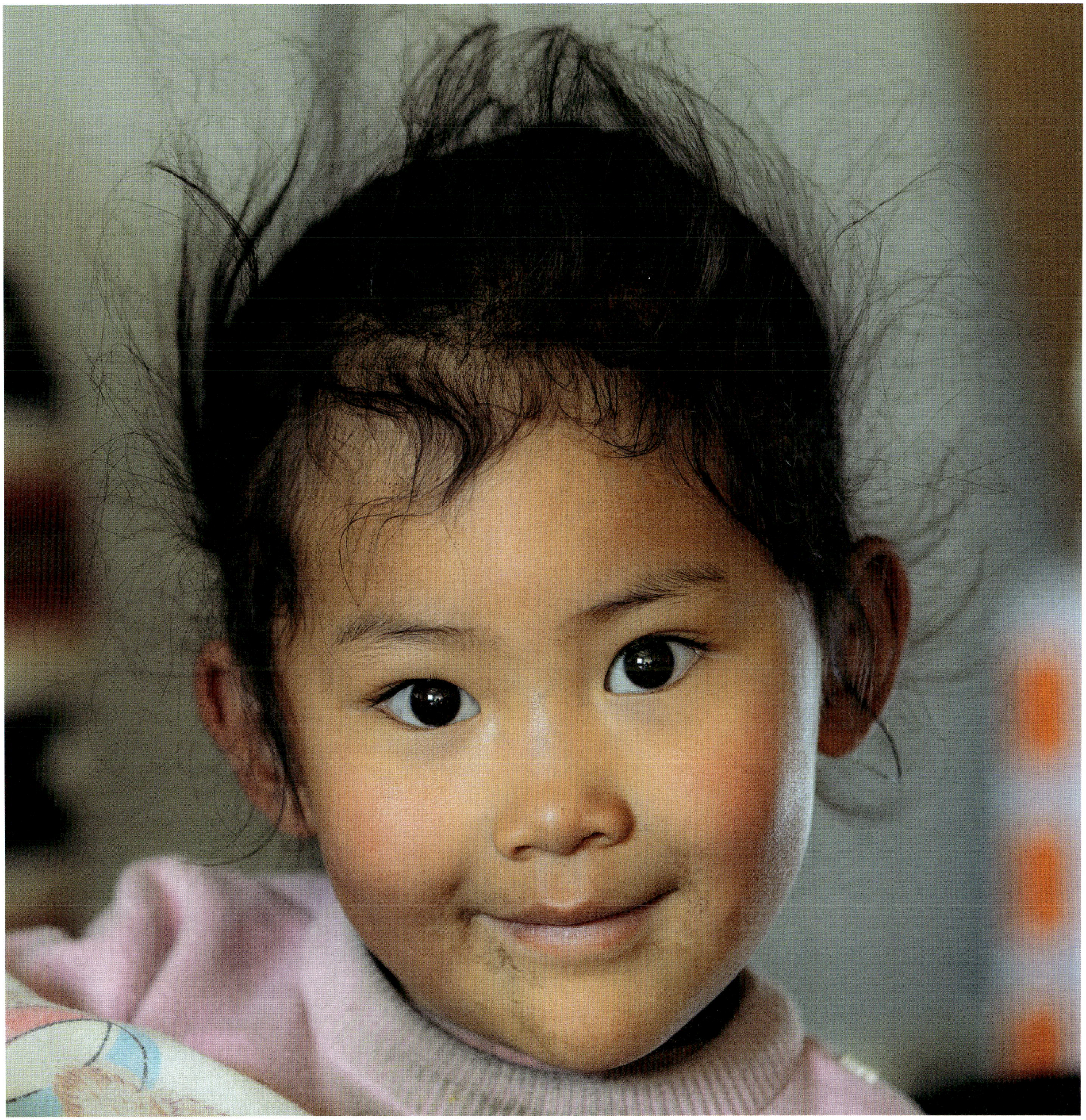

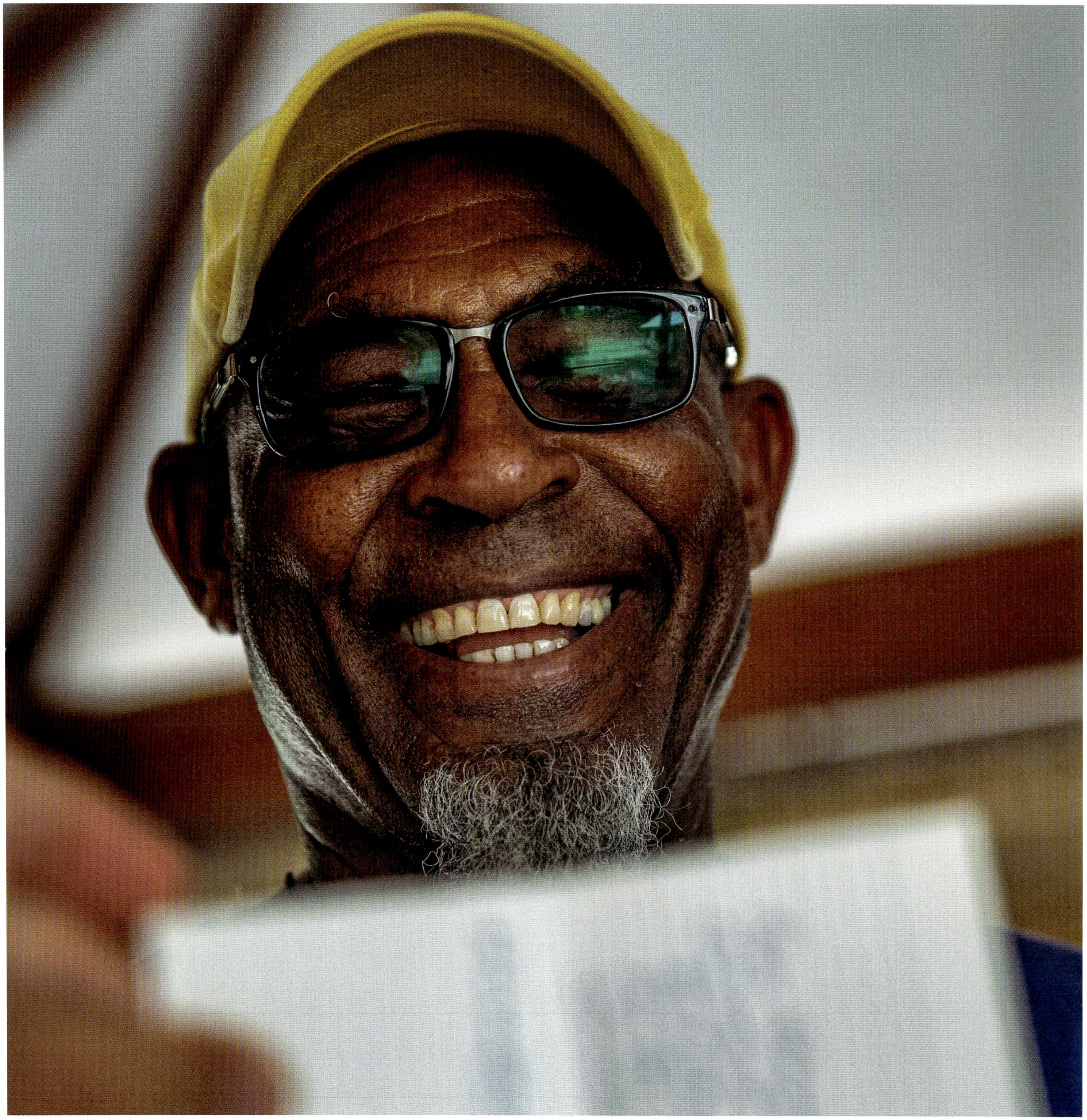

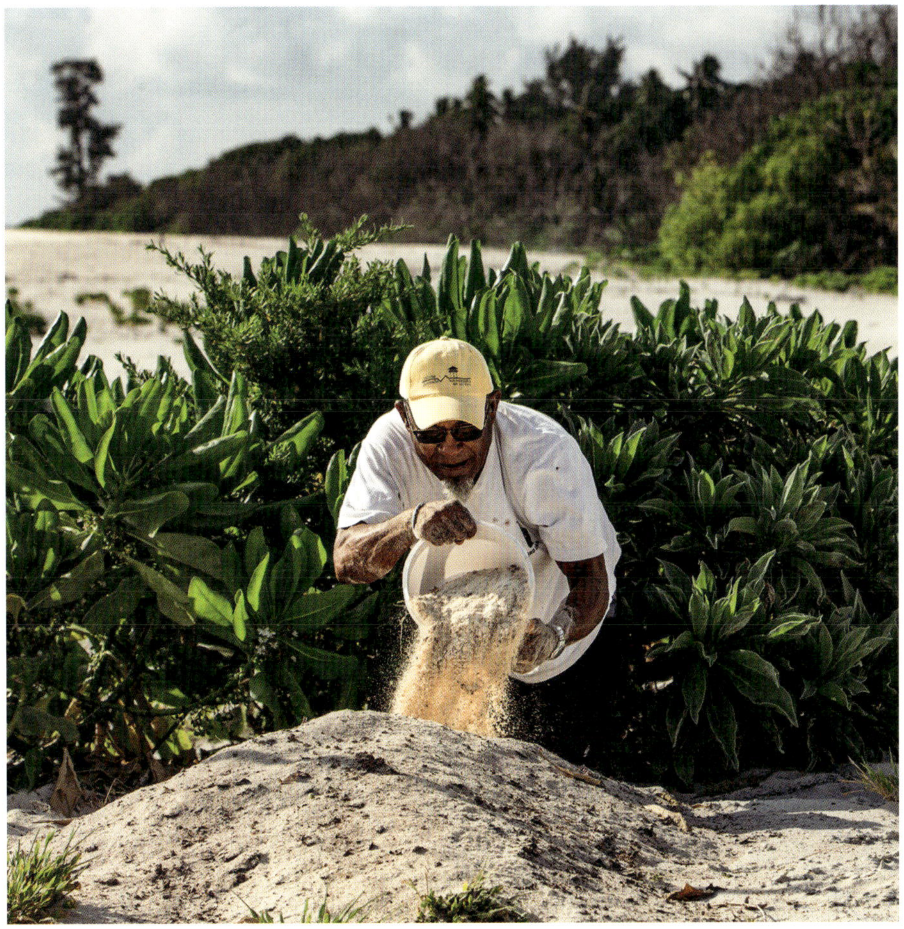

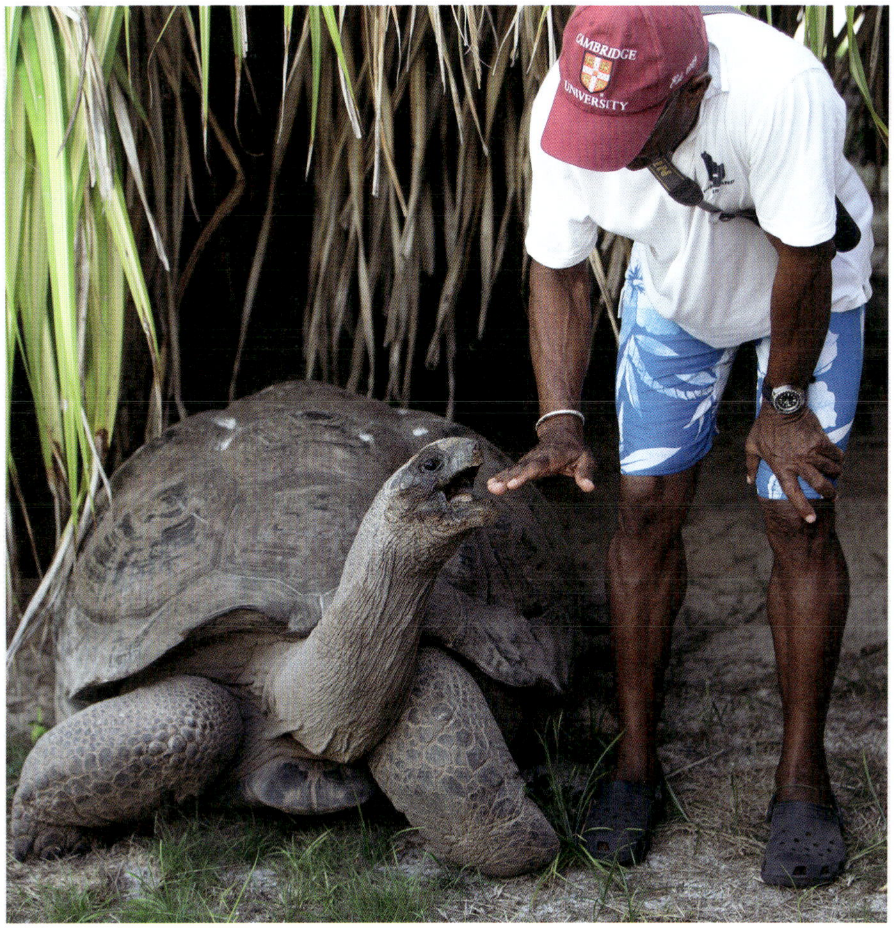

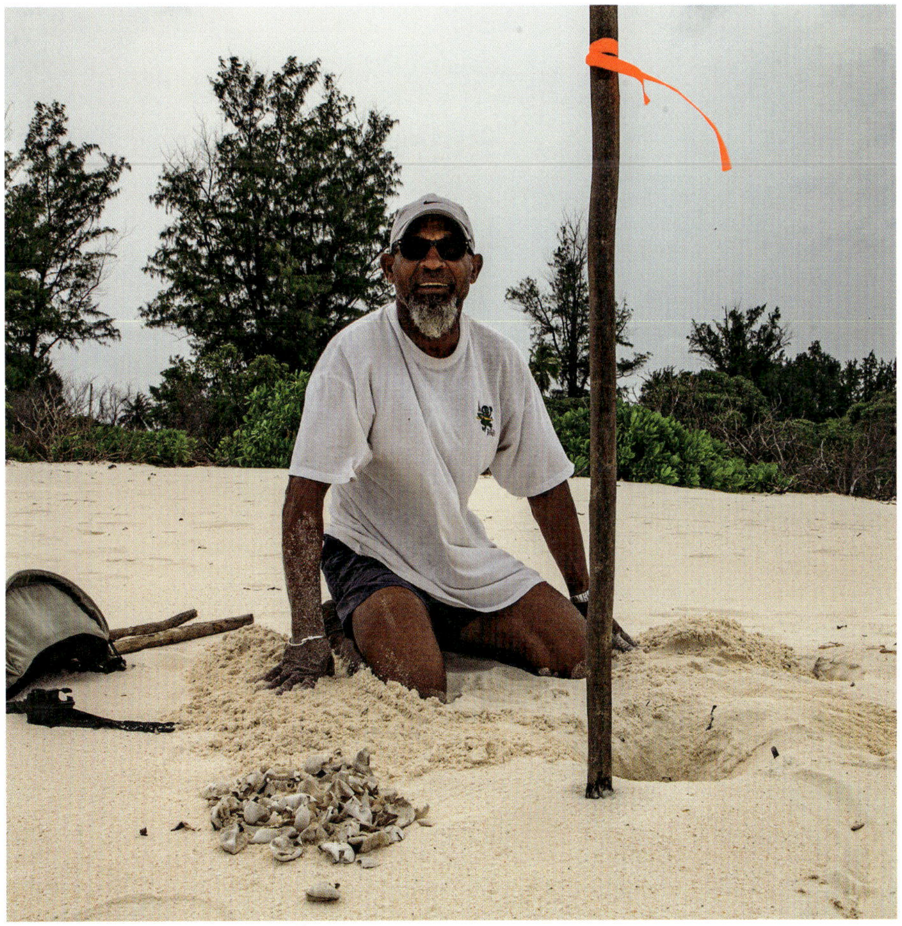

Der Schildkrötenmann, Seychellen
Auf der privaten Insel Bird Island war Roby Bresson lange Jahre zuständig für den Schutz der vielen Vögel sowie der Meeres- und Landschildkröten – darunter auch die 300 Kilo schwere »Esmeralda«, deren Alter zwischen 90 und 250 Jahren geschätzt wird. Roby ist inzwischen in Pension.

Folgende Doppelseite:
Wenig Mensch, viel Natur
Rick Matheson am Kakweiken River, British Columbia, Kanada.

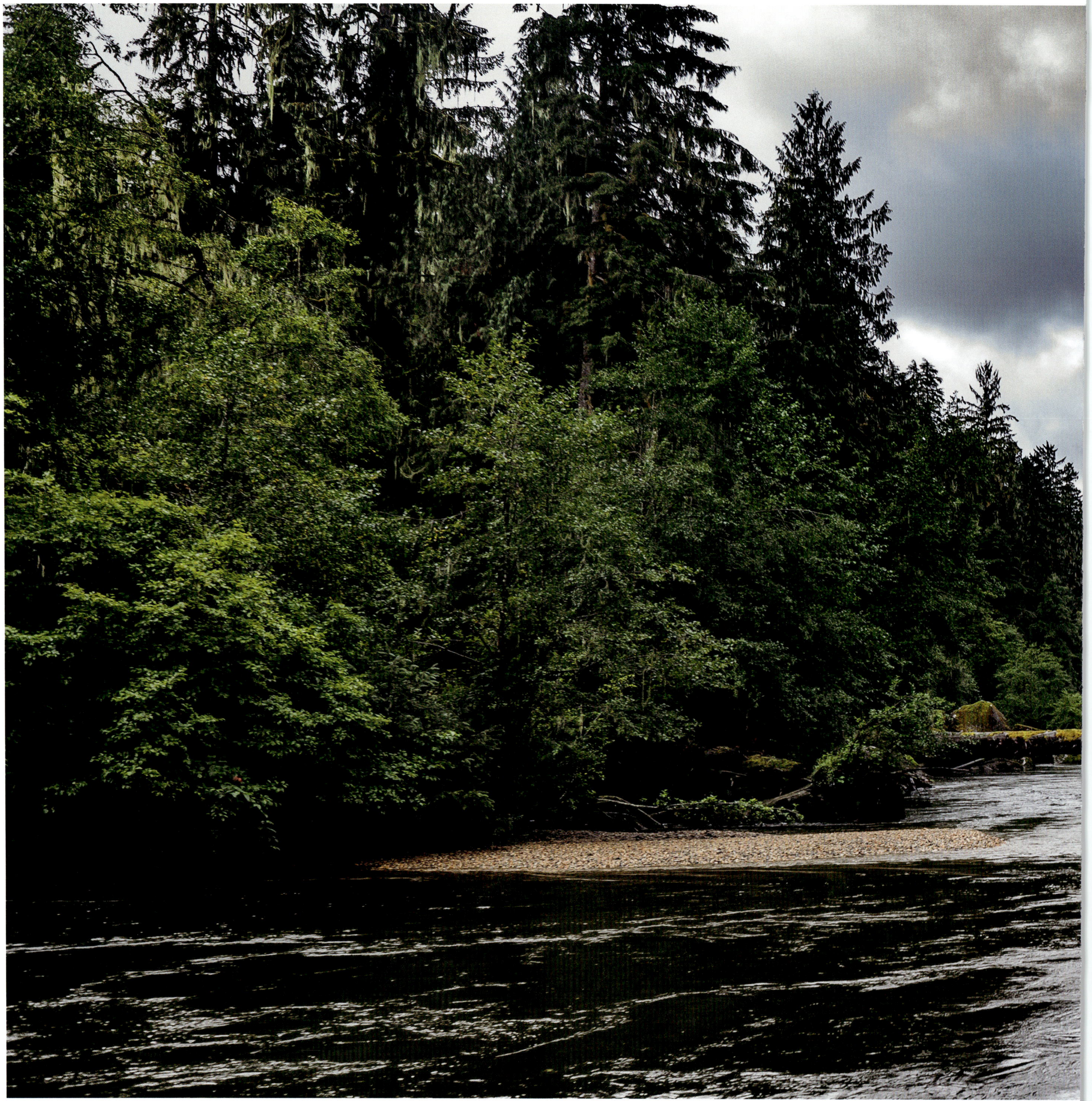

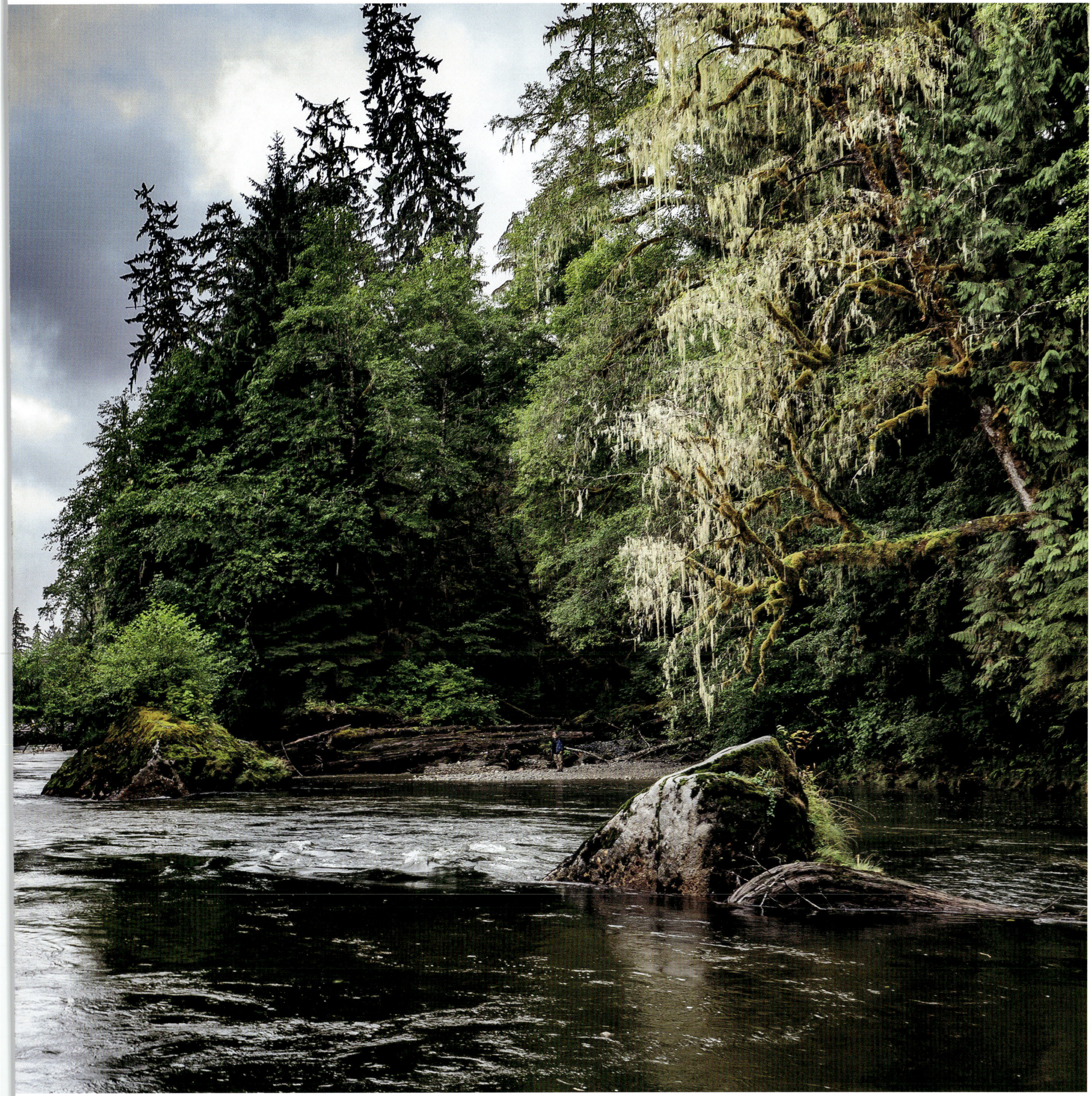

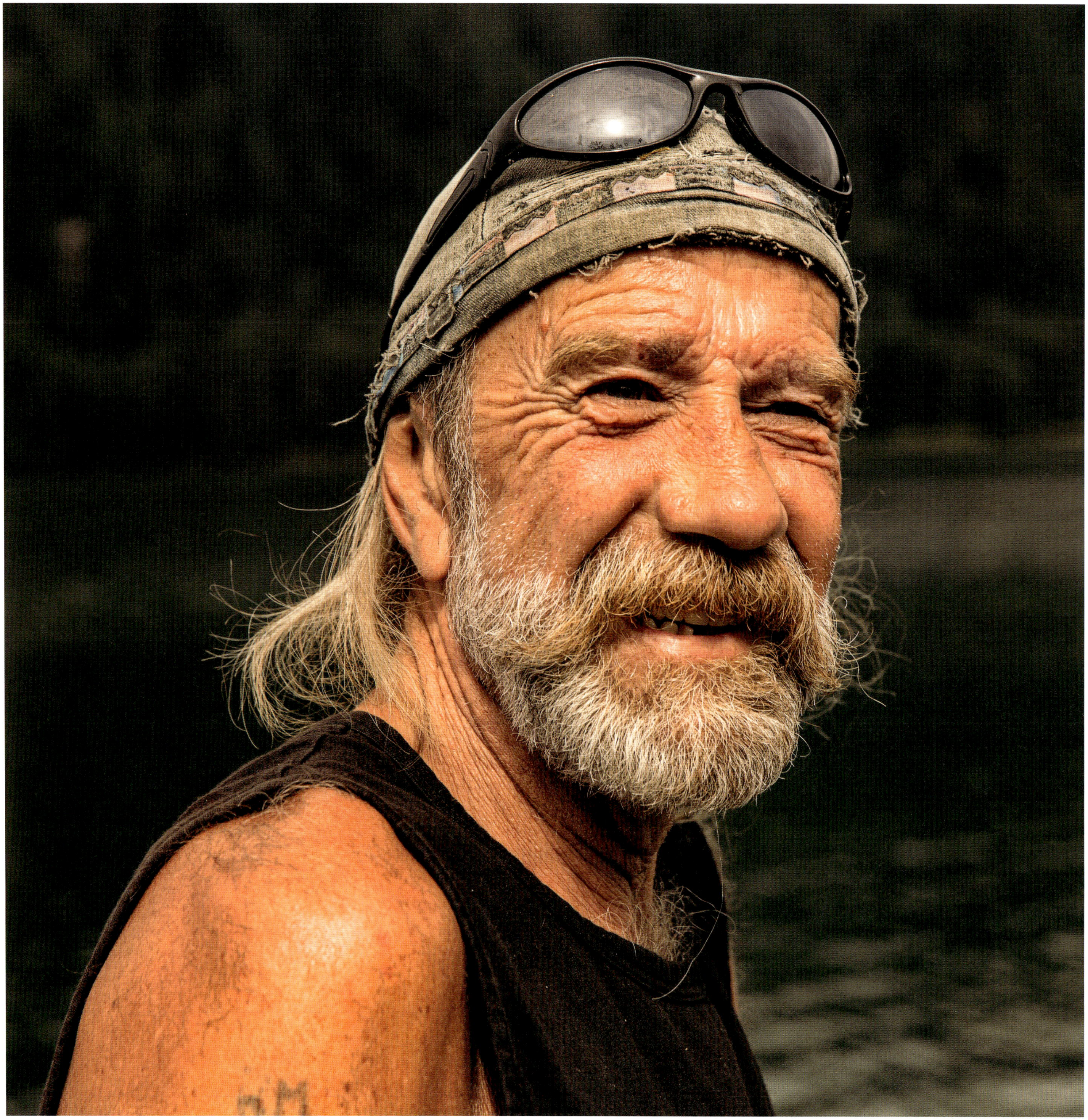

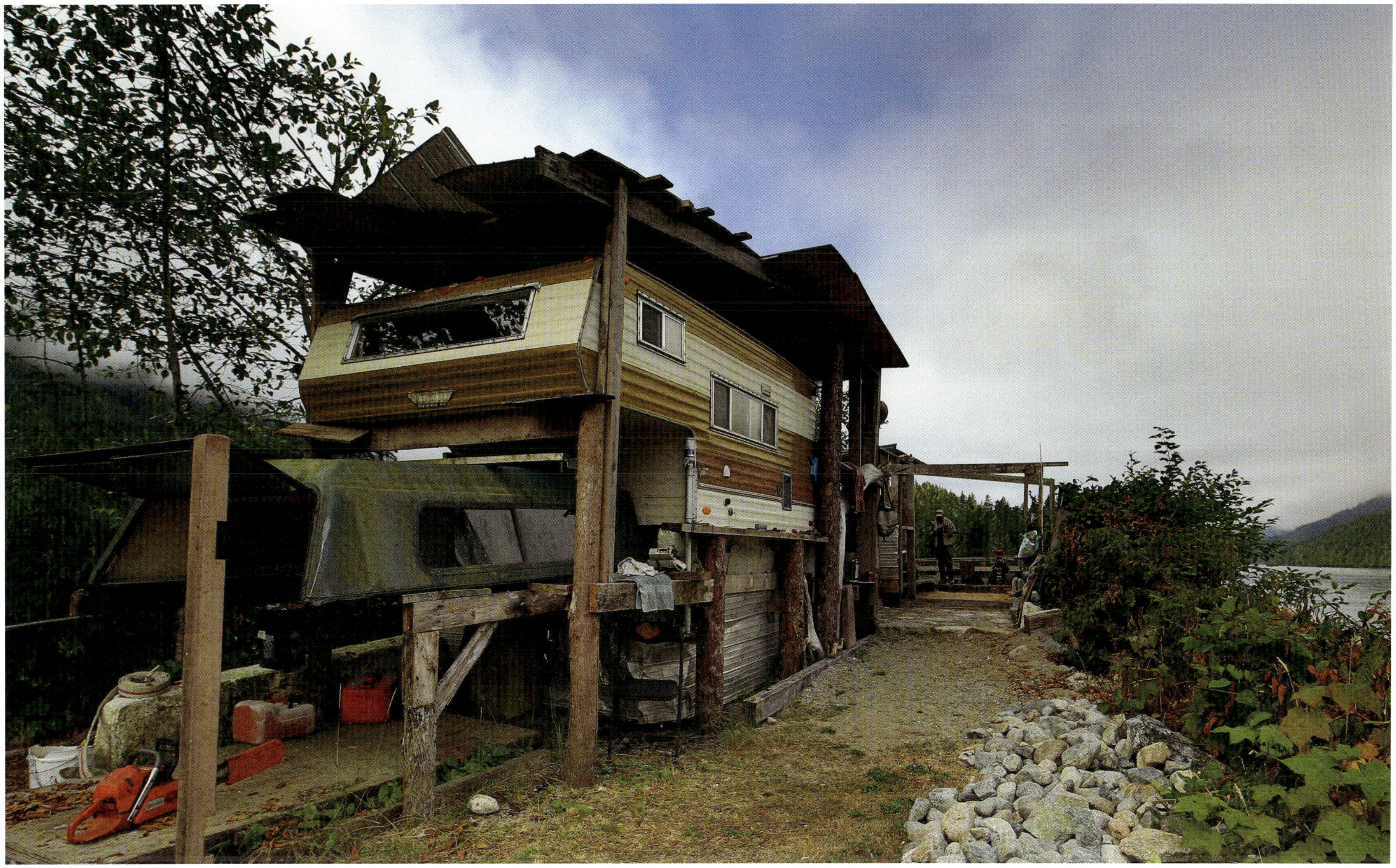

Trapper Rick, Kanada

Rick Matheson ist eine der schillerndsten Persönlichkeiten, die ich kennenlernen durfte. Nach einer ziemlich bewegten Jugend ist er vor 30 Jahren am Thompson Sound gelandet – dieser liegt im Küstenregenwald nördlich von Vancouver Island in völliger Abgeschiedenheit.

Rick ist Trapper, Naturschützer und Wildnisguide, er führt Fotografen zu Grizzlys und Angler zu Lachsen. Wer ihn besuchen will, fährt erst einmal mit dem Boot bis zu einer Anlegestelle, wo Rick ein etwas improvisiertes Empfangsgebäude errichtet hat.

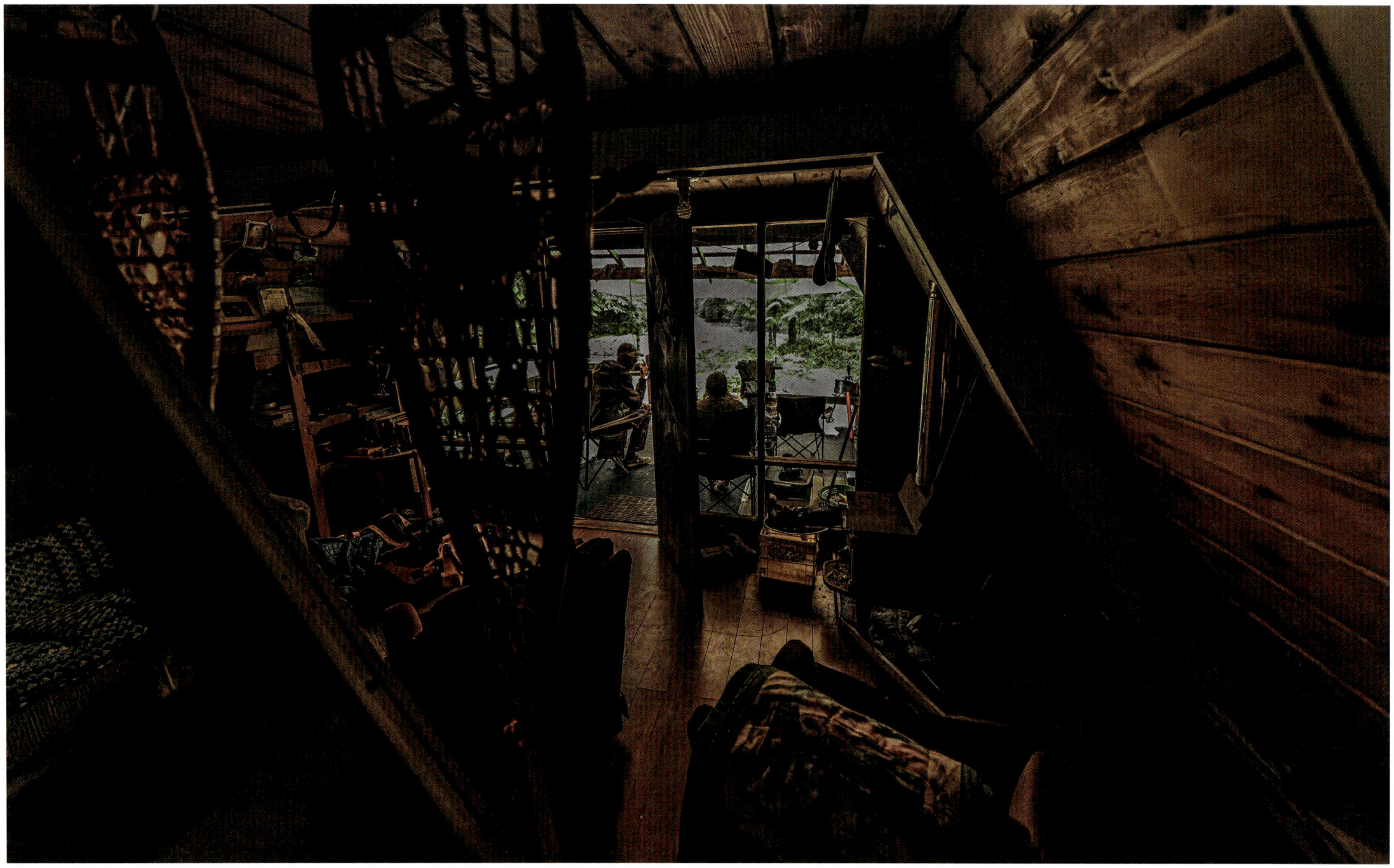

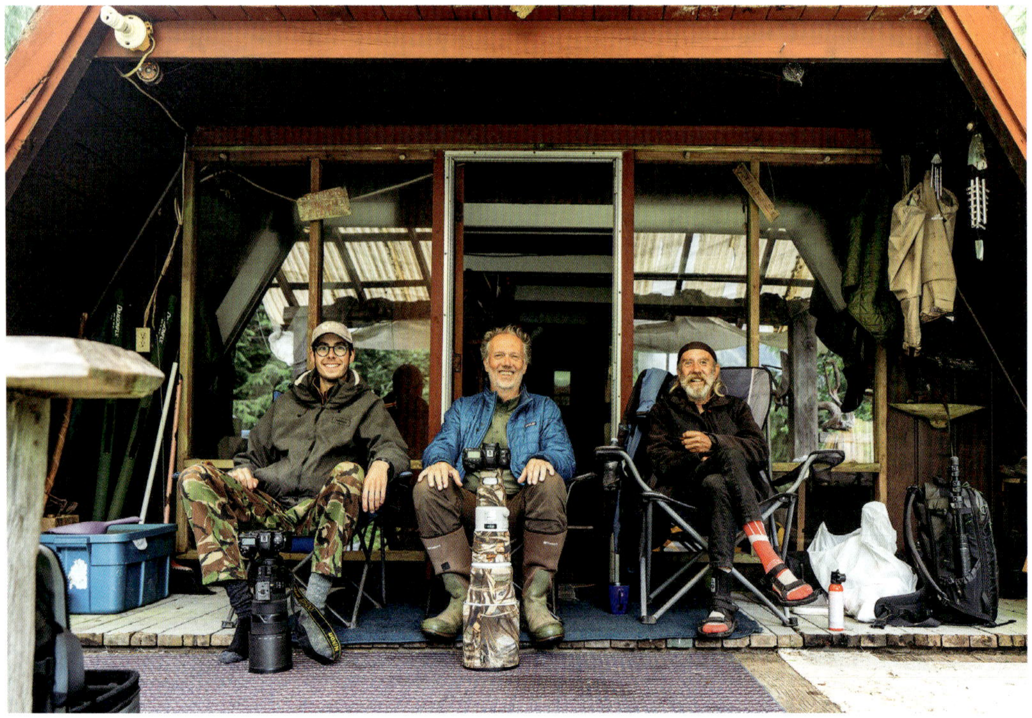

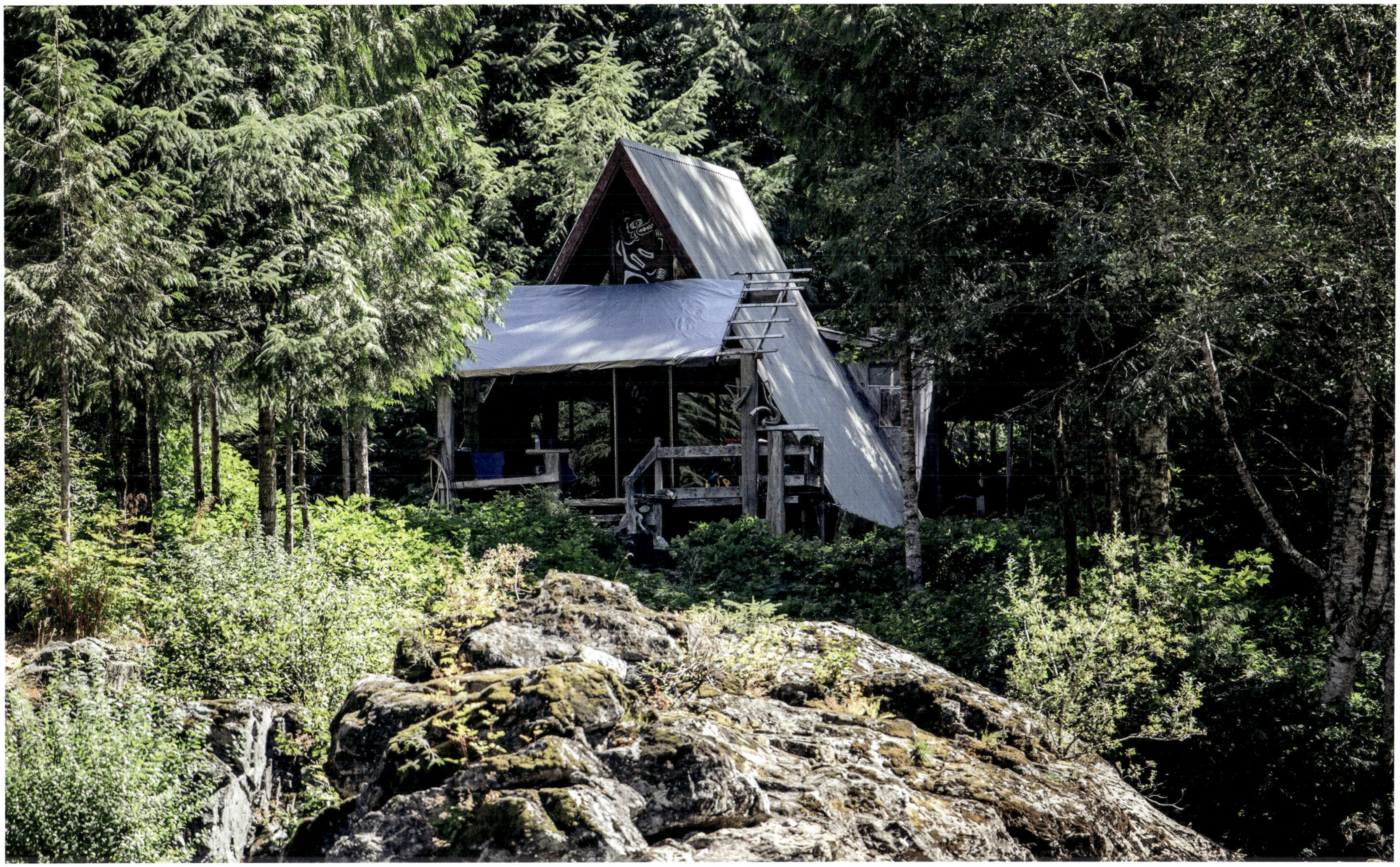

Rick's Cabin

Von der Anlegestelle (siehe auch Seite 211) sind es etwa acht Kilometer Fußmarsch bis zu Ricks eigentlicher Hütte – ein traumhafter Ort.

Wenn Rick einen sympathisch findet, darf man hier übernachten. Darum grinsen Fotograf Felix Rome und ich auch so zufrieden.

Die Kamera-Akkus sollte man übrigens vorher laden, Strom oder gar Internet gibt es natürlich nicht.

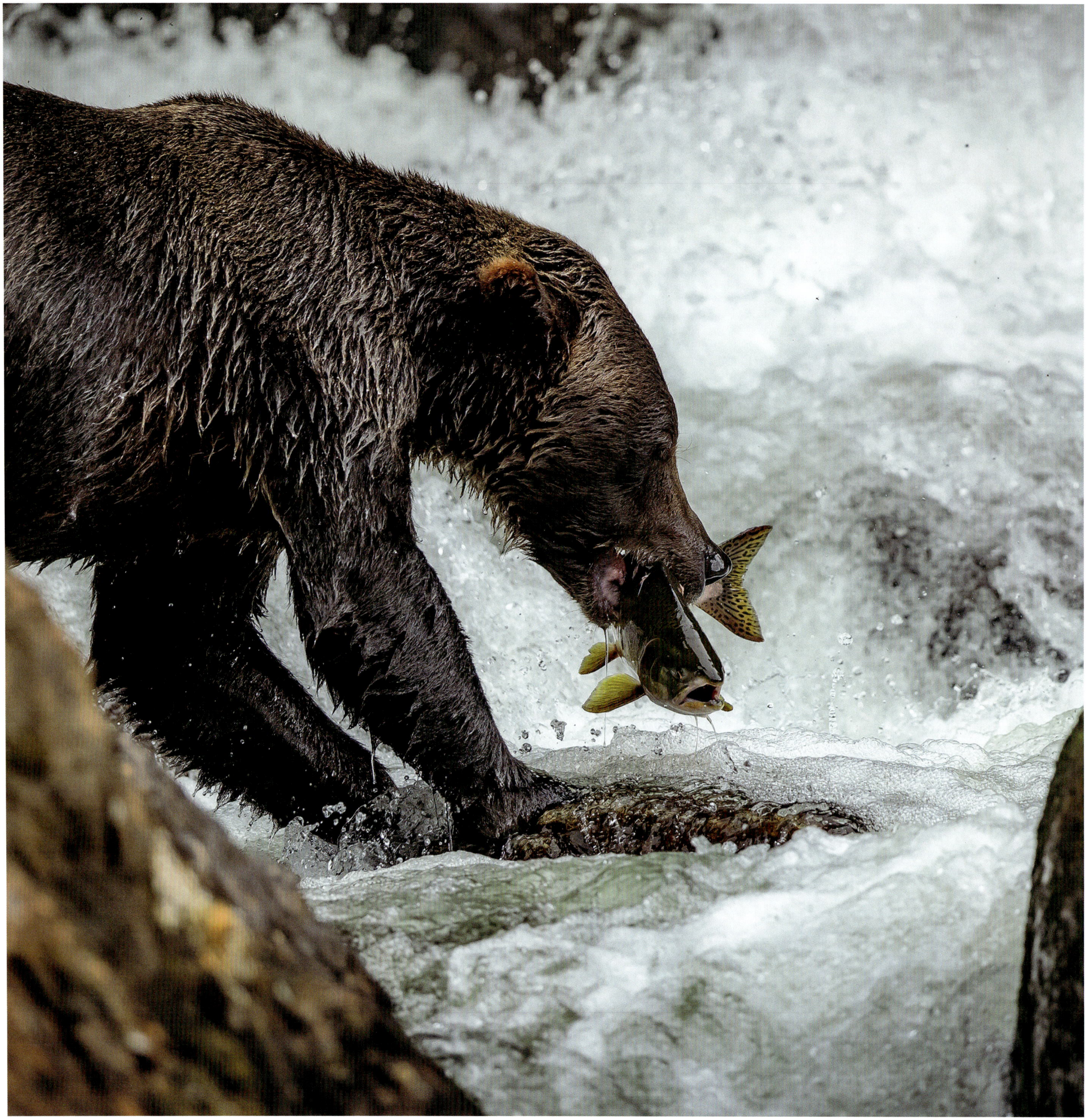

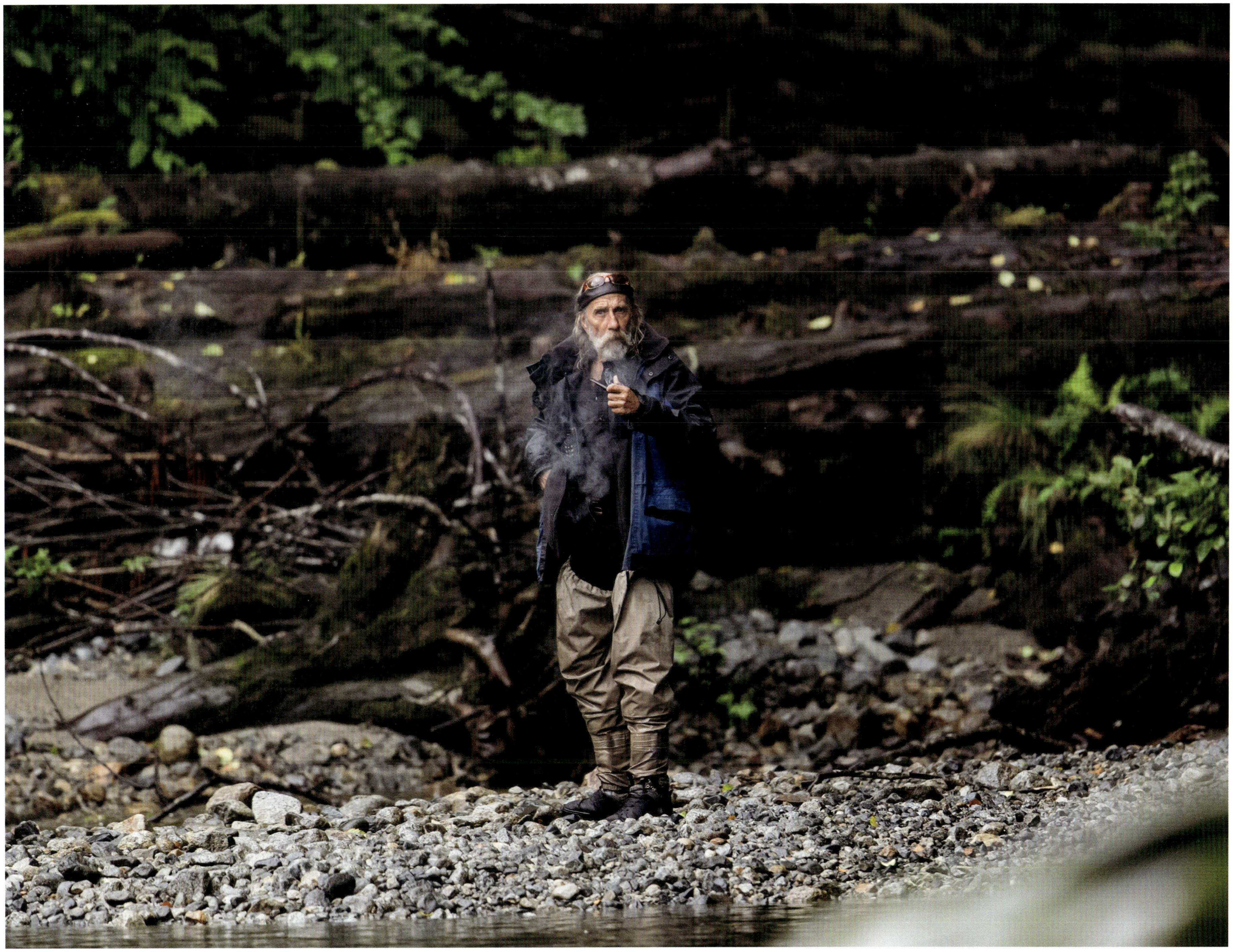

Bären, Lachse und Rauchsignale
Wo Lachse sind, da freuen sich die Bären – und wo Bären sind, freuen sich die Fotografen. Ricks Geheimrezept gegen ungewollte Grizzly-Begegnungen ist sein Pfeifchen: »Da riechen sie mich schon lange, bevor sie mich sehen.«

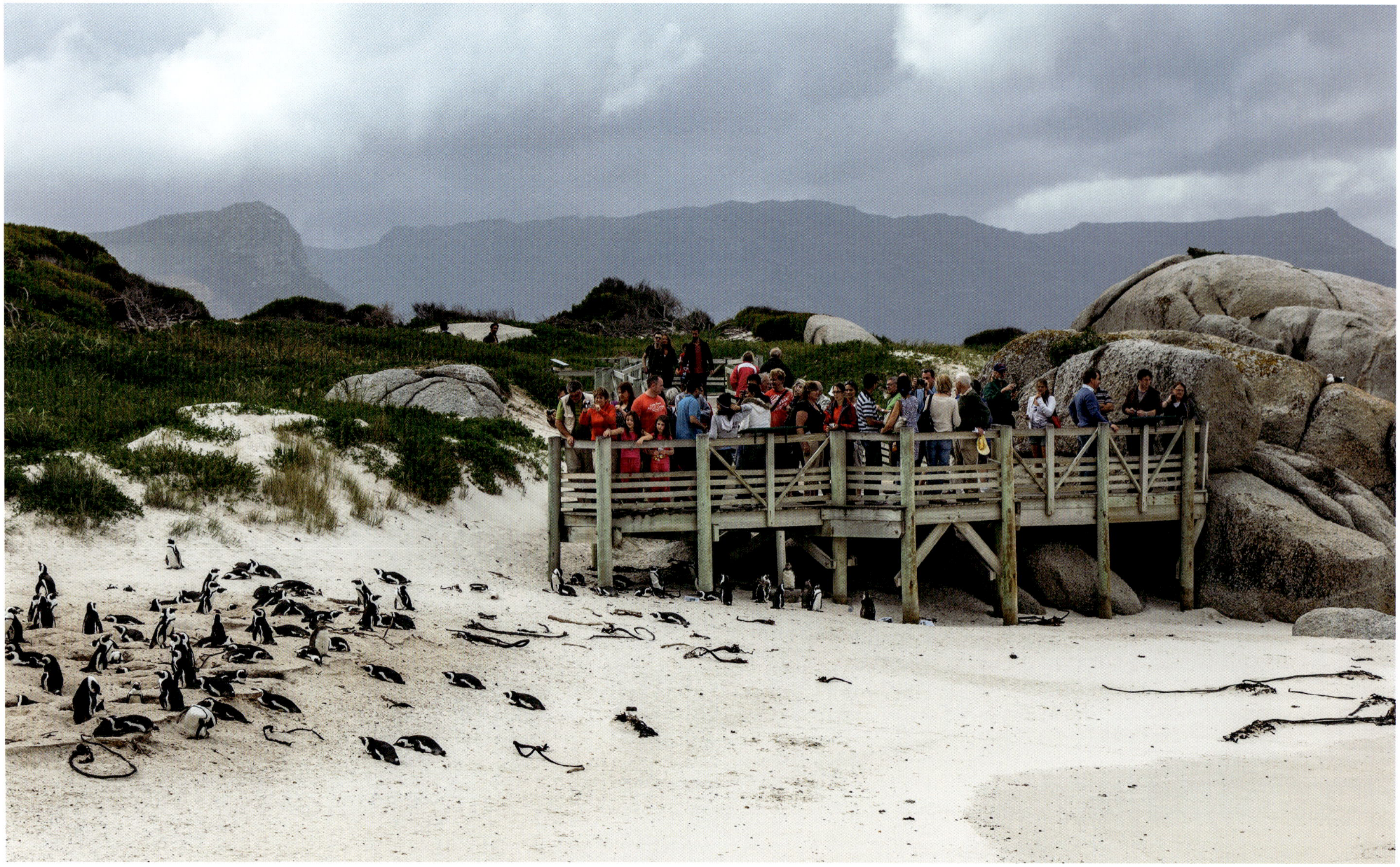

Touristen und Pinguine, Südafrika
Artenschutz kann auch lustig sein. Nahe Kapstadt haben die lokalen Zwergpinguine freie Bahn, das Zoo-Prinzip wird umgekehrt: Eingezäunt sind hier die Touristen.

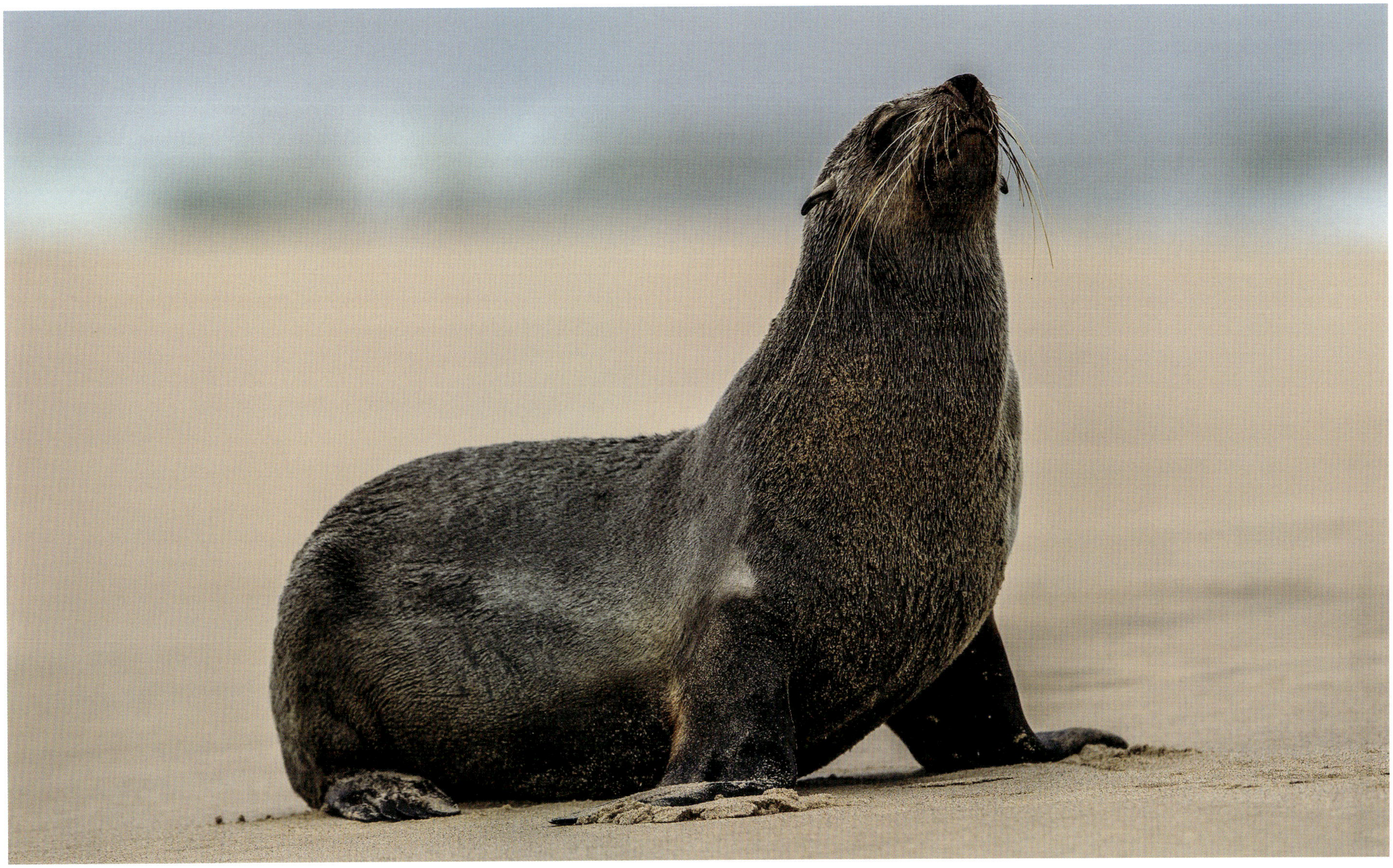

Südafrikanischer Seebär, Namibia
Hier sehen wir einen Seebären.

Auf der nächsten Doppelseite sehen wir ein paar Seebären mehr.

Bis zu 250.000 Tiere versammeln sich im Robbenreservat Kreutzkap. Ihren Geruch kann man nicht fotografieren – und das ist ganz gut so ;-)

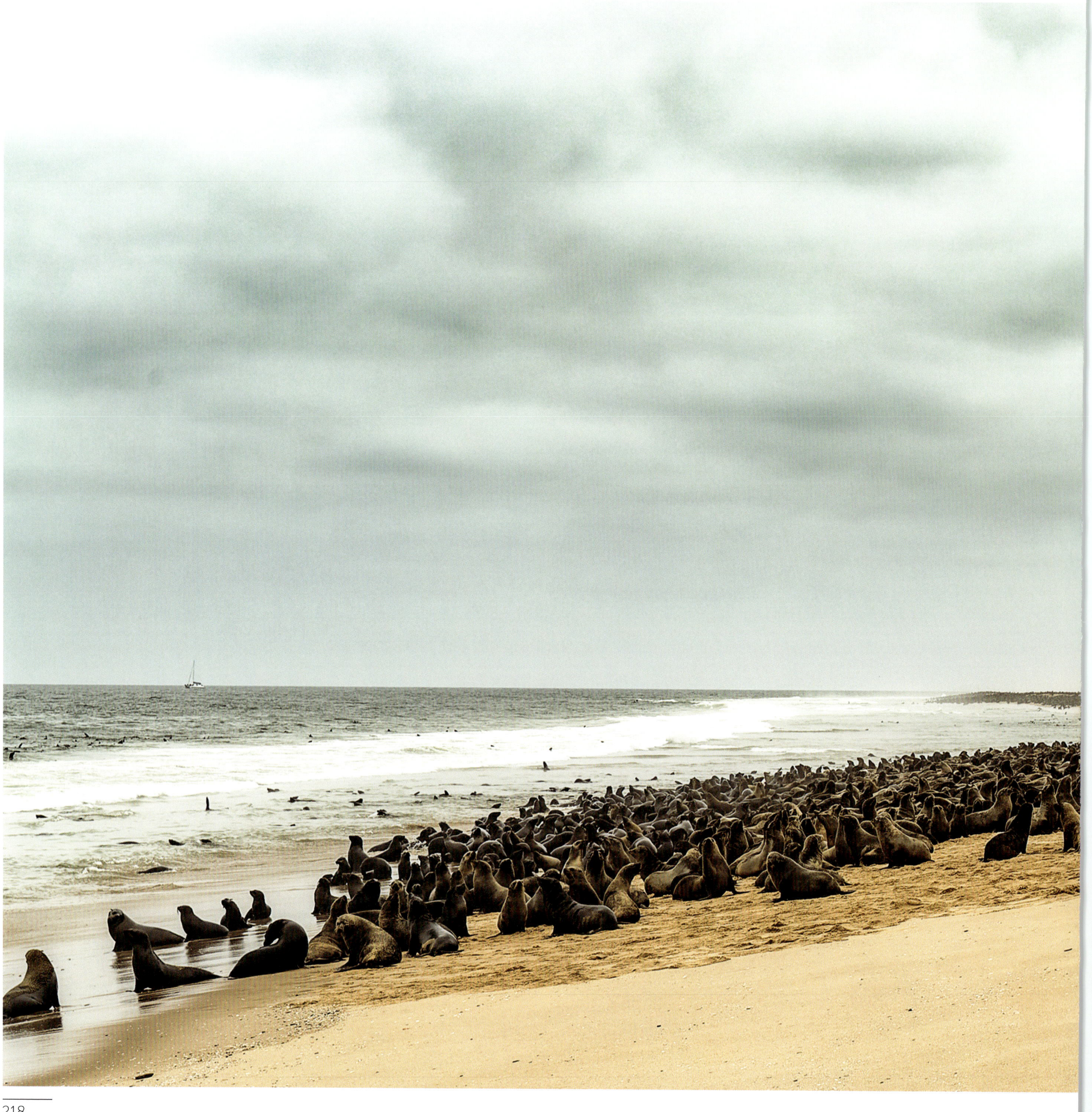

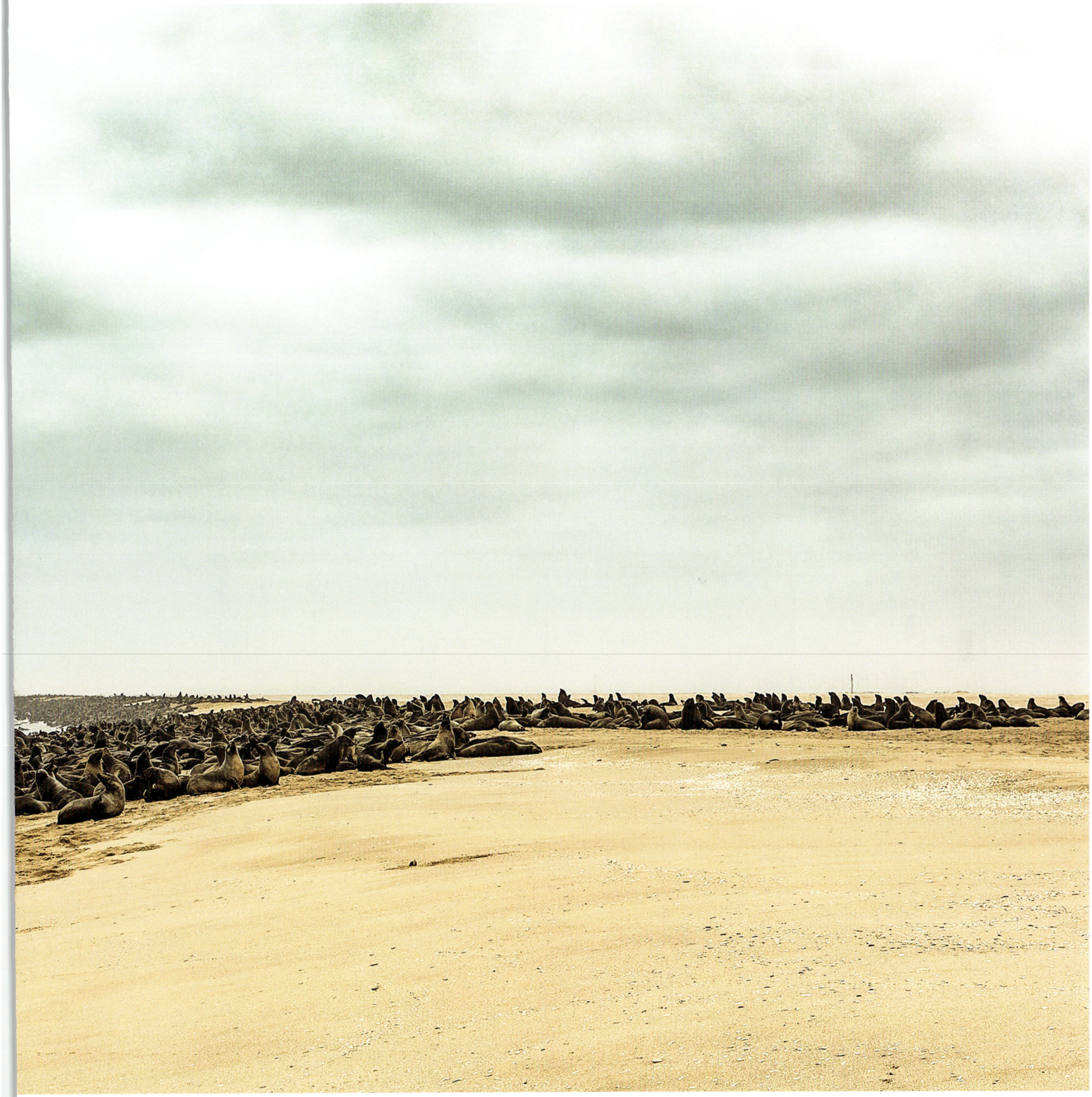

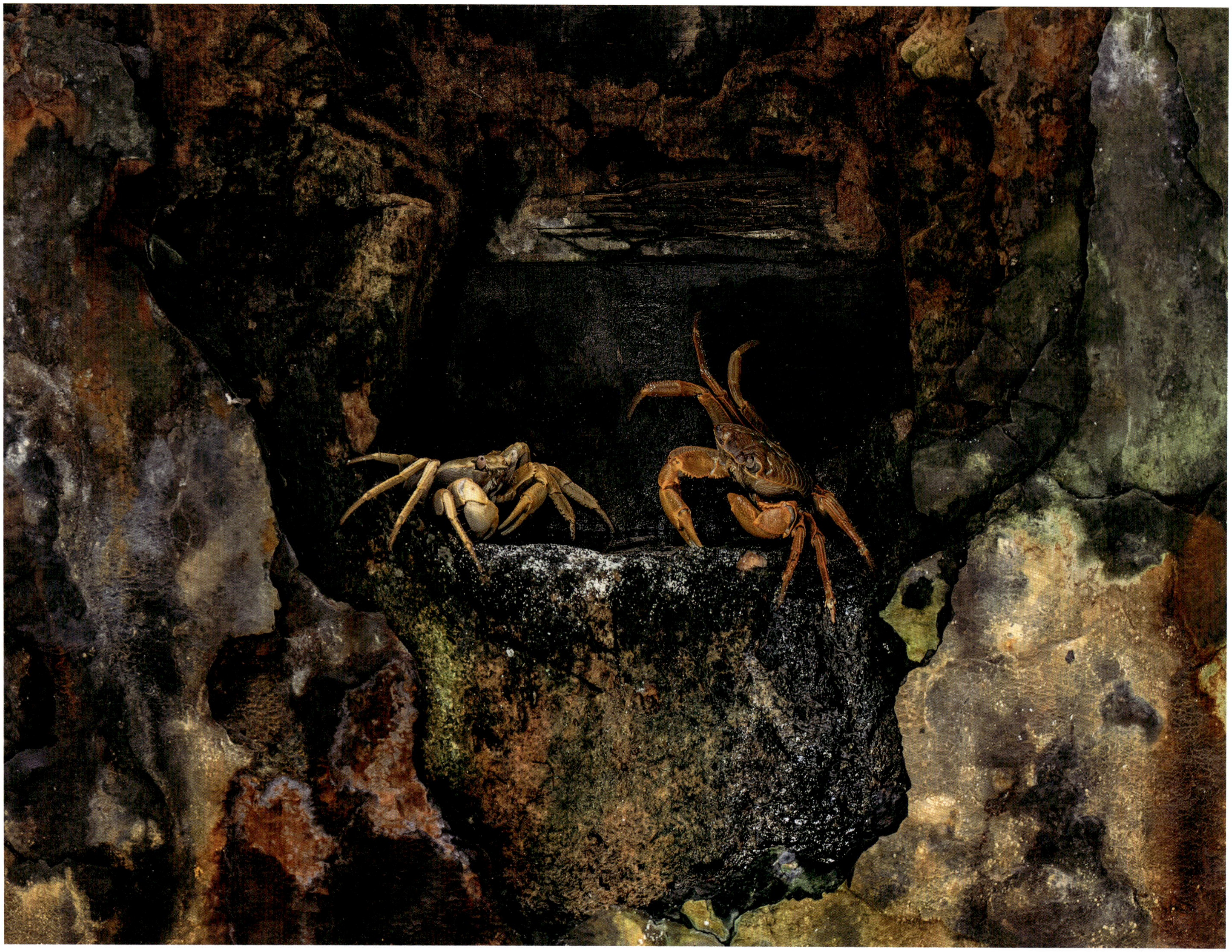

Mangrovenkrabben tummeln sich an einem Wrack **I Seychellen**

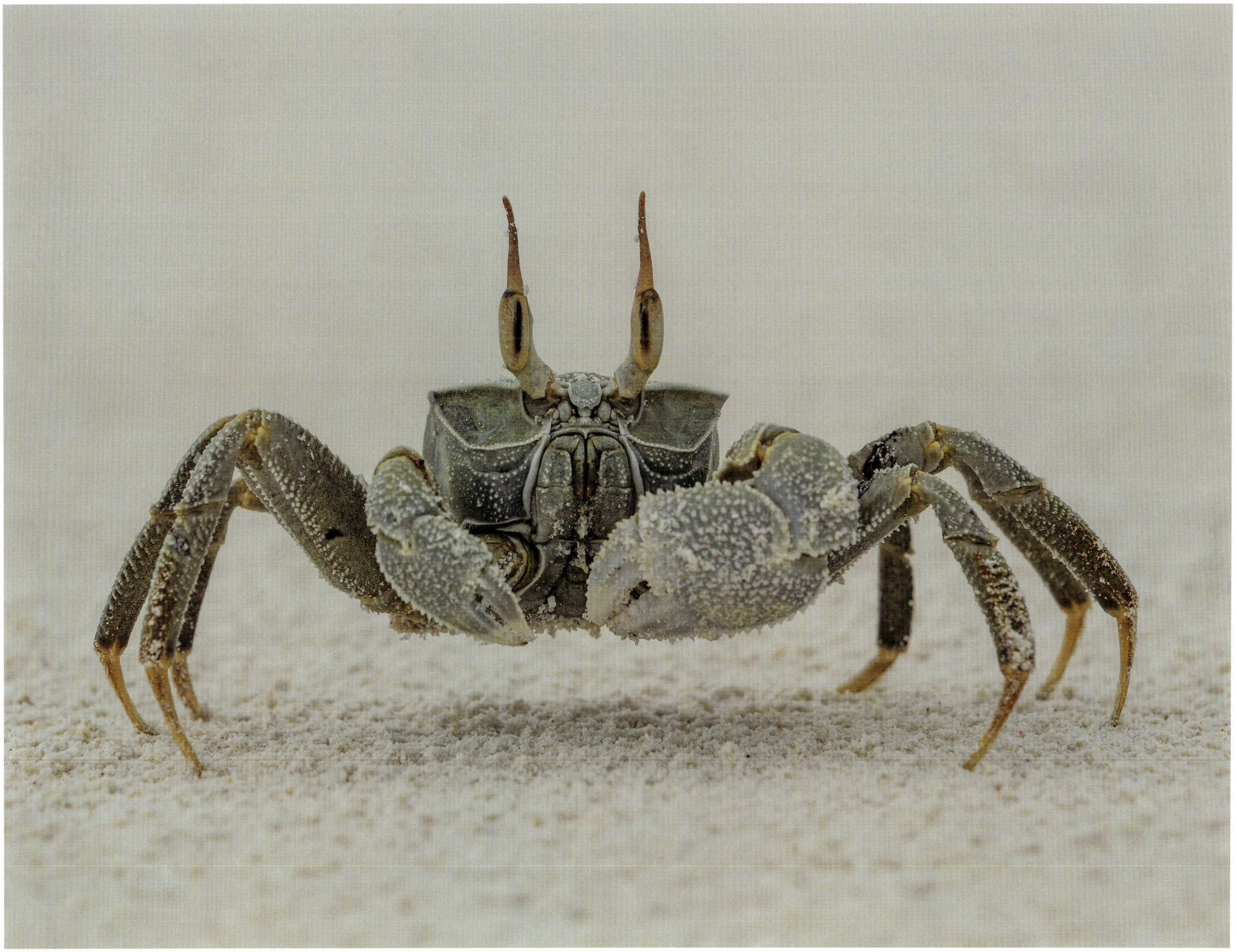

Treffender Name: die Gehörnte Geisterkrabbe I **Seychellen**

Folgende Doppelseite:
Schwarztupfen-Pompanos surfen in der Brandung I **Seychellen**.

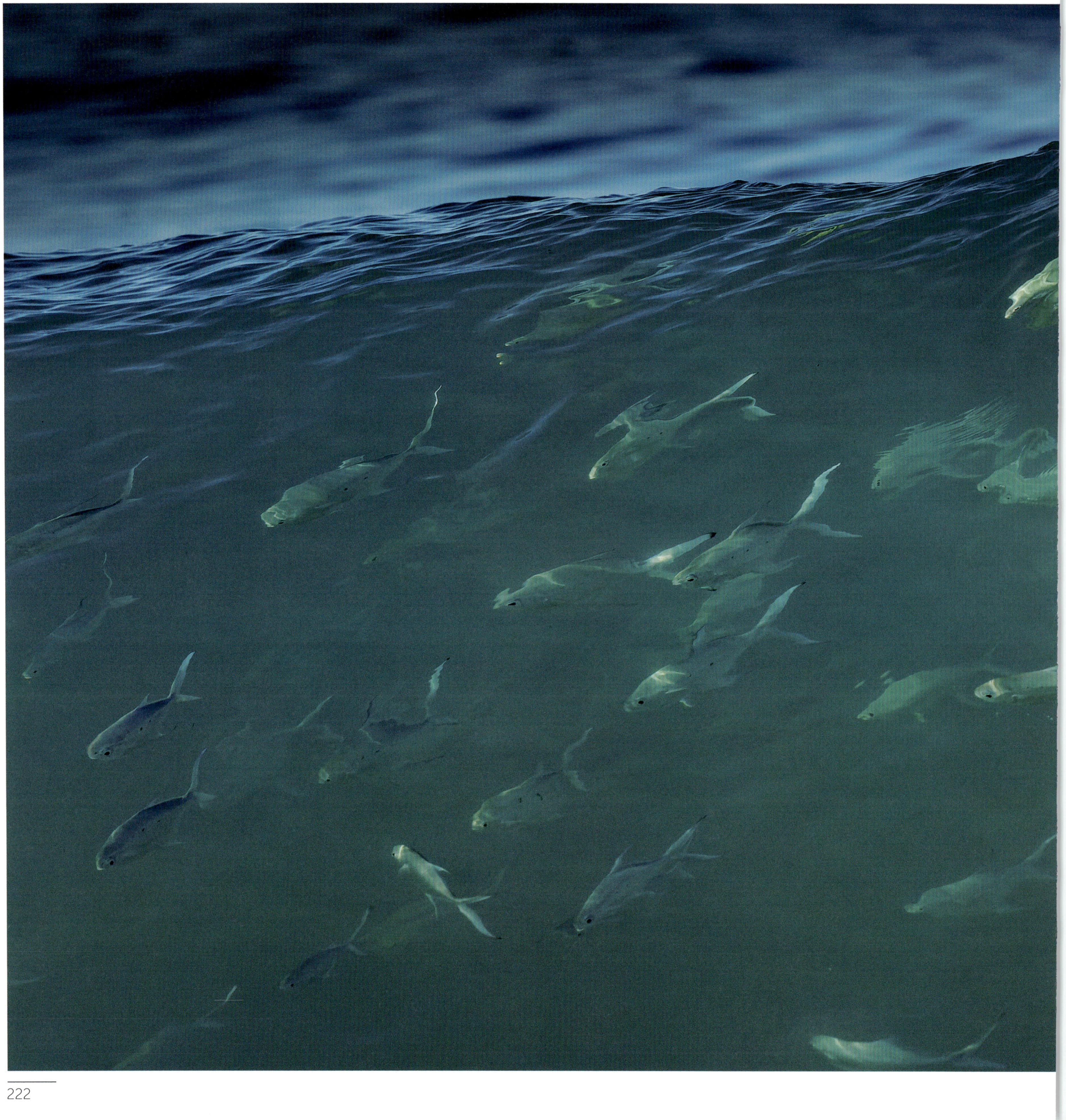

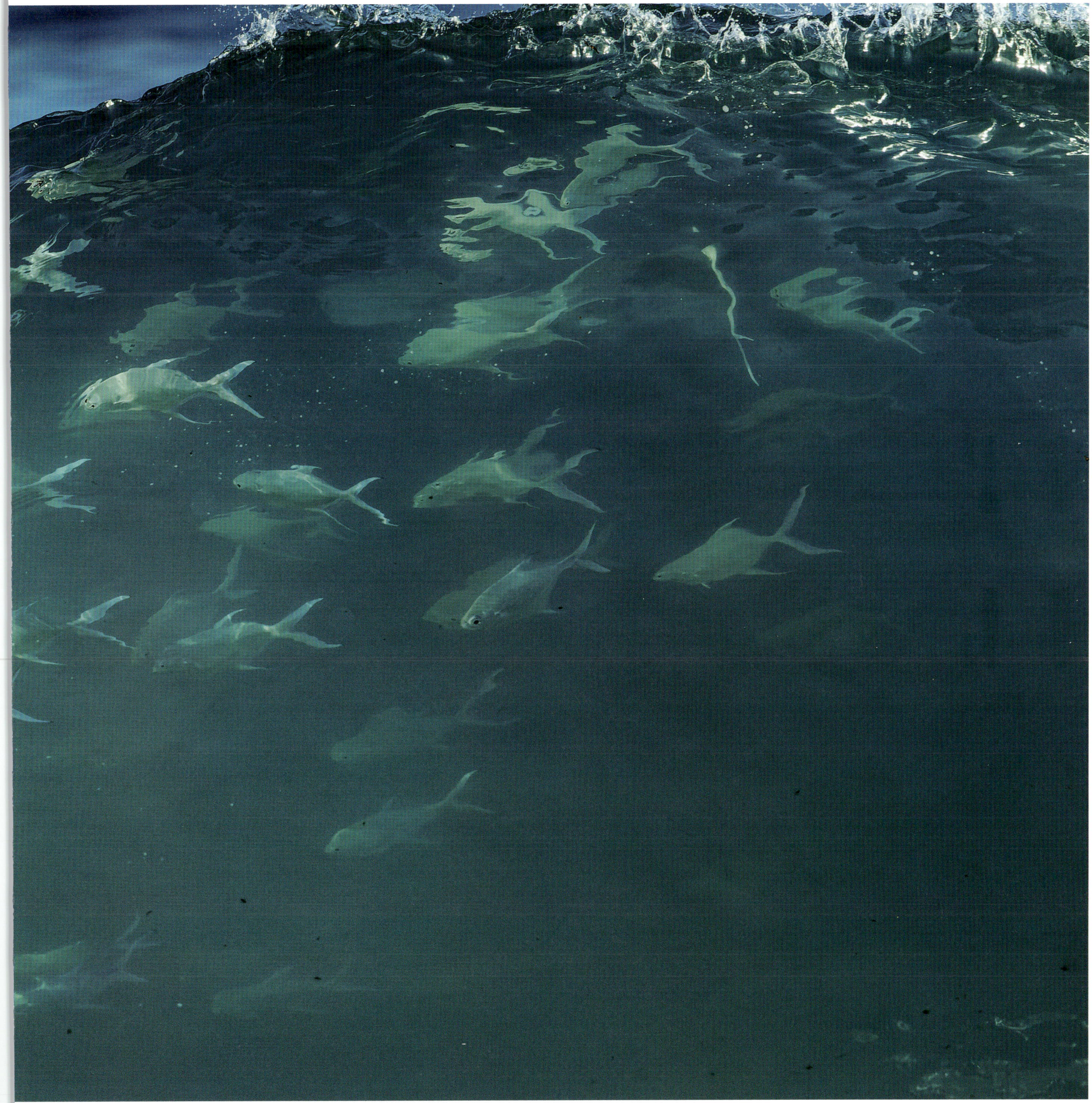

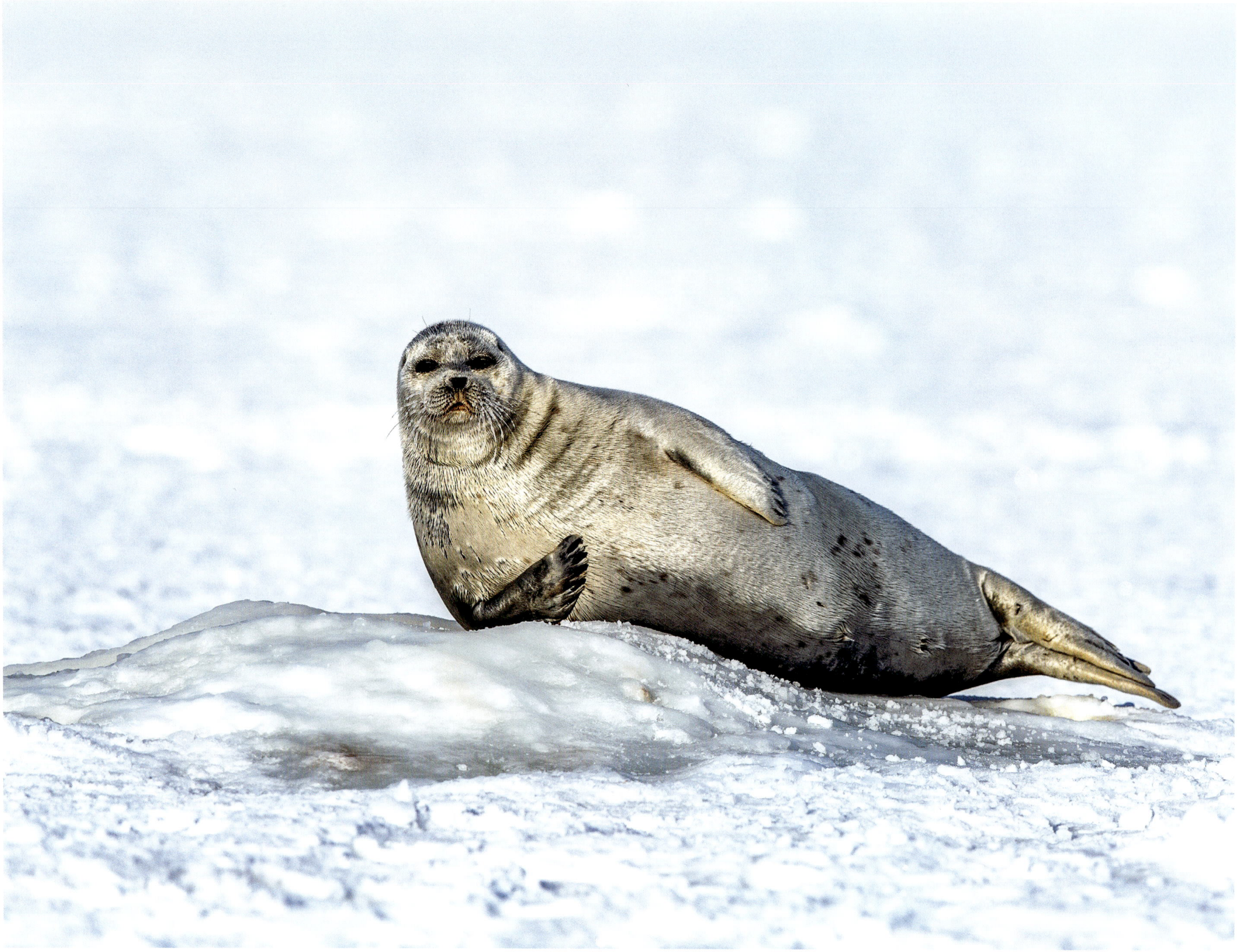

Ringelrobbe | **Spitzbergen**

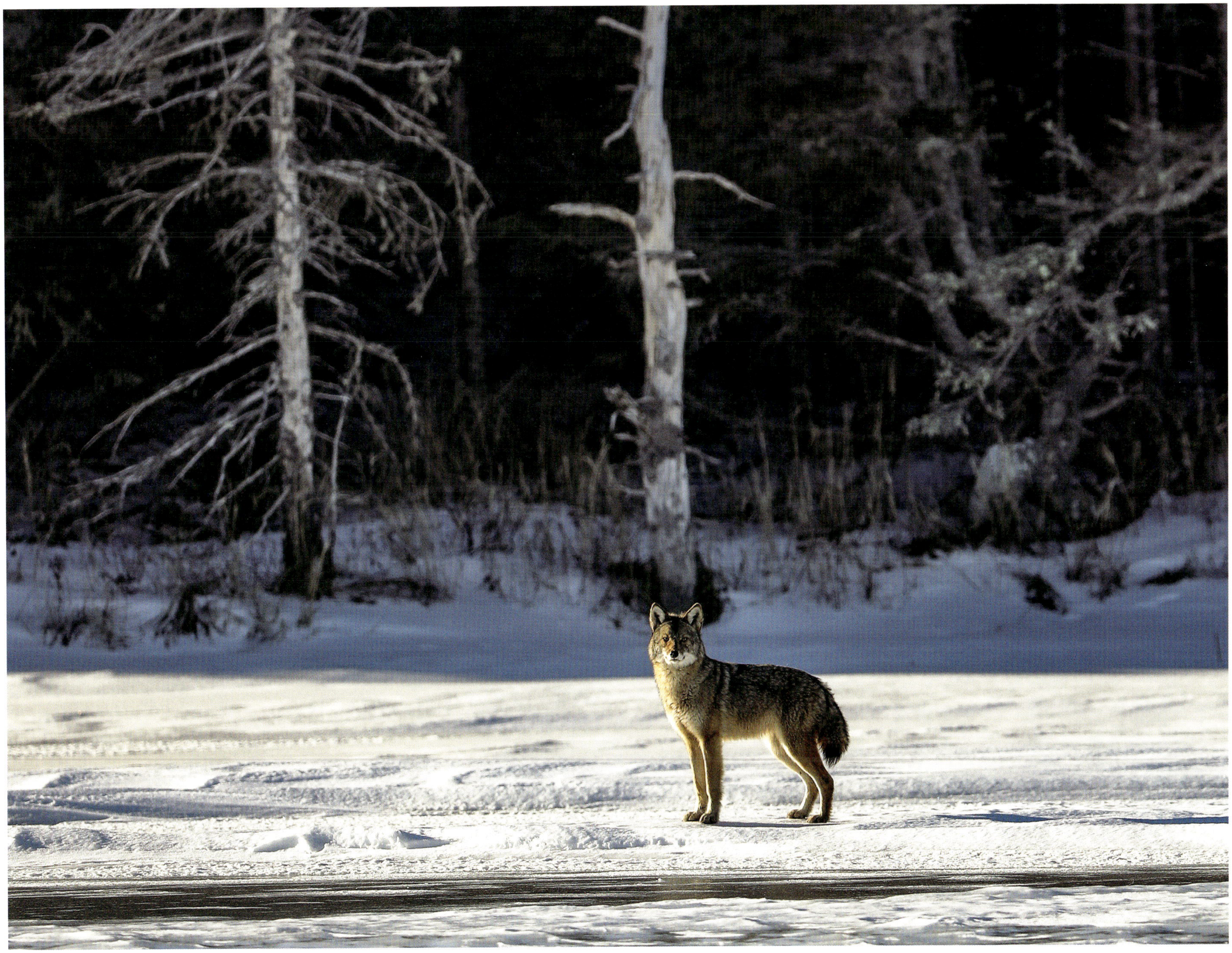

Kojoten-Begegnung beim Spaziergang in meiner zweiten Heimat I **Nova Scotia, Kanada**

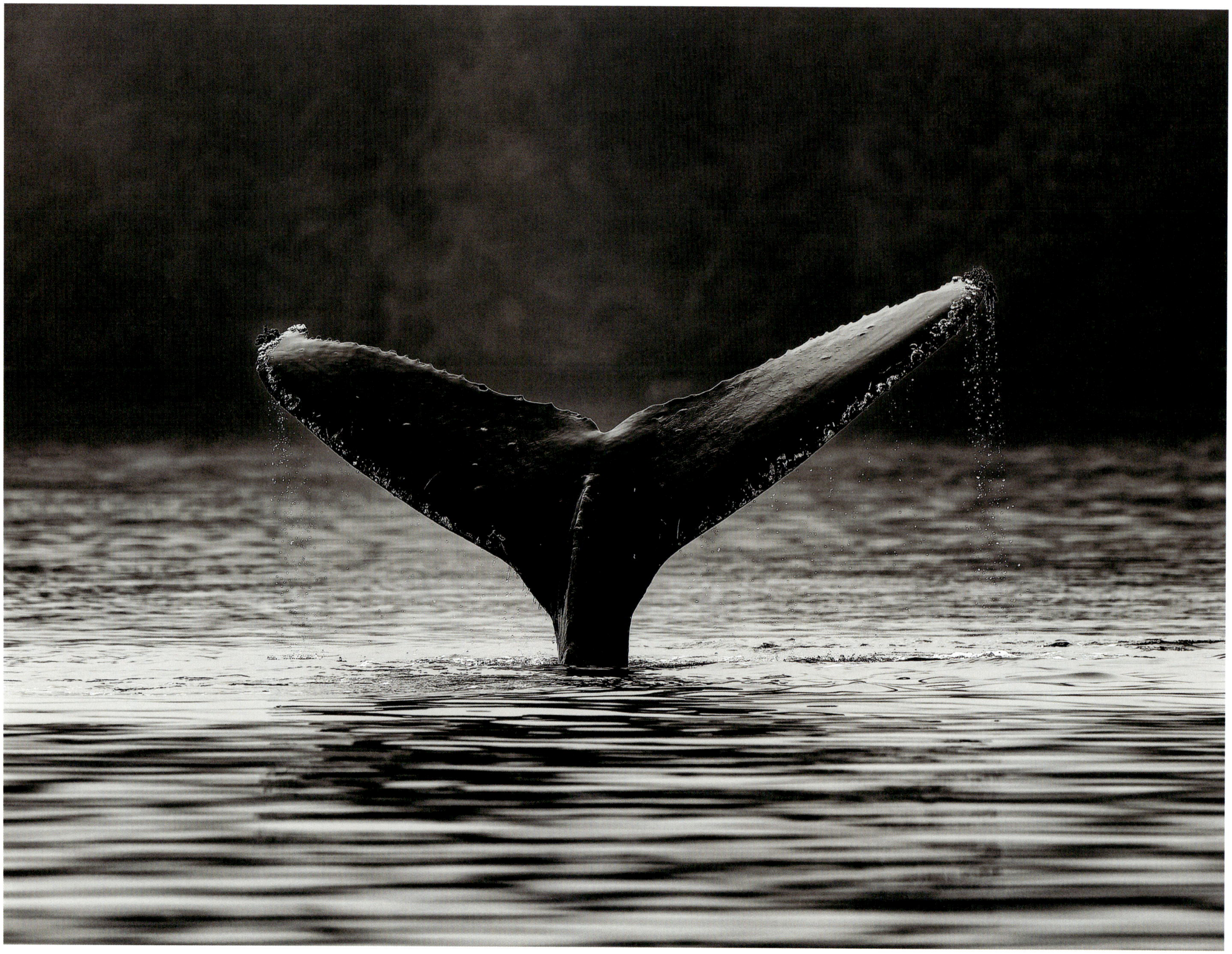

Buckelwal | **British Columbia, Kanada**

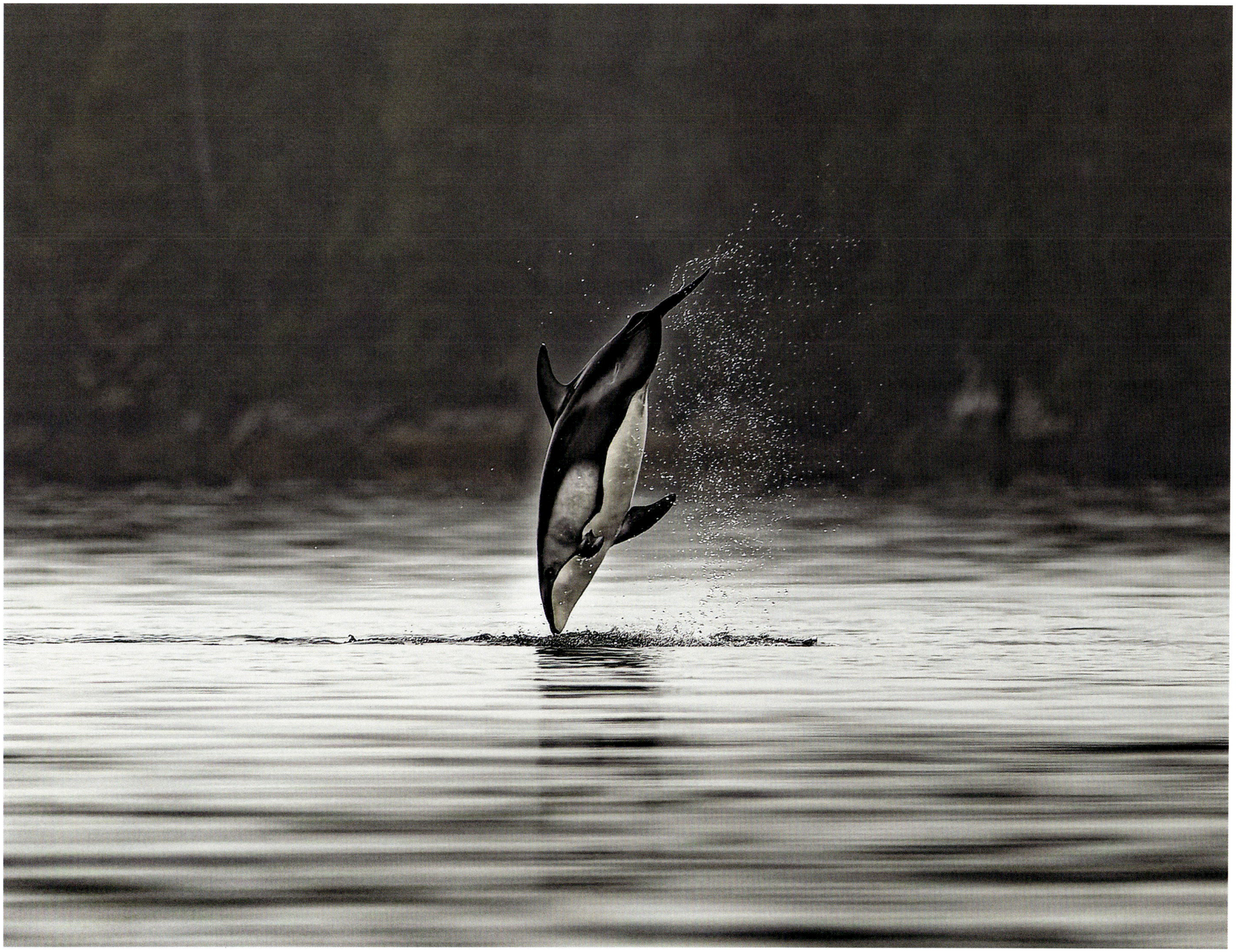

Pazifischer Weißstreifendelfin | **British Columbia, Kanada**

Folgende Doppelseite:
Flussotter | **British Columbia, Kanada**

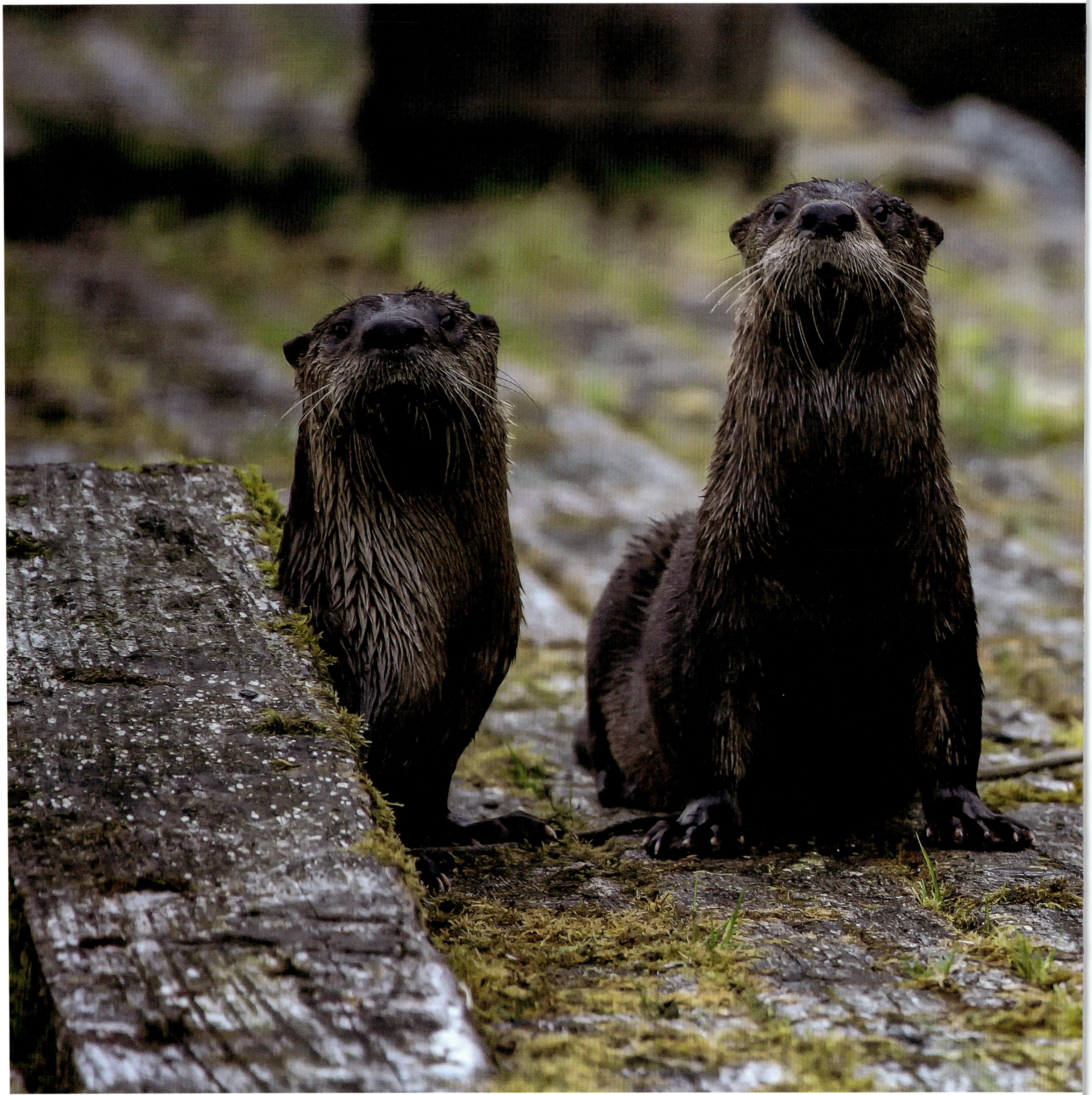

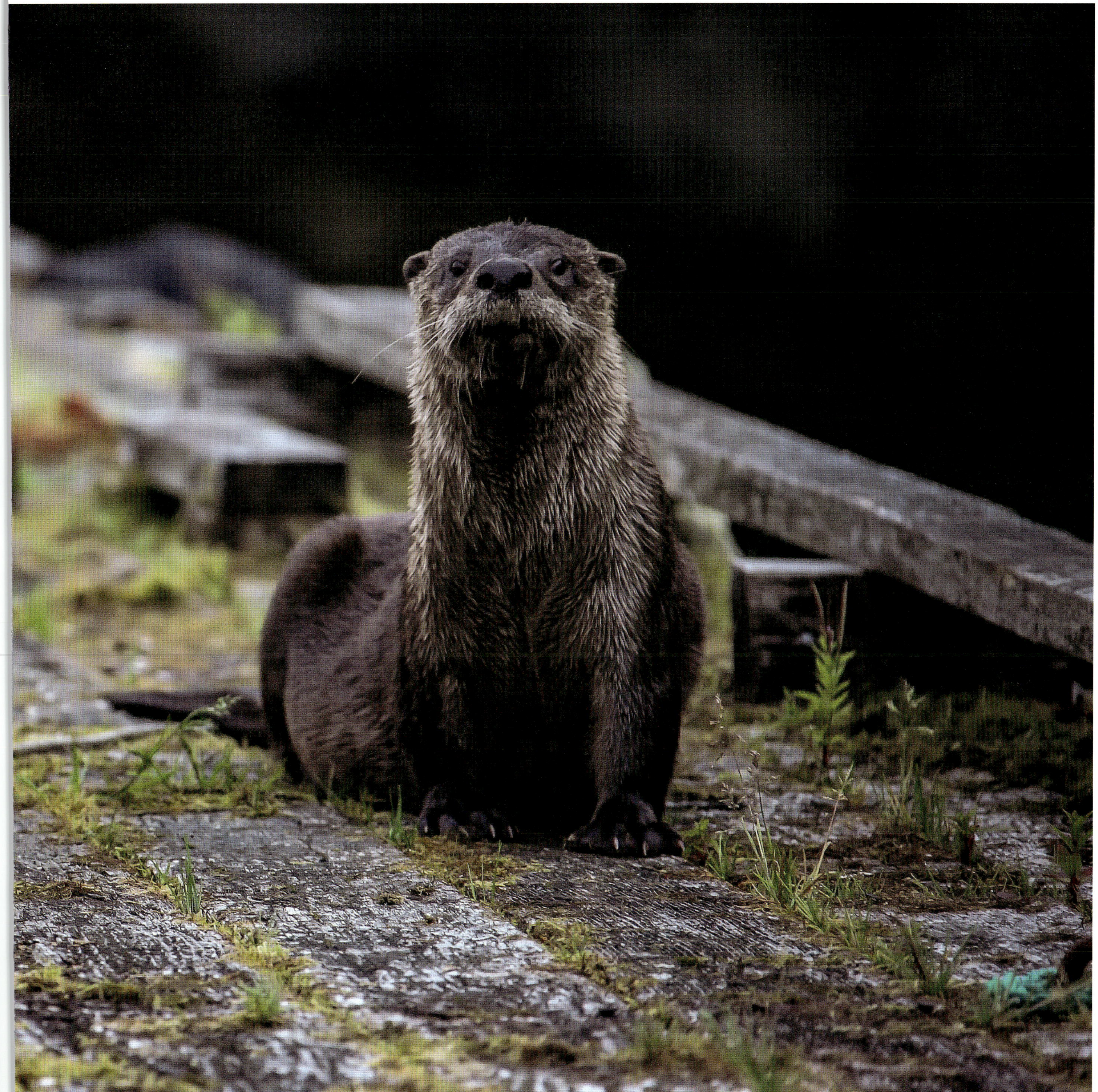

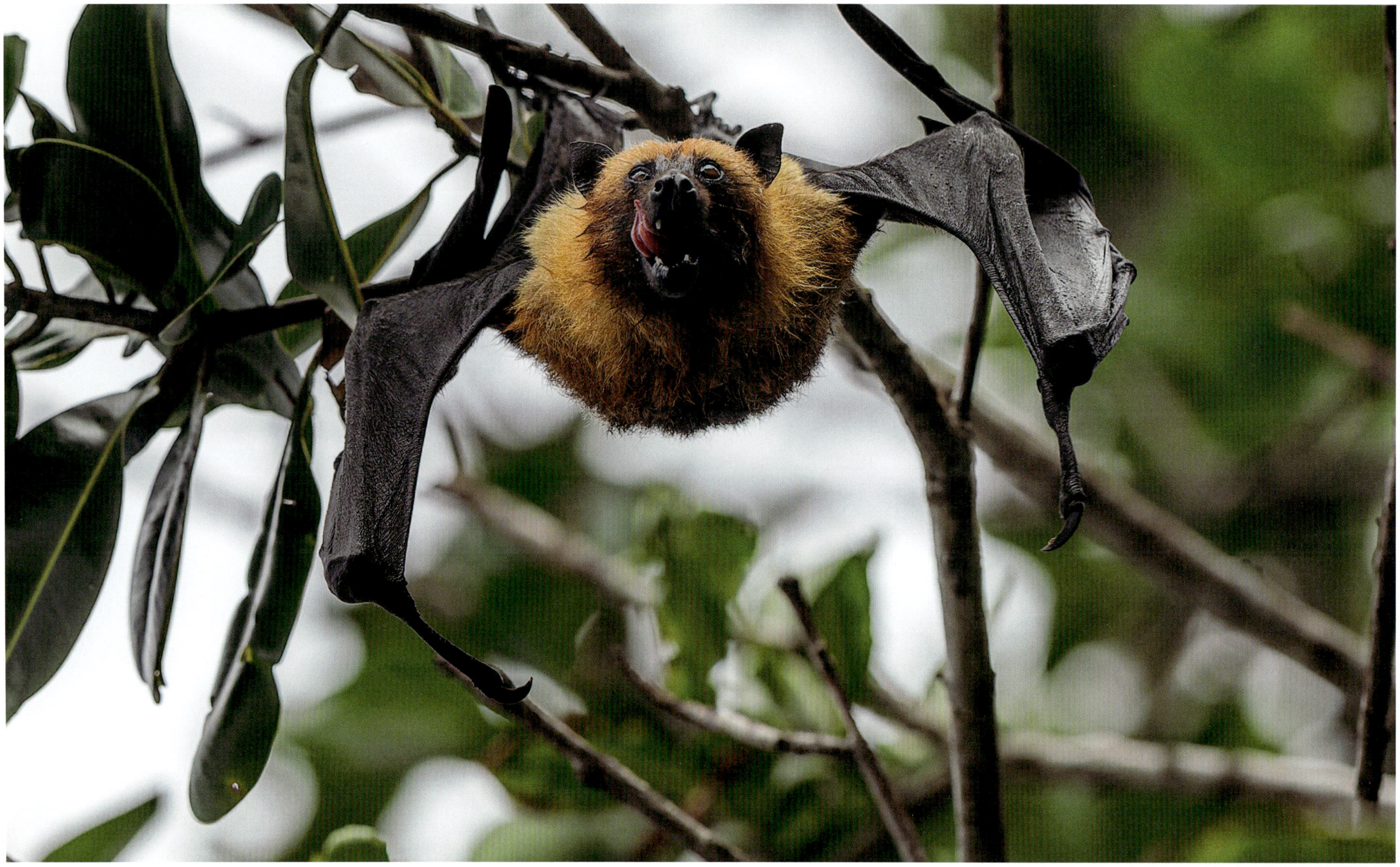

Keine Sorge, der Seychellen-Flughund ist Vegetarier I **Seychellen**

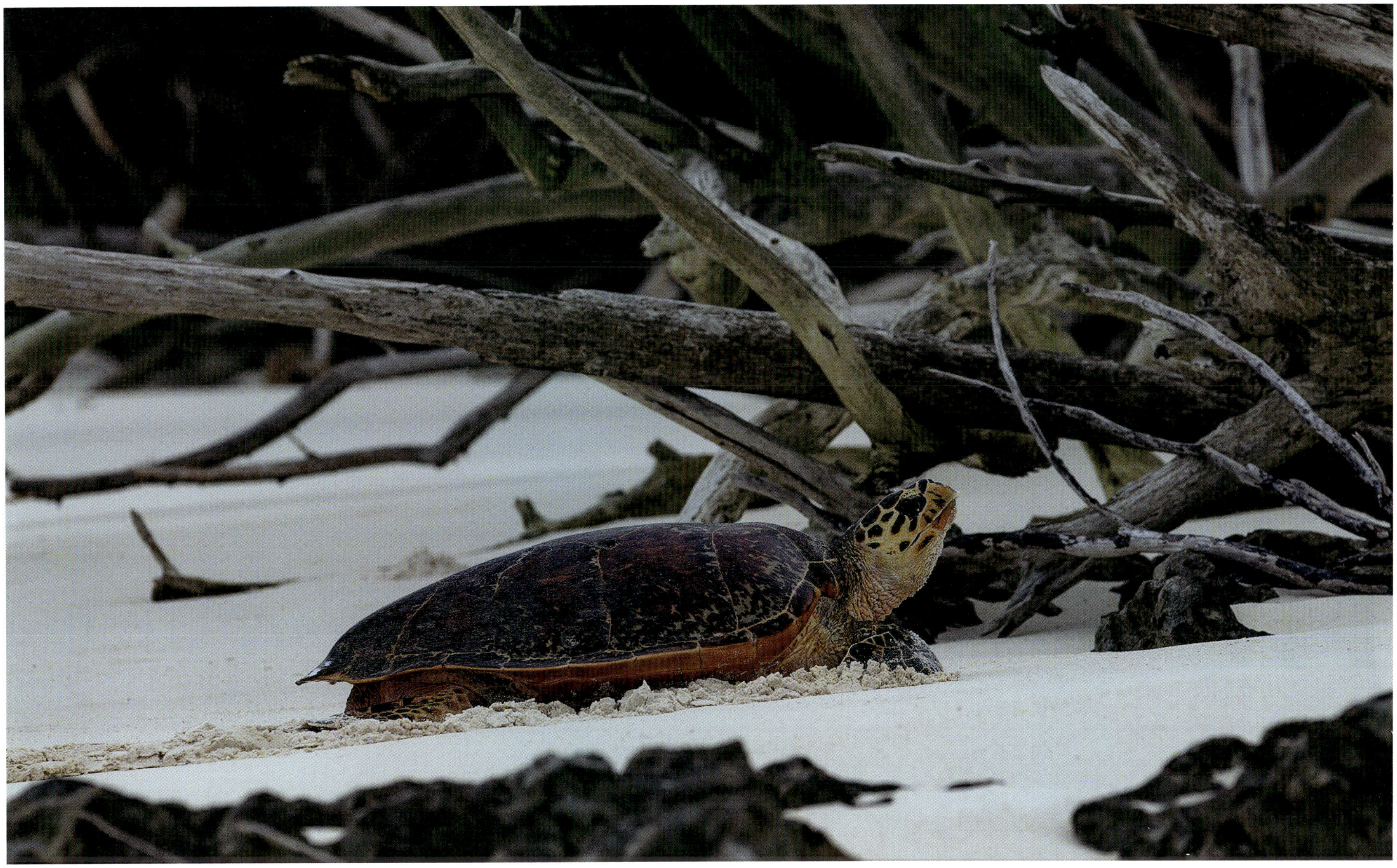

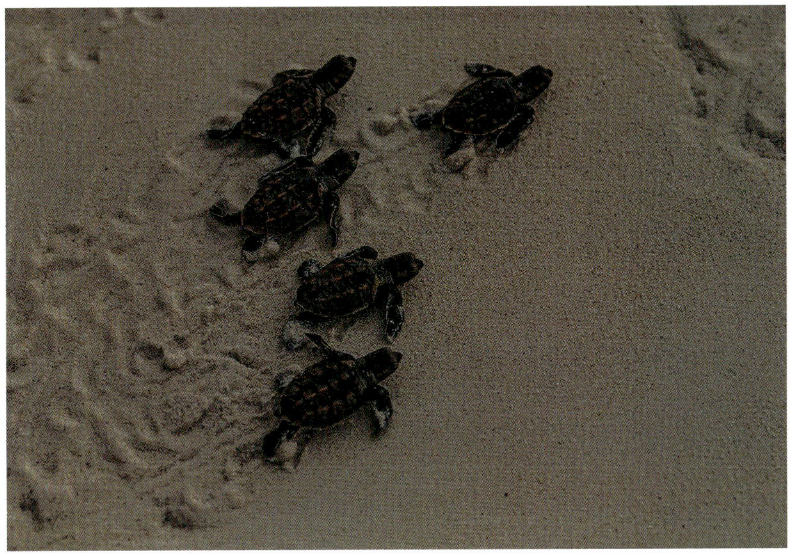

Kleine Riesen, Bird Island, Seychellen
Die Echte Karettschildkröte legt ihre Eier im Schutz der Dunkelheit. Nach ca. 30 Tagen schlüpfen die Jungen und flüchten nachts ins Meer. Ausgewachsen werden sie bis zu 75 Kilogramm schwer und fast einen Meter lang.

Folgende Doppelseite:
Seychellen
Ein Sturm zieht heran.

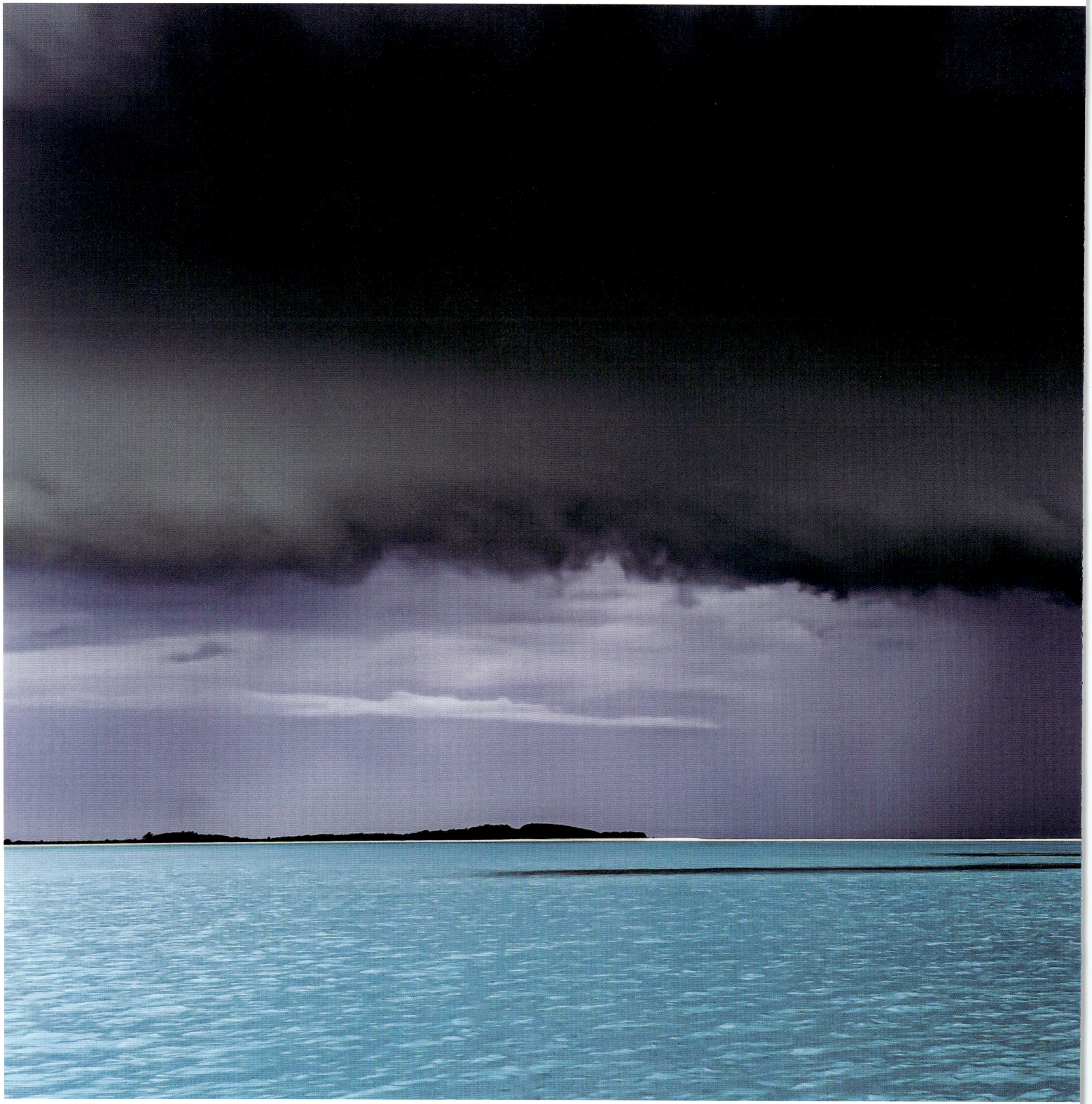

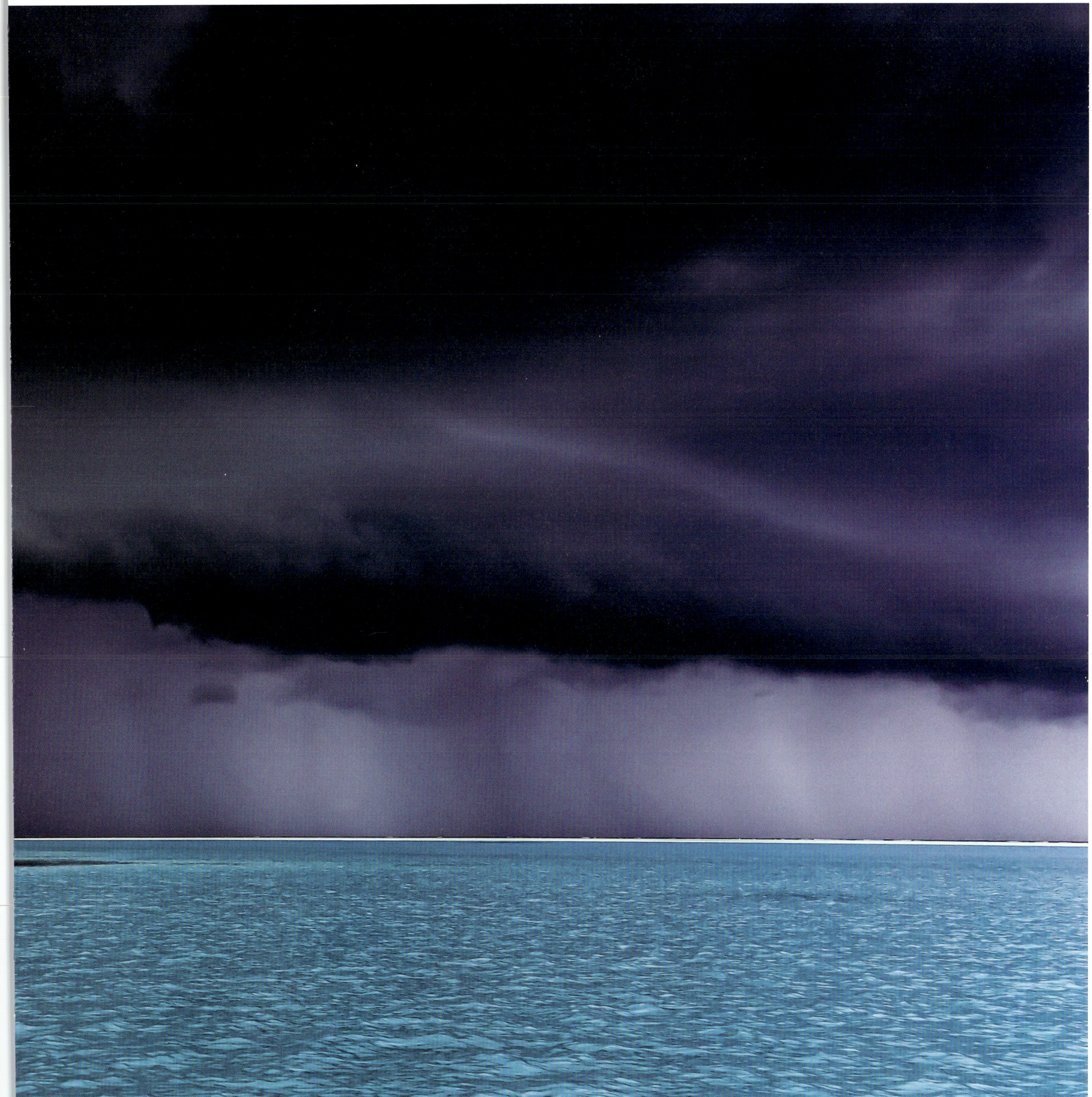

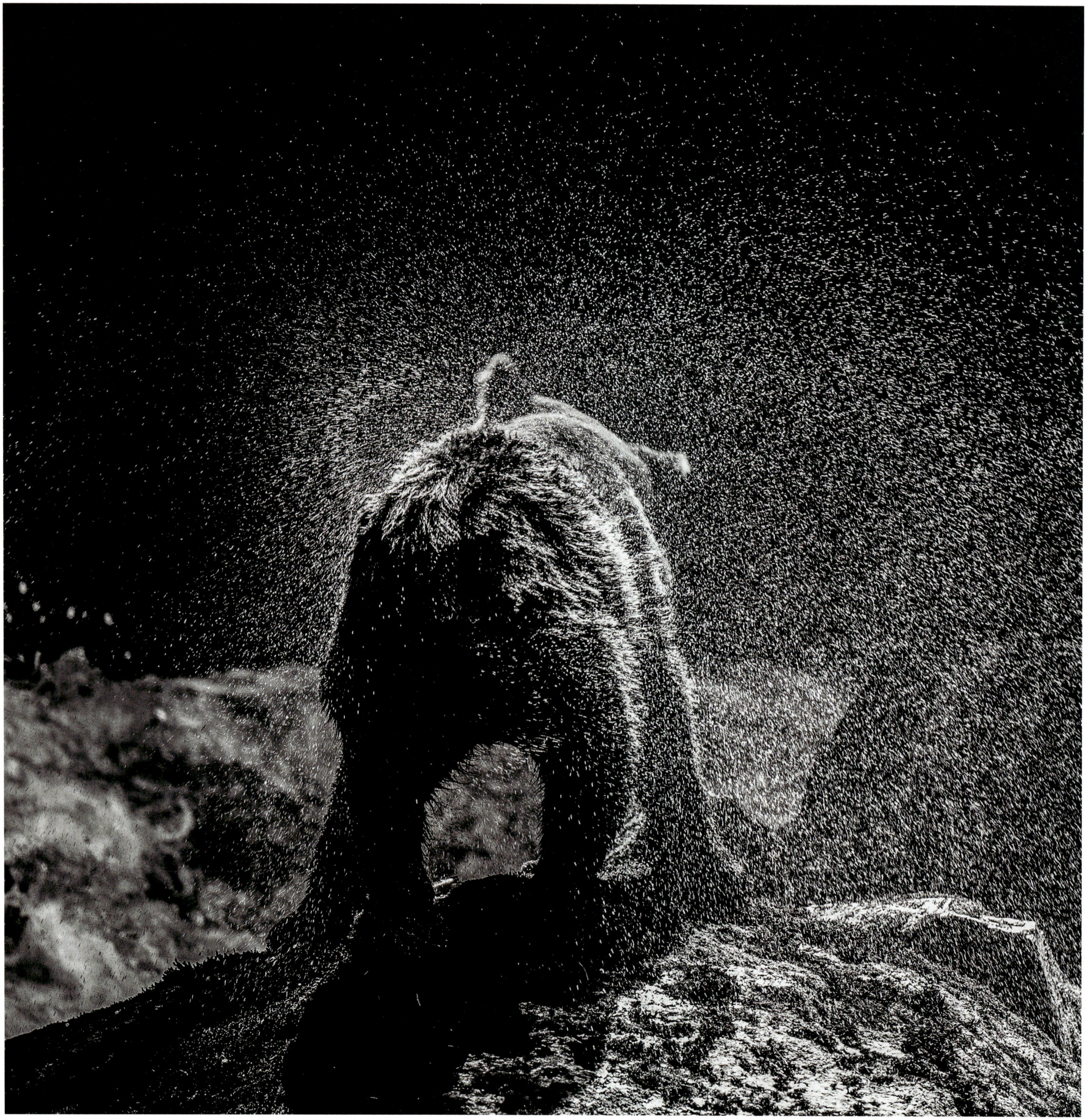

Weitere Bildnachweise

Titel (von oben nach unten)
Christian Weiss: Rub al Khali I **Oman**
Hans Overduin: Kuhreiher I **Portugal**
Thomas Lipke: Hund und Halter I **Tibet**

Seite 2/3
Thomas Lipke: Hundeschlitten I **Spitzbergen**

Seite 14/15
Christian Weiss: Rub al Khali I **Oman**

Seite 86/87
Hans Overduin: Blaukehlchen I **Niederlande**

Seite 156/157
Thomas Lipke: Riffhai mit Sardinen I **Seychellen**

Seite 234
Thomas Lipke: Grizzly I **British Columbia, Kanada**

Seite 238/239
Hans Overduin: Tundrasaatgänse I **Niederlande**

Buchrückseite
Christian Weiss: Elefantenpopo